實用歷史叢書

親切的、活潑的、趣味的、致用的

遠流出版公司

陳寅恪與傅斯年

作　　者——岳　南
主　　編——游奇惠
責任編輯——陳穗錚
發 行 人——王榮文
出版發行——遠流出版事業股份有限公司
臺北市10084南昌路2段81號6樓
電話／2392-6899　傳真／2392-6658
郵撥／0189456-1
著作權顧問——蕭雄淋律師
2009年8月1日　初版一刷
2017年2月16日　初版二刷
售價新台幣 450 元　（缺頁或破損的書，請寄回更換）

ISBN 978-957-32-6503-0
YLib 遠流博識網
http://www.ylib.com　E-mail:ylib@ylib.com

實用歷史叢書

陳寅恪與傅斯年

《實用歷史叢書》

出版緣起

王榮文

・歷史就是大個案

《實用歷史叢書》的基本概念，就是想把人類歷史當做一個（或無數個）大個案來看待。

本來，「個案研究方法」的精神，正是因為相信「智慧不可歸納條陳」，所以要學習者親自接近事實，自行尋找「經驗的教訓」。

經驗到底是教訓還是限制？歷史究竟是啟蒙還是成見？——或者說，歷史經驗有什麼用？可不可用？——一直也就是聚訟紛紜的大疑問，但在我們的「個案」概念下，叢書名稱中的「歷史」，與蘭克（Ranke）名言「歷史學家除了描寫事實『一如其發生之情況』外，再無其他目標」中所指的史學研究活動，大抵是不相涉的。在這裡，我們更接近於把歷史當做人間社會情境體悟的材料，或者說，我們把歷史（或某一組歷史陳述）當做「媒介」。

・從過去了解現在

為什麼要這樣做？因為我們對一切歷史情境（milieu）感到好奇，我們想浸淫在某個時代的思考環境來體會另一個人的限制與突破，因而對現時世界有一種新的想像。

通過了解歷史人物的處境與方案，我們找到了另一種智力上的樂趣，也許化做通俗的例子我們可以問：「如果拿破崙擔任遠東百貨公司總經理，他會怎麼做？」或「如果諸葛亮主持自立報系，他會和兩大報紙持哪一種和與戰的關係？」

從過去了解現在，我們並不真正尋找「重複的歷史」，我們也不尋找絕對的或相對的情境近似性。「歷史個案」的概念，比較接近情境的演練，因為一個成熟的思考者預先暴露在眾多的「經驗」裡，自行發展出一組對應的策略，因而就有了「教育」的功能。

・從現在了解過去

就像費夫爾（L. Febvre）說的，歷史其實是根據活人的需要向死人索求答案，在歷史理解中，現在與過去一向是糾纏不清的。

在這一個圍城之日，史家陳寅恪在倉皇逃死之際，取一巾箱坊本《建炎以來繫年要錄》，抱持誦讀，讀到汴京圍困屈降諸卷，淪城之日，謠言與烽火同時流竄；陳氏取當日身歷目睹之事與史實印證，不覺汗流浹背，覺得生平讀史從無如此親切有味之快感。

觀察並分析我們「現在的景觀」，正是提供我們一種了解過去的視野。歷史做為一種智性活動，也在這裡得到新的可能和活力。

如果我們在新的現時經驗中，取得新的了解過去的基礎，像一位作家寫《商用廿五史》，用企業組織的經驗，重新理解每一個朝代「經營組織」（即朝廷）的任務、使命、環境與對策，竟然就呈現一個新的景觀，證明這條路另有強大的生命力。

我們刻意選擇了《實用歷史叢書》的路，正是因為我們感覺到它的潛力。我們知道，標新並不見得有力量，然而立異卻不見得沒收穫；刻意塑造一個「求異」之路，就是想移動認知的軸心，給我們自己一些異端的空間，因而使歷史閱讀活動增添了親切的、活潑的、趣味的、致用的「新歷史之旅」。

你是一個歷史的嗜讀者或思索者嗎？你是一位專業的或業餘的歷史家嗎？你願意給自己一個偏離正軌的樂趣嗎？請走入這個叢書開放的大門。

【序】

獨爲神州惜大儒

前幾天，岳南先生來到我的寓所，攜來《陳寅恪與傅斯年》書稿，囑我看後提些意見。我雖是九十八歲的老人，精力不濟，但面對這部撰述陳、傅兩位恩師，並插有堂兄何思源（仙槎）青年時代與陳、傅二師一起留學歐洲相交甚篤的圖片和文字，百感交集，遂未作推辭，決定先讀為快。書稿翻閱一遍，一幕幕往事湧上心頭，兩位大師的身影又在眼前浮現。既然作者有此盛意，藉此機會，說一說陳、傅二師對我的栽培和教誨，順便寫下一點讀後感言，算是對兩位恩師的紀念，以及對作者岳南先生為此付出心血與汗水的答謝吧。

我是一九三一年冬認識傅斯年先生的。一九三一年暑假，我考上北京大學，進入史學系。我的堂兄何思源寫信給傅先生，請他做我的保證人。他們是五四時期的同學好友，後來又一起在歐洲留學數載。我於一個晚上持信去看他，那時傅先生住在西城內平安里往東不遠再往北的一個胡同裡，好像是廠橋胡同吧。

傅先生熱情接待了我，和我談了大學應如何學習，並囑我兩句話：「一定要學好古文，一定要學好外語。」說來慚愧，我一生既沒有學好古文，也沒有學好外語，但越來越覺得學好古文和學好外語的重要，時時想起傅先生這兩句話，念念不忘。

何兹全
時年九十八岁
2008.3.23.

傅斯年先生有學術心，也有學術事業心。他北大畢業後留學歐洲，回國後在中山大學教書，不久就在中山大學創辦了「語言歷史研究所」，這是一九二七年秋天的事。一九二八年十月，傅斯年又在中山大學語言歷史研究所的基礎上，籌備建立了中央研究院歷史語言研究所。史語所成立後他出任所長，一直到一九五〇年去世。他的社會、政治領域的職務千變萬化，名堂甚多，但史語所所長這個職務卻是他一直擔任到底的。他以史語所為基礎，對中國近代學術事業作出了很大貢獻，中國的歷史、語言研究由此向前推進了一大步。特別是田野考古工作，可以說是到傅先生與李濟、梁思永等那一代人手中才成為科學的，小屯殷墟的考古發掘是傅先生和史語所同人建立起來的最早的科學工作。傅斯年主持中央研究院歷史語言研究所的二十三年中，為中國史學、考古學、語言學、民族學培養了眾多人才。新中國成立後，一大批在這方面有貢獻的學者，大多都受過他的培養。因而在這一領域，傅斯年是當之無愧的第一功臣。

傅先生是北大培養出來的，也是著名的五四運動學生領袖，對北大有一種特別的感情，在他一生的事業中，除了創辦史語所，對北大的貢獻也功不可沒。抗戰前，傅斯年除了擔任史語所所長，還兼任北大歷史系教授、文科研究所所長等職務。我在北大讀書的那四年，和傅先生接觸不多，但聽過他講的中國古代史課程。他講西周史，處處有新意，有創見，使人開闊眼界，開闊胸襟。聽他的課，很佩服他廣博的學問和深厚的功力。前幾年，美籍華人、著名考古學家張光直教授稱讚傅先生是一位歷史天才，他的〈夷夏東西說〉一篇文章奠定了他的天才地位，並說此文與董作賓的〈甲骨文斷代研究例〉，是他所看到的有創始性和突破性的最好的兩篇文章。在我看來，傅先生除了這篇名滿天下的雄文之外，在他身後留下的有關中國古代史的文字中，我更看重〈周東封與殷遺民〉、〈大東小東說——兼論魯、燕、齊初封在成周東南而後乃東遷〉、〈姜原〉，以及〈論所謂五等爵〉等篇章。這些文章的好，不在於篇篇擲地有聲，而在於它們和〈夷夏東西說〉一樣，都是有創始性和突破性的大手筆與天才之作，只有大手筆和真正的天才，才能寫出這般具有史識、史見，震古鑠今的光輝篇章。

我說傅斯年是我的老師，這老師不是泛泛的老師而是真正意義上的恩師。一九三五年我從北大畢業，他邀我去史語所工作，我沒有去，而是赴日本讀書。抗戰爆發後，我回國在重慶編雜誌，寫社論，在機關裡混。後來失了業，中英庚款董事會撥發一部分專款協助一些人員在國內做研究工作，我請傅先生推薦我，取得了中英庚款協助，研究魏晉南北朝史。我有了收入，一家三口生活得以維持。

一九四四年，何思源大哥回山東任山東省政府主席，要帶我回山東做官。當時我正在國民黨中央訓練委員會任編審，該會的負責人是段錫朋，段與傅斯年先生同為五四運動學生領袖，為人精明苛刻。我原已不想再在訓練委員會待下去，但也不願去山東做官，我還有自知之明，自知做官是最無能的。抗戰後期論政之心已倦，極願回書齋生活。我去看傅先生，說我願去史語所念書。傅先生說：「畢業時就約你來，你不來。」就這樣我進了當時已搬遷到四川省南溪縣李莊鎮的中央研究院歷史語言研究所。

在李莊，我和傅先生見面的機會就多了，只是我同所內大多數學長、學弟一樣，對傅先生是又尊敬又拘束，用三個字來表達，那就是「敬」、「怕」、「親」。所謂敬，大家對傅先生的學問沒有不是滿心尊敬、佩服和崇拜的；對於怕和親，說老實話，傅先生的性情不同常人，極易衝動、暴怒，像個孩子，因而大家對他既怕又親。正像董作賓所說：其實傅先生對朋友，對同人，原是一片赤子之心，同人愛他之處也在此，但年輕人的「敬」和「怕」卻又壓住了他們的「親」。或許這便是當時的內在真情吧。

抗戰之後，我去美國留學，一九五〇年回到北京，十二月去看鄭天挺師，進門他就對我說：「孟真（傅斯年先生的字）先生去世了！」我一時愕然，沉默了半天沒說話。

行文至此，禁不住思緒縹緲，淚眼婆娑，一時回到北大，一時回到李莊，一時又回到現在，情腸交結，不忍追憶。當年史語所在李莊的幾十口子同人、師友，傅先生去了，董作賓先生去了，李濟先生、梁思永先生、石璋如先生、夏鼐先生，以及與李莊擦肩而過的陳寅恪師也去了。想到這裡，真是欲祭疑君在，天涯哭此時，令人倍感傷神。

屈指算來，到今天，傅斯年師去世已五十八個年頭，而陳寅恪師去世已三十九年矣。我自己也漸漸老了。回憶接受傅斯年、陳寅恪師教誨的日子，猶歷歷在目，感念不已。

我與陳寅恪師相識於抗戰爆發之後的西南之地，最早見到他是在重慶，後來我到了史語所歷史組任助理研究員，成為陳寅恪先生的學生與下屬。儘管接觸不多，但有論文經常寄給他請教。在李莊的後期，陳寅恪師已赴成都燕大任教，他的眼睛已患嚴重的疾病，但對我的論文與晉升職稱等事宜，時刻掛念在心，這樣的事例從陳、傅二師通信中還可以看到，岳南先生在著作中已有摘錄，不贅。有一次，聽從成都回李莊的一位史語所同事說，他去拜訪陳寅恪先生時，陳師對我的學問與人品還誇獎了一番。我聽後受寵若驚，感到莫大的榮幸，同時也感汗顏。抗戰勝利後，陳先生從英國治病回到南京，住在俞大維公館。這個時候，我與陳先生的接觸就多了起來，經常受傅斯年先生或董作賓先生委派，給他送信、送物或者送錢等。藉此機會，我也請教了一些史學上的難題，已雙目失明的陳師都一一作答，令我深受感動。

陳寅恪先生是三百年甚至一千年乃得一見的學術大師，傅斯年先生是二十世紀中國史學界、國學界當之無愧的天才、奇才和大師級人物。如果用「最好的」、「最有創始性、突破性」作標準，二十世紀上半葉史學、國學方面的學者，能稱得起大師級人物的，在我看來也就是梁啟超、王國維、胡適、陳寅恪、傅斯年、陶希聖、錢穆、郭沫若、顧頡剛等幾個人吧。

令我感到欣喜的是，岳南先生在這部《陳寅恪與傅斯年》文學傳記書稿中，不僅講了陳、傅兩位大師級人物，上面列舉的另外幾位大師，也大都有不同篇幅的描述和介紹，只是敍述的側重點有所不同罷了。

由於諸多複雜的原因，過去幾十年，在中國大陸，沒有看到關於傅斯年的傳記，甚至連普通的介紹文章也較少。隨著政治思想逐漸放開，前些年傅先生家鄉聊城的父老鄉親，為此做過不少的努力，召開過幾屆「傅斯年與中國文化」國際學術研討會，也出版過幾本傳記性書籍與論文集。但總的感覺，其聲勢與深入人心的程度，與傅斯年本人的聲望和在學術上的貢獻比起來，還是不夠匹配，不到位。今天中國大陸的年輕一代，甚至包括相當一部分中青年知識分子，能知傅斯年為何許人也，做過何種事業者，已不是很多了。人類是容易遺忘的，對傅斯年及他那一代知識分子精英的健忘，不知是歷史的無情，還是今人的不幸？

關於陳寅恪先生的生平史事，在此前出版的一些著作中，大多是把先生的人生境遇一分為二，對前幾十年生命歷程的敍述相對薄弱，而後半生，特別是陳先生最後二十年著墨較多。我猜想，這可能是陳師前半生留下的資料較少，而作為傳主「出彩」的地方也較少的緣故吧。

岳南先生的《陳寅恪與傅斯年》令我看到的是，他盡可能地搜集了陳寅恪與傅斯年家族前輩人物的一些史事，簡明扼要地進行敍述點評，爾後對陳、傅二人留學期間，特別是在歐洲的交往史實，進行了多方搜羅和鑑別比較，通過當年在歐洲的中國留學生的書信來往與局外者的回憶文章，一點一滴查找、拼對、復原，基本勾勒出一個輪廓，讓後人看到陳、傅二人在那個時代較為清晰的身影，以及二人在學術上相互影響、砥礪，漸行漸近，肝膽相照的生命歷程。

幾年前，岳南先生為撰寫《陳寅恪與傅斯年》這部書，找過我幾次，特別是對抗戰期間知識分子流亡西南的事情，詢問得尤為仔細。我談了一些我所知道的情況。後來聽說為了寫好這部書，岳南先生還赴長沙、昆明、重慶、成都、李莊等地，對傅斯年、陳寅恪那一代知識分子，以及我們這一批小字輩學者工作、生活和戰鬥過的地方進行調查採訪，體察當地風土人情，盡量在每一個細節上做到真實不虛。在這個基礎上，他耗幾年心血成就了這部著作，這種扎扎實實的寫作態度是難能可貴的。此書涉及不少史事屬首次有理有據、條理清晰地對外披露，填補了陳、傅兩位大師研究領域的空白，對研究者與普通讀者予以啟迪的方面不少。

正如岳南先生書稿中所描述的，由於歷史和政治等原因，一九四八年後，陳、傅兩位大師被迫離散，一位留在了大陸嶺南中山大學，默默承受一系列政治苦難和心靈煎熬；一位歸骨孤島，長眠於台灣大學校園。兩位天才的聚合離散，既是大時代的因緣，也是二人性格與思想觀念不同所致。去台後的傅斯年先生曾把主要精力用於台灣大學的建設上，他想把這座日本統治時期創建的學府，改造成現代一流的大學和學術中心。可惜天不假年，他僅在台大校長任上奮鬥了兩年即溘然長逝，去世時年僅五十五歲。而留在大陸的陳寅恪先生逐漸落入了淒涼之境，於「文革」中精神備受折磨而死去。

當年與陳寅恪、傅斯年同時留歐，且是好友加親家的俞大維說：陳寅恪平生的志願是寫成一部《中國通史》，及《中國歷史的教訓》，在史中求史識，「因他晚年環境的遭遇，與雙目失明，他的大作（Magnum Opus）未能完成，此不但是他個人的悲劇，也是我們這個時代的悲劇。」

作為後來者，面對岳南先生撰寫的這部著作，以及著作中所描述的兩位天才大師的因緣際會，聚合離散，或許能讓我們從另一個側面更真切地感知歷史的真相，並從中吸取一些「歷史的教訓」吧。

是為序。

【序者簡介】何茲全，一九一一年生，山東菏澤人。一九三五年北平大學（今北京大學）研究生畢業，旋赴日本留學。抗戰爆發後歸國，任中央研究院歷史語言研究所歷史組助理研究員、研究員。一九四六年赴美國哥倫比亞大學攻讀歷史學，一九五〇年歸國。曾任北京師範大學歷史系教授、北京大學歷史系兼職教授。著有《讀史集》、《中國古代社會》、《中國文化六講》、《何茲全全集》（六卷）等作品。

目錄

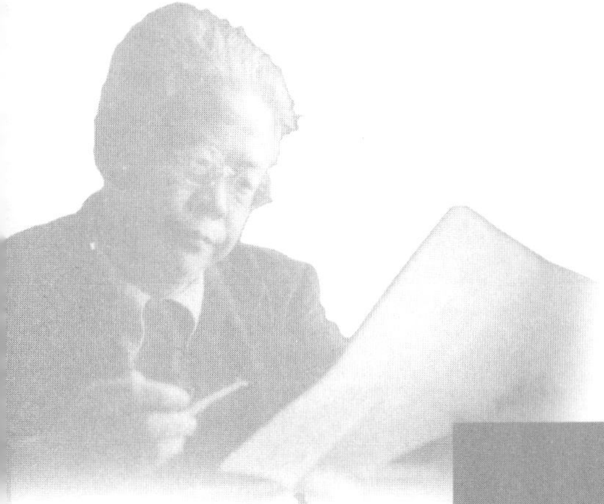

陳寅恪與傅斯年

岳南 著

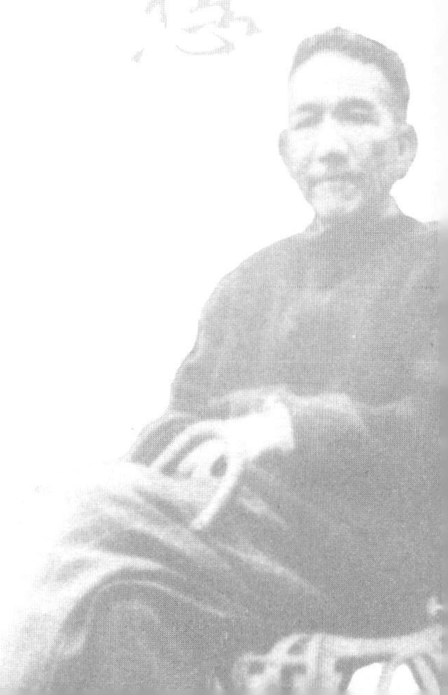

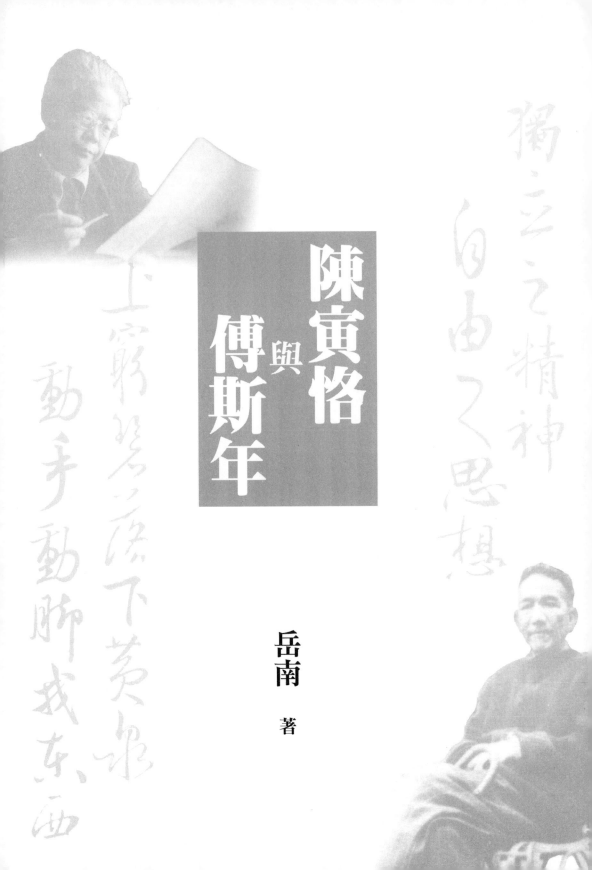

【第一章】

風雲際會

走進清華園

一九二五年，隆冬。

薄霧輕啟，天色微明。慘澹的星光下，一個單薄瘦削的中年人攜一黃髮碧眼的幼兒，悄然離開德國柏林大學研究院暗灰色的公寓，冒著清晨凜冽的寒風，乘車向大街盡頭駛去。兩天後的上午，二人轉乘的汽車穿越卡納比埃爾街（La Canebiere），很快抵達碧海青天、卷積雲連綿不絕的馬賽港。中年人提著行李，深吸了一口帶有海腥味的空氣，健步踏上停泊在港灣的豪華郵輪，身後的幼兒既興奮又好奇地跟進。陣陣汽笛聲中，一老一少作別歐洲大陸，穿越波滾浪湧的地中海，向魂牽夢繞的東方故國駛來。

翌年七月八日，中年人的身影出現在北京西郊清華園荷塘岸邊，他那清臞、睿智的面容與擺動的長衫，隨著陣陣微風與飄拂的花香，立即入了學界的視野。

——時年三十七歲的陳寅恪受好友吳宓舉薦、清華學校校長曹雲祥聘請，告別長達十六年海外游學生涯，來到這所浸潤著歐風美雨的大師之園，以教授身分，開始了傳道、授業、解惑的人生之旅。

清華學校的建立，其源頭要追溯到清宣統元年（一九〇九）六月。當時大清王朝的掌權者受時風薰染與國內外形勢所迫，在北京設立了一個游美學務處，負責選派留美學生和籌建游美肄業館。這年八月，經外務部和學務部一同奏請，內務部把北京西北郊一座荒蕪的皇家花園——清華園撥給游美學務處，作為游美肄業館館址，並撥款修建了館舍。在往後的三年時間裡，游美學務處於北京城內史家胡同等處考選了三批共一百八十位直接留美生。入選者到美後，視不同條件或直接進入美國大學就讀，或先進入美國高級中學補習，爾後再進大學。宣統三年二月，游美學務處和籌建中的游美肄業館遷入清華園辦公，並將校名定為清華學堂。這年四月二十九日（農曆四月初一日），清華學堂正式開學，由此揭開了中國教育史上嶄新的一頁。十月因發生辛亥革命，停課。一九一二年中華民國成立後，清華學堂更名為清華學校，於五月一日重行開課，並裁撤游美學務處，使之隸屬外交部。

最初的十幾年中，清華學堂一直作為一所普通的留美預備學校而設置，學生進入清華園，主要學習英文和一些歐美文化知識，中國傳統文化的教學則相對薄弱。一九二四年初，清華學校在各方鼓譟和社會大潮湧動中，正式啟動「改辦大學」程序。

這年十月，根據清華大學籌備委員會草擬的組織綱要，決定在籌建大學部的同時，籌備創建研究院，「以備清華大學或他校之畢業生，對特種問題為高深之研究」。由於財力、人力、研究方向等諸方面的限制，籌備人員多次討論，最終決定研究院先設國學門一科，也就是後來被社會廣泛稱謂的國學研究院。培養目標是訓練「以著述為畢生事業的國學研究人才」，學科範圍包括中國歷史、哲學、文學、語言、文字學、考古學等，同時吸收歐美、日本等國際學術前沿的優秀成果，重建中國傳統學術之魂——即研究院主任吳宓所提出的：「故今即開辦研究院，而專修國學。惟茲所謂國學者，乃指中國學術文化之全體而言。而研究之道，尤注重正確精密之方法（即時人所謂科學方法）並取材於歐美學者研究東方語言及中國文化之成績，此又本校研究院之異於國內之研究國學

者也。」❶

計畫既定，清華校長曹雲祥立即動員原游美學務處第二批庚款留學生，以第五十五名成績放洋美國，並於一九一七年歸國未久就「暴得大名」的北大文學院哲學教授胡適（字適之），到籌建中的清華國學研究院主持院務。時年三十四歲，尚不算糊塗的胡氏立即推辭，表示只做顧問不就院長，還建議曹校長採用宋、元書院的導師制，吸取外國大學研究生院學術論文的專題研究法來辦研究院。曹校長聽罷深以為然，當場表示請胡出任導師，廣招天下士子名流，親身示範，以保留綿延中國文化之血脈云云。儘管胡適此時的學問日益進取，地位和名聲在新派學界如日中天，但他畢竟算是個心中有數之人，面對曹校長的一番抬舉，並未得意忘形，更沒敢輕視王國維（字靜安，號觀堂）、梁啟超（字卓如，號任公）等諸前輩學界泰斗的真實存在，忽略王、梁等人作為文化崑崙在天下儒林所展現的「高山仰止」的偉岸身影。他清醒並謙虛地說道：「非第一流學者，不配作研究院的導師，我實在不敢當。你最好去請梁任公、王靜安、章太炎三位大師，方能把研究院辦好。」❷曹校長見對方態度誠懇，又覺此言甚在情理，於是決定按胡適指引的方式、方法付諸行動。

風華正茂的胡適，一九二二年攝於北京。

一九二五年二月，在曹雲祥主持下，清華學校國學研究院籌備處鳴鑼開張，首先聘請由清華出身、美國哈佛大學學成歸國的一代名士、年僅三十二歲的吳宓主持研究院籌備處事宜。

按照當初胡適的建議，曹雲祥讓吳宓拿著自己簽發的聘書前往幾位大師住處一一聘請。曾任宣統朝五品「南書房行走」之職、時年四十九歲的王國維，身為滿清王朝最後一位皇帝——溥儀的「帝師」，自然屬於舊派人物。此前，曹雲祥曾託胡適向王氏轉交過一封非正式的印刷體聘書，並讓胡對王就研究院性質與教授程序做一番解釋說明

進清華前的王國維

。聘書送到後，胡適怕這位性格內向的學術大師優柔寡斷，又動用自己的汽車專門載著王國維在清華園轉了一圈。王氏見園內風景優美，校內頗具規模與秩序，始有進清華的念頭。此次吳宓在登門之前，針對王氏這位清朝遺老的生活、思想、習性做了調查研究，計定了周密的對付辦法，欲一舉拿下。待到北京城內地安門織染局十號王國維住所後，吳宓進得廳堂，二話沒說，先必恭必敬地向上行三鞠躬禮，然後落坐，再慢慢提及聘請之事。如此一招，令王國維大感意外又深受感動，覺得眼前這個吃過洋麵包的年輕人，居然把自己當做一個有身分的前輩人物看待，尊敬有加，頓覺有了面子，心中頗為舒暢痛快，當場答應下來。據吳宓回憶說：「王先生事後語人，彼以為來者必係西服革履、握手對坐之少年，至是乃知不同，乃決就聘。」[3]

吳宓打的三個恭總算沒有白費。

王國維雖打定主意，但又想到自己仍是前清皇朝的臣子，為人臣者，乃唯君命是從，像這樣工作調動之大事還得按舊規矩向「皇帝」稟報，看「上面」是否「恩准」，然後才能正式決定行止，否則有失體統。於是，他憋在家中頗費了一番腦筋，經過幾次反覆思量，又偷偷摸摸跑到日本駐華使館拜見遜帝溥儀（南按：時溥儀被馮玉祥趕出紫禁城，暫避於東交民巷日使館），吭哧了老半天，在「面奉諭旨命就清華學校研究院之聘」[4]後，才放下心來，收拾行李，於四月十八日攜家人遷往清華園古月堂居住（秋遷入西院十六、十八號），就任國學研究院教授之職。

王氏到校，立即在師生間引起轟動，鑑於他在國學界如雷貫耳的顯赫聲名，曹雲祥校長有意請其出任研究院院長一職，王「以院長須總理院中大小事宜」而堅辭不就，執意專任教授。曹校長鑑於吳宓在籌備過程的貢獻，

便與之商議，請他出任院長，吳宓為人謙恭不肯接受，學校乃改聘他為研究院主任。❺

與王國維處事風格不同的是，時年五十三歲的梁啟超一見吳宓送達的聘書，極其痛快地欣然接受。梁氏儘管年過半百，思想不再像當年「公車上書」，憑一介書生之血氣與康有為等舉子在北京城奔走呼號，掀起著名的「康梁變法」滔天巨浪時那樣激進，且已有保守之嫌；但憑藉他那明快暢達，開一代學風的《飲冰室文集》和現代史學的奠基之作《中國歷史研究法》等文史巨著，奠定了其不可撼動的學術大師地位。當時中國學界曾稱「太炎為南方學術界之泰山，任公為北方學術界之北斗」，南北兩大巨星相互映照，構成了二十世紀上半葉史學星河中燦爛絢麗的風景。

一九〇六年，梁啟超與梁思順（右）、梁思成（左）、梁思永三兒女在日本東京留影。

王、梁二位大師應聘後，按當初胡適的提議，清華方面欲聘另一位名蓋當世，為天下士子服膺的國學大師、外號「章瘋子」的章太炎（名炳麟）前來聚會。但自視甚高，目空天下士的章氏不願與王、梁二人同堂共事。因為章在日本時常和梁啟超打筆墨官司，另外章公開反對甲骨文，說那是奸商們鼓搗出的假冒偽劣產品，信它就是妄人，而王國維恰是以研究甲骨文並發現了殷商王朝的先公先王聞名於世的。鑑於這眾多的瓜葛，章太炎得此禮聘，「瘋」勁頓起，當場將聘書摔在地下，高聲示眾，以表決絕之心。自此，「章瘋子」失去了在清華園一展風采的機會，清華園也失去了一位儒林宗師。

國學研究院既開，第一屆招收了三十八名學生，僅王、梁二位導師顯然不足以應付。於是，清華教務長張彭春積極薦舉與自己同期留美，時年三十四歲，才情超群，知識廣博，號稱「漢語言學之父」的哈佛博士趙元任前來任教。曹校長聞知，欣然同意，立即發電聘請。正擔任國學研究院主任之職的吳宓，一看張氏薦舉了自己的同窗故舊，也不甘示弱，靈機一動，藉機向曹雲祥推薦了自己在哈佛攻讀時的同學——這便是後來被譽為中國史學界「三百年來僅此一人」的陳寅恪。

原籍陝西涇陽的吳宓（字雨僧），一九一六年於清華學堂畢業，次年赴美留學，初入維吉尼亞大學，後轉入哈佛大學就讀。獲得學士學位後，繼入哈佛研究生院，師從新人文主義大師白璧德（Irving Babbitt）攻讀哲學。就在這個時候，來自江西義寧的陳寅恪經在美國哈佛就讀的表弟俞大維介紹，入哈佛大學，師從東方語言學大師蘭曼（Charles Rockwell Lanman）學習梵文與巴利文（Paali，古印度文的一種）。既進哈佛校園，自然要與中國留學生結交，陳寅恪很快與姜立夫、梅光迪、湯用彤等輩相識，當然還有終生摯友吳宓。其間，由於陳寅恪、吳宓、湯用彤三人才華出眾，成績卓著，引起中國留學生的矚目，一時有「哈佛三傑」之譽。而身為三傑之一的吳宓，則對陳寅恪的學問人品推崇備至，讚為人中之龍，相識不久即以師長待之。

任教於清華大學時的吳宓

吳宓有寫日記的習慣和毅力，也是日記高手，行文優美，議論獨到，與好論政治時勢的胡適日記大為不同，內中充滿了真性情和對世事的深邃見解。其珍貴的史料價值與引人入勝的「好看」程度，在學術界備受推崇，是研究陳寅恪生平史事的一扇不可或缺的窗口。據已整理出版的《吳宓日記》載，一九一九年三月二日，正在哈佛攻讀碩士學位的吳氏受中國學生會之請，作《紅樓夢新談》演講，他認為「用西洋小說法程（原理、技術）來衡量《紅樓夢》，見得處處精上，結論是：《紅樓夢》是一部偉大的小說，世界各國文學中未見其比」❻。

當吳宓意氣風發，正在講堂上慷慨激昂地演講之時，剛進哈佛大學一個月的陳寅恪在俞大維的陪同下前往聆聽，見吳宓搖頭晃腦沉醉其中，對《紅樓夢》中人物景象，隱語暗線，起承轉合，皆說得有聲有色，頭頭是道。陳寅恪對吳宓的才學留下了深刻印象，並流露出欽佩之情，很快作〈「紅樓夢新談」題詞〉一首相贈，詩曰：

> 等是閻浮夢裡身，夢中談夢倍酸辛。
> 青天碧海能留命，赤縣黃車（自注：虞初號黃車使者）更有人。
> 世外文章歸自媚，燈前啼笑已成塵。
> 春宵絮語知何意，付與勞生一愴神。❼

吳宓初得陳寅恪詩文，驚喜交加，認為在異國他鄉的飄零歲月，不僅得到了一位難得的知音，同時得到了一位亦師亦友的貼心好兄弟。這個朋友很可能伴隨自己一生，並作為道德學問之楷模，像一盞永不熄滅的明燈，昭示著前方那漫長的人生之路。吳宓在當天的日記中寫道：「陳君學問淵博，識力精到，遠非儕輩所能及。而又性氣和爽，志行高潔，深為傾倒。新得此友，殊自得也。」❽字裡行間，跳躍著作者喜悅的音符，彌漫蕩漾著濃得化不開、只有雙方心靈深處才能觸動的熱血情懷。自此之後，吳、陳二人作為同學加密友，攜手並行，開始了長達半個世紀感人肺腑的管鮑之交。也正是得益於陳寅恪的鼓勵與幫助，吳宓所學專業日漸精進，在「紅學」研究中深得神韻，終於成為開宗立派、獨領風騷的一代宗師。為此，吳宓深為感激，並多次提及此事。許多年後，對於陳寅恪的學問人品，吳宓仍不無感慨地說道：「一九一九年一月底二月初，陳寅恪君由歐洲來到美國。先寓康橋Cambridge區之Mt. Auburn街。由俞大維君介見。以後宓恆往訪，聆其談述。則寅恪不但學問淵博，且深悉中西政治、社會之內幕。……其歷年在中國文學、史學及詩之一道，所啟迪、指教宓者，更多不勝記也。」[9]縱觀吳宓一生為人為學之品性，此說當為其發自肺腑的心聲。

一九二一年夏秋之交，吳宓獲得碩士學位後歸國，先後出任東南大學和東北大學教授，致力於西方文學教學和研究，同時兼任號稱「論究學術，闡述真理，昌明國粹，融化新知，以中正之眼光，行批評之職事，無偏無黨，無激無隨」的《學衡》雜誌主編。這份以梅光迪、柳詒徵等為主要創辦人，奉吳氏為「學衡派」領袖的雜誌，儘管遭到了另類文化派領袖陳獨秀以及幹將胡適、周豫才（魯迅）、周作人兄弟等人的強烈抵制與猛烈抨擊，但與胡適關係相當密切的曹雲祥，並未因此類江湖恩怨偏袒一方。當清華學校國學研究院籌備處成立後，曹氏慕吳宓的才學與名聲，力主聘其回母校為國學研究院籌備工作鳴鑼開道。吳不負厚意，很快辭去東北大學教職，懷著一份感念之情回到故都北京，二度踏進水木清華那寧靜安逸的校園，竭盡全力協助校長曹雲祥，積極物色延聘國內「精博宏通的國學大師」（吳宓語）來院執教。就在這樣一個節骨眼上，遠在萬里之外的陳寅恪，迎來了踏入清華園一試身手的歷史契機。

此時，陳寅恪已由美國哈佛大學轉赴德國柏林大學研究院攻讀。他得到清華聘請的電文後，經過一番躊躇思量，答應就聘。由於購書等事宜拖延了半年才起程歸國，又因母喪等事宜，回到上海的陳寅恪向校方請假在家中逗留了一年，直到一九二六年七月八日，方步入清華校園的大門。而這個時候，吳宓因與教務長張彭春矛盾加深，已辭去研究院主任之職，改任清華外國語言文學系教授。曾經薦舉趙元任步入清華講壇

一九二一年在德國柏林大學時的陳寅恪

的張彭春，也在與吳宓等人的紛爭中敗下陣來，被學生趕出了清華園，研究院事務由新任教務長梅貽琦兼理。⑩

混戰過後，處於多事之秋的清華園又恢復了往日的平靜。在蛙鼓蟬鳴與陣陣熱風吹蕩中，隨著陳寅恪擺動長衫緩緩登上承載著文化使命的聖潔講台，一個令天下學界為之震動，被後世廣為流傳並影響深遠的「四大導師」陣營業已形成，清華國學研究院迎來了它的巔峰時代。

這年十一月十六日，清華學校教務長梅貽琦來到陳寅恪住所商談，欲聘請一位大字號「海龜」（海外歸國學人）來校出任中國文史教授，以充實清華的文科陣容，壯大學校的整體實力，為即將改制的清華大學再加籌碼。陳寅恪稍加思索，脫口說出了一個人的名字。這便是聲名赫赫的五四運動學生領袖，當時仍在德國柏林大學研究院就讀的同窗好友——傅斯年。

從北大到柏林

陳寅恪所薦舉的傅斯年，字孟真，山東聊城人，清光緒二十二年（一八九六）出生於一個儒學世家兼破落貴族家庭，其祖上傅以漸乃大清開國之後順治朝第一位狀元，後晉升為光祿大夫、少保兼太子太保、兵部尚書、武英殿大學士，掌宰相職，權傾一時，威震朝野。傅以漸之後，傅門一族家業興旺，歷代顯赫，故聊城傅宅「狀元及第」的金匾高懸於門額，在當地有「相府」之稱。

傅以漸這位後世子孫——傅斯年，自幼聰穎好學，熟讀儒學經典，號稱「黃河流域第一才子」、繼孔聖人之後兩千年來

傅斯年進入北大預科時與其弟傅斯巖合影

新文化運動的先鋒：《新青年》與《新潮》雜誌封面。

又一位「傅聖人」。只是這位現代「聖人」與古代那位孔家老二不同的是，傅斯年生得肥頭大耳、身材魁梧，雖不是梁山泊那一幫聚眾鬧事者的後代，但卻具有梁山好漢的相貌與血性。心高氣傲，目空一切，接人待物具有泰山壓頂般磅礴氣勢。此人在產生小說《水滸》人物的地理環境中（南按：武大、武松、潘金蓮、西門慶等皆出身傅的家鄉聊城），經歷了十餘年家塾與官學修業，於一九一三年、十八歲時考入北京大學預科一類甲班就讀，憑藉其深厚的國學根基與聰穎頭腦，三年成績都名列前茅。一九一六年秋，升入文本科國學門繼續深造。一九一八年春夏之交，傅氏在進入北大的第五個年頭，與同窗好友羅家倫等人一道，以陳獨秀、胡適等教授主編的《新青年》為樣板，搞起了一個叫做《新潮》的刊物，學著《新青年》的樣子開始鼓吹新思想與新文學。這一做法在得到許多具有新思想的年輕人與「憤青」們歡呼追捧的同時，也遭到不少傳統儒生的反對與抵制。當時的北大學生，後來曾在史學界翻雲覆雨的顧頡剛曾說過，傅斯年們搞的那一套把戲，「最主要的目的，是想通過這個刊物把北大文學院的國粹派罵倒」[11]。這是顧氏與傅斯年大動干戈，徹底決裂之後的一家之言，未免有意氣用事的味道。按傅斯年與同僚們當時的理想與做派，不只是把「國粹派」罵倒了事，其中還夾雜著一種更具社會革命意義的構想——那就是「用手段高強的文學包括著『人』的思想，促動大家對於人生的自覺心，是我們的使命」、「未來的真正中華民國，還須借著文學革命的力量造成」、「未來的真正中華民國靠著新思想，新思想不能不夾在新文學裡」[12]等理想主義與具體的實踐活動。當時所謂的「國粹派」或「國故派」，指的是北大國學教授劉師培、黃侃（字季剛）、辜鴻銘等名重一時的國學大師，這一派系的文化思想和政治主張跟陳獨秀、李大釗、胡適等人相左。當時年輕的陳獨秀、胡適輩正以《新青年》為陣地不斷發表其政治文化主張，大張旗鼓地煽動全國大小知識分子與芸芸眾生，放棄古文而改用白話文寫作，欲在全國掀起一場狂風暴雨式的新文學革命。

這個時候與胡氏同住在北京城內胡同的周豫才、周作人兄弟，也雙雙加入這一倒孔反封的陣營，參與《新青年》編務，並成為這一陣營中衝鋒陷陣的驍將。一九一八年五月，周豫才以魯迅的筆名，在《新青年》發表了第一篇具有重大歷史轉折意義的現代白話小說《狂人日記》，發出了「鐵屋子的吶喊」。此後三年間，魯迅陸續在《新青年》發表小說、白話詩、雜文、譯文等五十餘篇，與胡適等人結成了同一戰線的盟友，向「吃人」的封建禮教亂棍飛擊，發出了「救救孩子」等呼聲。在對待中西文化的態度上，胡適與魯迅均在時代的大潮中奮力承載著啟蒙主義者的歷史使命，振臂高呼：「他們因為所信的主義，犧牲了別的一切，用骨肉碰鈍了鋒刃，血液澆滅了煙燄。在刀光火色衰微中，看出一種薄明的天色，便是新世紀的曙光。」[13]

一九二五年十二月，胡適（右）與「學衡派」主要成員胡先驌在上海聚會時合影，胡適自署「兩個反對的朋友」。

陳、胡、魯等一干人馬如此激烈的主張和做法，惹惱了當世的「聖賢大儒」，遭到了北京大學內「拖辮子復辟的辜鴻銘」、「籌安六君子」之一的劉師培、「兩足書櫃陳漢章」（羅家倫語）、章太炎的及門弟子黃侃等的強烈反對與回擊。這些名儒謂陳獨秀、胡適輩搞的那一套是不折不扣的狂言亂語，歪理邪說。於是，北大校園內，傳統國學派與新文化派展開了勢如水火的激烈爭鬥。號稱一代經學大師、「傲慢無比」（陶希聖語）、盛氣凌人的黃侃老夫子曾當著北大許多教授的面，對年輕的胡適公開戲謔道：「你口口聲聲要推廣白話文，未必出於真心，如果真要推廣，你的名字就不應該叫胡適之，應該叫『往哪裡去』才對。」胡氏冷不丁經此一擊，頗為尷尬，一時竟無言以對。[14]

隨著時間的推移與社會風潮洶湧奔流，傳統國學派與新文化派的較量，在北大這個既封閉又開放的圈子裡呈此起彼伏、愈演愈烈之勢。每當新派的胡適鼓吹用白話文寫文章「既明了又痛快」時，傳統國學派的黃侃便對之曰：「胡適之說做白話文痛快，世界上哪裡有痛快的事，金聖歎說過世界上最痛的事，莫過於砍頭，世界上最快的事，莫過於飲酒。胡適之如果要痛快，可以去喝了酒再仰起頸子來給人砍掉。」[15]為了證明文言文較白話文優秀，黃侃在課堂上公然講道：「胡適之口口聲聲說白話文好，我看未必，比如胡適之的老婆死了，要發電報通知胡博士回家奔喪，若用文言文，『妻喪速歸』即可；若用白話文，就要寫『你的太太死了，趕快回來呀！』十一個字，其電報費要比用文言文貴兩倍多。既費錢又囉唆，多糟糕？」此言一出，引得哄堂大笑，黃老夫子以勝利者的姿態搖頭晃腦得意起來。[16]如此接二連三地重拳出擊，搞得胡適灰頭土臉，頗栽臉面，不得不再度聚集兵將設法給予對方更猛烈的反擊。於是，北大國粹派與另類文化派越來越呈不把對方徹底打趴弄翻在地，決不收兵之態勢。[17]

就在這樣的背景下，傅斯年、羅家倫、汪敬熙、毛子水等二十餘名學生，自動組織起校內第一個響應另類文化運動的學生團體——新潮社，並創辦《新潮》雜誌，胡適應邀擔任該雜誌的顧問。在胡適或明或暗的運作下，新潮社得到了北大每月四百塊大洋的公款資助。自此，以傅斯年為首的革命小將，公開為新文化派擂鼓助威，以達到把劉師培、辜鴻銘、黃侃等經學大師徹底罵倒，使之一個個趴在地下口吐白沫、眼珠亂翻，或乾脆翹了辮子，令大家真正「痛快」一下的目的。國粹派們眼見對方勢力大增，不肯束手就擒，在黃侃親自組織指揮下，學生張煊（南按：後來為張學良的機要祕書）等人，很快弄出了一個稱做《國故》的雜誌，以維護傳統文化為己任，與《新潮》對抗交鋒。但《國故》始終處於劣勢，難敵《新潮》巨浪衝擊。未久，北大文科學生張國燾、易克嶷、許德珩輩又糾集一百餘眾，成立了一個名為「國民雜誌社」的團體組織，創辦《國民》雜誌，由張國燾任發行人兼經理，搖擺於新舊兩派之間。可惜這一魚龍混雜、綠林草莽氣味濃厚的團體，內部很快分化，產生了所謂的舊派、新派與走中間路線的調和派等亂七八糟、令人眼花繚亂的派別。一時間，北大校園內泥沙俱下，各種文化思潮如烏雲滾動中爆裂的雷電，相互碰撞、激蕩、交融。在一串串耀眼火花的閃亮躍動中，終於引爆了二十世紀黑暗中國的第一聲驚雷。

一九一九年五月四日，北京爆發了中國歷史上最著名的大規模反帝愛國學潮。當此之時，整個北京高校校園與街頭閭巷，風捲浪滾，豪傑並起，猛士如雲。胡適麾下頭號愛將傅斯年，儘管還沒有成為滿身散發著西洋氣味的「海龜」，而只是「富於鬥勁的蟋蟀」（羅家倫語）。但正因為稀有，才更加引人注目地在這股世紀大潮中鼓起翅膀呼風喚雨。學潮爆發後，傅斯年作為北京學生遊行隊伍總指揮，肩扛上書「還我山東，還我青島」等字樣的大旗，揮動手臂，率部衝出校園，一路浩浩蕩蕩向京都政治中心天安門奔來。在廣場集結並呼口號示威後，大隊人馬又轉赴東郊民巷外國使館交涉，卻遭到帝國主義者蠻橫阻止，北京街頭熱切的呼喚頓時變成了聲聲怒吼。在傅斯年指揮引領下，遊行隊伍轉赴趙家樓，以滿腔的愛國熱情與悲憤心境，痛毆了賣國漢奸曹汝霖

北大時代的傅斯年

一九一九年五月四日，北京大學示威遊行隊伍向天安門進發，前方手舉大旗者為傅斯年。

，一把火燒了趙家樓，中國新民主主義革命運動由此揭開了光輝的一頁。

趙家樓的沖天火光映紅了古老的京都，朝野為之震動，社會各階層紛紛起而仿效，並給予極大聲援。驚恐中的北洋政府在調集大批軍警鎮壓的同時，做出了查封北大，懲辦校長蔡元培的舉措。蔡元培於危難之際沉著果敢地與政府官僚周旋，以減緩各方壓力，安撫學生，勸其復課。同時聯絡組織平津地區的國立大學校長為營救被當局逮捕的學生奔走呼號。待被捕學生全部釋放，後世譽為「北大之父」的蔡元培為避其鋒銳，於五月八日夜提交辭呈悄然離京，遠走他鄉。

蔡元培走了，學潮漸漸平息，北大幸而保全。身為五四運動學生領袖的傅斯年，也於這年夏天畢業離校，懷著百感交集的心境回到家鄉聊城休整。

這年秋季，山東省教育廳招考本省籍官費留學生，傅斯年赴省會濟南應試，並以全省第二名的優異成績入選。儘管如此，主考方不但不把這位「黃河流域第一才子」放在眼裡，反因傅斯年所顯示的壓倒性優勢，壞了欲走後門安插親信的好事而成為當權者的肉中刺，眼中釘。當權者以「他是激烈分子，不是循規蹈矩的學生」為由，拒絕錄取。[18]山東省教育廳官員奉命對外的解釋是：假如傅斯年到了大英帝國或法蘭西，一不開心，效法梁山兄弟，再來一個三打祝家莊、火燒獅子樓之類的行動，把法蘭西的羅浮宮、巴黎聖母院等洋人的宮殿，用糞叉子、二叉鉤子或鐮刀斧頭加錘子，三下五除二給弄個底朝天；或哪一天像打虎的武二郎一樣喝高了，借著酒勁兒，把大英帝國的白金漢宮一把火燒個精光，山東方面乃至整個中國政府將吃不了兜著走。為了消除隱患，先斬之以絕禍根，乾脆斷了傅斯年出洋的念頭。如此這般，即使傅氏有三頭六臂，也不過「土鱉」一隻，再怎麼鬧騰，亦只能在他家鄉的地皮上翻跟頭，難以蹦躂出山東父母官與各色小吏的手掌心，更不會跑到太平洋或大西洋去揚風扎猛惹是生非了。

這個出乎意料的變數，使傅斯年如同挨了一記悶棍，頓感天旋地轉。傅斯年以及部分正直官員皆表示不能接受這一怪誕的說辭，聲言要訴諸法律。就在決定是一隻「海龜」還是「土鱉」這一重大人生命運的緊要關頭，以行俠仗義著稱的山東省教育廳一位叫陳雪南（名豫）的科長，出於對傅氏的同情和對貪官污吏的義憤，挺身而出，據理力爭，堅持應以考試結果為準，力主傅斯年放洋，並言道：「如果成績這麼優越的學生，都不讓他留學，還辦什麼教育！」[19]眼看陳科長已不顧自身得失與當權者叫起板來，一批具有文化良知的官員也藉機出面為傅氏大鳴不平。另有一群見風使舵，欲走後門而最終落敗者，也乘機煽風點火，四處鼓譟，給既得利益者施加壓力。在四面楚歌中，當權者出於各種考慮，終於做出讓步，把傅氏列入官費留學生名單。垂頭喪氣的傅斯年得此喜訊，當場喊了一聲「我的娘！」差點昏厥過去。待喝下一碗清水，長噓一口氣後，傅斯年打起精神，搓乾手心中那濕漉漉的汗珠，收拾行李返回北大，於同年十二月二十六日，晃動著小山包一樣龐大肥碩的身軀，由北京起身去上海，乘輪船赴歐洲，開始了為期數年的留學生涯。

就在傅斯年即將踏出國門之時，上海著名資本家、紡織大王穆藕初表示陸續捐出十萬元巨款給北大，要求校方選送五位「五四運動」中的學生領袖出國留學。留學期間的費用，比一般官費生略多。當時的官費生每人每月九十美元，穆藕初開出的費用為每人每月一百二十美元。在北大代理校長蔣夢麟和胡適等人的策畫下，選出了段錫朋、羅家倫、周炳琳、康白情、汪敬熙五人。因清朝末年政府曾派五位大員出國考察憲政，時稱「五大臣出洋」，此次五位學子蒙貴人眷顧，被坊間戲稱為北大「五大臣出洋」，一時為社會廣泛矚目。當時北大還有一位與「五大臣」勢均力敵的學生孟壽椿，本在預選之內，因名額限制被剔除。「五大臣」憐惜同學手足之誼，頗感過意不去，乃相商每人自願每月只要一百美元，把多餘的錢湊起來增加一個名額，孟壽椿得以好夢成真。穆氏捐款的受惠者實際上已是「六大臣」，只是「五大臣」的名聲已經叫響，沒有人再去計較數目了。

且說傅斯年到達英國後，先入倫敦大學研究院跟隨史培曼（Charles Spearman）教授攻讀實驗心理學，後兼及生物和數學、化學、統計學等。一九二三年由英國至德國，入柏林大學研究院攻讀比較語言學與史學。傅斯年之所以離英赴德，據其北大同窗羅家倫說：「一方面受柏林大學裡當時兩種學術空氣（一種是近代物理學如愛因斯坦的相對論，勃朗克的量子論，都是震動一時的學說；一種是德國歷來以此著名的語言文字比較考據學）的影響；一方面受在柏林的朋友們如陳寅恪、俞大維各位的影響。」[20]

正是為陳、俞二人的才學、人格與聲名所吸引，「目空一切」的傅斯年才棄倫敦大學而就柏林大學。隨著傅氏的到來，形成了二十世紀上半葉中國近代史上政學兩界名重一時的姻親三角聯盟，同時演繹了一段天才交會過往的歷史因緣。

北京初會

傅斯年與陳寅恪初次謀面，是他在北京大學讀書時，由同窗好友、陳寅恪的弟弟陳登恪介紹結識的。具體的時間已不可考，大約在一九一五年春夏之際，離著名的五四運動爆發還有四年。當此之時，二十歲的傅斯年正在北大預科就讀。儘管傅氏膽識俱在，國學功底深厚，在北大校園的小圈子裡牛氣沖天，不把同學與一般教授放在眼裡，走路總是鼻孔朝天，與同學說話大多扭著脖子哼哼唧唧，做不屑一顧狀，但仍屬於無名之輩。而二十六歲的陳寅恪已在日本、德國、瑞士、法國等地游學數載，肚裡裝了不少東洋與西洋的墨水，二人在這樣一種背景下相見，可以想像，傅斯年對陳寅恪的學問與見識當是深表欽佩的。許多年後，他由英國赴德國柏林大學研究院就讀，正是這次會晤結下的因果。

陳、傅結交，除了傅在學問上敬佩陳，不能排除的另外一個因素是「門當戶對」。由於陳登恪與傅氏友善，平日裡雙方對各自的家世背景已有所了解，並有氣味相投之感。而這一點，對特別注重「門第」與「出身」的陳寅恪與傅斯年而言，又為柏林相見和二人的友好交往無形地拉近了距離。門第之高低，出身之貴賤，是人與人交往的基礎，也是一根維繫陳、傅二人幾十年關係的重要紐帶。

傅斯年乃大清名臣之後，陳寅恪亦非出身草根的燕雀之輩，祖上乃江西義寧州（現為修水縣）著名的中醫世家，以儒學通醫，家風德教不衰。據義寧史志載：寅恪祖父陳寶箴（字右銘）少負志節，秉承家風，精通儒學醫道，於咸豐元年（一八五一）恩科鄉試中舉，揀選知縣。咸豐六年，寶箴入京參加會試，不第留京，居三年，期間得以交結四方雋雅之士。咸豐十年冬，英法聯軍陷天津，犯京師，咸豐帝北狩，時朝廷中樞深恐在南方起事造反的洪楊太平軍乘機沿運河北犯，搶劫通州庫存倉米。正無計可施間，陳寶箴獻出奇策，條陳防守六事於樞府：「設傳駝更運，前明于忠肅成法也。」驚惶失措的樞府採用其計，旦夕之間將通州屯糧移至京師，寶箴一計而引起朝臣矚目。[21]未幾，英法聯軍攻入北京，數千黃毛官兵操刀弄槍嗷嗷亂叫著撲向西郊圓明園，一番瘋狂砍殺劫掠之後縱火焚燒，園中瓊樓玉宇皆被殃及，一時濃煙彌漫，火勢沖天。陳寶箴時在城內酒樓與友人交談時勢，遙見西天半壁紅光，知這座「萬園之園」與大批稀世國寶萬劫不復，頓時情緒失控，欲跳樓自盡以醒世人，幸被友人攔腰抱住免於以身相殉。陳氏落坐後乃捶案大哭，舉座皆驚。

咸豐十一年，陳寶箴南歸省母，時曾國藩以兩江總督之職屯駐安慶，陳氏前往拜謁，曾氏引為上賓，驚其才學識見，譽為「海內奇士」，欲留於幕府視事。陳氏不願為幕客，欲親臨戰場與洪楊太平軍一較高下，遂辭謝，復歸江西老家。未久參加席寶田江西軍，籌畫與敵戰。席氏曾隨前江西巡撫劉坤一率部追擊太平軍石達開部，入廣西並攻取柳州，因功賞戴花翎。時席寶田與江西巡撫沈葆楨不和，而沈又與兩江總督曾國藩不睦。面對錯綜複雜的政治時局，陳氏經過深思熟慮，離江西入曾國藩幕府，曾氏見之驚喜交加，當即書有「半杯旨酒待君溫」等

陳氏一家攝於南昌。中坐者為陳寶箴，前立者為陳封可。後排左起：陳方恪、陳寅恪、陳覃恪、陳衡恪、陳隆恪。（引自陳小從《圖說義寧陳氏》）

句以勉。同治三年（一八六四），湘軍攻陷天京（今南京市），太平天國幼主洪天貴福在洪仁玕等臣僚將士的護佑下，與眾宗室姻親出逃。陳寶箴以一個傑出戰略家的眼光與聰敏頭腦審時度勢，斷定洪氏一行必逃往瑞金，遂立即建議席寶田於廣昌、石城間伏擊，席依其計，果在道中俘獲太平天國幼主洪天貴福及洪仁玕、黃文瑛、洪仁政等重要人物。陳寶箴由此名動公卿，聲布朝野。

光緒元年（一八七五），陳寶箴受命署理湖南辰沅永靖兵備道，治鳳凰廳（今鳳凰縣）。此處地瘠民貧，匪患猖獗，數十百年獷悍囂凌之氣，歷屆官吏皆束手無策。據曾國藩的嶽麓書院同學、晚清著名外交官郭嵩燾撰文稱，陳氏得署鳳凰後，「就其地求得幹才一二人，授方略，令各清其族，捕治數十人，不逾月而民氣為之一變，至今帖然誦廉訪（南按：明清對按察使的通稱，寶箴後曾任此職）之遺愛也。」[22]此後，教民鑿石通水，使行舟可運，又教山民種茶栽樹，以薯刨絲曬乾可久藏不壞，可摻大米蒸成飯食用，解決了當地缺糧之苦。

因治鳳凰政績卓越，陳寶箴仕途開始順暢，相繼出任浙江、湖北按察使等職。光緒二十年，海外耀兵，陳寶箴自鄂調京師畿輔，出任直隸布政使。未久，中日甲午海戰爆發，號稱裝備優良的大清北洋水師頃刻間灰飛煙滅，名滿天下的洋務運動毀於一旦，大清帝國像一個被掏空了的枯乾泥足巨人，被日本小鬼一招撂倒在地，再也沒有爬起來。泱泱中華敗於彈丸島國，朝野驚慌，寰宇震動。翌年，李鴻章簽訂《馬關條約》，割地賠款，國人深受刺激，陳寶箴聞之痛哭，呼曰：「無以為國矣！」㉓其間，陳氏曾入京謁光緒皇帝，多所陳策。寶箴見光緒愁容滿面，心力交瘁，乃奏請皇上日讀聖祖（南按：即康熙）《御纂周易》，以期遇變而不失常。光緒聞之頗以為然，感念不忘。

甲午之戰，是中國徹底走向衰敗的轉捩點，國際地位江河日下，面臨被世界列強五馬分屍、大卸八塊之危境。此時朝廷支柱李鴻章持盈保泰，暮氣已深，且因在馬關簽訂恥辱之條約，被輿論所困。康有為、梁啟超等進京趕考的舉子藉機鬧起了學潮，於悲憤中千餘人聚眾上書，聲言拒和、遷都、變法，一時間，社會激進之士紛紛跳將出來指點江山，激揚文字，謂醇親王奕譞、李鴻章等朝廷命官為「濁流派」，視如糞土。而以恭親王奕訢、李鴻藻、陳寶箴、張佩倫、沈葆楨、張之洞等為首的「清流派」乘機崛起得勢。在政局激蕩、社會秩序劇變的大混亂、大動盪中，被譽為「清流派」中流砥柱的陳寶箴，受朝廷重臣、兵部尚書榮祿薦舉，於光緒二十一年秋八月，以直隸布政使詔授湖南巡撫，一躍成為封疆大吏。陳寶箴的宦海生涯在達到頂點的同時，也開始在湖南這潮濕溽熱的地盤上大膽改革、銳意進取，展開了一系列匡時濟世的政治活動。

湖南省三面環山，交通不便，近代以前幾乎與外界呈隔絕狀態。按照窮山惡水出刁民的世事規律，此時的湖南山民多暗塞悍直，剛勁率勇，同時也以刁鑽野蠻霸橫保守著稱於世。長沙一帶自古被視為南蠻卑濕之地，貶謫者多遷於此，如屈原、賈誼、褚遂良、杜甫、柳宗元、劉禹錫等。李白在〈與史郎中欽聽黃鶴樓上吹笛〉中曾有「一為遷客去長沙，西望長安不見家」的詩句，道出了此地偏僻荒涼之情狀。柳宗元在永貞革新失敗後，被貶為永州司馬，在湖湘度過了與屈原差不多相同的十年流放生活，留下了大量膾炙人口的詩文辭賦。劉禹錫與柳宗元為同樣的原因同時被貶，做朗州司馬。朗州即今常德，恰好是屈原當年放逐的地方。在朗州，劉禹錫整理創作了大量的歌謠，因題材大多來自民間，與文人的創作風格大不一樣，如〈瀟湘神二首〉曰：

湘水流，湘水流，九疑雲物至今愁。
君問二妃何處所？零陵香草露中秋。
斑竹枝，斑竹枝，淚痕點點寄相思。
楚客欲聽瑤瑟怨，瀟湘深夜月明時。

這些根據民間歌謠創作的詩歌，儘管增添了一股新鮮的格調與活力，與充滿哀怨的流放者文學不可同日而語，但在自然清新中仍夾雜著作者淡淡的哀愁與憂傷。直到明清之際，湖南尚處在以中原為核心的中國的邊疆地帶，歷史上鮮有名士良將出現，僅三國蔣琬、唐代劉蛻、元朝歐陽玄、明人劉三吾等幾位小字號名人而已。清中葉之前，能稱得上一時才俊和名士者亦不過王夫之、賀長齡、陶澍、魏源等寥寥數人。

時至晚清，情形為之巨變。由於湖南交通條件改善，商品流通與經濟相繼發生變化，政治、文化也隨之大為改觀。到了洪楊太平軍起義於南國，以曾國藩、胡林翼、羅澤南為代表的湘軍興起，湖南形勢發生了翻天覆地的變革。三湘大地的各色人物，使出湖南人刁蠻霸橫的強勁，沿著「修身齊家治國平天下」的傳統大路，在大清帝國內憂外患的末日裡橫衝直撞，浴血搏擊。隨著天京陷落，太平天國崩潰，長毛歸降流亡，曾國藩、曾國荃、胡林翼、羅澤南、左宗棠、彭玉麟等輩，終於闖出了叱吒風雲的大事功，一時為天下所重。湘軍將領如同串起的糖葫蘆，一個連著一個，官運亨通，步步高升，直做到巡撫、總督等封疆大吏。一時間大清帝國幾乎一半的督撫職位為湘軍將領占據。朝廷中樞更是不乏湘籍將領，湘籍官吏可謂聲光四射，氣薰朝野。比湘軍稍後興起的李鴻章之淮軍，其營制、餉章盡仿湘軍。而晚清興起的「兵隨將轉，兵為將所有」的陳規陋俗，終於形成了尾大不掉、軍事失控的變亂之局。到光緒末年，朝廷一兵、一卒、一餉、一糈，都不得不仰求於湘軍與淮軍等「勇營」升起的督撫大吏予以調撥。大清帝國幾乎成為湘、淮軍人的天下。同治八年（一八六九），撰《湘軍志》的湖南大儒王闓運經過湘鄉城，目擊「將富兵橫，矛戟森森」的情況，「如行芒刺中」，預言「恐中原復有五季之勢，為之鯢杌」，並「知亂不久矣」。[24]湘、淮軍人造成的這種畸形政治格局，深深影響了中國近代史的進程。

陳寶箴詔授湖南巡撫之時，正值傳統文化與新思想交鋒對銳，濁流與清流兩個政治派別撕咬搏擊最為劇烈之際，加之湖南又遭逢大旱，連綿二十餘縣受災，赤地千里，飢民流離，盜匪蜂起，朝廷驚憂。陳寶箴以一個出色政治家的姿態由直隸南下，取水道經湘水至長沙，悄悄潛入湖南巡撫衙門，專電諸省大吏，請求援助，同時頒布嚴禁販米出境令，違者格殺勿論。時岳州洞庭湖岸有逾千艘欲販米於江西的舟船聚集，聞令後發生譁變，當地政府官吏紛紛出逃躲避。陳寶箴聞報，立遣總兵率軍隊持符節急趨岳州，採取以暴制暴的手段，對聚眾滋事者迎頭痛擊。大軍抵達洞庭，將幾十名亂首一一擒獲，或砍頭，或剁腳，或火燒，或烹煮，或索性扔進油鍋炸做肉團麻花令士卒分食。血光過後，眾皆驚恐，人心大定。

除了鐵腕與霸氣，陳寶箴以罕見的政治家氣度清楚地認識到，治湘之法，「其要者在董吏治、闢利源；其大者在變士習，開民智，飭軍政，公官權。」[25]由是先從吏治入手，經過一段時間的明察暗訪，將各府縣刁鑽蠻橫又昏墨不職的朝廷命官就地革職查辦，對罪大惡極者嚴懲不貸。時桃源縣令貪贓枉法，橫行鄉里魚肉百姓甚烈。陳寶箴偵知，令人拿入大牢，先是一頓老虎凳與辣椒湯伺候，爾後上其罪而遣戍邊。於此一著，群吏皆駭，綱紀凜然。當吏治行措在板子、老虎凳加辣椒湯的協助下被梳理一遍後，陳寶箴又開始大刀闊斧地厲行新政，創辦洋火局、電報局、官錢局、鑄錢局、鑄洋圓局、蠶桑局、工商局、水利局、輪船公司，同時開設礦務總局，擇銅、煤、鉛、銻等較有把握之項，試行開採。此後下大力氣創辦武備學堂與發展文教事業。

有道是打仗親兄弟，上陣父子兵，陳寶箴之子陳三立（號散原），見湖南的改革已呈如火如荼之勢，也挽起袖子欲助乃父一臂之力，積極加入到這一新興的陣營中來。

陳三立於光緒八年（一八八二）鄉試中舉，光緒十二年進士及第，先後出任京師吏部行走、主事。此時朝廷內部烏煙瘴氣，吏部弄權，小鬼當家，陳三立在派系傾軋中痛苦不堪，決定辭官隨從父親左右以助其力。同光年間，高官子弟襲父兄餘蔭，多聲色犬馬，酒食徵逐。時陳三立與湖北巡撫譚繼洵之子譚嗣同、廣東水師提督吳長慶之子吳保初、福建巡撫丁日昌之子丁惠康（一說陝甘總督陶模之子陶葆廉）合稱清末「四公子」，社會精英、儒林名宿與他們交游頻繁，日常聚集於陳之書房，時人稱之為「義寧陳氏開名士行」[26]。與王孫公子、紈絝子弟截然不同的是，喜好交游的陳三立胸懷大志，以天下興亡為己任，卓爾不群，一時聲名鵲起，凡有志者，特別是青年才俊皆樂與之交往。當陳寶箴入主湖南巡撫衙門後，陳三立發揮與當世賢士名流交游的特長，襄助其父招賢納士，講文論學，聲名頓起。此等情形正如吳宗慈在〈陳三立傳略〉中所云：「一時賢哲，如朱昌琳、黃遵憲、張祖同、楊銳、劉光第輩，或試之以事，或薦之於朝。又延譚嗣同、熊希齡、梁啟超等，創立時務學堂、算學堂、湘報館、南學會之屬。風氣所激厲，有志意者，莫不慨慷奮發，迭起相應和。於是湖南士習為之丕變，當時談新政者，輒以湘為首倡，治稱天下最。凡此為政求賢，皆先生所贊勳而羅致之者也。」[27]此段並非吳宗慈有意對陳氏父子阿諛奉承，僅從聘請的人物看，若無真正求賢的誠意和建功立業的志向與政治環境，像當時已得大名的譚、熊、梁等心高志遠的一代才俊，是不會捨棄京師與上海等大都市，而聚集到長沙一隅謀事效力的。僅此一點，足見所述事實並非虛妄，陳氏父子在天下士林公卿中的威望與非凡的治事能力據此得以確證。

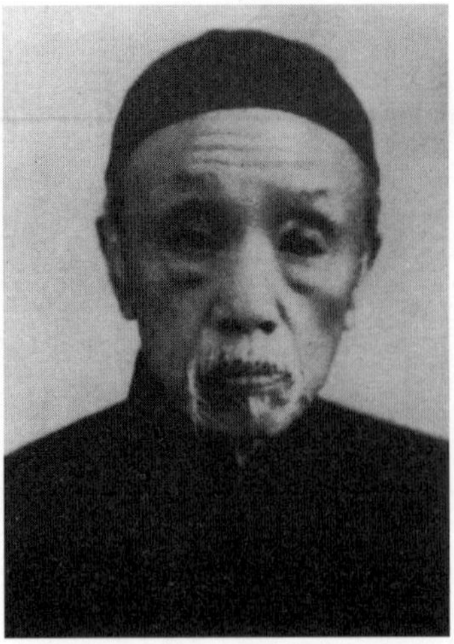

「同光體」詩派的代表人物陳三立

光緒二十四年（戊戌）四月二十三日（陽曆六月十一日），光緒皇帝頒《明定國是詔》，旗幟鮮明地接受康有為等輩的變法維新之策，百日內連下數十道詔令推行新政，設立農工商總局，廢除八股，創辦京師大學堂，翻譯西書，選派留學生等。社會開明紳士、公卿大夫、志士仁人聞訊，無不歡呼雀躍，如飲狂藥。遠在湖南的巡撫陳寶箴接詔，認為皇帝此舉大有作為，前途無量，國運將因此而振興，乃奮起回應。困守於紫禁城、孤獨寂寞的光緒聞之大為感動，屢詔嘉勉。為感謝今上的知遇之恩，挽狂瀾於既倒，扶大清帝國之傾塌，陳寶箴於熱血沸騰中，盡舉平生所知京外官吏之能者與所屬吏士之可用者二十餘人，上奏朝廷，備皇帝採擇。於是在京的官吏楊銳、劉光第，外官惲祖祁輩被光緒選中，楊、劉與譚嗣同、林旭等儒生共授四品卿銜，充軍機章京。陳寶箴見狀，大喜，遂再接再厲，心懷一腔熱血，上疏云四章京雖有異才，然恐其資望輕而視事易，須得一資望深厚、辦事穩健的朝廷重臣領之，乃力薦張之洞入主中樞統領群賢，為國效力，光緒信以為然，從之。

然而，光緒與陳寶箴等維新者的好夢剛過百日，八月初五日（陽曆九月二十日），一直貓在頤和園暗中觀察動向的慈禧老佛爺，從紫禁城飄來的霧影風聲中感知將有禍及自身的兵變發生，乃採取先發制人的兵家策略，於月黑風高之際，神不知鬼不覺地潛回中南海，下令囚禁光緒，次日宣布訓政，捕殺維新黨人。時康有為、梁啟超輩均在京師，聞變，康逃香港、梁逃日本避難，得以免死。而名噪一時的軍機處四章京楊銳、劉光第、譚嗣同、林旭與在維新變法中搖旗吶喊、擂鼓助威者楊深秀、康廣仁（康有為之弟）等「六君子」，俱被捕獲，斬於京師菜市口。

據云，當變法失敗後，譚嗣同本有機會像康有為、梁啟超一樣逃離京師，流亡海外，或到西方列強駐北京的使館避難。然而譚氏卻認定「中國的新舊兩黨非鬧得流血遍地，國家才有希望」，故有「我以我血薦軒轅」之志，並對勸他東遁的日本友人說：「各國變法，無不從流血而成，今中國未聞有因變法而流血者，此國之所以不昌也。有之，請自嗣同起！」[28]

當譚嗣同於菜市口走下囚車，受刑前一刻曾質問監斬官：「革新變法有何罪過？為什麼不審而斬？」監斬官剛毅答曰：「我哪管得那麼多。」揚手投去殺頭的令箭，讓劊子手持鬼頭刀上前行刑。譚嗣同的頭在被砍下的剎那，還在高呼口號：「有心殺賊，無力回天；死得其所，快哉快哉！」

譚氏在戊戌政變前後的所作所為，特別是人頭落地前歇斯底里的狂呼大叫，令後世研究者大感迷惑並為此爭論不休。許多年後，陳寅恪在成都燕京大學任教期間，曾對他的學生石泉（本名劉適）、李涵談到早年家住湖南巡撫衙門時與譚嗣同家的一些交往，多少道出了一點玄機。陳謂譚嗣同幼年喪母，受繼母虐待，常常跑到陳家去哭。譚熱情奔放，易於激動甚至偏激的性格，恐與早年家庭環境有關。按陳寅恪的說法加以推斷，譚氏在腦袋掉地之前咆哮，當源於此。另據陳寅恪透露，「六君子」被斬於菜市口，只不過是以慈禧為首的后黨與以光緒為首的帝黨矛盾總爆發的一個極端結果，其實在戊戌政變前，慈禧的后黨已是殺機四伏，危及光緒的黨徒了。當年珍妃入宮前的老師文廷式（字芸閣），乃有名的江西才子，榜眼出身，與陳家有同鄉之誼，且過從甚密。在甲午前後政局動盪中，是一位上竄下跳的活躍人物，堪稱帝黨中的一員幹將。但隨著珍妃受慈禧老佛爺的打擊而失勢，黨羽文氏亦被革職回籍。戊戌政變的前夕，慈禧的后黨採取了一個「斬足」行動，對帝黨中樞周邊黨徒先行密旨拿問。文廷式通過密布京城的好友與徒子徒孫得到消息，知大禍來臨，連夜從家鄉逃出，流竄至湖南長沙，在巡撫衙門躲避。陳寶箴深知事關重大，稍有不慎即招來殺頭滅門之罪，但念及舊情故誼，還是收留了文氏。三天後，由陳寶箴祕密安排，並贈三百兩白銀於文氏，送其潛往日本避難。文氏直到庚子年（光緒二十六年，一九〇〇）義和團事起後方返故土，此時朝廷已無力顧及他是有罪還是無罪，是帝黨還是后黨之徒，他算是躲過了一劫。㉙

譚嗣同

文廷式僥倖活了下來，但當年搭救他的陳撫台卻命歸黃泉了。

隨著中國近代史上著名的「百日維新」大幕的降落和楊銳、譚嗣同等人頭落地，陳氏家族的政治生命也走到了盡頭。戊戌政變之後，因楊銳、劉光第、譚嗣同輩乃陳寶箴所薦，加之湖南為新政改革急先鋒，宇內聞名，慈禧老佛爺盛怒中於八月二十一日（陽曆十月六日）下達詔諭：「湖南巡撫陳寶箴，以封疆大吏，濫保匪人，實屬有負委任。陳寶箴著即行革職，永不敘用。伊子吏部主事陳三立，招引奸邪，著一併革職。」[30]

悲憤交加的陳寶箴於無可奈何中卸去頂戴花翎，黯然走出長沙城那高大威嚴的巡撫衙門，攜家帶口返回江西南昌隱居。其時妻子黃夫人早於一年前病逝，停靈於長沙，寶箴扶柩就道抵達南昌，葬夫人於南昌府城西四十里西山（今新建縣境內，古名散原山）之下，築室墓旁，名曰崝廬。其宅前後各三楹，雜屋若干楹，樓上有游廊，可與墓地相望，環屋為女牆。寶箴在此種梅植竹，蓄魚養鶴，澹蕩吟遊山水之間，至光緒二十六年六月二十六日神祕去世，享年七十歲。

關於陳寶箴之死因，坊間流傳多種版本，按其子陳三立編〈湖南巡撫先府君行狀〉言，乃「忽以微疾卒」，正史多採用此說。另有一說稱為慈禧老佛爺賜死。如近人宗九奇在〈陳寶箴之死的真象〉一文中云，近人戴明震先父遠傳翁（字普之）《文錄》手稿記載：「光緒二十六年（庚子）六月二十六日，先嚴千總公（名閎炯）率兵弁從巡撫松壽馳往西山『崝廬』宣太后密旨，賜陳寶箴自盡。寶箴北面匍伏受詔，即自縊。巡撫令取其喉骨，奏報太后。」[31]此文刊出後，著述此類題材者多有引用，並添油加醋予以鋪排，遂使「賜死」之說流傳於世。據當代史家王子舟考證，宗氏所引記載的真實性有待確證，但陳寶箴去世後，陳三立常往來於南昌、南京之間，春秋總回西山掃墓，每有詩篇，皆煩冤茹憾，呼天泣血，父墓成其歌哭之地。「推諸跡象，賜死之說似不謬。」[32]

陳寶箴有子女各二人，長子陳三立，即陳寅恪生父，次子陳三畏，早卒。

槎浮海外

陳寶箴詔授湖南巡撫時，六歲的陳寅恪隨父母、祖父母寓長沙巡撫衙門內。陳三立元配羅氏生長子衡恪後不幸病逝，繼室俞氏生子隆恪、寅恪、方恪、登恪，女康晦、新午、忼余（安醴）。寅恪出生於光緒十六年（一八九〇），祖母黃夫人以其在寅年，取名寅恪，恪字為兄弟間排行用字。寅恪在家族中排行第六，故晚姪輩又稱其為六叔。

陳寅恪大約五六歲即進入家塾蒙館就讀，延聘之塾師已不可考，所學除四書五經之類，另有算學、地理等現代知識。陳寶箴神祕死去的那一年，三立攜家遷居金陵，除家塾外，還在家中創辦了一個現代化的思益學堂，延師教讀，時年十一歲的陳寅恪進入思益學堂接受教育。據陳衡恪的兒子陳封懷云：「自祖父挈家寄寓金陵，延聘西席外，在家裡又辦了一所學堂。四書五經外還開有數學、英文、音樂繪畫等課程，以及文、體設備。這所學堂除了方便自己家中子弟外，親戚朋友家子弟也附學。（如茅以昇、茅以南兄弟等。）六叔和幾位叔叔都是在這種環境下，打下他們對國學的基礎。另外，還具備良好的讀書條件：祖父藏書很豐富，六叔在他十幾歲以及後來自日本回國期間，他終日埋頭於浩如煙海的古籍以及佛書等等，無不瀏覽。」㉝陳隆恪的女兒陳小從也說：「我父和六叔在出國前那段啟蒙教育都是延師在家教讀，先後所延聘教師

陳氏兄弟。左起：陳隆恪、陳覃恪、陳衡恪、陳寅恪、陳方恪。（引自陳小從《圖說義寧陳氏》）

有王伯沆（名瀣）、柳翼謀、蕭厔泉（散原精舍詩中所稱蕭稚泉）等。蕭兼為畫家，曾教過三位姑母學畫。當教師初到時，祖父常和他們約：第一、不打學生，第二、不背書。這和當時一般教師規範大不相同。所以父親和幾位叔叔都是在這種輕鬆活潑比較自由的氣氛中，度過他們的蒙館生涯。」❸❹陳小從所說的柳翼謀即後來在學界赫赫有名的國學大師柳詒徵，校長則是一代名儒陶遜（字賓南），另有湘潭周大烈等宿儒為教席。學生除以上所列，另有俞氏舅家子弟、周馥之孫周叔弢、杭州朱子涵之子朱伯房、常熟宗白華等。其時學生們梳辮髮，穿制服，一派新式模樣。兩江總督張之洞駐金陵時，對陳三立創辦學堂深表讚許。繼張氏之後出任兩江總督的端方，慕其名聲，曾親到學堂視察，見學生們列隊敬禮，神清氣爽，模樣俊秀可愛，欣喜之下每人特贈文房四寶一份予以嘉獎。

正是這種家學淵源與私門授業，使少年陳寅恪自幼熟習國學典籍，而新式學堂所傳授之地理、算學、英文、音樂、圖畫等現代知識，又博其思想，增其見識，拓其視野，為日後放洋游學，接受東西洋現代文明洗禮打下了堅實的基礎。據陳寅恪晚年在「文革」中於中山大學第七次交代底稿說：「小時在家塾讀書，又從學於友人留日者學日文。」❸❺自陳封懷、陳小從的回憶與陳氏本人的「交代」看，身為有進士功名的文化名宿、「同光體」詩派的代表人物陳三立，對子女教育是經過深思熟慮和作了現代科學規畫的，宋代通儒張載的「為天地立心，為生民立命，為往聖繼絕學，為萬世開太平」，在陳三立的心中占據重要位置，而為中國傳統文化延續血脈，則是這位進士出身的吏部主事骨血裡流淌不息的因子。在創辦學堂的同時，陳三立已經萌發了送子赴日與歐美留學深造的構想。究其內情，除陳寅恪在長大成人直至晚年，偶爾對相熟者提及外，知之者甚少，而能對義寧陳氏一門文化淵源詳加分析者更是鳳毛麟角，只有梁啟超、吳宓、俞大維、傅斯年等少數幾人體會出箇中況味。一九四三年，吳宓在撰寫〈讀散原精舍詩筆記〉時，曾言道：

> 又先生一家三世，宓夙敬佩，尊之為中國近世之模範人家。蓋右銘公受知於曾文正公（右銘公之家世經歷，亦略同曾文正），為維新事業之前導及中心人物，而又湛深中國禮教，德行具有根本；故謀國施政，忠而不私，知通知變而不夸誣矜躁，為晚清大吏中之麟鳳。先生父子，秉清純之門風，學問識解，惟取其上，而無錦衣紈絝之習，所謂「文化之貴族」，非富貴人之驕奢荒淫。降及衡恪、寅恪一輩，猶然如此。誠所謂君子之澤也。先生少為「四公子」之一，佐父首行維新改革於湘中，坐是黜廢禁錮，而名益顯，望益高。所與交遊倡和者，廣而眾。又皆一世之名士學人高材碩彥。故義甯陳氏一門，實握世運之樞軸，含時代之消息，而為中國文化與學術德教所託命者也。寅恪自謂少未勤讀，蓋實成於家學，淵孕有自。而寅恪之能有如斯造詣，其故略如宓以上所言，非偶然者也。[36]

吳氏之說大體不差，陳寅恪正是承繼了中國文化與學術德教，放洋游學，開始了他尋求救世之道的漫長途程。

光緒二十八年（一九〇二）春，留日風潮興起，十三歲的陳寅恪隨長兄衡恪離金陵赴上海，以自費留學生的身分踏上了駛往日本的輪船。行前在上海旅館偶遇英國傳教士李提摩太（Timothy Richard）。此君本一介傳教士，無職無權，但卻屬中國老百姓常說的「能人」一類。其人除了腦子靈活，善於投機鑽營，肚子裡也確實有點料。憑著他的識見和機巧，在清末政壇上縱橫捭闔，左右逢源。戊戌變法之年，幾乎成了光緒皇帝的顧問，其譯著《泰西新史攬要》一度風行中國，傳誦一時，為知識界所廣泛矚目。李提摩太漢語甚好，見衡恪、寅恪兄弟欲赴東洋留學，遂用漢語與之交談，並謂：「君等世家子弟，能東遊，甚善。」[37]

輪船鳴響著汽笛離開上海吳淞碼頭，大海蒼茫，碧水藍天，如此浩瀚壯闊的場景，是陳家兄弟生平第一次遭遇。為此，陳衡恪寫下了「生平海波未寓目，乍疑一片水蒼玉」的壯麗詩句。[38]身材瘦小、童氣未脫的陳寅恪，從此開始了漫長的海外游學生涯。

陳家兄弟踏上日本國土，入東京弘文學院就讀。該校是明治三十五年（一九〇二）四月，由嘉納治五郎為中國留學生開辦的私立補習學校，受日本文部省委託，專門接受中國留學生預備教育，主要講授日語及普通科，如

一九〇四年，陳衡恪、陳寅恪、陳隆恪（自右至左）留學日本時合影。

教育、心理、倫理、教授法、管理法等，修業年限由半年至三年不等，主要看學生各自的條件和造化。與陳家兄弟同船赴日的留學生一百二十餘人（南按：時已在日本的中國留學生約三百人左右），另有四十人赴歐洲留學。在東京碼頭下船後，進入弘文學院就讀的人數共五十六名，其中寄宿生二十二名。在這二十二名學生中，就有比陳寅恪年長九歲，虛歲二十二的紹興小個子周豫才。這一年，魯迅於南京水師學堂附設的礦路學堂畢業，和其他幾位同學將被派往日本留學。三月二十四日，在礦路學堂總辦俞明震的親自帶領下，魯迅等人乘日輪大貞丸由南京出發去日本。俞明震是個新派人物，魯迅求學時對他的印象不壞，後來在《朝花夕拾・瑣記》中對他有這樣一段描述：「但第二年的總辦是一個新黨，他坐在馬車上的時候大抵看著《時務報》，考漢文也自己出題目，和教員出的很不同。有一次是《華盛頓論》，漢文教員反而惴惴地來問我們道：『華盛頓是什麼東西呀？……』」[39]這個新派的總辦俞明震就是陳寅恪的舅父。其時，在大貞丸上，陳寅恪與其長兄陳衡恪作為自費留學生，也在其舅父俞明震的護送下，與魯迅等學生結伴同行。陳衡恪也是礦路學堂的學生，與魯迅同學且交情甚好。到達日本進入弘文學院後，陳衡恪與魯迅同住一舍，朝夕相處，過從甚密。陳家兄弟沒有想到這

個默不做聲、嘴巴上剛剛露出毛茸茸黑鬚的紹興「土老兒」（蔣夢麟語），會在後來以魯迅的筆名一舉成名，並把手中的筆當成標槍和匕首，終於成了「中國文化革命的主將」、「在文化戰線上，代表全民族的大多數，向著敵人衝鋒陷陣的最正確、最勇敢、最堅決、最忠實、最熱忱的空前的民族英雄」（毛澤東語）。不過日後的陳寅恪很少向外人道及與魯迅的這段因緣際會。據他自己晚年透露，因為魯迅的名氣越來越大，最後以「民族魂」的大旗蓋棺，繼而成為「先知先覺」和「全知全覺」的聖人，他怕言及此事，被國人誤認為自己像魯迅所指斥的「無聊之徒，謬託知己」，爾後「是非蜂起，既以自衒，又以賣錢，連死屍也成了他們的沽名獲利之具」[40]。因而，陳氏一生留下的詩文與回憶文章，幾乎看不到他與魯迅的交往經歷，倒是在魯迅一九一五年四月六日的日記中可看到「贈陳寅恪《域外小說》第一、第二集，《炭畫》各一冊，齊壽山《炭畫》一冊」等記載。[41]這是陳寅恪的洞察事理與自尊之處。

光緒三十年（一九〇四）夏，陳寅恪趁著假期回國返南京。據當代史家王子舟說，陳氏歸國之原因可能出於在日費用見絀，因為當時留日者多富家子弟，有些日人藉機刮其錢財。[42]留日學生進書店，圖書加價；進商店，貨品加價，乃至「房東揩他們的油；扒手、小偷虎視眈眈；下女替代買東西要一成半的小費；野妓打扮成女學生，以妖眼來誘惑，得病即為醫生之餌」[43]等卑鄙行徑司空見慣，中國學生深受盤剝欺騙之苦。當然，陳寅恪歸國可能還有另外一個目的，就是爭取官費的資助。因為歸國未久，就與其五哥陳隆恪同時考取了官費留日生，並於這年晚秋再度赴日，同行者有李四光、林伯渠等人。陳三立有〈十月二十七日江南派送日本留學生百二十人登海舶，隆寅兩兒附焉，遂送至吳淞而別，其時派送泰西留學生四十人，亦聯舟并發，悵然有作〉詩，第二首云：「游隊分明雜兩兒，扶桑初日照臨之。送行余亦自厓返，海水澆胸吐與誰。」[44]此次赴日，寅恪重返東京弘文學院，其兄初入慶應大學，後轉入東京帝大財商系就讀。

寅恪二次赴日，正值日俄因爭奪中國東北利益而大打出手之時。日本侵占中國的旅順、大連、營口等地，而苟延殘喘的清政府只能作為「局外中立者」，劃遼河以東地區為兩國交戰地，遼河以西為中立區，眼睜睜地看著成群的狼熊在中國土地上瘋狂撕咬嗷叫而束手無策。這一狼一熊相爭的結果是：俄國熊傷勢嚴重，漸感體力不支，不得不放棄在中國東北部分特權，拱手送給日本狼，並割庫頁島南半以謀和，日本狼藉此獲得滿洲南部特權。至此，世界各國的豺狼虎豹在中國的勢力範圍基本劃定：德國占據山東半島；法國擁有兩廣、雲南、四川；俄國盤踞北滿；日本囊括南滿、福建，並獲得在東三省擴大通商、營建鐵路、經營租界等項特權；英國以長江流域、雲南、西藏為勢力範圍；美國的胃口更大，推行所謂的「門戶開放」政策，要求全中國的門戶統統無條件地向強大的美利堅合眾國開放。

光緒三十一年，陳寅恪因患腳氣病，不得不與兩位兄長衡恪和隆恪告別，獨自回國調養。至此，為期近四年的日本留學生活徹底畫上了句號。病好後的陳寅恪沒有再赴日繼續深造，其緣由固然複雜，但在後世研究者看來，不外乎有如下幾個方面。

日本於日俄戰爭得手後，開始以世界列強的身分雄視東方，對中國人更是驕橫跋扈，極盡醜化蔑視之能事，留日學生被蔑為「支那人」、「豬尾巴」、「豚尾奴」、「清國奴」。魯迅在《朝花夕拾・藤野先生》中已描述過仙台學醫時那種泣血錐心的人生感受[45]，向來不善言辭的陳寅恪也曾多次表示過「早對日本人之印象不佳」[46]。面對日本舉國上下畢現的種種驕狂之態與輕妄之舉，不只有藤野先生那樣「小而言之，是為中國」，「大而言之，是為學術」的教授為中國留學生鳴不平，當時日本有識之士也曾表示了他們的憤慨與憂慮。著名政治家、學者宮崎滔天（宮崎寅藏）在〈關於中國留學生〉一文中曾明確地警告日本當局與國民：「我深為日本的威信而悲，為中日兩國的將來而憂，更為中國留學生的處境而不禁流淚。……我要寄語我日本當局、政治家、教師、商人、房東、下女、扒手、小偷和妓女，你們旦夕欺侮、譏笑、榨取、剝削、誘惑的『清國奴』中國留學生，將是新中國的建設者。他們今日含垢忍受著你們的侮辱，你們心中沒有一點慊焉之情嗎？侮辱他們，勢將受他們侮辱。

互相侮辱必將以戰爭終始。」[47]面對日人的驕橫與輕視，魯迅感到了切膚之痛，陳寅恪也自當不會例外。不過，當陳氏第二次去日本時，魯迅已離開弘文學院在仙台醫學專門學校就讀，如魯迅在自傳中所說：「這時正值俄日戰爭，我偶然在電影上看見一個中國人因做偵探而將被斬，因此又覺得在中國醫好幾個人也無用，還應該有較為廣大的運動……先提倡新文藝。我便棄了學籍，再到東京，和幾個朋友立了些小計畫，但都陸續失敗了。我又想往德國去，也失敗了。」[48]魯迅所說的小計畫，其中之一是企圖像當年的著名刺客荊軻一樣，採取暗殺手段再加以群眾暴動推翻滿清王朝。除了暗殺與暴動的宏圖大願，當時的中國留學生有相當一部分理想主義者，試著從文化上探尋救國之道，也就是要深究學術的精奧，解決形而上的問題，即胡適後來所宣導的「我們要救國，應該從思想學問下手；無論如何迂緩，總是逃不了的」[49]云云。而當時世界學術的前沿和最高殿堂在西洋而不在東洋，日本學術只是歐美學術的二手貨，要想真正明瞭徹悟先進文化的奧祕和前進方向，就必須像當年唐僧玄奘一樣，非到這一文化的發軔之地取經不可，否則近似扯淡。正因如此，魯迅便有了出走歐洲到德國求學的打算，可惜未能成行。倒是相對年輕的陳寅恪把這一理想化成了現實，了卻了平生夙願。

許多年後，陳寅恪在給清華學生授課時曾經說過：「日本舊謂其本國史為『國史』，『東洋史』以中國為中心。日本人常有小貢獻，但不免累贅。東京帝大一派，西學略佳，中文太差；西京一派，看中國史料能力較佳。」[50]

日本東京帝國大學是明治十九年（一八八六）由東京大學改制而成，借助明治維新的契機，改制後的東京帝大仿德國現代化大學制度開科辦學，並大量聘請外籍教師，尤以德國比例為重。當時德國柏林大學的史學大師蘭克（Leopold von Ranke），門下有一叫利斯（Ludwig Riss）的弟子，被聘為東京帝大新創立的史學科教授。後來名噪一時，且與陳寅恪在學術上交過手的東洋史代表人物白鳥庫吉，就是利斯指導的史學科第一屆畢業生。由於白鳥庫吉畢業後又游學德、匈等國，成名後參加過數屆國際東方學者會議，故陳寅恪稱東京帝大一派西學較佳。

而以內藤虎次郎為開山鼻祖的京都大學東洋史研究學派，所承繼的是日本漢學研究傳統，中文根底較深，即陳寅恪所說的「看中國史料能力較佳」者。儘管陳氏說這話時是在離開日本三十年後的一九三五年，但總體評價尚屬公允，這除了陳氏本人後來與日本學者有所交流外，與他當年游學日本有密切關係。如同後來中國的考古學派一樣，凡是傾向歐美學派與學術源流者，在新的文化進程中均得到發展壯大；凡承繼所謂傳統的學派如金石學者，逐漸沒落。日本的東京帝大派最終戰勝了西京學派而出盡鋒頭，其原因也固如此。

已見過世面並成為青年才俊的陳寅恪病癒後，不願再看日本小鬼的臉色，也不滿於日本的東洋史學，乃立下赴歐美游學，直接從現代學術源頭尋找啟迪的雄心大願。為實現這一理想，在出國前，陳氏插班進入上海吳淞復旦公學就讀，主攻英語，兼及德、法等語言。經過兩年半的苦熬，於宣統元年（一九〇九）夏畢業。是年秋，在親友資助下自費赴德國柏林大學就讀。宣統二年秋，遠在萬里之外的陳寅恪聞知日本吞併朝鮮的消息，想到了祖國與東方被壓迫民族的命運，慨然作〈庚戌柏林重九作〉詩一首，內有「陶潛已去羲皇久，我生更在陶潛後。興亡今古鬱孤懷，一放悲歌仰天吼」[51]之句，抒發了憂國憂民的悲憤情懷。

宣統三年春，陳寅恪腳氣病復發，不得已轉地治療，北遊挪威，二旬而癒。這年秋，陳氏至瑞士，轉入瑞士蘇黎世大學讀書。當他閱報得知國內發生了孫中山領導之辛亥革命的消息時，即去圖書館借閱德文原版《資本論》就讀，以了解這場革命的內在理論體系。抗戰期間，陳寅恪在成都病榻上與燕京大學學生石泉、李涵談到共產主義與共產黨時，曾涉及此事，陳說：「其實我並不怕共產主義，也不怕共產黨，我只是怕俄國人。辛亥革命那年，我正在瑞士，從外國報上看到這個消息後，我立刻就去圖書館借閱《資本論》。因為要談革命，最要注意的還是馬克思和共產主義，這在歐洲是很明顯的。我去過世界許多國家，歐美、日本都去過，唯獨未去過俄國，只在歐美見過流亡的俄國人，還從書上看到不少描述俄國沙皇警探的，他們很厲害，很殘暴，我覺得很可怕。」[52]據史家考證，陳寅恪可能是中國人中第一個閱讀德文原版《資本論》者。這一年，陳寅恪二十二歲。許多年後的一九五三年十一月，原為陳寅恪的研究生兼助手、時已成為中共黨員的北大教員汪籛，受中國科學院院長郭沫若與副院長李四光派遣，赴廣州中山大學敦促時任歷史系教授的陳寅恪北返，就任剛剛成立的中科院歷史研究所第二所（中古史研究所）所長。陳寅恪除了對汪籛這一不明事理和冒失舉動大為反感外，在親書的〈對科學院的答覆〉中曾有這樣一段耐人尋味的話：「我決不反對現在政權，在宣統三年時就在瑞士讀過《資本論》原文。但是我認為不能先存馬列主義的見解，再研究學術。我要請的人，要帶的徒弟都要有自由思想、獨立精神。不是這樣，即不是我的學生。你以前的看法是否和我相同我不知道，但現在不同了，你已不是我的學生了。所有周一良也好，王永興也好，從我之說即是我的學生，否則即不是。將來我要帶徒弟，也是如此。」[53] 對陳氏一貫提倡和堅守的「獨立之精神，自由之思想」這一深層意義暫且不表，至少從信中可以看出，陳寅恪作為最早讀過《資本論》原文的中國人之一，當不是虛妄孟浪之談。

陳衡恪（左二）與中華美術協會成員合影（引自陳小從《圖說義寧陳氏》）

一九一二年，也就是民國元年，陳寅恪腳氣病復發，且費用拮据，營養不良，加之國內局勢動盪，軍閥紛爭，城頭上的大王旗一日三換，陳三立被迫攜家避居上海，陳寅恪也不得不暫時歸國。據陳寅恪的姪子陳封雄

（衡恪之子）說，寅恪在游學歐洲期間兩次回國，「大部分時間都在家雜覽經史古籍，對史學感到濃厚興趣。他不但能背誦《十三經》，而且每字必求甚解，這也就奠定了他一生精考細推的治學方法。」[54]翌年春，陳氏腳氣病痊癒，再次踏上西行的航船游學海外，先入法國巴黎高等政治學校就讀，再游學倫敦。一九一四年八月，歐洲爆發了第一次世界大戰，中國留法學生均遭經濟困窘。這年秋天，江西省教育司長符九銘電召陳寅恪，要其回南昌總覽留德學生考卷，並許以補江西省官費留學生，陳寅恪應召取道回歸本土。此番游學歐洲，除其間曾回國短暫逗留外，前後凡四個年頭。

一九一五年春，陳寅恪於閱卷空隙，赴北京看望長兄陳衡恪。此時陳衡恪已由日本學成歸國，在教育部任編輯之職兼任北京師範大學與美專教授，成為名滿天下的大畫家，當時的美術界有「北陳南李」之譽。北陳指陳衡恪（陳師曾），南李指李叔同。

陳寅恪此次北上，在陳衡恪的引見下拜訪了許多京都名流，並得以與同船赴日留學的周豫才相會。這時的周豫才尚籍籍無名，除了在教育部履行僉事的公職，多數時間在陰沉破舊的紹興會館抄寫古碑，藉此紓解心中的鬱悶。那篇承托起他一世英名的白話小說《狂人日記》的發表，還要等到三年之後。周豫才送陳寅恪書、畫一事，就是發生在這段時間。正是這次北上，陳寅恪結識了他人生中至關重要的摯友——傅斯年，並為二人在柏林的重逢埋下了伏筆。

注釋：

[1]吳宓〈清華開辦研究院之旨趣及經過〉，載《清華週刊》，第三五一期（一九二五年九月十八日）。

[2]藍文徵〈清華大學國學研究院始末〉，載《談陳寅恪》，俞大維等著，傳記文學出版社一九七〇年初版。

[3][9]《吳宓自編年譜》，吳宓著，吳學昭整理，北京：三聯書店一九九五年初版。

❹《王靜安先生年譜》，趙萬里編，載《國學論叢》，第一卷第三號（一九二八年四月）。

❺《清華國學研究院史話》，孫敦恆編著，清華大學出版社二〇〇二年初版。

❻《交代我的罪行（九）：演講〈紅樓夢〉》，吳宓撰，轉引自《吳宓與陳寅恪》，吳學昭著，清華大學出版社一九九二年初版。該交代稿寫於一九六七年二月一日，共三頁。（見《吳宓日記續編》，第八冊，吳學昭整理注釋，北京：三聯書店二〇〇六年初版。）

❼ 51《陳寅恪集．詩集》，陳美延編，北京：三聯書店二〇〇一年初版。

❽《吳宓日記》，第二冊，吳學昭整理注釋，北京：三聯書店一九九八年初版。見一九一九年三月二十六日條。

❿關於吳宓辭研究院主任之職與張彭春被擠出清華園一事，情形頗為複雜，但總體而言是清華的吳宓一派與張彭春（字仲述）一派意見不合，相互傾軋所致。張彭春乃著名的南開大學校長、教育家張伯苓的胞弟。宣統二年（一九一〇），張彭春與趙元任、胡適等七十人同期，以第十名的成績考取庚款留學生二期放洋留美（趙元任名列第二，胡適列五十五名），在克拉克大學獲文學學士學位後轉入哥倫比亞大學就讀，研究文學、歐美現代戲劇。一九一五年，他獲哥倫比亞大學文學碩士及教育學碩士學位，為著名哲學家杜威（John Dewey）的得意門生，此後在美國任中國留美學生聯合會指導。一九一六年歸國，任南開中學部主任兼南開新劇團副團長，開始話劇創作活動。後來成為名人的周恩來、萬家寶（曹禺）等均是南開新劇團成員，受張彭春親自栽培的學生。一九一九年，張氏再度赴美國攻讀哲學，一九二二年獲哲學博士學位離美，赴英、法、德、丹麥等國考察。一九二三年任清華大學教授兼教務長。

當時的張彭春與胡適、趙元任等庚款二屆留美同學往來密切，與吳宓、梅光迪等學衡派成員（在南京以《學衡》雜誌為根據地，鼓吹所謂的傳統文化），或支持學衡派者不甚和睦。吳宓進清華，乃學校正急需人才之時，且是曹雲祥校長一手促成，身為教務長的張彭春與「暴得大名」的胡適都不好直接面對面地從中作梗，吳宓乘此空隙得以順利進入清華園。但自吳氏主持研究院日常事務後，情形逐漸變得複雜微妙起來。當校長曹雲祥行將出國考察時，薦張彭春以自代。因張與吳圍繞校政施教方面的主張常有不同意見，終致徹底決裂，成為勢不兩立，你死我活的仇寇。由於這樣的關係和派系成見，吳與胡適、趙元任的關係也越來越生硬，幾乎成了冤家對頭。但此時深受校長曹雲祥器重的張彭春，正處於青雲直上，一飛沖天之勢，並不把吳宓放在眼裡。事實上，無論從哪方面俗務來看，張彭春都有理由在吳宓面前驕傲並採取俯視姿態。一九一六年，當張彭春這隻擁有碩士頭銜的「海龜」，自美國哥倫比亞大學回國時，吳宓剛從清華學校畢業，翌年才放洋留美。而張最終戴著一頂耀眼的美國高等學府的博士帽子榮歸故里，並順利進入清華任教授兼教務主任。而吳在美撲騰了幾年，只弄了一張灰不溜丟的碩士文憑歸國，這頂帽子在當時放洋的諸生看來並不足道。也就是說，無論是資歷還是學歷，吳氏比之張氏都差一個檔次。儘管吳宓放洋時號稱「哈佛三傑」之一，但類似這般稱孤道寡的榮譽稱號到了張彭春的耳朵裡，可能只是被當做一個笑話嗤之以鼻罷了。

在張彭春的眼裡，吳宓的為人為學皆不值一哂，並在人前人後對其表露出輕視意味，此點從吳宓的日記中可以看出。一九二五年十月二十二日，吳宓初任研究院主任不久，正在志得意滿之際，受邀為清華普通科學生作「文學研究法」的講演。令他萬沒想到的是，演講完畢，卻被張彭春藉機當場諷刺戲弄了一頓。為此，吳覺得自己「空疏虛浮，毫無預備，殊自愧慚」，並自我反省：「張仲述結束之詞，頗含譏訕之意。宓深自悲苦。緣宓近兼理事務，大妨讀書作文，學問日荒，實為大憂。即無外界之刺激，亦決當努力用功為學。勉之勉之。勿忘此日之苦痛也。」（見《吳宓日記》，第三冊，吳學昭整理注釋，北京：三聯書店一九九八年初版。）言辭中見出吳氏的書生本色，也透出其處境的尷尬與內心的痛苦。

在中國現代學術史和教育史上留有光榮一頁的清華國學研究院，是吳宓生前身後久被人讚譽的輝煌，但最後迫於各方壓力，吳宓不得不向校長曹雲祥遞交了辭職書。早有棄吳保張之意的曹雲祥不但立即批准了吳的請求，還來了個斬草除根，將其調離研究院，弄到大學部外文系任教授，研究院事務暫由曹本人「兼理」。從吳宓留下的日記可知其心境之淒涼悲苦，同時也見出即使如學術重鎮之堂堂清華學校乃至象牙塔之國學研究院，亦並非理想的聖潔之地。此時的吳宓在這種矛盾與相互傾軋的處境中被搞得暈頭轉向，最終如他所言「以自己的手結束了自己的事業」。

未久，張彭春又被曹雲祥拋棄，在嚴酷的派系傾軋中辭職離校，重回天津南開，幫助其兄治校。清華學校改由梅貽琦任教務長，並「兼理研究院事務」。早已被踢出圈外的吳宓再也未能回到原位，他的身影算是徹底從清華國學研究院消失了。

⓫顧頡剛〈回憶新潮社〉，載《五四時期的社團》，第二冊，張允侯、殷敘彝、洪清祥、王雲開編著，北京：三聯書店一九七九年初版。

⓬〈白話文學與心理的革命〉，載《傅斯年全集》，第一卷，歐陽哲生主編，湖南教育出版社二〇〇三年初版。

⓭《熱風．五十九「聖武」》，載《魯迅全集》，第一卷，人民文學出版社一九八一年初版。

⓮⓰劉作忠〈國學大師黃侃的妙聞趣事〉，載《文史博覽》（原《湖南文史》），二〇〇三年十一期。

⓯〈蔡元培時代的北京大學與五四運動〉，羅家倫口述遺稿，馬星野筆記，載《傳記文學》，第五十四卷第五期（一九八九年五月）。

⓱據羅家倫回憶說：「從《新青年》出來以後，學生方面，也有不少受到影響的，像傅斯年、顧頡剛等一流人，本來中國詩做得很好的，黃季剛等當年也很器重他們，但是後來都變了，所以黃季剛等因為他們倒舊派的戈，恨之刺骨（最近朱家驊要請傅斯年做中央大學文學院長，黃季剛馬上要辭職）。當時我們除了讀書以外實在有一種自由討論的空氣，在那時我們幾個人讀外國書的風氣很盛，其中以傅斯年、汪敬熙和我三個人，尤其喜買外國書，大學的圖書館，對於新書的設備比以前也好些，大家見面的時候，便討論著自己所讀的書籍，而回去的時候便去看書或寫信給日本凡善書社去定買外國書。」（見〈蔡元培時代的北京大學與五四運動〉，羅家倫口述遺稿，馬星野筆記，載《傳記文學》，第五十四卷第五期（一九八九年五月）。）

⓲屈萬里〈傳孟真先生軼事瑣記〉，載《傳故校長逝世紀念專刊》，台灣大學學生代表聯合會學術部一九五〇年編印。

⓳屈萬里〈傳孟真先生軼事瑣記〉，載《傳故校長逝世紀念專刊》，台灣大學學生代表聯合會學術部一九五〇年編印。傅斯年的官費留學生考試成績，據胡頌平《胡適之先生年譜長編初稿》的一九五九年六月十五日條記載：「今天蔣復璁帶來民九、民十兩年的北政府教育部公報。這些公報上，對於當時有價值的論文或演講稿，都收入『附錄』裡。」編者附記云：「在附錄裡，有傅斯年當年考取出國的分數是八十二分，第二名。」（見第八冊，聯經出版公司一九九〇年校訂版。）

另據屈文說，一九四八年，傅斯年正在美國養病，竟然當選該屆立法委員，傅氏不就，當局託陳雪南出面勸說，傅才接受（後因被任命為台大校長而辭職）。可見自官費考試風波以後，兩人一直保持友好關係。

⑳羅家倫〈元氣淋漓的傅孟真〉，載《傅故校長哀輓錄》，台灣大學紀念傅故校長籌備委員會哀輓錄編印小組編，台灣大學一九五一年六月十五日印行。該文原載台北《中央日報》，一九五〇年十二月三十一日，此係作者改定稿。

㉑《花隨人聖庵摭憶》，黃濬著，上海古籍書店一九八三年初版。于忠肅，即明朝名臣于謙，卒謚忠肅。

㉒郭嵩燾〈送陳右銘廉訪序〉，載《郭嵩燾詩文集》，卷十五，岳麓書社一九八四年初版。

㉓㉕〈皇授光祿大夫頭品頂戴賞戴花翎原任兵部侍郎都察院右副都御史湖南巡撫先府君行狀〉，載《散原精舍詩文集》，下冊，散原精舍文集卷五，陳三立著，李開軍標點，上海古籍出版社二〇〇三年初版。

㉔《湘綺樓日記》，第一卷，（清）王闓運著，吳容甫點校，岳麓書社一九九七年初版。見同治九年正月十六日條。

㉖陳小從〈庭聞憶述〉，載《紀念陳寅恪先生百年誕辰學術論文集》，王永興編，江西教育出版社一九九四年初版。

㉗《民國人物碑傳集》，卷十，卞孝萱、唐文權編，團結出版社一九九五年初版。

㉘梁啓超〈戊戌政變記．譚嗣同傳〉，載《飲冰室合集》，第六冊，《飲冰室專集》之一，北京：中華書局一九八九年初版。

㉙石泉、李涵〈追憶先師寅恪先生〉，載《紀念陳寅恪教授國際學術討論會文集》，紀念陳寅恪教授國際學術討論會祕書組編，中山大學出版社一九八九年初版。據陳小從所述，情節略有出入，其文曰：「當時文廷式正隱藏長沙某處，密旨抵撫署，右銘公壓下未發。先祖（南按：陳三立）密遣心腹，攜銀至文住處，勸其速逃。當時適有文之同里某候補知縣，來撫署告密，並言：如去捉欽犯，彼可帶路。先祖佯與應付，估計文已脫險，始虛張聲勢，派人扮演了一場捉欽犯的鬧劇。」（見〈庭聞憶述〉，載《紀念陳寅恪先生百年誕辰學術論文集》，王永興編，江西教育出版社一九九四年初版。）

㉚《光緒朝東華錄》，（清）朱壽朋編，中華書局一九五八年初版。

㉛《文史資料選輯》，第八十七輯，中國人民政治協商會議全國委員會文史資料研究委員會編，中國文史出版社一九八三年四月初

版。

㉜㊷《陳寅恪》，王子舟著，湖北人民出版社二〇〇二年初版。

㉝《陳封懷回憶錄》（未刊稿），轉引自《陳寅恪先生編年事輯》（增訂本），蔣天樞撰，上海古籍出版社一九九七年初版。

㉞陳小從記錄稿，轉引自《陳寅恪先生編年事輯》（增訂本），蔣天樞撰，上海古籍出版社一九九七年初版。

㉟轉引自《陳寅恪先生編年事輯》（增訂本），蔣天樞撰，上海古籍出版社一九九七年初版。

㊱《國學研究》，第一卷，袁行霈主編，北京大學出版社一九九三年初版。該文為吳宓遺稿，由其女吳學昭提供刊布。初寫於一九四三年二月十五日。一九四五年八月，在成都，吳宓託陳寅恪的助手程曦為陳朗讀此稿，陳改正數處，其後吳宓悉以墨筆修改或旁注。

㊲〈乙酉冬夜臥病英倫醫院〉詩序，載《陳寅恪集．詩集》，陳美延編，北京：三聯書店二〇〇一年初版。

㊳〈日本遊〉，載《陳師曾先生遺詩》，卷上，中華書局一九三〇年石印本；轉引自《陳寅恪先生編年事輯》（增訂本），蔣天樞撰，上海古籍出版社一九九七年初版。

㊴㊺《魯迅全集》，第二卷，人民文學出版社一九八一年初版。

㊵《且介亭雜文．憶韋素園君》，載《魯迅全集》，第六卷，人民文學出版社一九八一年初版。

㊶《魯迅日記》，載《魯迅全集》，第十四卷，人民文學出版社一九八一年初版。

㊸㊼《革命評論》，一九〇六年九月五日；中譯文轉引自《中國留學生的歷史軌跡（一八七二～一九四九）》，王奇生著，湖北教育出版社一九九二年初版。

㊹《散原精舍詩文集》，上冊，散原精舍詩卷五，陳三立著，李開軍標點，上海古籍出版社二〇〇三年初版。

㊻李璜〈憶陳寅恪登恪昆仲〉，載香港《大成》，第四十九期（一九七七年十二月）。

㊽《集外集拾遺補編．魯迅自傳》，載《魯迅全集》，第八卷，人民文學出版社一九八一年初版。

㊾〈歐遊道中寄書〉，載《胡適作品集》，第十一冊，《治學的方法與材料》，遠流出版公司一九八六年初版。

㊿楊聯陞〈陳寅恪先生隋唐史第一講筆記〉，載《傳記文學》，第十六卷第三期（一九七〇年三月）。

○51石泉、李涵〈追憶先師寅恪先生〉，載《紀念陳寅恪教授國際學術討論會文集》，中山大學出版社一九八九年初版。

○52《陳寅恪的最後貳拾年》，陸鍵東著，北京：三聯書店一九九五年初版。

○53陳封雄〈卅載都成斷腸史——憶寅恪叔二三事〉，載《戰地》，一九八〇年五期。

【第二章】

江湖多風波

歐洲行旅

陳寅恪在京期間，除與周豫才、傅斯年等大大小小的各色人物會晤外，還在北京擔任過全國經界局局長的祕書。這位局長就是後來挾一名叫小鳳仙的妖豔妓女逃出京城，在雲南起兵討伐袁世凱的蔡鍔。後來，陳氏又受湖南省長兼督軍譚延闓延聘，至湖南交涉使署任交涉股長一職，同事中有當年留日同學林伯渠等，時林任總務科長。由於此類職務和承辦的差事，用魯迅常說的一句話，屬於「不值一哂」之類，與古代小說中描述的頭罩布袋帽，肩搭白汗巾，整日穿堂嘶叫不止的店小二沒有多少區別，因而在陳寅恪後來的歲月裡，像不太提及與魯迅同門一樣，很少向外人說起這段當差的經歷，偶爾提及，也是出於總結經驗教訓及教學需要。❶

事實上，這類差事對陳寅恪而言，只是打發無聊的時間和增加一點人生閱歷罷了，在一個學術大師的一生中，的確是不值一哂的小小插曲。

一九一八年七月，歸國四年的陳寅恪終於獲得了江西省官費資助，有了再次放洋求學的機會。按照陳氏的想法，此次放洋將重返德國柏林大學，但歐戰硝煙未散，遂按照時在哈佛大學攻讀的表弟俞大維建議，決定先赴美國，入哈佛大學學習梵文與印度哲學。冬十月，陳寅恪輕裝乘輪入海，穿越太平洋，向美國本土進發，這一去就是八個年頭。

陳氏抵達哈佛後，跟隨東方史學大師蘭曼教授學習梵文與巴利文，兼及印度哲學與佛學，一時如魚得水，學業大進。也就在此時，與來自陝西涇陽的清華留學生吳宓相識了。據吳宓晚年所撰《吳宓自編年譜》一九一九年篇載：「宓去秋到波城後，得識初來之自費留學生俞大維（David Yule）君。俞君浙江省山陰縣人。其叔父俞恪士先生（名明震）為有名詩人，有詩集名《觚庵詩存》行世。辛亥革命時，任甘肅省提學使。民國四年，在北京任肅政使（與李孟符〔岳瑞〕世丈為知友），曾彈劾甘肅將軍張廣建，對營救吾父事，頗有助力。俞大維君，畢業聖約翰大學，短小精幹，治學極聰明。其來美國，為專習哲學。然到哈佛研究生院不兩月，已盡通當時哲學最新穎而為時趨（fashionable）之部門曰數理邏輯學。Lewis（南按：即Irving Lewis）教授亟稱許之。然於哲學其他部門，亦精熟，考試成績均優。故不久即得哈佛大學哲學博士（Ph.D. in Philosophy），並由哈佛大學給予公費（Scholarship）送往德國留學，進修。哈佛大學本有梵文、印度哲學及佛學一系，且有卓出之教授Lanman先生等，然眾多不知，中國留學生自俞大維君始探尋、發見，而往受學焉（其後陳寅恪與湯用彤繼之）。……俞大維君又多稱道其姑表兄義寧（江西省之縣名，今改為修水縣）陳寅恪君之博學與通識，並述其經歷。宓深為佩服。」❷

通過俞大維的介紹，吳宓得識陳寅恪並對其人格學問終生服膺。陳寅恪的言行潛移默化地影響著吳宓，這種影響不只是人生學問的大命題，還反映到一點一滴的日常生活之中。如陳氏一到哈佛，就主張「大購、多購、全購」書籍。基於「我今學習世界史」這一志向，他毫不猶豫地把英國劍橋大學出版的《劍橋近世史》（

Cambridge Modern History）十餘巨冊從書店搬回，後又續購《劍橋中古史》（*Cambridge Ancient History*）及《劍橋中古史》（*Cambridge Mediaeval History*）共約十巨冊，使成完璧。其手筆之大，堪稱「豪華」級。❸《吳宓日記》一九一九年八月十八日條載：「哈佛中國學生，讀書最多者，當推陳君寅恪，及其表弟俞君大維。兩君讀書多，而購書亦多。到此不及半載，而新購之書籍，已充櫥盈笥，得數百卷。陳君及梅君（南按：即梅光迪），皆屢勸宓購書。回國之後，西文書籍，杳乎難得，非自購不可。而此時不零星隨機購置，則將來恐亦無力及此。故宓決以每月膳宿雜費之餘資，並節省所得者，不多為無益之事，而專用於購書，先購最精要之籍，以次類及。自本月起，即實行焉。」❹

正是感於陳寅恪的購書之多，吳宓才心旌搖動，欲加以仿效，並真的從書店搬回許多書籍。只是有時未免學得太過，大有邯鄲學步或東施效顰之慨。據說因一時頭腦衝動，也為了與陳寅恪、俞大維爭勝，吳宓竟咬緊牙關，不惜血本花費六十美金（時官費生每人每月一百美金），把擺在書店連當地人都不敢問津的《莎士比亞全集》各家注釋彙編本（*Variorum Shakespeare*，**H. H. Furness**編）共十九巨冊拖出來，拂去上面的塵埃，一路喘著粗氣扛回宿舍，放於床頭當做鎮室之寶。想不到歸國之時，費心盡力將這套書運回國內，日後多年未用。隨著抗日戰爭爆發，吳氏攜帶此書歷盡千山萬水，每次搬遷居所，既費力又費錢，同時又無合適的存放之地，竟成為一件勞心耗力的累贅。抗戰勝利後的一九四七年，吳宓再也不堪此書的重負，索性再一咬牙，來個放血大拍賣，忍痛售與清華一九二五級畢業生孫大雨，算是去了一個累贅和一樁心事。

求學時代的俞大維

關於陳寅恪留學哈佛的舉動，除好友吳宓外，尚有不少中國留學生留下了記錄，同為留美學生的馮友蘭晚年回憶說：「我於一九二〇年，

羅家倫（後排左）、馮友蘭（後排右）與留美同學合影。

到美國哥倫比亞大學畢業生院做研究生，同學中傳言：哈佛大學的中國留學生中有一奇人陳寅恪，他性情孤僻，很少社交，所選功課大都是冷門。我心儀其人，但未之見。」❺其實，陳寅恪的性格並不孤僻，他只是有自己的交友之道，特別講究門第與家學淵源而已，對那些城市暴發戶或農村土財主，他是不屑一顧的。就當時中國的情形而言，能出國留學者，自是有錢人家的子孫，而有錢者不見得來自書香門第，因而能入陳氏眼者寥寥無幾。那些被冷落者要麼不自知，要麼肚裡清楚，但怕如實道明會丟自己的面子，因而故作其說，以示錯在對方，給不了解內情者留下一個陳寅恪性格孤僻的錯覺。

曾任教於燕京大學的名教授洪業（號煨蓮），在回憶自己的留學生活時，也曾提及一件小事，說的是一九一六年暑期到麻州海濱度假，途經康橋，順便到哈佛去一瞻留學生中的英雄豪傑。在哈佛校園中見一中國人襯衣整個都露在褲子外面。當時的美國人多把襯衣的下襬繫於腰帶以內，呈貴族狀搖頭擺尾，故作瀟灑。此舉自然被看做是一種不禮貌、非常可笑的行為。但對方不管周圍投來的異樣目光，「在維德宿舍前大聲朗誦中國詩詞，旁若無人」，「再過一會兒，他激動地站起來，在樹下踱著方步，後面拖著在初秋風中晃著的襯衫腳」。洪業覺得這人真是怪模怪樣，不禁啞然失笑，友人陳宏振把他拉到一邊，告訴他說：「這是大家最欽佩的人。他留洋多年，精通多國語言，但不要學位。」這個中國留學生正是陳寅恪。❻

一九二一年，歐戰結束，硝煙散盡，各種秩序恢復正常。是年秋，陳寅恪與表弟俞大維離美，結伴赴心嚮往之的德國柏林大學，進入哲學系就讀。陳寅恪師從呂德施（Heinrich Lüders）教授主修梵文、巴利文，時年三十二歲。

當時國外的留學生，普遍的讀書趨向、治學風氣，大都是「先博後專」。但有相當一部分注重國內外熱門的工程、實業等專業，希望在短時間內取得一頂碩士、博士帽子戴在頭上，以此作為晉身之階，歸國後獲得富貴榮華，過上安樂爽快的日子。另一部分則為學術而學術，也就是近似司馬遷所說的究天人之際，通古今之變，以學問與精神為救國經世之最高追求和理想，至於碩士、博士帽子能否戴到頭上則不太在意。時在柏林大學與陳寅恪友善的中國留學生，大多屬於後者，其理想和心氣都是為學問而學問，很少顧及帽子事宜和想到日後升官發財之途。據五四運動學生領袖之一、已由美國轉入德國柏林大學研究院就讀的羅家倫回憶：朋友中如陳寅恪從哲學、史學、文字學、佛經翻譯，大致歸宿到唐史與中亞西亞研究，供他參考運用的有十六七種語言文字，為由博到精最成功者；俞大維從數學、數理邏輯到西洋古典學術，又從歷史、法理、音樂到彈道學、戰略戰術，天才橫溢，觸手成春；毛子水初學數學，在德研究科學地理，旋又愛上希臘文，後竟把利瑪竇（Matteo Ricci）所譯《幾何原本》（*Elements*）改譯一遍；而傅斯年學過實驗心理學、數學、理化學，聞聽柏林大學近代物理學、語言文字比較考據學顯赫一時，又到此處聽相對論、比較語言學，偶爾書包裡還夾厚厚一部地質學著作。[7]

傳斯年出國前，蔡元培贈送的一副對聯，對傳寄予厚望。

羅家倫所說的傅斯年是一九二三年十月，由英國倫敦大學轉入德國柏林大學的。如果說當年由山東官費放洋是他人生命運的一個轉捩點，那麼，自英轉德則決定了他一生的學術方向。而使他作出這一重大人生抉擇的關鍵人物就是陳寅恪。

傅斯年在歐洲求學七載，回國時只留下幾本筆記，其餘一概丟棄，致使後世研究者很難掌握他在那七年間思想與學術歷程的演進與變化。幸而傅氏有幾封與朋友的通信和幾篇報章文字保留下來，為研究者提供了一點線索，從而觸摸到他在那個特定時期的思想脈動。

放洋海外，是傅斯年早在北京求學時就夢寐以求的理想，也是其使命所在，用他自己的話說，就是為了解除自己久積於心的無數困惑與探求真理的欲望而出國的。當他得知自己獲取官費放洋的消息後，於山東聊城老家給北大同窗好友俞平伯、顧頡剛的信中說道：「我向來胸中的問題多，答案少這是你知道的。近二三年來，更蘊積，和激出了許多問題。最近四五個月中，胸中的問題更大大加多，同時以前的一切囫圇吞棗答案一齊推翻。所以使得我求學的飢，飢得要死，恨不得在這一秒鐘內，飛出中國去。」❽字裡行間，除了透出傅氏直來直去的性格和迫切心情外，其遠大的人生志向已有顯露。

一九一九年十二月十六日，傅斯年告別北大同窗好友和新潮社同人，由北京起程直奔上海。

抵達上海後，傅斯年與一同赴歐的同窗俞平伯等暫居新群旅館，籌辦登船事宜。正在蘇州家中休假的北大同窗好友顧頡剛專程前來上海送行。一九二〇年一月二日，傅斯年、俞平伯乘船離開上海吳淞碼頭，向浩瀚的印度洋駛去。一月十九日晚，傅氏按捺不住心中情感的湧動，提筆給新潮社諸友寫了一篇路途觀感，敘述了離京的經過和對上海的印象，文中說：

在上海住的時間很暫，沒得什麼益處。但見四馬路一帶的「野雞」，不止可以駭然，簡直可以痛哭一場。社會組織不良，才有這樣的怪現狀；「如得其情，則哀矜而勿喜！」

我覺得上海有一股絕大的臭氣，便是「好摹仿」。請看上海話裡，一切名詞多是摹仿的。不直陳其事，而曲為形容，拿甲來替代乙，拿丙來比喻丁，其結果無非令人肉麻罷了。至於行動的摹仿，更不要說。從摹仿「倉聖」，以至於模仿「洋崽子」，雖等差不同，要都是摹仿。良家婦女摹仿妓女的衣服，良家子弟再摹仿良家婦女的衣服，或竟直接摹仿妓女的衣服。

白情有句話很好，「上海人不管容受什麼，都和流行病一般。」我想所以事事成流行病的緣故，有兩層：了解不了，抵當不住。

漂亮是誤人的淵藪，因為他是油滑浮淺飄流的根原。我平日常想，漂亮是糊塗的別名，時髦是發昏的綽號。[9]

這是傅斯年走出北大校門後，第一篇觸及社會生活的評論性文章，內中透出其獨特的觀察力與鋒芒畢露的性格，也暗含著對民族精神的憂慮與傷感。此文在《新潮》第二卷第四號（一九二〇年五月一日）發表後，曾引起上海人，特別是上海籍男人們的反感與抵制，認為傅醜化了上海人云云。而此時的傅斯年已顧不得這些是是非非了。

經過四十幾天的顛簸動盪，輪船穿越地中海與直布羅陀海峽，終於抵達英國的利物浦碼頭。傅斯年與俞平伯下得船來，於次日乘車趕赴倫敦，入倫敦大學研究院就讀。對於一路上所見到的海光山色，奇情異景，傅斯年在給好友徐彥之的一封信中不無得意地說道：「所以沿路四十日間，把幾個階級的文化，幾個最異樣的自然現象都經過了；幾千年的民族經歷都溫習。那些『海上迂怪之士』所有的對象，也都有了。」[10]

在關於學校選擇的問題上，傅斯年解釋了自己選擇倫敦大學而不是赫赫有名的牛津或劍橋的原因，主要是官費不甚充足，而倫敦大學在學費和花銷上要比前兩校便宜許多。傅斯年意想不到的是，剛進校兩個星期，一同前來的俞平伯不辭而別。傅、俞二人既是北大同窗，又是同一個宿舍的好友，俞是受了傅的鼓動而專程來英留學的一九二一年，傅斯年於倫敦大學留影。

，如今突然離去，令傅斯年驚惶失措，急忙外出尋找。聽人說俞已趕往法國要乘船回國，傅斯年疑心俞氏得了精神病，急忙追至馬賽攔截，果然在一艘輪船上找到了俞。一問方知，俞不是發瘋了，而是想家想得忍受不了，欲溜之乎也。傅斯年聞言大怒，心想此事甚為荒唐，乃強壓怒氣苦苦勸說，讓其咬牙挺住，回英繼續學習。無奈俞平伯去意已決，死不回頭，傅斯年知道此為「天要下雨，娘要嫁人」之事理，無可挽回，乃長歎一聲，黯然作罷。後來傅在致胡適的信中頗有些垂頭喪氣地說道：「這真是我途中所最不快的一種經歷。一句話說，平伯是他的家庭把他害了。他有生以來這次上船是第一次離開家。他又中國文先生的毒不淺，無病呻吟的思想極多。他的性情又太孤僻，從來不和朋友商量，一味獨斷的。所以我竟不曾覺察出他的意思來，而不及預防。他到歐洲來，我實鼓吹之，竟成如此之結果，說不出如何難受呢！平伯人極誠重，性情最真摯，人又最聰明，偏偏一誤於家庭，一成『大少爺』，便不得了了；又誤於國文，一成『文人』，便脫離了這個真的世界而入一夢的世界。我自問我受國文的累已經不淺，把性情都變了些。如平伯者更可長歎。但望此後的青年學生，不再有這類現象就好了。」[11]在這封信中，傅斯年告訴胡適，「回想在大學時六年，一誤於預科乙部，再誤於文科國文門，言之可歎」，從此下決心跟隨倫敦大學著名教授史培曼學習研究實驗心理學，同時選修化學、物理學、數學、醫學等自然科學課程，做一種真學問，不像有些留學生一樣求速效，急功近利，欺世盜名，做回國升官發財之迷夢。對於這一取捨的最終結果如何，傅斯年心中並無清晰的把握，正如他給徐彥之等幾位新潮社朋友的信中所言：「如此迂遠，成功上實在講不定。但我寧可弄成一個大沒結果，也不苟且就於一個假結果。」[12]這是傅斯年的決心，也是其性格的寫照。通觀傅氏一生，似乎都與這個最初的理想與信念有著密不可分的關聯。

只是傅斯年沒有想到，這一匡時濟世的理想與做法，曾一度受到他心愛並尊崇的老師胡適的誤解，並發出了「大失望」之慨歎。按照胡適的想法，留學放洋就要有一個結果，而最好最明顯的結果是取得一頂博士帽子戴在頭上，否則便是失敗的象徵。從這一點上看，早年暴得大名的胡適，的確有些人未老而心已衰了。當時留德的羅家倫等一幫有志青年深知傅斯年用心之良苦，羅氏後來曾對傅這一選擇解釋說：「就在五四那年夏天，他考取了山東的官費，前往英國留學，進了倫敦大學研究院，從史培曼（Spearman）教授研究實驗心理學，這看去像是一件好奇怪的事。要明白他這個舉動，就得要明白當新文化運動時代那班人的學術的心理背景。那時候大家對自然科學，非常傾倒；除了想從自然科學裡面得到所謂可靠的知識而外，而且想從那裡面得到科學方法的訓練。認為這種訓練在某種學科以內固然可以應用，就是換了方向而來治另外一套學問，也還可以應用。這是孟真要治實驗心理學的原因。」[13]羅家倫所言，顯然比胡適在這個問題上的識見要深遠了一步，也更切中當時的現實要害，畢竟五四之前與之後，中國人的思想已大不相同了。五四時代的青年對自然科學興趣大增，而心理學正是一個熱門，如北大畢業生汪敬熙、吳康等出國留學後，專攻的方向就是心理學。傅斯年在倫敦大學研究院選擇心理學的另一個原因，羅家倫認為是早年受章士釗演講詹姆士（William James）心理學的影響，並對弗洛伊德（Sigmund Freud）精神分析學說頗感興趣。另據中研院史語所研究員王汎森在整理傅斯年藏書中發現，他在留英時期曾購買了大量弗洛伊德的著作。歸國後傅氏本人曾不止一次對人說過當年他「醉心心理學」，後來章士釗曾說傅斯年是全中國最懂弗氏學說的人。[14]正因為傅在這方面的成就與聲名，當中央研究院創辦時，他被聘為心理學研究所的籌備委員。

胡適不明就裡，妄下論斷，他哪裡知道抵達英國的傅斯年，視野不僅限於自然科學，同時對英國的文學、歷史、政治、哲學等著作也多有涉獵，對於蕭伯納（George Bernard Shaw）的戲劇幾乎是每部必看。正是懷揣這樣一種超凡脫俗的理想與抱負，以及「先博後專」的宏闊視野與思想戰略，傅氏在學術道路上蜿蜒前行，最終成就了一番輝煌事業，並超越了他的老師胡適。

一九二三年九月，傅斯年離開學習生活了三年多的倫敦大學，背著沉甸甸的收穫與一堆同樣沉甸甸的困惑，來到德國柏林大學研究院，開始了新的求學歷程。

柏林日夜

傅斯年由英轉德前後，除陳寅恪、俞大維幾人外，原在北大的同學羅家倫、毛子水、何思源等也先後從歐美各地轉到柏林求學，同時還有金岳霖、姚從吾、段錫朋、周炳琳、宗白華、曾慕韓、徐志摩等匯聚在柏林街頭巷舍，形成了一個頗為壯觀的中國留學生部落。這個群體回國後，大多成為中國近現代學術史上耀眼的人物，所釋放的能量，對中國近現代學術發展產生了巨大而深遠的影響。

在柏林大學就讀時的傅斯年

確切地說，傅斯年由英轉德，主要原因還是柏林大學良好的學術環境與氛圍。當時德國的近代物理學為世界矚目，如愛因斯坦（Albert Einstein）的相對論、勃朗克（Max Planck）的量子力學，都是轟動一時的學說。而社會科學中的語言文字比較考據學，則是柏林大學傳統的、久負盛名的學科。渴望在自然科學領域搞出點名堂的傅斯年，自是心嚮往之，欲親身前往領教一番。另一個重要原因則與陳寅恪有關。此時，傅斯年與俞大維並不熟悉，即使見過面也沒有深交，因而羅家倫所說傅到柏林大學是受陳、俞二人吸引並不準確。據可考的資料顯示，傅對俞真正了解並與之往來頻繁，是他轉入柏林大學之後的事，且是因了陳寅恪的關係才與俞大維逐漸密切交往並成為好友的。後來毛子水進入柏林大學就讀，傅向這位北大同窗介紹情況時曾說過這樣一句話：「在柏林有兩位中國留學生是我國最有希望的讀書種子，一是陳寅恪，一是俞大維。」據毛子水日後回憶道：「後來我的認識這兩位，大概也是由孟真介紹的。……平日得益於這班直、諒、多聞的朋友不少。（趙元任夫婦遊柏林時，寅恪也還在柏林。寅恪、元任、大維、孟真，都是我生平在學問上最心服的朋友；在國外能晤言一室，自是至樂！）」⓯

陳寅恪與傅斯年在柏林大學的重逢，有意或無意地改變了傅斯年的治學目標，並最終使傅的興趣轉到語言文字比較考據學這一學術領域。可惜的是，陳、傅二人在這一時期留下的資料非常稀少，為他們做年譜或傳記的作者，在記述二人交往史事時，往往一筆帶過，留予後世一堆糾纏不清的謎團。

畢竟龍行有影，虎行有風，通過二人留下的點滴資料與他人的回憶，陳、傅在柏林的留學思想、生活與學術追求，還是給後世研究者提供了或明或暗的線索。

據中研院史語所研究員王汎森通過對傅斯年藏書的分析，儘管柏林大學當時的物理學與語言文字比較考據學均名冠一時，但傅斯年初到柏林時主要興趣是物理學，尤其是相對論與量子力學，同時對自然科學方面的其他門類仍保持濃厚的興趣，對各種書籍也廣泛涉獵。有一天，羅家倫和傅斯年、毛子水等人約定到柏林康德街二十四號中國餐館吃晚飯，傅斯年來時，夾了一個很重的書包，眾人不知其為何物，待翻出來一看，竟是一部三巨冊的地質學方面的書。向來不善言辭，更不愛開玩笑的毛子水，破例幽了傅氏一默：「這部書是『博而寡約』，傅孟真讀它是『勞而無功』！」一句話說得傅斯年暴跳如雷。⓰

一九二二年至一九二四年，在柏林的中國學子可謂人才薈萃，濟濟一堂，其間相互往來，訪談遊玩，時而講文論學，時而高談國是。陳寅恪常與幾個朋友下午相約去某同學寓所或到康德大道的咖啡館把酒清談，酒酣耳熱時分，群露激昂之狀。俞大維因甚醉心德國歌劇樂曲合奏之壯美，常用竹筷頻作指揮音樂狀；陳寅恪則能一邊暢飲淡紅酒，一邊講到國家將來面臨之政治、教育、民生等問題，對大綱細節一一涉及。如民主如何使其適合中國國情現狀，教育須從普遍徵兵制來訓練鄉愚大眾，民生須盡量開發邊地與建設新工業，等等。諸生聞聽，大感分析透徹，鞭辟入裡，對陳氏也更加刮目相看。

當此之時，與傅斯年友善的德國留學生，各自的想法與求學的興趣、路數、門徑雖有不同，但理想還是大體一致，心中確實有「修身齊家治國平天下」的雄心壯志。因了這些雄心壯志的誘惑，在德國及歐洲求學的中國學生，除了官費與自費，還有所謂勤工儉學等五花八門的方式。因而留學人員可謂魚龍混雜，各自不安分地在自由的歐洲大陸顯著神通。抗戰時期，任教於成都燕京大學的陳寅恪，對他的學生石泉、李涵說過一則留學時代的趣事：有一天晚上，陳寅恪走進柏林一家華僑開的飯館，無意中和周恩來還有曹谷冰等三人相遇，打過招呼，同在一桌吃飯，由於政見不同，彼此爭論起來。周恩來頗為雄辯，曹氏等人都說不過他，遂惱羞成怒，放下麵包，掄拳便打，順便把陳寅恪也揍了幾拳。周恩來自感力不能敵，與陳寅恪撒腿便跑，情急之中竟誤入了老闆娘的房間。多虧老闆娘此時正在外面張羅客人飯菜，未鬧出更大的亂子。周與陳二人急忙把門鎖上，並用肩膀拚命抵住，任憑外面如何叫陣捶打，就是置之不理，直到曹氏等人自感無趣退走後方才出來。為此，陳寅恪曾笑著對石泉、李涵說道：「沒想到他們竟把我也當作了共產黨。其實我那天什麼也沒有講，只是聽他們辯論。」[17]此段逸聞，陳寅恪只是躺在病床上寂寞之時，當做一個笑話偶爾說起，未有炫耀之意。幾年後，當國共兩黨在內戰砲火中徹底翻盤，共產黨坐了江山，周恩來官至一國總理時，陳氏再也沒有提起這件陳年舊事。其理與魯迅的交往一樣，怕被誤認為「謬託知己」。不過當「文革」爆發，陳寅恪落難嶺南之際，周恩來曾經對從廣州中山大學串聯進京的造反派們說過「陳寅恪教授是善於古為今用的學者」等話，意在對陳給予保護。[18]此點除了周「大而言之，是為學術」外，「小而言之」，不能不說與在德國期間二人的交往有些關係——儘管在飯桌上陳氏什麼也沒有講。

門第與家學淵源連同個人的才氣志向，注定了陳寅恪與傅斯年在心靈上的溝通並漸漸成為同路人。來到德國的傅斯年非常崇拜大思想家伏爾泰（Voltaire），一九二四年，蔡元培赴歐考察路經德國，由傅斯年、羅家倫等原北大弟子陪同遊覽波茨坦（Potsdam）忘憂宮（Schloss Sanssouci），宮中有一座大理石雕刻的伏爾泰像，非常精美，傅斯年見後，流連忘返，不忍離去，因此落在了眾人的後邊。羅家倫走至半道發現此情，只得折回去把傅氏叫回。羅對眾人說道，只見傅斯年站在伏爾泰像前，深深鞠了一躬，口中念念有詞地背起李義山（南按：應為溫庭筠，羅氏記憶有誤）的兩句詩：「詞客有靈應識我，霸才無主始憐君。」[19]羅家倫此語雖含調侃的意味，並引得傅斯年暴跳如雷，但多少反映了當時傅氏的志向與心境。

到了歸國前的最後一兩年，傅斯年的注意力逐漸轉向語言文字比較考據學，而這一學派的創始人就是十九世紀被推崇為德國近代史學之父、西歐「科學的史學」的奠基者蘭克（一七九五～一八八六）。按蘭克的理論，一切歷史著作都是不可靠的，要明白歷史真相，只有窮本溯源，研究原始的資料，其歷史觀點的核心是：史料高於一切，要把歷史學變成史料學。蘭克在他一八二四年的不朽名著《一四九四年至一五一四年間羅馬民族與日爾曼民族的歷史》（*Geschichte der romanischen und germanischen Völker von 1494 bis 1514*）[20]序言中說道：「人們一向認為歷史學的任務是判斷過去並且為了將來的世代利益而教導現在，本著作不指望這樣崇高的任務，它僅僅希望說明真正發生過的事情。」此書出版後轟動了整個歐洲，英國著名歷史學家卡爾（E. H. Carr）對此評論說：「蘭克那句並不怎麼深刻的格言，卻得到驚人的成功。德國、英國甚至法國三代的歷史學家在走入戰鬥行列時，就是這樣像念咒文似的高唱這個富有魔力的短句。」[21]由於蘭克強調「嚴謹的事實陳述——即使這事實或許是偶然的枯燥無味的——也無疑是歷史編纂學的最高法律」，後世史家把蘭克的理論與他創造的學派又稱為「實證主義學派」。這個學派在十九世紀、二十世紀早期風靡一時，幾乎壟斷了歐洲史學界。當傅斯年來到柏林大學時，蘭克學派依然雄風不減。傅氏在求學的道路上經過幾年的搖擺晃動，最終選擇了蘭克學派的實證主義史學，並作為重點研習對象和安身立命之託，與當時歐洲的學術大氣候自然有著密切關係。這個時候的傅斯年沒有想到，正是他的這一抉擇，引爆了一場影響久遠的中國史學輝煌的革命。

通過陳、傅二人留下的筆記本及修課記錄，可以看到二人由不同的河流漸漸匯入同一大海的歷史脈絡。許多年後，當台灣史家王汎森在受命清理中研院史語所保存的傅斯年檔案時，發現了傅氏當年的手稿、筆記和他與民國學人來往的部分信件，其中有一藏文筆記本記錄於柏林大學求學後期。把這一筆記本與大陸現存的陳寅恪藏文筆記本對照，竟發現二者授課的教授相同，從而可知二人上過同一教授的課程。已知的是陳寅恪對梵文大師呂德施極為推崇，而傅斯年檔案中所見，在他離開柏林大學的證明書中也記載著上課但未正式獲得學分的課程有呂德施教授的梵文。此外，傅斯年筆記中有兩件記載當時西方學者有關東方學的目錄，而陳寅恪初到清華，授課內容便是「西人之東方學之目錄學」。同在柏林的毛子水曾公開承認他是受了陳寅恪的影響而注意比較語言學的。王汎森根據這些材料，結合傅斯年藏書扉頁所記的購書年代判斷，認為傅斯年這一時期開始大量購買比較語言學方面的書籍，進一步「有點懷疑陳寅恪似曾在傅斯年留學生涯的最後階段對他有過影響，使他轉而重視比較語言學」。[22]王氏這一推斷當是有一定道理的，這從後來陳、傅二人的學術交往與思想溝通中亦可見出。

陳寅恪常謂「讀書須先識字」[23]，要研究歷史學特別是東方學，必須要懂得東方的文字，包括歷史上存在過，如今已死去的文字，只有如此才能揭示歷史的源流和本真。因而他在柏林專門對各種古代文字與考證下工夫。而傅斯年似乎也按此法加以研習，當時他在給羅家倫的一封信中曾披露道：「這一個半月中，看來像是用了四十，但有百馬克餘之房錢，像前者，又有火爐子費，又交學費，故實是十分減省，每日吃飯在二馬克與三馬克之間，未曾看戲一次。書是買了一部文法，一部梵文法，一部Karlgren（南按：高本漢）的語（？）學（非其字典），上一是上課，下一是為寫書用。」[24]

當傅斯年最終決定轉向實證主義史學時，便顯示了他過人的聰明才智，學業大進的程度出乎諸生意料。面對

趙元任、楊步偉夫婦合影於一九二一年。

傅氏咄咄逼人的銳氣，俞大維曾對人說：「搞文史的人當中出了個傅胖子，我們便永遠沒有出頭之日了！」㉕五短身材，卻聰明絕頂的俞大維遂調整方向，把主要精力放在晚清太平天國史的研究中，避免了與傅胖子的直接對壘交鋒。學成歸國之後的俞大維於一九三〇年再度重返德國，進入柏林工業大學，專門學習軍事，包括兵器製造、戰役分析和研究，尤其是對彈道學的學習研究更是精進，終成著名的兵工製造與彈道專家，回國後曾任國民政府兵工署署長、交通部部長、國防部部長等要職。

一九二四年五月，任教於美國哈佛大學哲學系的趙元任，攜夫人楊步偉到柏林準備轉道回國，此前在辭卻哈佛大學教職時，特致函陳寅恪，希望陳氏重返哈佛代其職位。陳寅恪自感學業未成，覆信婉辭曰：「我不想再到哈佛，我對美國留戀的只是波士頓中國飯館醉香樓的龍蝦。」㉖雖為一句戲言，趙元任見信，深感其人志不在此，遂不再提及。

後來楊步偉寫了一本叫做《雜記趙家》的書。這位婦產科出身的醫生，自我感覺良好的小個子女人，在寫作上完全是個外行，囉囉唆唆沒完沒了，令人望文生厭，但總算為後人留下了一點史料，多少彌補了行文中的缺憾和令人不快的惡感。據楊氏回憶，她與趙元任到柏林，「第一天就有一大些中國在德的留學生來看我們，也是現在很多的名人在內，我們多數是聞名沒有見過面的，這些人以前是英美官費留學生，大戰後因德國馬克正低，這些書呆子就轉到德國去，大買德國的各種書籍，有的終日連飯都不好好的吃，只想買書，傅斯年大約是其中的第一個。大家見面後越談越高興，有時同到中國飯館去吃飯，看見有中國學生總是各付各的聚攏一道來吃。有時他們到我們住的地方來大談到半夜兩三點鐘才回去。」又說：「那時還有一個風行的事，就是大家鼓勵離婚，幾個人無事幹幫這個離婚，幫那個離婚，首當其衝的是陳翰笙和他太太顧淑型及徐志摩和他太太張幼儀，張其時還正有孕呢。朱騮先夫婦已離開德國，以後在巴黎見到的。這些做鼓勵人的說法，我一到就有所聞，並且還有一個很好玩的批評，說陳寅恪和傅斯年兩個人是寧國府大門口的一對石獅子，是最乾淨的。有一天羅志希來說有人看見趙元任和他的母親在街上走，我就回他（：）你不要來挑撥，我的歲數，人人知道的。（志希！你還記得嗎？我想你回想到那時真是你們的黃金時代。）」[27]

楊步偉所說的朱騮先即後來出任過中華民國教育部部長和中央研究院代院長、行政院副院長等高官的朱家驊，羅志希就是羅家倫。羅氏這位與傅斯年齊名的五四運動學生領袖，此時正與一位中國在歐洲的女人（名字不詳）狗扯羊皮地來回折騰，相偕自柏林到巴黎遊覽。據羅形容說，在陪此女看戲時，曾「看得她頭昏目迷舌伸心跳——跳得隔兩座尚可聽得」。[28]號稱寧國府門前「石獅子」的傅斯年聞之不爽並大起疑心，曾致信羅加以嘲諷說：「戲場中心跳而能使隔坐者聞之，決無此理。豈可欺我治心理學者？想是使君之心與她之心，心心相印，近在咫尺，故可得而聞焉，遂以為隔坐者聞之。此露馬腳之言也。」又說：「她自巴黎歸，聽說甚不喜巴黎，大維謂是你領他（她）看博物院之過。我當時想起《聊齋》上一段故事。一位教官行時送其七品補服於其所識之妓，此一思想，甚若對不起朋友，然當時此想油然而來，非由我召也。先生之志則大矣，先生擇路（？）則不可。」[29]

可能此時羅家倫被那位交際花式的風騷女人和傅斯年的嘲諷與批評弄得暈頭轉向，不辨牛馬，才跑到趙、楊夫婦下榻的旅館說了這一番渾話。此時，自視出身名門，才貌超群，舉世無雙，完全可與西施、王昭君、貂蟬、楊玉環等古代四大美女有一拚的楊步偉，居然被眾人當做趙元任的親娘而不是太太來看待，這對夫妻在相貌與年齡諸方面的反差之大可想而知，楊步偉聞聽後的心情與騰起的怒火也就不言自明。若不是趙、楊夫婦初來乍到，各方面還須拿捏客氣一點，依楊步偉向來愛好教訓別人和說一不二的火暴脾氣，羅家倫此番不識輕重好歹地貿然透露事實上的真相，定被罵個狗血淋頭，或者吃一記響亮的耳光也未可知。好在楊步偉沒有這樣做，這是羅家倫的幸運。

在談到柏林大學中國留學生中最可堪造就和令眾人服膺的「三巨頭」時，楊步偉說：「俞大維最難見到，因為他是日當夜，夜當日的過，你非半夜去找他是看不見他的，寅恪和孟真來的最多。（寅恪因其父陳三立先生與我祖父交情很深，他小時和哥哥還是弟弟也住過我們家一些時〔日〕，並且他也是被約到清華研究院〔的人〕之一，以後在清華和我們同住同吃一年多，一直到他結婚後才搬開。）」又說：「孟真和元任最談的來，他走後元任總和我說此人不但學問廣博，而〔且〕辦事才幹和見解也深切的很，將來必有大用，所以以後凡有機會人家想到元任的，元任總推薦他，因元任自知不如也。可惜世事變遷，不幸促其早死，今也則亡矣。」㉚

傅斯年之才學，不只受到蔡元培、蔣夢麟、胡適等北大派名流的賞識，就連交往並不多的趙元任都深感其才高八斗，自愧弗如。或許這就是幾年後趙元任甘願以清華國學研究院導師的身價，屈尊於傅斯年手下做個中研院史語所語言組組長的緣由吧！

對於傅斯年與陳寅恪、俞大維等人的日常生活，楊步偉曾有深切的體會，她說道：「有一天大家想請我們吃茶點，但定的下午三點，我們剛吃完午飯，以為到那兒（是孟真的房東家）照例的一點點心和茶，豈知到了那兒一看，除點心外，滿桌的冷腸子肉等等一大些，我們雖喜歡，沒有能多吃，看他們大家狼吞虎嚥的一下全吃完了。我說德國吃茶真講究，這一大些東西，在美國吃茶只一點糕什麼〔，〕連三名治都很少的（美西部比東部東西多）。孟真不憤的回我：趙太太！你知道這都是我們給中飯省下湊起來的請你們，你們不大吃〔，〕所以我們大家現在才來吃午飯。」經此一說，楊步偉覺得頗不好意思，為這些書呆子的處境與精神感動得差點流下淚來。日後她回想此事，仍不免心疼地說：「他們這一班人在德國有點錢都買了書了，有時常常的吃兩個小乾麵包就算一頓飯，聞說俞大維夜裡才起來也是為減省日裡的開消，不知確不確？」㉛

一天，陳寅恪和俞大維兩個人突然要請趙、楊夫婦看一次德國的歌劇。戲名叫《魔彈射手》（*Der Freischutz*），是由韋伯（Carl Maria von Weber）作曲。陳、俞二人把他們夫妻倆送到戲園門口就要走，楊步偉好奇地問：「你們不看嗎？」心中暗想這二人如此不懂規矩，對我們這樣輕看，真是豈有此理。俞大維笑笑沒有吭聲，陳寅恪有點歉意地說道：「我們兩個人只有這點錢，不夠再買自己的票了，若是自己也去看就要好幾天吃乾麵包。」楊步偉在回憶中說：「我們心裡又感激又難受，若是我們說買票請他們又覺得我們太小氣，不領他們這個情，所以只得我們自己進去看了。大維！不知你還記得這一回事嗎？」㉜

趙、楊夫婦此次在德國逗留了四十天，除了陳寅恪、傅斯年、俞大維、羅家倫等人到訪外，另與童冠賢、毛子水、何思源、張幼儀等也多有交談。時徐志摩正為追求心中的聖女林徽因，不惜與他的結髮之妻張幼儀在柏林大鬧離婚。在張幼儀尋死覓活不願離異之時，留德的中國學生在好事者的帶領下，紛紛圍將上來，拉著徐志摩要他到中國飯館請客，以便獻上錦囊妙計。深感走投無路，欲以頭撞牆的徐氏信以為真，咬牙大放血，拿出一筆款子，請了七八人到飯館大吃大喝一通。酒酣耳熱之際，有一號稱「鬼谷子」的留學生終於獻出奇計，認為最可行的一條就是令徐志摩把張氏像捐麻袋一樣捐獻出來，移交給未婚的好朋友——哲學家金岳霖為妻，眾人聞言齊聲喝采。想不到此時金岳霖正在另一間用屏風隔開的房中與朋友吃飯，聽到一幫中國學生於酒瓶碗筷的碰撞聲中大呼小叫地喊著自己的名字，忙走近聽個究竟，待弄清事情原委，便輕輕地把屏風推開，站在他們的飯桌前面叫了聲：「嘿！」㉝眾人見狀，大驚，徐志摩那白晰的臉頰頓時紅了半截。

由於老金不願接受徐的捐贈，此事未能談攏，張幼儀也免了像熟透的柿子一樣在留學生圈子內被轉來捏去，最後成為一堆令人厭惡的果泥的羞辱與麻煩，但她終究還是在好事的中國留學生與徐志摩本人的內外夾擊下，同意離婚。金岳霖以見證人的角色在徐、張的離婚書上簽字畫押，以為憑證。徐、張的離婚風波，搞得雞飛狗跳，四鄰不安，身在異國他鄉又身懷六甲的張幼儀，一時陷入淒苦無助的悲涼境地。趙、楊夫婦準備離開柏林的那天晚上，羅家倫匆匆忙忙趕來，楊步偉原以為羅是專為送行前來探望，交談中頗為客氣，更不再為羅說自己是趙元任他娘之事計較。話談到一半，羅家倫話題一轉，吞吞吐吐地問楊步偉手邊錢多不多？楊以為對方除了送行還要送錢，心中猛的泛起一股感激之情，為表客氣，楊答以不多可是夠用了，剛要說不勞你們幫忙之類的客氣語，想不到羅家倫猛的接話道：「可不可以借幾十元出來，我們大家欠張幼儀的家用，應到期的錢還沒到，暫挪我們一點還帳。」楊步偉一聽，頓時冷了半截，沉著臉說手中的錢只夠用到回法國，只要一到法國，由美國匯來的錢大約就可收到，意思是等自己回到法國再說吧！羅家倫知道只要眼前這兩個小財神一旦離開柏林，便是一去的黃鶴杳無消息了。於是死纏硬磨，與趙、楊夫婦在旅館打起了陣地守衛戰。眼看快到深夜，趙、楊體力不支，表示繳械投降，掏出四十元拱手交給對方。羅家倫錢一到手，立即打道回府，從此音信全無。當楊步偉撰寫回憶錄的時候，對此情此景仍記憶頗深，並對羅氏借錢幾十年不還的做法，含有調侃意味地再度提起：「志希你還沒還我們吶吧？」❸❹此語表面上是追討四十元錢，實則楊步偉仍對當年羅氏的冒失與不明事理地「喊娘」之事耿耿於懷。

又是多少年後，周作人對羅家倫曾作過一個小小評價，謂：「羅雖是文化運動出身，可是很有點鄙陋，錢玄同見過他的西文名片，寫作羅斯福羅，每相見的時候，常要叫這個名字，開他的玩笑。」又說：「羅家倫不失為真小人，比起傅斯年的偽君子來，還要好一點。」❸❺周說這話的時間是一九五〇年六月，自己剛因漢奸罪從監獄放出來不久，傅、羅二人皆隨國民黨退守台灣，大陸山河改色。且周作人與傅斯年素有個人恩怨，因而此評是否公允，只能看各人的理解了。但就傅、羅留學時期的總體情形看，似乎並不像周氏所說的那樣鄙陋與齷齪，特別是在錢財的交往上，儘管有羅家倫欠楊步偉債款幾十年不還的情形，但在中國留學生之間，尚沒有露出真小人與偽君子的做派，倒是有點同舟共濟，「有錢大家花」的共產味道。

羅家倫信件披露的隱祕

一九二六年春，羅家倫於巴黎大學留影。

一九九八年，羅家倫的女兒羅久芳將保存的傅斯年、羅家倫於一九二三年冬至一九二六年底留學歐洲時期的九封通信整理公布。此舉令有關傅、羅及其同代留學生群體，甚至五四運動的研究者為之一振。一九二六年之前，有關兩人的文字資料實在太少。就傅斯年而言，除了胡適保存的兩封通信和幾次在巴黎的談話記錄外，其他資料再未見到。羅家倫個人資料的留傳情形類似，其他如陳寅恪、俞大維、毛子水，包括金岳霖、何思源等，學習筆記類的資料倒有一些，但涉及個人生活的書信資料則鳳毛麟角，難以尋覓。鑑於這一情形，後世研究者與傳記作者在描述他們的留學生活時，不得不一筆帶過。事隔七十多年，傅、羅通信突然現世，且是一連九封通信的公布，這對研究者來說，機會之難得，價值之珍貴是不言而喻的。

兩人通信所涉內容大多是些生活瑣事，其間不少插科打諢，臧否人物的精采段落。另有不少涉及留學生之間私生活，或曰性生活的敏感片斷。據任教於美國大學的羅久芳說，因為這些信件是傾訴彼此間真情的私函，作者提筆時並未考慮到原件會長久存留或有朝一日會公之於眾，所以寫得酣暢淋漓，可謂無話不談。但當情緒盡情傾瀉之後，又往往理性地特別注明「切勿對任何人言之」的警語。正是因了這樣的情形，使得保存者羅久芳左右為難，遲遲不肯公布。在祕藏了七十多年之後，因編輯出版《羅家倫先生文存》的需要，在眾多前賢舊好與研究者的期盼呼籲聲中，羅久芳才鼓起勇氣，一咬牙提前把這九封私函公開發表，算是圓了期盼者的心願。至於信中特別注明的一條條警示，無論在九泉之下的傅斯年同意與否，作為後輩小子也就顧不得那麼多了，反正傅氏是決不會再從那幽深黑暗的墓穴裡蹦將出來，像當年一樣嗷嗷怪叫著跟羅久芳這位姪女拚命的。

何思源

九封信有短有長，格式不一，且字跡潦草，有一部分用鉛筆寫在薄紙正反兩面，但未經過修改。因有八封信未注明日期，只能據內容辨認順序和時間，其中最初的兩封是傅、羅同在柏林的兩年間所寫，以後的六封是羅家倫轉赴法國巴黎大學時所書，當時羅與北大同學何思源合住巴黎一處公寓，傅在信中時常是羅、何並提。因未見到原件和影印件，已公布的信件內容是否被羅女士作過刪節不得而知，但從總體上看，不太方便告人，或者公布之後會使信中的當事者感到臉紅或不太好意思之處（假如傅、羅仍活在世上），占極少的比例。而絕大部分則是人人羨慕人人恨的金錢的問題。通過一件件關於英鎊、馬克或者法郎的愛恨情仇，世人透過歷史煙塵，真切地領略到包括陳寅恪、俞大維等留學生在內的真實情形與令人心酸的往事。

第一封信內容就帶有悲中含酸的情趣。說的是羅家倫於一九二三年冬日不慎遭竊，衣物盡失，幾乎到了要「裸體歸天」的悲慘境地。剛到德國半年多的傅斯年聞訊，以近似現代網路暱稱的署名「山外魔生」寫信與羅，有些調侃地勸慰道：「昨晤姬公，聞真人道心時有不周，衣冠而往，裸體而歸，天其欲使真人返乎真元耶！不然何奪之乾淨也。聞真人劫後不改笑貌，興致一如恆日，故慕仰無極。進此兒，若戲謔，實出心肺之言。」又說：「此事如在小生當死矣。失色猶可，盡失色則不提色。失書則從此不念書。若失去衣冠，將何以為中國之人，而度此嚴冬耶？是非投河不可矣。想當年精衛投海，亦但為失竊耳。今寫此信，是告你：我有一外套，你此時如無解決之術，則請拿去。雖大，容或可對付一時。帽子，我也有一個，但恐太小耳。近聞學費限下星期交，為之大急。羅真人法覽！」[36]

信中的「羅真人」，乃傅斯年為羅家倫取的綽號，同樣相當於後世氾濫成災的網名。未久，傅斯年又以

Damned Libraryman（受詛咒的書蠹）為筆名，致信羅家倫，道出了自己窮困潦倒的淒慘之相：「星期一我在林中，未曾睡著，但失迎總抱歉的。星期一方知交費在即，一文無著，十分著急或者死去。」信中看出，傅氏的經濟來源已有不祥之兆，且幾乎到了《易經》卦辭所言「主大凶」的地步了。

一九二四年，可能因傅、羅皆在柏林大學研究院就讀，而見面機會較多的緣故，這一時期沒有信函往來。第三封通信的時間已是一九二五年，羅家倫已轉入巴黎大學就讀，這一時期的通信幾乎全部圍繞一個錢字與愁字，但事情又往往不是一個愁字就了得的。

隨著國內軍閥混戰不息，形勢混亂不堪，山東政府方面的官費籌措已極困難，無法及時向海外留學生匯寄。這個時候國內的紡織大王穆氏企業因經營不善而倒閉，羅家倫的經濟來源中斷。為了繼續在英、法兩國收集近代史資料，以便完成最後一年的研究計畫，羅氏除了譯書寫稿掙點小錢補貼外，通過老校長蔡元培介紹，向商務印書館監理張元濟借得國幣一千五百元。這筆款項於一九二五年下半年分兩次匯至倫敦及巴黎。羅家倫得此巨款，除償還債務外，手頭還有部分餘額。此事被傅斯年偵知，藉這年秋到巴黎短期訪學之機，向羅氏借了一筆小款以為急用。到了秋後算帳時，手頭已不寬裕的羅家倫致快信向傅「討債」。已是窮困潦倒的傅斯年大窘，立即修書一封，敘述自己「挖東牆補西牆」的艱難處境，其中一段寫道：「先是弟在巴黎最後接到朱寄之二十，換了後，還債等已精光，末日只剩了三十佛朗，其（？）手中之二十馬克尚是從吾（南按：姚從吾）寄我者也。到了此地，幸員外尚有幾文，故用到十一月。過了初十，朱寄來二十鎊，交了二月房錢去其過半，所餘的月底完還了員外怎麼辦呢？幸與老陳（南按：陳寅恪）定了一約，他先把二十鎊之馬克給我，我交了學費及他種零費，借給一位更窮的朋友三十馬克，交了這月房錢，今天只剩了四個半馬克，愁得這兩天無以為計也。」又說：「上星期初已即向朱要二十鎊，大約此星期可寄來。但此是老陳的了，有約在。他即日走，先赴英國，故更無從通融起。那麼怎麼辦呢？上星期一向朱寫信時，說有二十方可過年節，當時尚未計算得清楚，信發，覺『斯言之玷，不可為也』。始意覺得這月總可勉強到底，但陳走甚急，姚錢不來。前昨兩日，整日思法子。昨天開了一個書單子，擇其或有人要者於Hirschwald，未知下文如何？此時滿想向朱再要，但如何措辭，且甚無效耳。……要是老陳不走尚有法，而他即走。他的錢為郭才子、陳津藻（？）二位借了上路，故他也著急無對。此時柏林的環境中，比先更窄，故通融之國，更窮。幾乎等於不能借分文之局面。這兩月，子水、從吾、大維都是賴老陳維持。老陳大苦，老陳走後，更不了矣。」因傅信均無日期，故無法判斷確切時日，但從信的內容推斷，此信大約寫於一九二五年秋冬時分。信中提及的「老朱」或朱某，乃中國駐英使館代辦使事朱兆莘，歐洲留學生的經費一直由朱氏作為代理人具體操辦。但此時國內政局混亂，經費匯不出，朱氏無能為力。為了應付不斷前來「討債」的書呆子，朱氏迫不得已，只好從公使館的其他款項中轉借幾個小錢予以應付救急，傅斯年所得二十鎊即是此例。

信中涉及有債務關係者多達八人，那個神祕的「員外」不知是指何人，但提及的老陳，是指即將歸國的陳寅恪。言語中可以看出，這批留學生們的錢財除了相互借來借去外，作為老大哥的「老陳」，於此間顯示了舉足輕重的分量，同時也透出他對眾位難兄難弟的關切之情。

到了一九二六年初，傅斯年終於從朱氏處領到了十英鎊的匯票，於是致信羅家倫說：「本是想就此寄你四鎊，寄仙槎（南按：何思源字）二鎊的。但換現鎊待了三天，此三天中又為人借去了幾文，自己也實沒辦法了。現只寄你二鎊，仙槎一鎊。朱既許我下月設法，到時弟必再寄。月中窮不可言，特別糟者是今後全無辦法，山東學費已全無望矣。」傅斯年寫信時，國內軍閥混戰加劇，整個中國大地彈片橫飛，血流遍野，大小官吏爭相苟全性命，已無人再去管這批海外學子是死還是活的事了。傅氏與何思源屬山東同鄉，何思源來自水泊梁山的發源地菏澤，著名的鄆城縣、曹縣等皆從屬菏澤地區，當地流傳有「梁山一百單八將，七十二名出鄆城」之語；傅來自梁山腳下的聊城，武松打虎的陽穀縣屬其轄地，因而二人既是北大同窗，又有小同鄉之誼。眼看山東方面的官費沒有希望，其他款項又無從進取，面臨斷炊的何思源，能得到傅斯年借予的一個英鎊也算是不幸之中的萬幸。此等情形很能令人想起當年劉備在販賣草鞋的途中，飢餓難耐又無錢購買一個燒餅那「一文錢難倒英雄漢」的故事。十幾年之後，當歸國的何思源在相繼登上國民政府的山東省主席與北平市市長寶座之後，不知對這一文大錢的艱難來歷還記得否？

楊步偉說因為大戰後德國的馬克走低，物價便宜，中國的留學生們才紛紛從四面八方轉到柏林，此說有點道理，但不能說全對。事實上，當時德國的物價並不比其他國家和地區更物美價廉，而專等這幫孔乙己的弟子門生前去占便宜。在傅斯年即將結束學業回國的前夕，生活更是到了無依無靠的絕境，他在致羅家倫與何思源的信中道：「總之，去年我以領了下一月〔款〕，我方能自巴黎歸，今則倒欠下兩月，此外無絲毫進款。德國生活成（程）度貴得無比，此間熟人一致呼窮，故弟不欠此間任何一人、任何一文，而此間欠我小數者，積其（起）來已經不少了。五月中旬連吃四日乾麵包，實在不免於夜間流涕。大維尚好，而毛、姚窮得出世涅盤。」

德國的生活程度，傅斯年說得已很清楚，正是在如此生活環境與經濟條件的高壓之下，他才在致羅家倫的信中，發出了「心緒如焚」、「飲食不常，一切狀態如瘋如狂」的悲鳴。未久，傅斯年突然從《德國匯報》（*Detsche Allgemeine Zeitung*）聞知駐英公使館的老朱將要去職的消息，大驚，急忙寫信至公使館向老朱本人催要學費。本來老朱對此等事項早已厭煩不堪，如今奉命歸國，正好順水推舟，將這個燙手山芋扔給了繼任者。而繼任者年輕氣盛，根本不把傅斯年等留學生放在眼裡，對連連上書催款視而不見，遲遲不做答覆。眼看就要成喪家之犬狀餓斃於柏林街頭的傅斯年大怒，立即表示「老傅窮而不安，但亦尚有脾氣」。按傅氏的推斷，繼任者如此對待留學生，一定是克扣和挪用了國內寄來的官費。而對方如此無理與霸道，正是留學生們「拚命之機會也」。於是，傅斯年火從心頭起，惡向膽邊生，立即蹦將起來，欲像當年五四運動一樣，發動並親自統率整個歐洲的中國留學生，肩扛大旗，揮拳舞棒再展示一回少年壯志，前往駐英公使館門前示威遊行，不惜與使館人員開打宣戰，然後來個火燒趙家樓的重演，將公使館一把火燒個精光。

正所謂此一時彼一時，過去的老皇曆如今翻不得。對傅斯年而言，一呼百應的五四時代已經成為過去。接受新的文明洗禮並逐漸理性的羅家倫、何思源、俞大維、毛子水等人，認為以暴力的手段來處理此事萬萬不可。倫敦比不得當年的北京，若真的鬧大了，很可能被當做過街老鼠捉將起來關入大牢，成為天下笑柄。在眾人勸說阻止下，傅斯年火氣漸熄，最終打消了一把火燒掉公使館的念頭。當然，駐英公使館的官僚們並不知有此一幕險情發生，否則，應該早抱頭鼠竄了——看來傅斯年當年考取官費留學生時，山東省教育廳一幫官員的擔心不是沒有道理，儘管大英帝國的白金漢宮沒有被點燃，事實上中國駐英公使館卻差點葬身火海。

既然公使館不能燒掉，日子還得設法苦撐下去，如同俄國作家拉斯普京（Valentin Gritorbevich Raspukin）所說的那句名言：「活下去，並且要記住。」留學生們除了圍繞一個錢字與一個愁字來回打轉、相互借債外，自然有苦中求樂的另一個側面。而血氣方剛，風華正茂的年輕遊子，又少不了與過往的女人拉拉扯扯，生發出一些風流韻事。當時許多不為外人所知的小祕密，在傅斯年致羅家倫信中有所披露。如在第七封信中，傅斯年對羅家倫說：「聽說你和Mlle Jemmes很好，不知仙槎吃醋否？一笑！」

Jemmes乃何思源找的法國女人，傅斯年在巴黎與她見面後，便在信中笑其「中文名字俗極，不知是誰大作」云云。未久，羅家倫為了籌措回國的川資，再次向張元濟求援，張以私人名義慷慨貸借六百元。一年前，當羅家倫首次通過蔡元培向國內尋求經濟援助並找到張元濟時，當時張正為女兒擇婿，回信中同時拜託蔡在海外留學生中直接物色，並表示願意資助未婚女婿的留學費用。蔡元培接信後曾向羅氏探詢，但未全部挑明內情。羅家倫經過一番思考，寫信向蔡表示：「無論與何人訂婚，皆願於訂婚前有半年以上之友誼。……最好於友誼發生時不必定有婚姻觀念當先，以免反而拘束。」蔡元培意識到此事難成，便將原信有關部分剪下轉給張元濟。張氏當然不是糊塗人，見對方如此，並不強求，此樁「婚事」算是告吹，但借貸的事還照樣進行。[37]想不到這次傅斯年聞聽羅家倫又向張元濟借貸，便以調侃的語氣說道：「聽到你做了日禮服、晚禮服、夜禮服等。日禮服為利見大人，夜禮服為霓裳歌舞之用（話是聽到的，典故是我加），恭喜恭喜。」傅所說的「為利見大人」，即指張元濟，因為張氏託蔡元培在海外為其女兒擇婿之事，早已在留學生中傳開，而羅家倫正是眾人矚目和議論的焦點。

在一頓調侃後，傅斯年又用詼諧的語言向羅家倫講述了近期發生在自己身邊的幾件「大事」：

> 說點笑話罷！（一）老陳回去，坐二等艙，帶著俞大維那個生龍活虎一般的兒子，Just think of it。（二）萬燦的Braut（按：未婚妻）聽說甚有德行，萬燦與她日日見，自然想幹一回，而她拒絕（其理由不可得知）。故萬燦更佩服她的德行。
>
> 此間朋友如常，毛子水連罵我三天都是insinuations，最後大吵一回。
>
> 員外此時也無不（？）買書。
>
> 你應來信勸大維去法國。他在此甚無意思。有次我向他房東云：Herr Dr.明年去法國。她云：Ach, Nein, Herr Doktor wi nie von uns weggehn! …etc…（按：「呵，不會的，博士先生不會離開我們的……」）或者這房東為他保全令德不少，但他卻是應該到法國享福去了。[38]

傅氏所說的這位萬燦，與他未婚妻最後的結局如何，好事是幹得成，還是沒幹成，或者介於二者之間，皆不得而知。而老陳帶俞大維的兒子一同歸國之事，卻含有一個不太為外人所知的故事。

許多年後的一九七〇年，已進入耄耋之年的俞大維在〈懷念陳寅恪先生〉一文中說：「本人與寅恪先生，在美國哈佛大學、德國柏林大學連續同學七年。寅恪先生的母親是本人唯一嫡親的姑母；寅恪先生的胞妹是我的內人。他的父親陳三立（散原）先生是晚清有名的詩人；他的祖父陳寶箴（右銘）先生是戊戌湖南維新時期的巡撫。右銘先生有才氣，有文名，在江西修水佐其父辦團練時，即為曾國藩先生所器重，數次邀請加入他的幕府，並送右銘先生一付對聯，以表仰慕。上聯寅恪先生不復記憶，下聯為：『半杯旨酒待君溫』，其推重右銘先生如此。曾文正公又有〈與陳寶箴太守論文書〉，此文收入王先謙的《續古文辭類纂》中。本人的母親是文正公的孫女，本人的伯父俞明震（恪士）先生、舅父曾廣鈞（重伯）先生（均是前清翰林），與〔陳家〕三位先生皆是好友。本人與寅恪先生可說是兩代姻親，三代世交，七年的同學了。」39

文中所說的三代世交是指俞的曾外祖父曾國藩一家與陳寅恪的祖父、湖南巡撫陳寶箴；俞的父輩俞明震與陳寅恪的父親陳三立；俞本人與陳寅恪兄弟等三代的密切關係。兩代姻親是指俞、陳兩家與曾國藩一家都有至親，而俞大維與陳寅恪既是姑表兄弟，又是郎舅之親。俞大維的姑母是陳寅恪的母親，俞的妻子陳新午又是陳寅恪的同胞妹妹。七年同學則是指美國哈佛與德國柏林大學同窗共讀的七年時光。

當然，俞大維說這話時，已隨國民黨退居台灣多年，在德國求學時代，這個格局尚未形成。俞大維是先有了一個「生龍活虎一般的兒子」之後，才與陳寅恪之妹陳新午締結伉儷，藉此與陳家成為「兩代姻親」的。

曾國藩的兩個兒子紀澤、紀鴻皆是清代有名的人物。曾紀澤出任過清朝駐英、法、德、俄公使，為收復新疆伊犁，曾與「面冷詞橫」的沙俄大臣據理力爭，算是一位對中華民族作出過貢獻的外交家。曾紀鴻與夫人郭筠，生五子一女。長子廣鈞乃「湖南四公子」之一，著有數學研究專著。紀鴻的女兒曾廣珊，善於詩文，嫁與俞明頤，婚後生十三個兒女。除了三個早夭外，其餘十人為：大維、大綸、大紱、大絜、大綱五子；大緗、大絢、大縝、大絪、大綵五女。按俞家大排行，俞明頤之兄明震、明觀已先有三子，因而俞大維排行第四，成為這個家族的「四哥」。

俞大維任兵工署署長時的戎裝照

俞大維在德國柏林留學期間，陰差陽錯地與一位德國原裝的鋼琴女教師相愛，兩個乾柴烈火般的青年一不小心，德國美女便珠胎暗結，大喜即將來臨。想不到對方那傲慢的父母卻沒把身材矮小、貌不出眾的俞

陳寅恪家族世系簡表及關係圖示

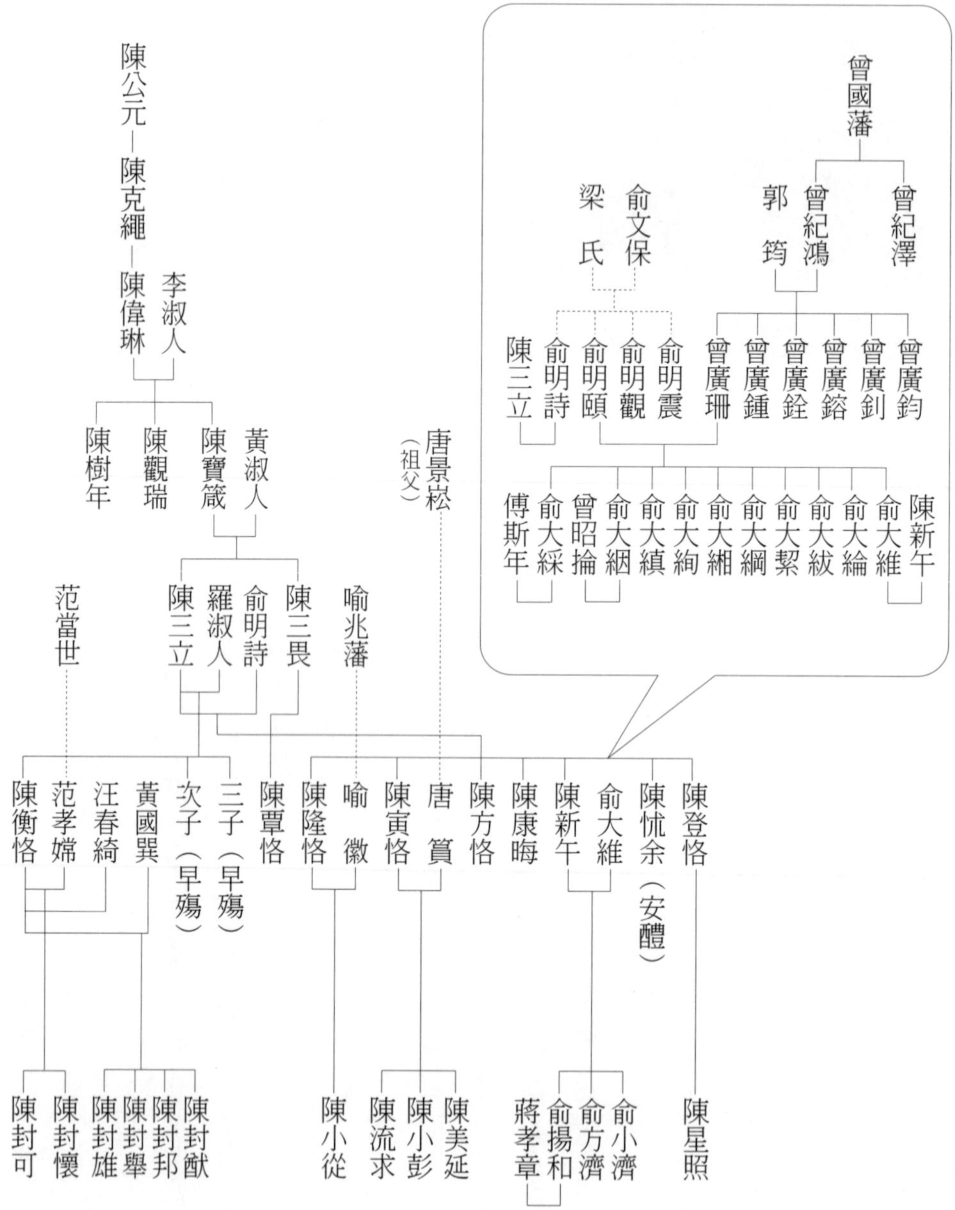

大維放在眼裡，死活不允許女兒嫁給這個來自東方的中國青年。就在雙方你來我往叫板的過程中，一個男娃呱呱墜地，時為一九二三年間事。俞大維根據德文名字的發音，為孩子取名為揚和。又依照俞家家族輩分取名俞啟德。其意是，一方面紀念他的德國母親，一方面希望兒子德才兼備。揚和出生後，放在俞大維租住的房東家撫養。俞的房東是位閒居多年的寡婦，儘管徐娘半老，但風韻猶存，與俞大維友善。正當這位風流寡婦紅顏漸衰，美人即將遲暮之際，見俞大維突然抱回家一個幼兒，自是歡喜，便主動承擔了部分撫養義務。如此這般，中年寡婦與俞大維也就有了進一步的情誼。——這就是傅斯年在致羅家倫的信中所說那位房東為俞大維「保全令德不少」的緣由。儘管如此，一個立志在學業上創造出一番成就的留學生，整日帶一個哇哇亂叫的黃口小兒自然不便。於是，即將返國的陳寅恪建議把揚和帶回國內，交給自己的妹妹陳新午撫養。俞大維聞言自是求之不得，便有了傅斯年向羅家倫報告老陳坐船帶俞大維的兒子回國之事。本著開篇所述陳寅恪歸國在馬賽港登船攜一幼兒，即俞揚和。

陳新午懷抱周歲兒子俞方濟

當陳寅恪輾轉萬里把孩子帶回家鄉後，以能幹潑辣著稱，在陳氏家族中最為漂亮聰明的小女子陳新午，對揚和極其喜歡，遂以未嫁之身毅然擔負起撫養孩子的責任。後來俞大維歸國，自是少不了到姑家探親，一來二往，就水到渠成地娶了大自己三歲的表姊陳新午為妻。至此，俞、陳兩家才形成了俞大維所說「二代姻親」的格局。因為是嫡親表姊弟結婚，大維與新午生的第一個兒子俞方濟天生弱智，後來一直跟父親俞大維一起生活。另一兒子俞小濟智體尚好，長大後赴美國定居，雖已成家，卻過著捉襟見肘的日子。曾歷任國民黨高官但兩袖清風的俞大維，在晚年不得不變賣多枚勳章為這個小兒子補貼家用。

老陳從德國帶回的金髮碧眼的混血小子俞揚和長大成人後，隨著抗戰爆發，先是考入中華民國空軍軍官學校第十五期學員班受訓，二十歲時赴美國鹿克戰鬥機飛行學校（Luke Field）接受高級飛行訓練，後回國參加中美聯合飛行大隊對日作戰。戰鬥基地在湖南醴陵。俞揚和的英文尚好，給隊友們的相互溝通帶來很大方便。抗戰後期，俞揚和在參加空戰三十多次後被敵機擊落，跳傘受傷，為醴陵地區游擊隊抓獲。游擊隊員一看俞揚和那黃髮碧眼的相貌，以為是日本人雇用的外國飛行員，當即捆綁起來欲大刑伺候。俞揚和一看眼前的陣勢，知道大事不好，靈機一動，與對方講起湖南話來，說自己是被日軍擊落的國軍飛行員，並大喊冤枉。游擊隊員聞聽此言，似信非信，大眼瞪小眼地不知如何是好。俞揚和進一步解釋說：「難道有會講湖南話的日本人，或其他外國鬼子嗎？」待對方弄清真實身分，趕忙將其鬆綁，裝入籮筐，抬到山外醫院治療。可惜揚和的傷殘已不能繼續服役，傷癒後不得不離開空軍，轉到民航任駕駛員。一九四八年底，俞揚和與不會說中文的華僑妻子離婚後獨自赴美定居，未久又續娶一房太太。十年後與正在美國讀書的蔣經國之女蔣孝章在華盛頓邂逅並一見鍾情。一九六〇年五月，離婚後的俞揚和與比自己小二十歲的蔣孝章在美國舊金山一個小教堂祕密舉行婚禮，次年生有一子。俞大維按照俞家的輩分為孫子取名俞祖聲，與一九四九年之後出任天津市市長的俞大維姪子俞啟威（後改名黃敬）之子俞正聲（中共中央政治局委員、上海市委書記）同為「聲」字輩。儘管結婚之前，二人婚事在蔣家引起過軒然大波和世人的猜測議論，但俞祖聲的誕生，不僅得到祖父母的歡心，也得到外祖父蔣經國、曾外祖父蔣介石的寵愛。台北中正紀念堂的牆上懸掛著一幅大照片，蔣介石端坐當中，懷裡抱著的嬰兒便是俞祖聲。蔣、俞兩家就這樣成了一代姻親。當然，這是後話。

接著上文敍述，當傅斯年在信中興致勃勃地向羅家倫講述老陳攜俞揚和一同乘船歸國的故事之時，他沒有想到，一年之後，俞大維的妹妹俞大絪會重返曾家，與曾國藩的姪曾孫、著名化學家曾昭掄（曾國藩二弟曾國潢之後，一九四九年後出任高教部副部長）結婚。更沒想到的是，幾年之後，自己會娶俞大維最小的妹妹俞大綵為妻，與俞大維成為郎舅關係。從此，傅斯年與俞家、陳家、曾家結成了扯不斷、緊相連的親友圈。而這一姻緣，皆得益於德國柏林的風雲際會。自此之後，傅斯年與陳、俞、曾三家世子名流風雨與共，共同度過了一段國破家亡、流離失所的艱難歲月，在二十世紀中國學術史上寫下了風雲激蕩，光輝燦爛的壯麗篇章。

一九二六年九月，傅斯年結束了留德生活，帶著一肚子洋墨水和一堆待解的複雜難題，由馬賽揚帆起程，穿越地中海的驚濤駭浪，向闊別七年的東方故國駛來。

傅斯年歸國

與一年前陳寅恪歸國大不同的是，直到輪船穿越了地中海與印度洋，以及海盜出沒的麻六甲海峽，即將到達故土中國時，傅斯年的前途仍像大海滾動的波濤，依然籠罩在渾渾茫茫的霧靄之中。

就在歸國前的兩個多月，傅斯年在給羅家倫的信中，以低沉的語調再次談到了自己窮困潦倒的生活，同時哀婉地說道：「北大事大約是散板了。……至於回國後做事，至今未定。」又說：「我就北大的事是吹了。不知向何一方面去也。」[40]

此前，傅斯年是準備受聘北大的，而像他這樣威風八面的才子受聘北大，也是順理成章的事。一九二三年，北大教務長蔣夢麟到歐洲考察，與正就讀於倫敦大學的傅斯年謀面並做了推心置腹的交談。在傅出國之前，蔣並未與其深交，但通過這次交談，傅的言行給蔣留下了極為深刻的印象。蔣視傅為世間少有的讀書種子，並發出了「孟真之學，是通學，其才則天才，古今為學，專學易，通學難，所謂通學就是古今所說之通才」[41]的慨歎。蔣夢麟認為，正是由於傅斯年「通古博今，求知興趣廣闊」，「故他於發抒議論的時候，如長江大河，滔滔不絕。他於觀察國內外大勢，溯源別流，剖析因果，所以他的結論，往往能見人之所不能見，能道人之所不能道。」所以稱「孟真真是中國的通才。但通才之源，出於天才，天才是天之賦，不可以僥倖而致」云云。身為師輩人物，學界泰斗，對一個正在茅廬中用功修業的後生小子如此高規格評價，決不是出於面子的需要和相互的利害關係，或政客的花言巧語與玩花槍之類的折子戲，實在是發自蔣之摯誠。

二人分別不久，蔣夢麟在德國接到傅的一封信，信中勸蔣此次考察不要無目的地在德、奧、法、義各國亂跑，有兩個問題要特別注意：第一是比較各國大學行政制度，第二是各國大學學術的重心和學生的訓練。蔣閱畢，不僅驚歎傅氏在學業上的精湛造詣，同時還發現他有極強的視事與行政能力，如果自己不是師輩人物，蔣極有可能要五體投地地跪倒在傅斯年面前，並高呼「吾師萬歲」。一九二三年，北大校長蔡元培因不堪忍受軍閥政府與教育部官僚的壓迫，憤然辭職，旋赴歐洲考察，北大校長一職由蔣夢麟代理。此時已轉入德國柏林大學攻讀的傅斯年，與北大的實力派人物蔣夢麟、胡適等書信往來不斷。而身為胡適得意弟子的傅斯年一旦學成歸國，到北大任教已成必然。

劉和珍

想不到世事難測，人算不如天算，就在傅斯年準備歸國的這一年，正是北洋軍閥執政最黑暗，也是即將全面崩潰的前夕。亂象叢生的中國亂上加亂，各路軍閥縱橫中原，開始了新一輪的相互傾軋與混戰。

一九二六年三月十八日，北京高校學生因為日本軍隊派軍艦砲擊天津大沽口，對中國公然侵略挑釁之行為，紛紛組織起來向段祺瑞政府請願。當浩浩蕩蕩的遊行隊伍來到執政府門口時，遭到槍擊和暴力毆打，當場死傷數百人，其中北大、北京女師大死傷最多，後來魯迅那篇著名的〈記念劉和珍君〉，記述的就是此次事件中遇難的年僅二十二歲的劉和珍與楊德群等女師大學生[42]。

慘案發生後，北洋政府曾計畫「掃除三個半學校」，分別是中俄大學、中法大學、北京女子師範大學、北京大學之一部分，並擬定了一張通緝當時北京教育、文學界包括魯迅、李大釗等五十餘人的名單。北京大學等幾所高校處於風雨飄搖之中。就在這個時候，魯迅被迫離京到廈門大學任教。北大教授如劉半農、馬敘倫、周覽、高一涵、陳翰笙、顧孟餘、馬寅初、王世杰等，先後離京另謀生路，留下者也多銷聲匿跡，深自韜晦。一時不能離京的教授大多考慮如何應變，或者轉到形勢較為平穩的清華、燕京；或者暫時蟄伏下來，不再伸頭露面。整個北大從一院到三院呈現出前所未有的凋零景象。

一九二六年四月十五日，奉系軍閥張宗昌作為張作霖的馬前卒，統率大軍衝出山海關殺奔京城，段祺瑞政府咔嘣一下垮台斷氣，北京政權落入奉張集團之手。狼去虎來，而虎比狼還要威猛凶狠。按張作霖這隻東北大老虎的意旨，張宗昌立即下令封閉報館，箝制輿論，捕殺報人。一時間，北京城風聲鶴唳，人人自危。《京報》主筆邵飄萍（名振青）不幸被捕，於四月二十六日凌晨一時許，被「提至督戰執法處，嚴刑訊問，脛骨為斷」，同時被判處死刑，其「罪行」為：「京報社長邵振青，勾結赤俄，宣傳赤化，罪大惡極，實無可恕，著即執行槍決，以昭炯戒。此令。」㊸當日四時三十分，邵飄萍被押赴天橋東刑場槍斃，時年四十二歲。

就在邵飄萍遭槍決的當天晚上，北京政府前總理孫寶琦匆忙來到北大代理校長蔣夢麟寓所，密告蔣氏的名字已經上了張宗昌的黑名單，說不定今夜就要被捕砍頭。蔣夢麟聞言大駭，驚恐與大不情願中急尋出逃辦法。恰在這時，有高官大員王寵惠來訪，蔣夢麟一見如得救星，立即對王說：「你閉嘴，一句話都不要講，趕快拉我走，否則我的頭就要掉了。」王氏心領神會，立即示意蔣爬上自己那輛軍警不會盤查的紅牌汽車，直駛東郊民巷使館界的六國飯店。蔣夢麟下車後趕緊鑽進飯店，屏息凝氣地貓了起來。第二天敞開門縫探頭一打聽，北大地質系教授、主任朱家驊等幾位名流也為躲避奉軍的緝捕，於昨夜通過各種管道和門路悄悄溜進飯店中躲避。後來得知，凡進入六國飯店者皆保全了性命，而在奉軍緝捕中，避入使館界舊東清鐵路辦事處的北大教授李大釗、女學生章一九二〇年三月十四日，蔣夢麟、蔡元培、胡適、李大釗（自左至右）於北京西山臥佛寺合影。

挹蘭等人，後來被張作霖派兵捕去，處絞刑而死。

對於此段情形，被蔣夢麟稱為「這個紹興土老兒」和「一口紹興官話」、「一付紹興師爺的態度」[44]的魯迅，在他的《華蓋集續編・無花的薔薇之三》中說：「於是連衛道的新聞記者，圓穩的大學校長也住進了六國飯店，講公理的大報也摘去招牌，學校的號房也不賣《現代評論》；大有『火炎崑岡，玉石俱焚』之概了。」[45]所謂圓穩的大學校長，即被魯迅稱作「賤相未脫而遽大擺其架子」的「暴發戶」蔣夢麟[46]。

蔣氏與朱家驊等北大同人在「帝國主義懷抱」（蔣夢麟語）庇護下的六國飯店這座豪華的「監獄」裡，悄無聲息地連續蟄伏了三個月之久，直到八月底才化裝打扮，躲過軍警的耳目陸續逃出。蔣夢麟出逃後來到天津，在一艘前往上海的英國商船上又遇到了前幾天才逃出來的朱家驊，二人在如此險惡的場合見面，自是百感交集，皆為北大前途憂心忡忡。船至上海，二人黯然作別。朱家驊轉道廣州進入了中山大學，未久即主持校務；蔣夢麟轉道杭州回老家隱居。未久，北伐軍克杭州，蔣氏被國民政府任命為浙江省教育廳廳長。

就在北京城血雨腥風，蔣夢麟、朱家驊、李大釗等北大名流紛紛出逃之時，胡適也感到了來自外界的威脅與壓力，深感北大勢如危卵，說不定哪一天就要散板完蛋，自己若不識時務，勢必將落得悲慘下場，必須設法離開

朱家驊，攝於一九四五年。

這塊是非之地。經過一番密謀策畫，終於謀到了一份英國庚款諮詢委員會中國委員的差事，以此身分於七月十七日匆忙離京赴英，參加庚款諮詢委員會會議，算是體面地躲過了一劫。隨著北大最後一根重要支柱與「定海神針」——胡適的出走，昭示著這所「常與黑暗勢力抗戰的」（魯迅語）大學校，從此走向凋零暗淡。正如大洋那邊翹首以待的傅斯年所估計的那樣，旦夕間咔嚓一聲「散板了」。

散板後的北大已沒有人再顧及傅斯年的死活與歸國後的去向了。有道是吉人自有天相，一九二六年十月底，當傅斯年乘坐的輪船穿過汪洋大海，搖搖晃晃地抵達香港時，命運之神突然降臨到他的面前，一封來自中山大學的聘書悄然出現在傅斯年下榻的旅館，邀請者乃是兩個月前才剛剛從北京六國飯店逃往廣州的朱家驊。

朱家驊，字騮先，浙江吳興人，出生於一個商人兼地主家庭。父母早亡，依靠胞兄朱祥生（名家麟）扶養。祥生在巨賈張靜江創設的「兩浙鹽務公司」當帳房，以此因緣，十六歲的朱家驊於清光緒三十四年（一九〇八）赴上海，在通運公司結識了國民黨四大元老之一、蔣介石的拜把子大哥張靜江。是年九月，考取同濟德文醫學校（南按：同濟大學前身）。宣統二年（一九一〇），因受曹礪金、沈士遠、沈尹默諸師影響，朱氏萌生了造反鬧革命的念頭。當他聞見報載汪兆銘（精衛）謀刺攝政王消息後，大受感動，反意更興，乃於六月赴南京，欲謀刺兩江總督張人駿，未果。第二年，聞知一批革命黨人在黃花岡舉事的消息，神情為之大振，立即與同學徐霽生等發起組織中國青年敢死團，準備響應。十月，武昌起義，敢死團祕密籌備在滬舉事，朱家驊懷著滿腔熱血，從校園跳將出來，參加了上海商團組織的暴亂行動，並親率青年敢死隊對江南製造局進行了攻擊。當時張靜江與國民黨另一位大老戴季陶，以及陳英士等都在上海扯旗造反，大搞恐怖活動，四處抓捕朝廷命官進行斬首。一時間，整個上海灘刀光劍影，人頭亂滾。朱家驊在一連串的活動中所顯示的才氣、血氣與組織能力，得到了戴季陶的賞識。時張靜江為配合南京政府誓師北伐，想組織一支能打善戰的「青年軍」投入戰鬥，朱得知後自告奮勇要為張效鞍馬之勞，並很快聚集青年學生及年輕軍官百餘眾嚴守待命。後因南北講和，計畫擱淺。儘管如此，朱家驊與張、戴之間由此建立了深厚的革命友誼。在以後的歲月裡，朱氏憑藉張靜江與戴季陶等要人的關係步入仕途，一路攀升跳躍，飛黃騰達，歷任國民政府教育部部長、交通部部長、浙江省政府主席、中央研究院代院長、考試院副院長、行政院副院長，以及國民黨中央組織部部長、中央調查統計局局長等職，終成一代政治巨擘。這是後話，暫且不表。

卻說同濟德文醫工學校機電系畢業後的朱家驊（南按：一九一二年，同濟加辦工科，朱改念工科），在張靜江的資助下，於一九一四年自費赴德國留學，入柏林礦科大學採礦工程學系攻讀。一九一七年初回國，任北京大學地質學教授兼德文系主任。一九一八年，教育部決定每年選派各大學、高等專門學校男女教授若干名赴歐美各國進修，當年選派劉復、朱家驊、鄧萃英、楊蔭榆等七人，於八月十四日由滬乘船赴美，此舉乃中國教授留學之始。與他們同船的有李濟、葉企孫、徐志摩等初出茅廬的留學生若干名。

朱家驊抵美後不久即轉赴瑞士，後再赴德國柏林大學與工科大學深造，一九二四年獲地質學博士學位歸國，任北京大學地質系教授、主任。一九二五年因參加北京學生聲援「五卅運動」等愛國運動，又參加國民黨的翠花胡同派（與右派有所區別），遭北洋政府通緝。眼望革命形勢陷入低潮，朱家驊採取韜晦之計，暫時不再吭聲，默默教書，但暗中依然進行革命活動。直到奉系軍閥張宗昌率部入京，被列入緝捕名單，才慌忙棄卻北大教職，於月黑風高之夜潛往六國飯店避難。就在朱氏與蔣夢麟等人躲在六國飯店，經日密謀籌畫如何逃脫的時候，中國歷史上一件驚天動地的大事發生了。

一九二六年七月九日，蔣介石以國民革命軍總司令的名義，在廣州市東校場舉行聲勢浩大的北伐誓師大會，中國現代史上具有深遠影響和重大轉折意義的北伐革命拉開了序幕。北伐大軍走出廣州，一路勢如破竹，盤踞在南方的北洋軍閥頓時呈山崩地陷狀，從此踏上了萬劫不復的毀滅之途。

朱家驊從六國飯店逃出後，與在南方活動的張靜江、戴季陶祕密取得了聯繫。時張、戴二人均在廣東組織參與國民黨北伐，蔣介石正以戴季陶為主要幕僚，並視為心腹，而戴也正需要政治上的助手，以壯聲威，戴乃祕密通知朱家驊赴粵任事，朱應召前往。戴季陶見朱家驊應邀前來，積極拉攏，並竭力為其步入仕途鋪路搭橋。此前的一九二六年七月，原孫中山創立的廣東大學正式改名為中山大學，以示對這位民國創建人的紀念。更名後的中山大學被國民黨所操控，力主整頓改革，並改校長制為校務委員會負責制。在黃埔軍校校長任上嘗到甜頭的蔣介石，深知辦學的門道和對黨內勢力擴充的重要性，任命戴季陶為校務委員會委員長、顧孟餘為副委員長。朱家驊到來後，在戴的薦舉下，順利進入中山大學，與徐謙、丁惟汾並列校務委員會委員，兼地質系主任、教授。因其他幾位大老皆在國民黨內任要職，由朱主持日常校務工作。未久，朱家驊又奉蔣介石和國民政府之命改組學校，自此，朱家驊正式踏上了「風險與機遇共存」的仕途之路。

此時，朱、傅二人相互間只聞其名，不見其人。

中山大學的暗流

朱家驊最初知道傅斯年的名字，是一九一七年的冬天，傅時為北大國文門二年級的一名學生。首次從德國留學歸來並執教北大的朱家驊，偶爾聽他的老師、北大教授沈尹默談起：「傅孟真這個人才氣非凡！」㊼這句話對朱家驊而言，如風過耳，一閃即過，並未放在心上。就當時的情形而言，北京大學有一個極其強大的浙江派或稱為法日派群體，除了聲名顯赫的北大校長蔡元培、教務長馬寅初，僅文科方面就有著名的「三沈二馬加二周」，即沈士遠、沈尹默、沈兼士兄弟，馬裕藻、馬衡兄弟，周豫才、周作人兄弟等著名健將。再者，蔡元培是浙江紹

一九二四年九月，北大研究所國學門同人合影於三院工字樓前。前排左起：董作賓、陳垣、朱希祖、蔣夢麟、黃文弼；二排左起：孫伏園、顧頡剛、馬衡、沈兼士、胡鳴盛；三排左起：常惠、胡適、徐炳昶、ｘｘ、ｘｘ；四排左起：ｘｘ、李玄伯、王光瑋。

興人。在蔡元培之前，任職時間不長的校長胡任源是浙江吳興人，蔡執掌北大後，取消了分科制，全校改設十五個系，系主任有一多半是浙江同鄉。如數學系主任馮祖荀，浙江杭縣人；物理系主任夏元瑮，浙江杭縣人；化學系主任俞同奎，浙江德清人；地質系主任王烈，浙江蕭山人；哲學系主任陳大齊，浙江海鹽人；德文系主任朱家驊，浙江吳興人，等等。當然還有一代通儒、國學大師、浙江名士章太炎門下弟子，如黃侃、朱希祖、錢玄同、許壽裳、汪東、曾通、馬宗薌、馬宗霍，外加周氏兄弟、沈兼士、馬裕藻，等等，大多數為浙江人，整個北大幾乎被浙江同鄉所籠罩，外籍教授則戲稱北大是個「浙江村」。該「村」人數眾多，地盤廣博，形成了一個勢力龐大、聲威赫赫的浙江集團。這個團體在北大漸漸達到了一呼百應的盛況，充分向世人顯示了處於江南，浙江那「多山多水多才子」的卓越地理人文優勢。

當時在北大唯一能與浙江派或稱法日派抗衡的，是以胡適、陳源（筆名西瀅）等人為首的英美派，不過此派一直處於劣勢，一旦雙方衝突起來，英美派只有招架之功，幾無還手之力。山東儘管有「一山一水一聖人」（南按：五嶽之首——泰山，母親河——黃河，萬世師表——孔子）的美譽，但近代以來，真正的文史大家，特別是具有科學頭腦與知識的人才比之江南卻要遜色得多。當時山東籍的北大教授和學生未成氣候，基本上屬於各派系的末流，能稍顯鋒芒的便是以傅斯年為首的新潮社汪敬熙等幾個青年學生。

得西洋風氣之先，以科學知識武裝起來的朱家驊，對追隨胡適等英美派的山東才俊傅斯年自然沒有什麼感覺，更不會為此感到傾心或驚訝。按他的說法：這年頭，不要說像袁世凱、孫逸仙那樣爭奪總統大位的一代梟雄，只要是個人兒，就牛氣沖天，自命不凡。尤其是北大這種魚龍混雜的地方，比當年的水泊梁山還熱鬧，只要進了這個門檻，哪一個師生不是氣沖斗牛，揮斥方遒，指點江山，激揚文字，號稱要糞土當年萬戶侯？即是一個伙房的伙夫蛋子、燒鍋爐的鍋爐員、掃廁所的衛生員、圖書館的登記員，都憋足了勁要竄到大街上拉杆子，高喊著什麼「蒼天已死，黃天當立，歲在甲子」等等妖言惑眾的口號，或扯著「替天行道」、「謀國攝政」之類的大旗造起反來。每個人不是夢想當舊皇帝，就是要做新國王。從那些激昂閃爍的文字和聲嘶力竭的口號中可以看到，絕大多數都自喻為國際級的拿破崙、亞歷山大，或國內重量級的劉邦、宋太祖還是叫花子出身的朱元璋，最次也是李自成、張獻忠之流的一代人傑，連個自稱宋江、方臘、楊麼、王小波、李順之類羽量級的末流造反者都很難見到了。尤其令朱家驊反感的是，從城內八大胡同路過，遇到了一個湖南口音的妓女，為爭奪客源，竟也在大刺刺地叫嚷著「唯楚有材，于斯為盛」等口號，與另一個浙江口音的妓女較量。在朱家驊看來，當今這世道兒，僅僅自稱或別人稱「才氣非凡」是不夠的，是騾子是馬，只有拉出去溜幾圈方才真正知道。坐井觀天和自說自話的人，完全形同癡人說夢，更不值一哂。

在這種思維指導下，年輕氣盛、躊躇滿志的朱家驊，攜歐洲「海龜」之名望，對尚是「土鱉」一隻的傅斯年同樣不屑一顧。由此，朱、傅二人失去了北大校園會面的機緣。當傅斯年海外求學，並於一九二三年六月由英國轉入柏林大學攻讀時，朱家驊已獲博士學位，離開德國柏林赴其他國家遊歷，儘管年底又返柏林做短暫停留，但他以「空談誤國」的理念和自律精神，一直不屑與學文科的傅斯年以及傅的眾多好友如陳寅恪、毛子水、金岳霖、徐志摩、姚從吾等人來往。在朱氏看來，這些文科出身的知識分子，不是道貌岸然的色鬼就是坐而論道的神經病，沒有一個正常人，因而朱、傅二人雖近在咫尺，卻如隔天涯，再次失去了相見的機會。

當朱家驊主持中山大學校務後，極富遠見地預感到自己發跡的時代到來了，於是雄心大發，銳意整頓，大肆擴充院系規模，聘請有名望的教授到中大任教。為了充實即將改制的文學院師資，也顧不得以前對文科出身的知識分子的偏見和惡感了，亟欲物色「一位對新文學有創造力，並對治新史學負有時名的學者」，「來主持國文系和史學系」。[48]正在朱家驊苦苦尋覓之時，忽聞趙元任等海外歸來的好友，連同蔣夢麟等北大同事都提及傅斯年，並謂此人在歐洲幾年學業大長，尤其是文史之學，無論是內功還是外力，都修煉到了爐火純青、出神入化的絕妙境界。尤其令人驚喜的是，傅氏即將歸國一試身手，原想聘請的北大已經散板兒，傅氏去向不明。得知這一消息，朱家驊猛的想起當年沈尹默在北大校園對自己說過的話，認為傅氏以深厚的國學功底，海外求學七載，如能刻苦攻讀，修成正果是可能的。在感慨了一番世道無常，確有可造化之人傑後，便向中大校委會委員長戴季陶、校務委員顧孟餘二元老做了彙報，擬聘傅到中大主持文史兩系事務。顧孟餘早年留學德國柏林大學，回國後任北大教務主任，是傅斯年的師輩人物，對傅有些了解，且大有好感，乘機在戴季陶面前幫朱家驊講述了一通傅斯年才高過人之處。戴氏一聽這位原大清王朝首位狀元之後、黃河流域第一才子、五四運動學生領袖，現已在海外成了比「海龜」還要厲害的巨無霸式的頭號「大鱷」，於是深表贊同，囑朱盡快與對方聯繫，以免延誤時機，讓其他學術機構捷足先登，使這一難得的「大鱷」落入別人的網中而不得。

朱家驊得令，立即著手與傅斯年聯繫，當得知傅正在駛往國內的輪船上時，越發密切地關注著傅斯年的動靜。於是，裝了一肚子西洋墨水，今非昔比的傅斯年剛剛在香港島晃晃悠悠地登陸，就收到了朱家驊親自派人送來的聘書，此舉令他深為感動。

傅氏在回國前已有耳聞，此時的廣州得西洋風氣之先，革命力量與反革命力量輪番興起，各色大旗不斷變換。隨著國民黨北伐的節節勝利，做為國民政府的龍興之地，看上去很有點生氣與活力，是可以幹一番事業的地方。接到聘書的傅斯年當場拍板，表示願意應聘，但先要回山東老家拜望老母。待一切談妥之後，傅斯年回山東聊城小住時日，於同年十二月攜胞弟傅斯巖（字孟博）來到廣州中山大學出任文科學長（後改稱文學院院長）暨國文、歷史兩系主任。

這一年，傅斯年三十一歲，正是他放洋之初對北大新潮社同人所界定的過三十歲再服務於社會的年齡。

注釋：

❶陳寅恪任教清華時曾提及過此事。據清華大學部第七級學生卞僧慧（字伯耕）回憶說：「往者先生講史，言檔案之用，嘗謂：曾在湖南交涉使署工作。初至時，終日披閱檔冊。對外交涉，不能僅憑條文，自逞臆斷。必熟於案例，事來方能舉措得體，不致貽笑或僨事。」（見卞僧慧〈懷念陳寅恪先生〉（未刊稿），轉引自蔣天樞〈陳寅恪先生傳〉，載《陳寅恪先生編年事輯》（增訂本），蔣天樞撰，上海古籍出版社一九九七年初版。）

❷《吳宓自編年譜》，吳宓著，吳學昭整理，北京：三聯書店一九九五年初版。

❸《吳宓自編年譜》，吳宓著，吳學昭整理，北京：三聯書店一九九五年初版。吳宓又有按語云：「陳君後專治梵文及波斯文、阿剌伯文，等，則購書只限於專門，少精。不同以前之辦法矣。」

❹《吳宓日記》，第二冊，吳學昭整理注釋，北京：三聯書店一九九八年初版。

❺馮友蘭〈懷念陳寅恪先生〉，載《紀念陳寅恪先生誕辰百年學術論文集》，北京大學中國中古史研究中心編，北京大學出版社一九八九年初版。

❻《洪業傳》，陳毓賢著，聯經出版公司一九九二年初版。

❼⓭⓰⓳羅家倫〈元氣淋漓的傅孟真〉，載《傳故校長哀輓錄》，台灣大學一九五一年六月十五日印行。

❽〈自然（以書為序）〉，載《傳斯年全集》，第一卷，歐陽哲生主編，湖南教育出版社二〇〇三年初版。

❾〈寄新潮社諸友〉，載《傳斯年全集》，第一卷，歐陽哲生主編，湖南教育出版社二〇〇三年初版。倉聖，即倉頡。白情，指傅斯年的北大同學康白情。

❿⓬〈留英紀行〉，載《傳斯年全集》，第一卷，歐陽哲生主編，湖南教育出版社二〇〇三年初版。原函由徐彥之發表於北京《晨報》，一九二〇年八月六、七日。

⓫《胡適來往書信選》，上冊，中國社會科學院近代史研究所中華民國史組編，北京：中華書局一九七九年初版。

⓮《傳斯年文物資料選輯》，王汎森、杜正勝編，傳斯年先生百齡紀念籌備會一九九五年初版。

⓯毛子水〈記陳寅恪先生〉，載《傳記文學》，第十七卷第二期（一九七〇年八月）。

⓱石泉、李涵〈追憶先師寅恪先生〉，載《紀念陳寅恪教授國際學術討論會文集》，中山大學出版社一九八九年初版。曹谷冰，民國時期新聞工作者，歷任《大公報》記者、編輯主任、總經理，一九四九年後曾任三屆全國政協委員。

⓲陳封雄〈卌載都成斷腸事——憶寅恪叔二三事〉，載《戰地》，一九八〇年五期。

⓴英譯本為《一四九四年至一五一四年間拉丁與條頓民族史》（*History of the Latin and Teutonic Nations from 1494 to 1514*）。「羅馬民族」是指使用羅馬語系（拉丁語系）的民族，也就是英文習稱的拉丁民族。

㉑《傳斯年——大氣磅礴的一代學人》，岳玉璽、李泉、馬亮寬著，天津人民出版社一九九四年初版。

㉒《中國近代思想與學術的系譜》，王汎森著，河北教育出版社二〇〇一年初版。見附錄〈傳斯年與陳寅恪——介紹史語所收藏的一批書信〉。

㉓㊴俞大維〈懷念陳寅恪先生〉，載台北《中央日報》副刊，一九七〇年三月三十一日。

㉔㉘㉙㊳㊵羅久芳〈傳斯年留學時期的九封信——紀念先父羅家倫與傳斯年先生的友誼〉，載台北《當代》，第一二七期（一九九八年三月一日）。

㉕鄧廣銘〈回憶我的老師傅斯年先生〉，載《傅斯年》，山東人民出版社一九九一年初版。

㉖趙元任、楊步偉〈憶寅恪〉，載《談陳寅恪》，俞大維等著，傳記文學出版社一九七〇年初版。

㉗㉚㉛㉜㉞《雜記趙家》，楊步偉著，傳記文學出版社一九七二年初版。

㉝羅家倫〈憶志摩〉，載《羅家倫與張維楨——我的父親母親》，羅久芳著，百花文藝出版社二〇〇六年初版。

㉟〈新潮的泡沫〉，載《亦報》，一九五〇年六月十四日；轉引自《諤諤之士——名人筆下的傅斯年，傅斯年筆下的名人》，王富仁、石興澤編，東方出版中心一九九九年初版。

㊱羅久芳〈傅斯年留學時期的九封信——紀念先父羅家倫與傅斯年先生的友誼〉，載台北《當代》，第一二七期（一九九八年三月一日）。以下引文同。

㊲《羅家倫與張維楨——我的父親母親》，羅久芳著，百花文藝出版社二〇〇六年初版。

㊶蔣夢麟〈憶孟真〉，載《中央日報》，一九五〇年十二月三十日。以下引文同。

㊷《華蓋集續編．記念劉和珍君》，載《魯迅全集》，第三卷，人民文學出版社一九八一年初版。

㊸《亂世飄萍——邵飄萍和他的時代》，散木著，南方日報出版社二〇〇六年初版。

㊹《新潮》，蔣夢麟著，傳記文學出版社一九六七年初版。

㊺《魯迅全集》，第三卷，人民文學出版社一九八一年初版。

㊻一九二七年七月二十八日〈致章廷謙〉，載《魯迅全集》，第十一卷，人民文學出版社一九八一年初版。

㊼㊽朱家驊〈悼亡友傅孟真先生〉，載台北《中央日報》，一九五〇年十二月三十一日。

【第三章】

南北兩校園

傅斯年與魯迅、顧頡剛的衝突

就在傅斯年欲返國而不知身歸何處，心緒如焚，處於「停杯投箸不能食，拔劍四顧心茫然」之際，曾致信已至清華園的陳寅恪求法問計，陳寅恪自是為之積極活動。一九二六年十一月十六日，當清華教務長梅貽琦主動到陳宅商討聘請中國文學教授時，陳寅恪感到機會來臨了，當即對傅斯年加以推薦。因當時沒有留下陳、梅此次談話的詳細記錄，對梅的態度已不可知，但通過吳宓的日記可尋出一點線索。吳在當天的日記中云：「訪陳寅恪，與談《學衡》停辦事。……旋梅教務長來，向寅恪商請教授。校中必欲聘傅斯年等以授中國文史，而必不肯聘柳公（南按：即吳屢薦之柳詒徵，陳寅恪的私塾老師）。不得不為本校惜，且為世局哭也。」❶內中可見，當時的梅貽琦對傅斯年是頗感興趣且有可能「必欲聘」的，否則，吳宓不會滿懷怨恨又無可奈何地為世局一哭。不過，無論此時梅貽琦做出何種決定，都已成為馬後砲了。因為就在半個月之前，傅斯年踏上香港島之時，在南國中山大學的朱家驊已經捷足先登，將傅氏這隻學界大鱷緊緊地收入網中了。

一九二七年，傅斯年與胞弟傅斯嚴（中）、北大同窗何思源（右）於廣州中山大學合影。

自此，清華失去了傅斯年，傅斯年失去了與陳寅恪連袂登台的機緣，他們的相會與並肩協作，以及在中國近代學術史上創造劃時代的輝煌，還要等到兩年之後。

來到中山大學的傅斯年，與朱家驊一見如故，在學術見解與治校方略上，二人一拍即合。傅視朱家驊為難得的知己，以他過人的膽識、才氣與霸氣，主動幫助朱氏籌畫校務，處理各類繁雜事宜。而朱也視傅為鐵杆兄弟，放開手腳讓傅在中大校園內由著性子，盡情地翻著跟頭折騰。「（為人）磊落軒昂，自負才氣不可一世，執筆為文，雄辭閎辯，如駿馬之奔馳，箕踞放談，怪巧瑰琦，常目空天下士」❷的傅斯年，很快增聘了如吳梅、丁山、羅常培、顧頡剛、楊振聲、何思源、汪敬熙、商承祚、珂羅掘倫（南按：即高本漢〔Bernhard Karlgren, 1889-1978〕，瑞典著名漢學家）、史祿國（南按：Sergei Mikhailovich Shirokogorov，俄國人類學家）等當時的學界名流與大牌「海龜」擔任教授或通訊教授，中山大學由此聲名鵲起，威望隆盛，令全國學界為之矚目。令人扼腕歎息的是，這樣的大好局面沒有維持多久，由於人事紛爭而很快走向衰微。

激烈的紛爭首先在魯迅與顧頡剛、傅斯年三人之間展開。

傅斯年到中山大學時，魯迅正在該校任教務主任兼中文系主任。魯迅此前在北京經歷了著名的「女師大風潮」，並與陳源、徐志摩等現代評論派展開了一場混戰，夾在其間

「三一八」慘案前後，在北京街頭演講的魯迅。

的胡適也被魯迅視為敵人而遭到一番唾罵，自此二人關係宣告破裂並逐漸惡化。直至北師大學生劉和珍等數名師生被槍殺的「三一八」慘案發生，魯迅遭到北洋政府緝捕，不得不設法離開北京赴南方暫避。一九二六年八月二日，魯迅最後一次前往女師大領取薪水，自此告別了這座浸染著他滿腔激情與血淚的學府，悄然隱去。不久，魯迅離開北京赴廈門大學任教，在女師大執教期間結識的學生加戀人許廣平女士同車南下，到廣州的廣東省立女子師範學校任訓育主任。正是由於陳源、徐志摩以及後台老闆胡適等英美派「海龜」與之交鋒對壘，魯迅對胡適等留學西洋的所謂「洋紳士」，以及胡氏的弟子顧頡剛之類熱中在研究室內搞考據的學院派人物，連同一些跟隨胡與顧的小字號「土鱉」都沒有好感。而魯迅在廈門大學時，顧頡剛也受時任文科主任兼國學研究院籌備主任林語堂之邀，辭別北大編輯員之職，陰差陽錯地來到廈大任國學研究院研究教授兼國文系名譽講師。短兵相接，魯、顧二人矛盾加深，終於演變成勢不兩立的仇寇。

一九二七年一月十八日，魯迅為改變環境與其他一些政治原因，受邀到中大就職，出任中文系主任兼教務主任。上任後的魯迅公開以五四運動時期的北大風氣作為標準要求中大師生。在一次教務會議上，他主張讓學生有研究、活動和組織的自由，並特地舉出北京大學的事例作為榜樣，以讓中大師生學習效仿。

但此時的中大不是北大，戴季陶、朱家驊等人，已經成了國民黨的要人、官場上的重量級人物，自然不吃魯

顧頡剛

迅那一套，朱家驊由最初的防禦轉為戰略進攻，他以強硬的姿態反擊道：「這裡是『黨校』，凡在這裡做事的人，都應服從黨的決定。」❸自此，魯迅及其背後的支持者，與以朱家驊為代表的校方當局，圍繞政治是非問題或明或暗地較起勁來，直至鬧得不可收拾。

此時的傅斯年與魯迅雖無師生之情、朋友之誼，但傅在北大辦《新潮》時，曾得到過魯迅的支持，並有過書信往來。一九一九年，傅以北大學生兼《新潮》主編的身分寫信予魯，徵求意見並請其指教。向來對青年人較愛護的魯迅回信說了幾句客氣話，順便提了幾條小建議，內有「《新潮》裡的〈雪夜〉、〈這也是一個人〉、〈是愛情還是苦痛〉（起首有點小毛病），都是好的。上海的小說家夢裡也沒有想到過。這樣下去，創作很有點希望」❹云云。傅把雙方通信在《新潮》刊出，藉此抬高《新潮》的身價與威望。同年，魯迅在給許壽裳的信中說到了《新潮》創刊號，認為「頗強人意，只是二十人左右之小集合所作，間亦雜教員著作」，「其內以傅斯年作為上，羅家倫亦不弱，皆學生。」❺正是為了這段舊故，魯、傅之間開始時尚能面和心不和地相互忍讓與和平共處，但隨著顧頡剛的到來，二人的矛盾終於引爆，炸開的裂痕再也沒有彌合。

傅斯年來中大後，顧氏在廈門大學任教，傅念及同窗之誼，又急於招攬人才，便請顧頡剛來中大任教，其主要任務是「辦中國東方語言歷史科學研究所」，「並謂魯迅在彼為文科進行之障礙」。❻意在架空魯迅，掃除障礙。儘管此時的魯迅對中大校務已成為「一個大傀儡」（魯迅自喻），但畢竟還是名義上的教務主任，必須與之打個招呼才算不失體統。按傅斯年的觀點，本來打招呼已算是相當的抬舉了，想不到魯迅一聽讓顧頡剛來中大，頓時火冒三丈，疾言厲色地說道：「鼻來，我就走！」（南按：「鼻」即顧，相關典故見後。）此舉令傅斯年深為尷尬與不快。

一九一三年，傅斯年與顧頡剛同時考入北京大學預科，共住北河沿譯學館舊址工字樓，二人開始相識。這一年傅十八歲，顧二十一歲。一九一六年，二人均入北大本科，傅入國文門，顧入哲學門。次年秋，二人同住北大西齋丙字十二號宿舍。自此，「靜心研究他的哲學和古史，對人非常謙恭」的顧頡剛，開始與「大氣磅礡」、「高談文學革命和新文化運動」的傅斯年成為好友。[7]一九一七年九月，由美國哥倫比亞大學學成歸來、年僅二十七歲的胡適受蔡元培之聘，出任北京大學哲學門教授，主講西洋哲學史、英國文學、中國哲學史三門課程。放洋七年、又是世界級哲學大師杜威高足的胡適，講授洋學問自是得心應手，但講授中國學問卻有些不同。按北大傳統，中國哲學史這門課，皆由國學深厚的年長者加名教授擔任。在胡適登台之前，此門課程由號稱「兩足書櫃」的陳漢章主講。據說陳氏在台上引經據典，誇誇其談，天上地下，雲山霧罩地大談伏羲、黃帝、神農、堯、舜、禹等史影裡的人物與故事，兩年下來，才講到商朝的「洪範」。胡適接課後，不管以前的課業，重新編寫講義，以一種懷疑的眼光來看待中國遠古歷史和古代哲學家的遺著。他在《中國哲學史大綱》（卷上）中，採用「截斷眾流」的方法，摒棄遠古「一半神話，一半正史」的記載，在劈頭一章「中國哲學的結胎時代」中，用《詩經》作時代的說明材料，拋開三皇五帝、夏、商，直接從西周行將覆滅的最後一個階段，也就是周宣王之後講起。如此一改，原來號稱五千年歷史的中華民族史跡，攔腰被截去了一半，令聽講者大為驚駭，正如時在哲學門就讀的顧頡剛所說：「這一改把我們一班人充滿著『三皇』『五帝』的腦筋驟然作一個重大的打擊，駭得一堂中舌撟而不能下。」[8]遭受了重大打擊卻仍自視甚高的學生們並沒有就此服膺或向胡適屈就，他們認為這是大逆不道的「胡說」，於是有幾個激烈分子開始鼓動鬧事，琢磨如何把這位「胡說」的年輕教授趕出北大校園，讓其回安徽老家找他的那個小腳太太江冬秀去。顧頡剛有些與眾不同，「覺得他講的雖是哲學，不啻講的是史學，更不啻講的是治史學的方法。他用實驗主義的態度講學問，處處是出我意外，入我意中」——這個話是顧頡剛在幾年之後說的，就當時的情形而言，恐怕他還不知所謂的「實驗主義」為何物，只是後來胡適暴得大名，評論家們開始評頭論足並與胡的洋老師對號入座之時，顧才曉得大洋彼岸有個叫杜威的哲學大師弄了一套號稱「實驗主義」的學說，於是也跟著談起了所謂的實驗主義。不過，顧頡剛當時對胡適的學說與做法感到新鮮，對其處境產生了同情之心卻是不爭的事實。

正當學生中間的激烈分子即將集眾鬧事，向胡適反攻倒算的關鍵時刻，滿懷同情又焦急不安的顧頡剛，猛的想起了在學生中頗有領袖威望的同舍好友傅斯年，希望他能出面拉胡老師一把。於是在大體講述了胡適的講課風格後，力勸傅氏前往聽課，以挽狂瀾於既倒。傅斯年開始以自己不是哲學系學生推脫，但顧頡剛卻咬住不放，並說道：「你雖不是哲學系學生，又何妨去聽一聽呢？」傅終於接受了顧的建議，專門聽了胡適的幾堂課。因是有備而來，傅在課堂上曾幾次以請教為名向胡發難，胡一一作答，傅斯年則步步緊逼，最後逼得胡適額頭上的汗珠都滴了下來。絕頂聰明的胡適知道自己遇到了大內高手，於是咬緊牙關，拚全力挺住，始終以他那特有的微笑予以應對。胡適畢竟不是等閒之輩，面對傅斯年與一班不懷好意者的圍攻，一路過關斬將，突出重圍，總算是度過了難關。

年輕的胡適在北大講壇上站穩了腳跟並長噓一口氣的同時，對台下這批學生也有了更深的了解和認識。他認為這批學生「年輕但是卻相當成熟，而對傳統學術又頗有訓練」，有「幾個學生的學問比我強」，其中就包括「傅斯年、顧頡剛、羅家倫等人」。[9] 幾十年後，胡適在演講中談到了這場關乎他人生命運的考驗，並再次深情地回憶說：「那時北大中國哲學系的學生都感覺一個新的留學生叫做胡適之的（，）居然大膽的想絞斷中國的哲學史；因為原來講哲學史的先生們，講了兩年才講到商朝，而胡適之一來就把商朝以前的割斷，從西周晚年東周說起。這一班學生們都說這是思想造反；這樣的人怎麼配來講授呢！那時候，孟真在學校中已經是一個力量。那些學生們就請他去聽聽我的課，看看是不是應該趕走。他聽了幾天以後，就告訴同學們說：『這個人書雖然讀得不多，但他走的這一條路是對的。你們不能鬧。』我這個二十幾歲的留學生，在北京大學教書，面對著一班思想成熟的學生，沒有引起風波；過了十幾年以後才曉得是孟真暗地裡做了我的保護人。」❿

傅斯年不僅做了胡適的保護人，自此之後，同顧頡剛一樣，對胡氏的治學路數與學術思想由認可漸漸變為傾慕佩服。未過一年，傅不惜背叛要傳他衣缽的指導老師黃侃，毅然決然地轉向了胡適，投入到新文化派陣營中來，與胡適等人一起與黃侃等傳統國學派展開了決戰。如顧頡剛所說：「料想不到我竟把傅斯年引進了胡適的路子上去，後來竟辦起《新潮》來，成為《新青年》的得力助手。」⓫

北大畢業後，傅斯年留學歐洲，顧頡剛則留在北大一邊從胡適治學，一邊在沈兼士把持的北大研究所國學門任編輯員，同時開始了古史辨偽工作。這項工作很快取得了超乎尋常的成功，傅斯年在來信中，有顧氏「是在史學稱王了」的讚譽。⓬幾年後，由柏林歸國並在中山大學得勢的傅斯年，念及舊情，想拉同窗好友顧頡剛加入到自己的圈子，本屬人之常情，想不到中間猛的殺出了一個程咬金式的重量級人物——魯迅，橫在二人的面前，使其進退不得，大感為難。⓭

五四運動之後，胡適因提倡白話文暴得大名，為北大浙江派所深忌。而顧頡剛又唯胡適的馬首是瞻，且甘願鞍前馬後地為之輔佐，為胡適考證《紅樓夢》覓得許多文字資料，助長其氣燄，自此引起了魯迅的不快。當然，若事情僅限於此，仍不能成為恨之入骨的仇寇。魯迅之所以對顧頡剛表現出極度強烈的憎惡，除了其跟隨胡適等「洋紳士」鞍前馬後的效勞外，還有一個致命的情結，就是著名的「塩谷一案」。當魯迅、胡適、顧頡剛等人皆在北京時，有人揭露說魯迅著的《中國小說史略》是「竊取日本學者塩谷溫的《支那文學概論講話》」，顧頡剛亦持此觀點，並與北大西語系教授陳源談及此事。原本就與浙江派對立，對魯迅看不順眼的陳氏一聽，立感奇貨可居，正是攻擊魯迅的砲彈，於是迅速寫就揭發信一封，由同一陣營的徐志摩編輯發表於一九二六年一月三十日的《晨報》副刊。按學術界的規矩，若某人被公開指責「抄襲」或「剽竊」別人的學術成果，可謂奇恥大辱，比夜進民宅搶劫盜竊還要令人不屑與憤慨。假若事實，此人立馬斯文掃地，成為人人喊打的過街老鼠，事業前途皆無希望。因而，疑心甚重又嫉惡如仇的魯迅看到陳源的揭發信後，反應異常激烈，立即寫了〈不是信〉的長文予以反駁。[14]圍繞這一「疑案」，魯、陳之間再度展開了一場論戰。就在這場論戰中，魯迅對陳源、徐志摩，還有躲在背後撐腰的胡適（南按：魯迅這樣認為）懷恨在心，同時與他認為的「陰謀家」顧頡剛也結下了不共戴天之仇。因顧頡剛的鼻頭微紅，魯迅在書信中便以「鼻」相代稱，內含諷譃蔑視之意。面對魯迅的態度，同樣尊胡適為導師並深受胡適喜愛的傅斯年，此時對魯迅也早已今非昔比了。就在傅斯年準備由柏林歸國時，在與羅家倫的通信中，談到陳源（字通伯）主編的《現代評論》時，曾說過這樣一段話：「通伯與兩個周實有共同處。蓋尖酸刻薄四字，通伯得其尖薄（輕薄尖利），大周二周得其酸刻，二人之酸可無待言。啟明亦刻，二人皆山中千家村之學究（吳學究之義），非你們damned紹興人莫辦也。僕雖不才，尚是中原人物，於此輩吳儂，實甚不敬之。他們有些才是不消說的。」[15]信中的大周指魯迅，二周與啟明皆指周作人，傅斯年明確表示了自己不再敬佩周氏兄弟並有些鄙視的意味。這個與《新潮》時代大不同的轉變，說明魯迅在他的眼中已不再是五四運動時期的魯迅了。

因而，在勸說無效的情況下，傅斯年火氣大發，索性將魯迅晾在一邊。同時傅斯年說服朱家驊和顧孟餘並得到支持，於一九二七年三月不顧魯迅的強烈反對，硬是把顧頡剛請進了中山大學校園。魯迅一看這情形，頓覺失了面子，同時深感自己在中山大學真的是大勢已去，於是立即向校方提出辭職並移居白雲樓以示要脅。傅斯年一看魯迅果真以大腕的姿態擺起譜來，甚為惱怒，心想人人言說江南多才子，但不要忘記天下所有的才子都是孔家老二的徒子徒孫，自己不但「尚是中原人物」，還是齊魯人氏，當屬正宗的聖人之後。面對汝「紹興師爺」如此撒刁施橫，俺「梁山好漢」又何懼哉？於是，傅斯年「即以其人之道，還治其人之身」，也當場向朱家驊提出撂挑子甩手走人，中大的事從此不再過問。顧頡剛面對這般險惡的局勢，自然不能不有所表示，同樣宣布辭職走人，不再於這堆爛泥裡插杠子攪和。校方見事情紛亂，左右為難，索性來個和稀泥的辦法，讓學生開會自行選擇，哪一位該走該留，全由學生決斷。想不到學生們開會後認為三人均是不可多得的重量級學者，一個都不能少。眼見和稀泥的策略落空，主持校務的朱家驊只好硬著頭皮出面調停並表示「挽留」，同時想出「調和辦法」，委派顧頡剛到江浙一帶為學校圖書館購置圖書以示讓步。魯迅仍然火氣十足，不依不饒，聲言魯、顧決不兩立，非此即彼，無半點妥協的餘地。在寫給友人的信中，魯迅憤憤地說道：「我到此只三月，竟做了一個大傀儡。傅斯年我初見，先前竟想不到是這樣人。當紅鼻到此時，我便走了；而傅大寫其信，給我，說他已有補救法，即使鼻赴京買書，不在校；且宣傳於別人。我仍不理，即出校。……現在他們還在挽留我，當然無效，我是不走回頭路的。」⑯

雙方經過一番混戰，魯迅去意已決，於一九二七年四月二十一日辭職離校，攜戀人許廣平赴上海，開始了公開同居生活。

魯迅滿含悲憤地走了，顧頡剛最終留了下來。

一九二七年十月，顧氏結束了出外購書的工作重返中山大學，出任歷史系教授、主任，兼任圖書館中文部主任，主持整理他新近購回的十二萬冊圖書，一時大有虎嘯山林，龍潛深淵之感。顧氏「念魯迅攻擊我時他們幫助的好意」⑰，與朱家驊、傅斯年配合默契，一面教學一面繼續做自己的研究，同時開闢了民俗學研究等新領域。不久，傅斯年與顧頡剛在中山大學共同創建語言歷史研究所，出版研究所《週刊》，購置圖書資料，招收研究生，確定了研究宗旨。按傅斯年的說法，現代的歷史學、語言學與傳統學術有根本的區別，如果使用新方法，研究新材料，就可以把語言歷史學建設得如同生物學、地質學一樣，成為一門新的學科。

在此前的五月九日，國民黨中央政治會議決定設立中央研究院籌備處，隸屬於中華民國大學院（南按：相當於教育部）。其時蔡元培已從歐洲考察歸國，正式辭去北大校長職（蔣夢麟繼任），出任中華民國大學院院長，在蔡氏和中央研究院籌備處總幹事楊杏佛的籌畫下，聘請了籌備委員三十餘人，傅斯年、顧頡剛均在其內。但這時的中央研究院只設了與國計民生有直接、緊迫關係的理化實業、社會科學、地質、觀象等四個研究所。聘請的籌備委員有胡適（社科）、李濟（地質）、傅斯年（心理學）等，當時既無歷史學、語言學或考古學的研究所，更無「歷史語言研究所」的立項打算。但霸氣十足，「目空天下士」的傅斯年經過一番權衡認為，既然是中央研究院，就應該有文史方面的學科加入，否則將有失偏頗，於是開始召集「一部份熱心文史學的先進」，以「歷史語言研究的特別重要」、「現代的歷史學與語言學科是科學」等說詞，憑著北大時代與蔡元培校長結下的良好關係，對蔡氏與楊杏佛等幾位決策人物展開游說攻勢[18]，聲稱可「借用在廣州語言歷史研究所已成就及將建設者，以成中央研究院之語言歷史研究所」[19]云云。傅斯年畢竟是傅斯年，以他特殊的魅力和超人的智慧加霸氣，終於迫使蔡元培與楊杏佛就範，「無中生有」（傅斯年語）地又繁衍出一個社會科學方面的研究所。正如李濟後來所言，「這一努力顯然是很快地成功了」。[20]

一九二八年三月底，中央研究院籌備委員會一致通過，「……因歷史語言研究之重要，決設歷史語言研究所於廣州，任傅斯年與顧頡剛、楊振聲為常務籌備委員」[21]，以傅斯年為掌門人。如此順利地取得成功，令神通廣大的胡適都感到有些意外，因而戲稱傅氏「狡兔二窟」[22]。

一九二八年四月，國民政府決定改中華民國大學院中央研究院為國立中央研究院，成一獨立研究機關，任命蔡元培為中央研究院院長，楊杏佛任總幹事。下設各研究所及首任所長如下：地質所李四光，天文所高魯，氣象所竺可楨，物理所丁燮林（後改名丁西林），化學所王進，工程所周仁，社會科學所楊端六。

一九二八年十月十四日，中央研究院歷史語言研究所（簡稱中研院史語所）正式宣告成立，所址設在廣州東山柏園。與此同時，傅斯年辭去中山大學教職，應聘出任歷史語言研究所所長，從此迎來了「開闢史學的新天地」的偉大時代。

也就在這個時候，傅斯年與顧頡剛的緣分已盡，二人關係開始出現裂痕與衝突。

由同窗到仇寇

傅、顧二人的矛盾表面上沒有特殊的標誌性事件供後人評斷，據顧頡剛的女兒顧潮說，主要原因是兩人的性格、志向不同。顧與傅在北大同窗時，談及各人的理想與志向，顧謂最強者乃知識慾，傅謂最強者乃政治慾。兩人都有剛強的性格，傅斯年博學多才，極具辦事才幹，甚欲在學術界成為領袖人物，做出一番轟轟烈烈的大事業。但他脾氣暴躁，霸氣十足，在各個方面想把顧氏壓服，聽命自己的調遣。而顧頡剛則傾心自己的學問，生性倔強，不吃傅斯年那一套，曾聲言「只能做自己願意做的事情而不能聽從任何人的指揮的」㉓。於是二人關係越來越僵，終於釀成了不能合作之局。按台灣學者杜正勝的說法，傅與顧的最終決裂，可能有個性因素，可能也有「瑜亮情結」，但更重要的恐怕是兩人對學術發展方向的歧異。㉔傅斯年之所以在柏林留學的最後階段，突然決定「弄史學」，就是深受顧頡剛搞《古史辨》並暴得大名的刺激。難道要如先前向羅家倫、姚從吾（南按：二人出國後都攻讀歷史學）的戲言，「以他（顧頡剛）所據的地位在中央的原故，終不能不臣於他」㉕？正是傅不願向顧「稱臣」，遂下決心要跳出這個「顧氏王國」的陰影，而走出自己的路，以新的科學研究方法「開闢史學的新天地」。這個想法早在他乘船歸國，於大洋中漂行時便形成了。對此，顧頡剛也有些察覺，並謂：「傅在歐久，甚欲步法國漢學之後塵，且與之角勝，故其旨在提高。」㉖顧氏的感覺是符合傅斯年當時的內心和實際情形的。

當傅氏從歐洲歸國時，他自許的學術境界就已超越了顧頡剛，對於傳統學術更不在話下。此時的傅斯年心中只有一個目標要克服和超越，那就是歐洲的「漢學」。正如一九二八年四月六日傅寫信給胡適報告史語所「業已籌備」時所說：「實斯年等實現理想之奮鬥，為中國而豪外國，必黽勉匍匐以赴之。現在不吹，我等自信兩年之後，必有可觀。」㉗同時他慫恿顧頡剛，「你這古史論無待於後來的掘地，而後來的掘地卻有待於你這古史論。

……所以你還是在寶座上安穩的坐下去罷，不要怕掘地的人把你陷了下去。」[28]如此高遠的理想與志向，自然就注定了傅斯年與顧頡剛的聯合是暫時的，而決裂與開打才是二人不可避免的宿命。

一九二八年春，心情鬱悶的顧頡剛正好收到了燕京大學聘書，便以學問做不下去，想換個環境為由，向中山大學校方提出辭職，要到別處去尋找一個「把所有的時間供我從容的研究」[29]的地方。傅斯年一看這番陣勢，認為顧頡剛不識抬舉，故意拆自己的台，給自己難看，盛怒之下竟揚起自己特有的「大砲」性格，責備顧頡剛「忘恩負義」[30]，放出了「你若脫離中大，我便到處毀壞你，使得你無處去」[31]之類失態和傷感情的話語砲彈。顧頡剛聞訊，既憤怒又傷心，心想你傅斯年雖是一學界大鱷，具有呼風喚雨的超凡天才，但霸氣再大，能力再強，畢竟不能一手遮天；傅氏不是如來佛，自己也不是孫悟空，你越叫喊著讓我無處可去，我偏一個跟頭跳出你的手掌心，找個去處給你看看。顧頡剛想到此處，遂堅定了離去的決心，並深信「如果能構成我理想中之作品，一定抵得過種種毀壞的損失」。[32]恰在此時，顧收到了中央研究院寄來的聘書，請他與傅斯年、楊振聲共同籌備歷史語言研究所。顧認為在中研院可做些自己樂意做的學問，乃辭掉燕大之聘，暫時留下以觀後效。

但這時的顧頡剛產生了一個錯覺。他認為既然自己成為籌備中央研究院歷史語言研究所三名委員之一，或許能左右該所的方向與命運，一旦自己掌控了這個研究所的前途，自然是不屑與傅斯年這個「二桿子」共事的，但看在傅氏為此奔波忙碌，整日拖著肥胖的身子氣喘吁吁、大汗淋漓的分兒上，索性劃一塊地盤讓其獨自經營，以示報答，而史語所的大本營則由自己，另外再拉上一個胡適共同掌控。

胡適自從一九二六年七月以英國庚款諮詢委員會中國委員的身分赴歐洲考察後，於第二年五月方從美國、日本轉道回上海定居，直到三年半之後，即一九三〇年十一月二十八日才重返北伐成功後的北平（南按：一九二八年六月二十日，北京市改名北平市，為特別市），重執北大教鞭。

顧頡剛把自己心中的計畫向時在上海的胡適作了透露，「最好，北伐成功，中央研究院的語言歷史學研究所搬到北京，由先生和我經管其事，孟真則在廣州設一研究分所，南北相呼應」[33]，等等。此信正如台灣學者杜正勝所說：顧頡剛「對傅斯年的規劃似乎一無概念，對胡適在傅斯年的學術中的地位也相當模糊」。[34]不僅如此，無論從哪方面看，顧頡剛作如此構想都是一個大忌，或者說是點燃了一枚危險的炸彈，此事顯然已背離了為人處事光明磊落的基本原則。顧頡剛沒有明白，或曰糊塗中揣著明白，這個「無中生有」的研究所，主要是憑藉傅斯年的霸氣與才氣加天才的辦事能力，才迫使老校長蔡元培批准並鳴鑼開張的，這裡面更多的是包含著蔡元培對傅斯年而不是對顧頡剛的信任。確切地說，這塊研究所的牌子是傅斯年從南京中央研究院費心盡力地扛到廣州的。顧氏所為，假如讓傅得知，其情形自可預料。顧頡剛當然也深知其中的利害得失，所以特地叮囑胡適不要把信的內容透露給對方。但出乎意料的是，此時的胡適在感情與學術認同上，已由原來偏向於顧氏轉向了傅斯年，並對顧公開說過「現在我的思想變了，我不疑古了，要信古了」的話。[35]這是一個非常明顯的信號，顧頡剛雖感到「驚駭」，但沒有想到胡適竟轉變得如此之快和徹底。此時的胡適對顧出此策略內心是何種感受，外界不得而知，所知的是傅斯年藉出差的機會到上海胡家拜訪，向來以和稀泥、搗糍糊之法處理人際關係的胡老師，竟不顧當事人顧頡剛的再三叮囑，逕自把信的內容透露給了傅斯年。傅聞訊大怒，咬牙切齒地把顧頡剛視為仇寇，二人在感情上徹底決裂。接下來，帶有火藥味的肉搏也就不可避免了。

據顧頡剛的女兒顧潮說，當傅、顧、楊三人在中山大學某室商量籌備中研院史語所時，「傅斯年與父親兩人各有一番設想：傅氏在歐洲七年，甚欲步法國漢學之後塵，且與之爭勝，故其旨在提高。父親以為欲與人爭勝，非一二人獨特之鑽研可成，必先培育一批人，積疊無數材料加以整理，然後此一二人者方有所憑藉。兩人意見不同，而傅氏脾氣暴躁，不免有家長作風，父親亦生性倔強，不能受其壓服，於是兩人始破口相罵，幸賴楊振聲等人勸解而止。」[36]

面對這一惡劣情形，顧頡剛在給胡適的信中抱怨道：「但是孟真對於我的裂痕已無法彌縫，差不多看我似叛黨似的。」[37]到了這個時候，胡適只好以導師兼朋友的雙重身分出面為二人調停，並勸顧頡剛不要因驕傲樹敵。而顧氏可能已感覺到胡適此前並未履行為自己保守祕密的信條，遂心生怨恨，不再聽這位導師的囉唆，胡適的和稀泥調解宣告失敗。顧頡剛在一九二八年八月二十日給胡適的信中說道：「我自己覺得傲則有之，驕則未也。……所以這兩年來樹的敵雖多，但我自己心無愧怍，則亦聽之而已。（我樹的敵人可以分作兩種，一種是妒忌我，一種是想征服我，這兩種都是沒法避免的。我不能求悅人而自暴自棄，遷就了別人的標準。我自己不願壓迫人家，也不願人家來壓迫我。如有人想要壓迫，當然反抗。此其所以結怨而心無愧怍也。）」[38]此處所說的「征服」與「壓迫」，自然是指傅斯年的所作所為。而傅斯年越想征服，顧頡剛越竭力反抗，並堅定地表示：「我決不願把身子賣給任何人。我決不能為了同黨的緣故而把自己的前程犧牲了。」[39]

到了此時，顧頡剛還未明白，由於他在太歲頭上動土的輕舉妄動，滿身霸氣的傅斯年不是「差不多」，而是確切地把他視作亂臣叛黨了。顧氏提出的先培育一批人再由一二學者研究的主張，固然與傅斯年原有的設想不合，但敏感的傅斯年同時也有了顧氏想藉此培植私人勢力的警惕，言語相激中才有了雙方開罵，幾欲肉搏的場面。在傅斯年的心中，顧頡剛總在想方設法地把史語所變成他的獨立地盤，以實現全權掌控，做山大王的野心。一九二八年十月六日，傅斯年在致清華大學馮友蘭、羅家倫、楊振聲（南按：此時楊已轉往清華任教）等人的信中說：「我們（你們都在內，北平話『咱們的』inclusive）的研究所，以我暑假在此之拚命，經費、設備、接洽工作等，俱有成就了。北平未去，實不敢去也。怕得自己未組織好，辛辛苦苦的為人吞了也。如果人是肯工作的，不把些不相干的大大小小滿安著，奉送之不暇，何用此怕？此實為事業怕耳！」[40]傅斯年此處所說的怕「為人吞了」，當是指顧頡剛無疑。既然雙方都有了如此之異心，只有分道揚鑣的結局。顧決定退出史語所，把挑子扔給傅斯年。當中研院史語所正式宣告成立時，顧頡剛沒有出席成立大會。這次事件，宣告了傅、顧之間同窗情誼與十幾年密友關係的破裂。

一九二九年二月，顧頡剛乘戴季陶、朱家驊不在校之機，攜眷悄然離開廣州返回北平。同年七月二十八日，顧分別致信戴、朱二人，正式辭卻中山大學教職，謂：「在薪金上，在地位上，我在燕大所居都比中大為低，但是我本不計較這些，我所計較者只在生活上安定與學問進步。燕大既在北平鄉間，甚為僻靜，又一星期只有三小時功課，不擔任事務，我可以依我六年前所定的計劃，將應讀的書讀著，應研究的問題研究著。我無所愛於燕京大學，我所愛的是自己的學業。」❹❶九月，他終於應燕京大學之聘，出任歷史系教授、國學研究所導師及學術會議委員。十月三十一日，顧致書中山大學文史兩系同學，表達其戀戀不捨之情，同時對廣東人「有信仰、肯幹、肯吃苦」的精神給予了高度讚揚，認為：「這是無論做什麼事情的基本條件，而不幸長江黃河兩流域的人都缺少了它，使得具有這種精神的我在這敷衍因循的社會中成了一個特殊的人，旁人都笑我，而我則以之自傲。但到了廣東以後，我就覺得此道不孤，我明白廣東人的勢力所以遠被的緣故，我祝頌廣東能成為將來的文化中心。」然而情感敵不過理智，他最後還是選擇了燕大，理由是：「這個學校固然是教會立的，但因設在北平，吸著文化中心的空氣，故思想比較自由。他們與哈佛大學合辦的國學研究所，經費更為穩固。又有前輩先生主持，用不著我去擔負事務的責任。」❹❷

自此，顧頡剛徹底脫離了中大，中大失去了顧頡剛。而傅、顧二人天南地北，時聚時散，卻是咫尺天涯，互不提攜，終生再也沒有一起共事。後來，傅斯年接替胡適在北大辦文科研究所，曾想與顧頡剛重續舊緣，聘顧氏為北大研究所教授，但顧表示堅決不重做馮婦，再為傅氏驅使，以免遭到壓迫與征服的恥辱。傅斯年因失了面子甚覺惱火，再度暴跳起來，並寫信挖苦顧頡剛：「燕京有何可戀，豈先為亡國之準備乎？」顧頡剛閱信後則漠然置之，在日記上反諷曰：「我入燕京為功為罪，百年之後自有公評，不必辯也。中國學校聘外國教員亦多，豈此外國教員亦為作亡國之準備乎？」❹❸

顧頡剛出走後，身為中央研究院史語所所長的傅斯年，開始以他的霸氣與超人的辦事才幹，四處網羅人才，並把目光投向了清華國學研究院陳寅恪、趙元任兩位導師身上。

陳寅恪進清華的背後隱祕

當傅斯年敏銳的目光投向北方的時候，清華國學研究院「四大導師」中的王國維已跳湖自盡，梁啟超的生命之燈即將熄滅，趙元任正張羅著出國講學，只有陳寅恪獨木苦撐，研究院已成風雨飄搖、大廈將傾之勢。

一九二五年六月十五日，清華校長曹雲祥正式宣布研究院教職員名單：教授王國維、梁啟超、趙元任、陳寅恪；講師李濟，助教陸維釗（同年九月辭職，由趙萬里接任）、梁廷燦、章昭煌，主任吳宓，事務員衛士生，助理員周光午。如此精簡的教職員陣營，頗為校內外同仁稱讚，向來木訥寡言的王國維更感欣喜，謂，正合他早年關於治校之論述：「一校之中實行教授之人多，而名為管理之人少，則一校之成績必可觀矣！」[44]可惜的是，王氏此言，在日後的清華與全國教育界被視為歪理邪說而被無情地拋之於九霄雲外，代之而起的是掌控校園的官僚與管理服務人員多於教授幾倍的混亂局面。在這樣的局面之下，其教育品質與人才的培養也就可想而知了。或許這也就是大師之後再無大師的根本原因吧。

關於清華園橫空出世的「四大教授」或「四大導師」的稱號最先

一九二五年，清華國學研究院教師合影，時陳寅恪尚未到校。前排左起：講師李濟、教授王國維、梁啓超、趙元任；後排左起：章昭煌、陸維釗、梁廷燦。

一九二五年，清華國學研究院主任室職員合影。左起：衛士生、吳宓、周光午。

由誰呼起，後來的研究者已難考證，據趙元任的夫人楊步偉回憶道：「上次劉壽民先生來還笑我說四大教授的名稱，但是這個稱呼不是我們自謅的，這實在是張找元任時信上如此說，第一次見面也如此說，而校長曹雲祥開會時也如此稱呼的，劉先生或忘了，或沒聽見過，其實正式的名稱是四位導師，其餘的都是講師或助教……」[45]楊氏的回憶應當是可信的，她所說的「張」是張仲述，即時任清華教務長的張彭春，「四大」的名稱當是清華校內高層首先提出，爾後逐漸為社會所接納默認的。

不過，在「四大」之中，只有趙元任一人懷揣美國哈佛大學博士學位證書，而王、梁、陳等三位，均無博士、碩士頭銜，甚至連學士學位也未拿到。梁啟超的「文學博士」稱號，則是他到了清華國學研究院任教之後，由美國耶魯大學贈予的。儘管頭上沒有金光閃閃的博士帽子，但三位學貫中西，思想、學問博大精深，堪稱當之無愧的學術大師。陳寅恪放洋十數載，於哈佛、柏林大學等歐美名校轉過一遍，終未能捧一張博士文憑回來，完全是為求知而讀書。清華校方為聘請「四大導師」來校任教，可謂不遺餘力，其中一個被後世廣為稱道的鮮明特點是，重視真才實學，不慕虛名，不輕信文憑云云。後來有對大學制度不滿者，總好拿此例說事兒，以此證明當年的清華領導人是何等偉大英明，高瞻遠矚。其實外界多有不知，陳寅恪進入清華的內情顯然沒有如此簡單，真相比流傳的美妙故事卻要曲折複雜和艱難得多。

從《吳宓日記》中可以看到，陳寅恪到清華國學研究院出任導師，首先得益於時為籌備處主任的吳宓推薦。在得到允許後，一九二五年二月十六日，吳以曹雲祥校長的名義致電柏林，陳寅恪接電後有過遲疑，後決定就聘，但言不能即刻到校。據《吳宓日記》四月二十七日條載：「陳寅恪復信來，以（一）須多購書。（二）家務，不即就聘。」為此，吳宓曾感慨道：「介紹陳來，費盡氣力，而猶遲惑。難哉！」於是，吳再致電陳寅恪加以勸說。此後，吳、陳之間電報頻傳，往復協商。六月二十五日，吳在日記中又出現了「晨接陳寅恪函，就本校之聘，但明春到校」之語。同年八月十四日，吳宓再記道：「陳寅恪有函來，購書殊多且難。」㊻面對陳提出的種種困難，吳宓幾次面謁校長曹雲祥，請求予以設法資助，最後曹校長總算同意先預支薪金數千元，兌成美金匯至柏林，陳寅恪得款並料理一切事務後，才於同年十二月十八日攜俞大維的寶貝兒子俞揚和由馬賽起程回國，直至次年七月八日方到清華園。

據云，除陳寅恪外，吳宓還向曹雲祥薦介了柳詒徵、張爾田兩位前輩和湯用彤、樓光來等幾位哈佛同學，幾人皆學界名流俊彥。但研究院主任吳宓並無人事決定權，因校長曹雲祥這一關未能通過，其結果便皆成夢中之花，不了了之。

為什麼薦陳寅恪來清華令吳氏深感「費盡氣力」與「難哉」？其中最根本的一個原因就是陳寅恪放洋十數載而未得到一頂碩士或博士帽子。正是缺少了這幾頂象徵學問層級的高帽，才讓好友吳宓「費盡氣力」。假如陳氏有一頂博士帽子戴在頭上，清華聘請之事就順利得多，至少無須舉薦者多費口舌與力氣。王國維與梁啟超二人由於其本身的資歷與在學術界光照日月的聲名，另當別論。而與陳幾乎同時就聘的導師趙元任和講師李濟都是極好的例子。由於趙、李二人皆為美國哈佛大學博士，且在國內學術界有了一定的名聲，故曹雲祥很快拍板定案，薦舉者彷彿是異乎尋常地輕鬆。為什麼吳宓在「費盡氣力」之後終於讓陳寅恪走進了清華園，而同時薦舉的其他幾位學界大腕卻被打回票？這就涉及王國維與梁啟超同心協力的相助了。

據清華研究院第三屆學生藍文徵（字孟博）回憶，梁啟超曾親自向校長曹雲祥面薦過陳寅恪，當時的情形是，「曹說：『他是那一國博士？』梁答：『他不是學士，也不是博士。』曹又問：『他有沒有著作？』梁答：『也沒有著作。』曹說：『既不是博士，又沒有著作，這就難了！』梁先生氣了，說：『我梁某也沒有博士學位，著作算是等身了，但總共還不如陳先生寥寥數百字有價值，好吧！你不請，就讓他在國外吧！』接著梁先生提出了柏林大學、巴黎大學幾位名教授對陳先生的推譽。曹一聽，既然外國人都推崇，就請。」[47]——這就是當年令天下學界為之震動，被後世廣為流傳並影響深遠的清華國學研究院「四大導師」之一陳寅恪的入校經過。

這段妙趣橫生的梁曹對，是藍的再傳弟子陳哲三記錄的，內中是否添加了枝節不得而知，但藍文徵本人曾在〈清華大學國學研究院始末〉一文中言及：「是年冬，梁先生以陳寅恪先生於歐洲諸國語文及梵文、巴利文、蒙、藏、滿文等修養極深，提請校方聘為導師，時陳先生正在歐洲，明年五月始到校。」[48]結合吳宓的日記看，這話是大體不差的。

得益於陳寅恪家族在晚清社會的特殊背景與影響，清華國學研究院的王、梁、趙等三大導師，都與陳家有著一段交往淵源。出身江蘇陽湖的趙元任家族雖與陳家無直接瓜葛，但趙的夫人楊步偉家族卻與陳家屬於舊識；而王國維與梁啟超皆陳家舊識並私誼甚篤。王國維與陳寅恪均受過晚清大學者沈曾植（一八五〇～一九二二）的指導與影響。沈是浙江嘉興人，光緒六年（一八八〇）進士，歷任刑部主事、郎中、江西廣信、南昌知府、總理衙門章京、安徽提學使、署布政使。光緒二十一年，沈與康有為等開強學會於京師，主張維新，曾受湖廣總督張之洞聘主講兩湖書院，清亡後為遺老，寓居上海。此人學識淵博，智知超群，早年通漢宋儒學、文字音韻，中年治刑律，治遼金元史、西北南洋地理，研究佛學。同時又探研明心經世之學，提倡學習西歐科學知識，以利中國維新事業，曾有《蒙古源流箋證》、《元祕史箋注》等學術著作幾十種傳世。

一九一五年，王國維經古文字學家羅振玉引見，得識沈曾植，後二人情誼甚篤。沈氏為陳寅恪父執，與陳三立酬唱密契，做詩吟賦，為儒林稱道，二人共為「同光體」詩派領袖。身為晚輩的陳寅恪對沈氏學問人格極為崇敬，在國內的幾年，不時向其求教問難。陳寅恪後來從事梵文、西北史地、蒙古史研究，並取得卓越成果，與沈氏的影響頗有關係。正是通過一代大儒沈曾植的引薦，王國維與陳家父子兩代相識相交並成為好友。陳寅恪游學巴黎時，曾專程拜訪過法國著名漢學家伯希和（Paul Pelliot, 1878-1945），其引介之人就是王國維。[49]

梁啟超不僅是陳家舊識，且與陳寅恪的祖父寶箴、父親三立、長兄衡恪祖孫三代交厚。前文已述，光緒二十三年（一八九七），也就是戊戌變法的前一年，已有才名的梁啟超受湖南巡撫陳寶箴與助手陳三立之聘，出任長沙時務學堂中文總教習。從此，梁氏與陳家結交，並有機會對祖籍義寧之陳氏的家學有所了解並深為推崇。一九二四年，梁啟超夫人李蕙仙去世，葬於北京香山臥佛寺東面小山，梁啟超曾想讓陳三立為之書寫墓碑碑文，後因故作罷。

正因為陳寅恪與王、梁二人有如此淵源和交情，才有了二人助陳寅恪來清華國學研究院任教的一段奇緣佳話。

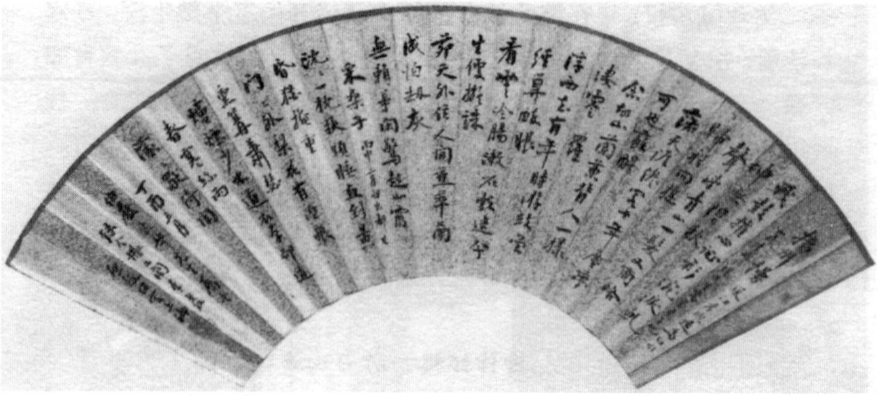

梁啓超丁酉（一八九七）贈陳寶箴扇面。題款「同客上海」。此為梁、陳友誼的見證。（引自陳小從《圖說義寧陳氏》）

據陳寅恪的姪子陳封懷（陳衡恪之次子）回憶道：「那時，我正在金陵大學農學院就讀，他（南按：指陳寅恪）送了我一冊原文本的《莎士比亞集》，據說是他以前在英國讀過的。裡面每個劇本後面都寫有他的評語（是用文言文寫的），在那時，我們叔姪二人經常談論歐洲各國的歷史及文學等。他在歐洲，特別是對英、德、法語言文字學術，有了深入的理解。他在這三個國家得了三個學士學位。」[50]陳封懷此說恐怕不確，至今沒有得到證據說明陳寅恪曾得到過三個學位。而梁啟超所言當是不虛，陳寅恪負笈海外多年，的確既不是學士，也不是博士。但著作等身的梁任公又憑什麼說自己所有的著述加起來不如陳氏寥寥數百字有價值呢？除了客套與自謙外，總要有一點憑證，否則就成為胡言亂語，曹雲祥也不會輕易相信。那麼梁啟超說的這幾百字到底是指什麼呢？這便是陳寅恪於一九二三年在柏林求學期間，寫給其妹的一封書信。信中云：

> 我前見中國報紙告白，商務印書館重印日本刻大藏經出售，其預約券價約四五百元。他日恐不易得，即有，恐價亦更貴。不知何處能代我籌借一筆款，為購此書。因我現必需之書甚多，總價約萬金。最要者即西藏文正續藏兩部，及日本印中文正續大藏，其他零星字典及西洋類書百種而已。……我今學藏文甚有興趣，因藏文與中文，係同一系文字。如梵文之與希臘、拉丁及英、俄、德、法〔文〕等之同屬一系。以此之故，音韻訓詁上，大有發明。因藏文數千年已用梵音字母拼寫，其變遷源流，較中文為明顯。如以西洋語言科學之法，為中藏文比較之學，則成效當較乾嘉諸老，更上一層。然此非我所注意也。我所注意者有二：一歷史（唐史西夏），西藏即吐蕃，藏文之關係不待言。一佛教，大乘經典，印度極少，新疆出土者亦零碎。及小乘律之類，與佛教史有關者多。中國所譯，又頗難解。我偶取金剛經對勘一過，其注解自晉唐起至俞曲園止，其間數十百家，誤解不知其數。我以為除印度西域外國人外，中國人則晉朝唐朝和尚能通梵文，當能得正確之解，其餘多是望文生義，不足道也。隋智者大師天台宗之

祖師，其解悉檀二字，錯得可笑（見《法華玄義》）。好在台宗乃儒家五經正義二疏之體，說佛經，與禪宗之自成一派，與印度無關者相同，亦不要緊也。（禪宗自謂由迦葉傳心，係據護法因緣傳。現此書已證明為偽造。達磨之說我甚疑之。）舊藏文既一時不能得，中國大藏，吾頗不欲失此機會，惟無可如何耳。又蒙古滿洲回文書，我皆欲得。可寄此函至北京，如北京有滿蒙回藏文書，價廉者，請大哥五哥代我收購，久後恐益難得矣。……51

很顯然，這封書信除了要求購書外，更多是在談論學術，所涉內容之深奧廣博，若不專門研習此項學問者，難知其所言與所以言。這封書信被當時主持《學衡》雜誌的吳宓得知，於這年八月的第二十期以〈與妹書〉為題刊載，梁啟超就是通過《學衡》看到了此信，並為陳氏之博學傾倒，於是便有了一年之後清華園著名的「梁曹對」。正是由於這次對話，加之王國維從旁助力，沒有片紙學位和一頂學歷帽子的陳寅恪，才以導師的資格踏進了風景秀麗的水木清華，開始了悠悠四十載傳道、授業、解惑的「師者」生涯。

沒有博士帽子而以導師的身分從容登上清華大學講壇的陳寅恪，立即引起了學界的廣泛矚目，坊間多有羨慕、讚頌追捧者，不明就裡的後輩學人也多有「以古觀今」，論及大學門檻之難進，當權者只看學歷證書而不觀受聘者本人之學問如何者。據陳寅恪的姪子陳封雄（陳衡恪之三子）說，抗日戰爭後期，燕京大學請陳寅恪擔任歷史系教授，他護送六叔一家由重慶前往成都就職。到校後，叔姪二人談起歐美教育來。封雄問：「您在國外留學十幾年，為什麼沒有得個博士學位？」陳答：「考博士並不難，但兩三年內被一專題束縛住，就沒有時間學其他知識了。只要能學到知識，有無學位並不重要。」後來，陳封雄半信半疑地向自己的姑丈俞大維提起此事，俞說：「他（陳寅恪）的想法是對的，所以是大學問家。我在哈佛得了博士學位，但我的學問不如他。」52 從俞大維的話中可以看出，陳寅恪放洋的目的真的是為知識而不為世俗名利，為學術而不為學位。或許，這就是魯迅描寫的藤野先生那「小而言之，是為中國」，「大而言之，是為學術」的精神的具體實踐吧！

由於陳寅恪在學界如雷貫耳的名聲，其學位問題波及後來者既深且眾。一九四八年當選中央研究院首屆院士的著名人文學者蕭公權，於許多年後談到學位與學問時，曾放言：

「其實學位只能表示一個學生，按步（部）就班，修完了『最高學府』規定的某種學程，而未必表示他的真實學問。我知道若干中國學者在歐美大學中研讀多年，只求學問，不受學位。史學名家陳寅恪先生是其中最特出的一位。真有學問的人絕對不需要碩士博士頭銜去裝點門面。不幸〔的〕是有些留學生過於重視學位而意圖巧取。他們選擇學校，院系，課程，以至論文題目，多務在避難就易。他們得著了學位，但所得的學問卻打了折扣。更不幸的是另有一些人在國外混了幾年，回國後自稱曾經某大學授予某學位。他們憑著假學位做幌子，居然在國內教育界或其他事業中混跡。」[53]

蕭氏之言不能說沒有道理，打著「克萊登大學」畢業生的牌子混跡於社會各界者不乏其人，陳寅恪的確為學術界人士做出了不讀博士拿學位，一心讀書向學的成功範例。但此事體正如胡適的「收山小門生」唐德剛教授所言：這個世界上許多事是「閻王可做，小鬼不能做，也不必做」。[54]也就是說，專為讀書而讀書，為學問而學問，不求碩士博士帽子，名門出身，具有強大人脈背景和人際交往資源的陳寅恪做得，一般的人，特別是偏遠地區貧苦勞動人民的

一九四〇年，夏鼐於倫敦大學考古學院獲得博士學位後，在埃及開羅博物館工作時留影。

孩子（當然是很少留洋）就做不得了。一九三五年，當清華畢業的夏鼐考取公費留學生準備出國時，就前往國度、學校、專業、學位等問題，請教老一輩留學生，曾任清華國學研究院講師，時已名滿天下的李濟。李濟表示：「學位不關重要，可有可無。惟社會上做事，有學位者稍占便宜耳。」55這裡說的稍占便宜，當然包括像陳寅恪邁進清華門檻之類的事。李氏是哈佛博士，從後來他入清華國學研究院看，顯然比陳寅恪輕鬆和自然得多。

從當年清華學校國學研究院籌備處主任吳宓推薦陳寅恪之際，同時推薦在學術界已是名流俊彥的柳詒徵、湯用彤等人的情形看，決定誰進門誰出局這一命運的終裁權，是捏在校長曹雲祥一人手中的。曹氏畢竟也算個知識分子或讀書人，開始時他還不明就裡甚至有些傻乎乎地問這問那，關注被薦者的學位與學問之高低大小。但隨著事態的進展，曹氏才翻然醒悟，發現此事已與這些身外之物沒有多大關係了，真正的「關係」是「以人為本」，是一種人和人之間的利害關係。正是這種人際關係令陳寅恪較為順利地跨進了清華園的大門。事實告訴世人的是，就陳、柳、湯三人而言，其學問各有所長，柳乃陳寅恪啟蒙時代的老師，湯在哈佛時與陳、吳二人不相上下，並稱「哈佛三傑」。以此經歷，當時的清華校長曹雲祥從三人中選任何一人都是合情又合理的，但人們看到的卻是陳寅恪健步走入清華園那挺起的胸膛，柳、湯從朦朧的荷塘月色中黯然消失的背影。

需要繼續補充的是，吳宓儘管號稱「哈佛三傑」之一，但他當時在清華校長曹雲祥眼中的地位並不足道，而王、梁二人的赫赫聲名卻有點「功高蓋主」的意味，令曹不得不小心伺候。從梁在曹面前所說的那句「好吧！你不請，就讓他在國外吧！」來看，當時的梁任公一定是繃緊了面容，甚至是聲色俱厲的。在梁、王可能還有趙元任的合力圍攻夾擊下，已不是這位曹校長是否答應陳寅恪進不進清華的問題，而是轉變成——假如曹雲祥「牙丁半個說不字」，他自己能否在清華校長那把椅子上坐穩的問題了。在這樣一種「夾道跑馬不能回馬」的嚴迫情形中，曹雲祥最明智也是唯一的選擇就是無條件地請陳寅恪入清華園任教——儘管可能心中還有點不太情願，以致讓具體張羅的吳宓「費盡氣力」。

當然，此時的曹雲祥可能沒有想到，吳宓與梁、陳等人的到來，竟成為他的掘墓人，並在短短的一年之後就合力為他敲響了前途的喪鐘。在以梁、陳為首的反對聲浪中，曹雲祥只得宣布辭職，捲起鋪蓋灰頭土臉地離開了清華園。當然這是後話了。56

爲神州惜大儒

在清華國學研究院成立至曹雲祥辭職溜走的這個短暫的黃金時期，事實證明吳宓、梁啟超在舉薦陳寅恪時，對曹雲祥所說的那些話並非妄言。陳氏一到清華園，很快就展示了作為一代史學大師的蓋世風采。

按清華國學研究院的規定，每期學員滿一年即可畢業，發給學歷證明。若有想留校繼續學習研究者，可提出申請。當陳寅恪到清華園時，第一期學員已經畢業，但仍有劉盼遂、吳其昌、姚名達等七人留校繼續攻讀。一九二六年九月八日，陳寅恪參加了第二學年，又稱為第二期的開學典禮。此屆招生如謝國楨、劉節、陸侃如、戴家祥、吳金鼎、衛聚賢、王力、姜亮夫等二十九名，加上第一屆留下的七人，共有學員三十六名。在開學典禮上，各位導師作了熱情洋溢的講話。當然，最為慷慨激昂，令聽者為之熱血沸騰，幾欲揮拳仰天大吼者乃梁任公——這項特殊本領與才華是其他幾位導師，特別是王國維所不能匹敵的。

這一學年，諸位導師均使出看家本領為學生開課，陳寅恪亮出的絕活兒是主講「西人之東方學之目錄學」與「梵文—金剛經之研究」兩門。指導學生專題研究的學科為：一、年曆學（中國古代閏朔日月食之類），二、古代碑誌與外族有關係者之比較研究，三、摩尼教經典與回紇文譯本之研究，四、佛教經典各種文字譯本之比較研究（梵文、巴利文、藏文、回紇文及中亞細亞文諸文字譯本與中文譯本之比較研究），五、蒙古、滿洲之書籍碑誌與歷史有關係者之研究。

這一連串的列目，足令人為之眩暈，也可看出陳寅恪在古文字學的造詣已經到了何種廣博精深的程度。

由於陳寅恪學問如淵似海，外人根本無法得知內在詳情。加之陳氏一生對自己的品學極為謙虛慎重，從未炫耀於他人，他到底懂多少種語言文字，直到去世後都未有定論，世間沒有一個人能說得清楚，即使他的師友、家屬與弟子也莫不如此。

據陳寅恪晚年的弟子、中山大學教授胡守為回憶，陳氏在任教中山大學期間，「在他填寫的履歷表上，『懂何種外語』一欄，只寫著『德語』二字」。[57]顯然，這是他的自謙之辭。陳氏的受業弟子、後在北京大學任教的王永興言其「具備了閱讀藏、蒙、滿、日、梵、巴利、波斯、阿拉伯、英、法、德、拉丁、希臘等十三種文字的閱讀能力」。[58]據陳寅恪另一個姪子陳封雄回憶說：「寅恪叔學習外國文字的驚人能力並不是由於他有異於常人的頭腦，而是憑他堅忍不拔的求知毅力。例如，一九一九年他在哈佛大學時開始學習梵文，他的表弟俞大維同時也選修這門課，但是學了半年便畏難而退了（這是俞大維親口對我說的），先叔卻一直繼續學了二十多年，當他在清華大學任教授時，仍經常到東交民巷向精通梵文的德國教授鋼和泰（Baron Alexander von Sael-Holstein）求教。我幼時見過他在書房內朗誦梵文經典拓片。使我親聆了『梵音』，並問他在念什麼咒語，引起他大笑。」[59]有一次，陳寅恪隨便翻了一下姪子封雄中學所用的世界史教科書，此書是根據當時美國出版的教科書編譯的，圖文並茂，而圖片尤為精緻。其中一張圖片的注釋是「刻有巴比倫文的出土碑碣」。陳寅恪見到後立即來了精神，待仔細一看又搖頭道：「這不是巴比倫文，是突厥文，寫書的人用錯了圖片。」[60]對於此次指出的錯誤，陳封雄多少年後還能清晰地憶起這位六叔當時那哭笑不得的表情。

中年時代的陳寅恪

儘管陳寅恪的子姪輩受這位六叔教誨多多，但對其學問仍有窺無涯之海，浩浩湯湯之感。陳封雄曾對問過他的研究者說：「寅恪叔到底學了多少種文字，我也不清楚。一般說來，他能讀懂十四種文字，能說四五國語言，能聽懂七八種語言，是大致不差的。這些成績基本上是在他三十六歲以前取得的。」[61]

根據陳寅恪一生治史之「無證不立」的嚴慎態度，僅憑親友、家屬、弟子的回憶是靠不住的，必須有切實的證據才能令人信服。儘管此類證據難尋，但也絕非一點線索都沒有。一個直接的證據是，「文革」中被紅衛兵抄走的陳寅恪當年在國外學習時期的一批珍貴資料，在陳氏去世後陸續歸還，其中就有當年的學習筆記若干冊。透過那早已發黃的粗劣紙張和紙張上密密麻麻的記載，可以窺知筆記主人在學術征途上歷盡的艱難困苦與豐碩收穫。曾留學德國十年，後任教於北京大學的季羨林在廣州一次會上說：「陳寅恪先生二〇年代留學德國時寫了許多學習筆記，現存六十四本之多，門類繁多，計有藏文、蒙古文、突厥回鶻文、吐火羅文、西夏文、滿文、朝鮮文、梵文、巴利文、印地文、俄文等二十一類。從中可以看出先生治學鑽研之深，其中最引人注目的是各門學科的文獻目錄，衡之以二〇年代全世界研究水平，這些目錄是十分齊備的。」[62]季羨林同時講道，東方古代語言的掌握，主要以比較語言學方法，即用一種文字之佛教經本與其譯本相比照，進而探究不同語言之規律與變化。陳寅恪之語言學習與文獻閱讀是相關聯的。例如學梵文，寅恪就專聽過梵文金剛經研究課程。正是有了如此淵博的學識，他才敢於在大師如林的清華園開講「西人之東方學之目錄學」與「梵文—金剛經之研究」兩門大課。

陳寅恪嘗謂自己是「平生為不古不今之學，思想囿於咸豐、同治之世」[63]。到底這是自謙還是自貶，世人有不同的看法。但他放洋十數載，依舊是鄉音未改，裝扮如故，與大多數歸國留學生如羅家倫等輩一派西裝革履，油頭粉面，似戲台上的小生打扮大相逕庭。陳氏夏秋總是一身長衫布褲布履，冬春則棉袍加黑羊皮馬褂。數九寒冬，就在脖間纏一條五尺多長的毛圍巾，頭戴厚絨帽（「三塊瓦」皮帽），棉褲腳紮一根布帶，腳穿厚棉鞋。戴上近視眼鏡，一副土老兒模樣。一九三四年清華大學出版的《清華週刊·歡迎新同學專號·教授印象記》中，曾有一段對陳寅恪的描寫：

清華園內有趣人物真多，但其中最有趣的，要算陳寅恪先生了。你們中誰有好奇心的，可以在秋末冬初的一天，先找一找功課表上有《唐詩校釋》或《佛經翻譯文學》等科目的鐘點，然後站在三院教室前的過道上等一等，上課鈴響後，你們將看見一位裏面穿著皮袍，外面罩以藍布大褂青布馬褂，頭上帶著一頂兩旁有遮耳的皮帽，腿上蓋著棉褲，足下登著棉鞋，右手抱著一個藍布大包袱，走路一高一下，相貌稀奇古怪的純粹國貨式的老先生從對面彳亍而來，這就是陳寅恪先生了。64

僅從外觀上很難令人想到此人乃學貫中西、開一代學術風氣的大師，因而在生活中經常鬧出一些啼笑皆非的「怪事」。

陳寅恪初至清華，他的二姪子陳封懷已二十六歲，正在清華讀書，得以經常與這位做了導師的叔父見面。星期天叔姪二人常到城中的商鋪、書鋪等地轉轉。陳寅恪由於長期伏案工作，極度缺少運動，因而體質很弱，其薪金一多半用來購書，一部分買藥。陳氏只相信西醫，常到藥房買各國治療腸胃病和心臟病的藥物。據陳封懷說：一次到西單一家西藥店去買胃藥，「當時西藥店的藥品絕大部分是洋貨，店員取出幾種胃藥，其中有德國貨、美國貨和日本貨，沒有中文說明書。他把每個藥瓶上的說明以及盒內的說明書都仔細看過，然後選購了一種。店員以為他是精神病患者，我在旁邊連忙解釋說『他懂各國洋文』，使所有在場的人立即向他投以『奇怪』的眼光。」65

日常生活如此，他登上講堂也頗有點「怪招」。在清華園內的課堂上，陳寅恪一上課即提出所講之專題，然後逐層展開，每至入神之處，便閉目而談，滔滔不絕，有時下課鈴響起，依然沉浸在學海之中盡情地講解。每堂課均以新資料印證舊聞，或於平常人人所見的史籍中發現新見解，以示後學。對於西洋學者之卓見，亦逐次引證。有時引用外文語種眾多，學生不易弄懂辨明，陳氏便在黑板上把引證材料一一寫出，讀其音，叩其義，堂下弟子方知何為梵文，何為俄文等語言文字。因陳氏每次講課不落俗套，每次必有新闡發，故學生聽得津津有味，陳寅恪的名聲越來越大，一些大學教授與外校師生也專程前來聽講。

據陳寅恪的受業弟子藍文徵對台灣學者，即陳氏的再傳弟子陳哲三說：「陳先生演講，同學顯得程度很不夠。他所會業已死了的文字，拉丁文不必講，如梵文、巴利文、滿文、蒙文、藏文、突厥文、西夏文及中波斯文非常之多，至於英、法、德、俄、日、希臘諸國文更不用說，甚至於連匈牙利的馬札兒文也懂。上課時，我們常常聽不懂，他一寫，哦！才知道那是德文，那是俄文，那是梵文，但要問其音，叩其義方始完全了解。研究院主任吳宓風雨不誤，一定來聽講，助教來，朱自清來，北大外國教授鋼和泰也來，其他大學部的學生、教授不來，因為聽不懂。他的書房中各國各類書均有，處處是書，我們進去要先搬搬挪挪才能坐下。」又說：「（陳先生）平日講書，字字是精金美玉，聽講之際，自恨自己語文修養太差，不配當他學生。每到他家，身上總帶幾本小冊，傭人送上茶菓，有時先生也叫我們喝葡萄酒，我們便問其來歷，他於是把葡萄原產何處，原名什麼，葡萄酒最早出現何處，稱什麼，何時又傳到何處，一變成為何名，如此這般，從各國文字演變之跡，看它傳播之路徑。這些話我們都記在小冊子裡，日久之後，積了不少小冊，可惜九一八之變起，我隻身入關，那些小冊和藏書便全部淪陷了，至今想起都感到無限痛惜。」[66]

陳寅恪常對他的弟子說「讀書必先識字」，這是他的至理名言，也是經驗之談。自在家塾念書起，到第一次由德、法留學回國止，在這一段時間內，陳氏除研究一般歐洲文字外，關於國學方面，幼年即對於《說文》與高郵王氏父子（南按：王念孫、王引之）訓詁之學都曾下過一番苦功。他研究的重點是歷史，但並不是為研究而研究，其目的是「在史中求史識」，也就是「在歷史中尋求歷史的教訓」。在陳寅恪看來，中國歷代興亡的原因，中國與邊疆民族的關係，歷代典章制度的嬗變，社會風俗、國計民生，與一般經濟變動的互為因果，及中國的文化能存在這麼久遠，原因何在？這些都可在歷史中找到脈絡。正是陳氏所下的硬工夫，才成就了他的名山大業。

與陳寅恪同時代的學子，不過能背誦四書、《詩經》、《左傳》等書，但陳氏卻技高一籌，「他對十三經不但大部分能背誦，而且對每字必求正解。因此《皇清經解》及《續皇清經解》，成了他經常看讀的書。」[67]據陳氏弟子蔣天樞說，「先生在國外時，攜有兩部《經解》石印小字本」，其中的《續經解》直到陳氏去世後尚存於遺物中。[68]另據俞大維透露，陳寅恪對於史書讀得格外用力，特別注重各史中的志書，如《史記》的〈天官書〉、〈貨殖列傳〉，《漢書・藝文志》，《晉書》的〈天文志〉、〈刑法志〉，《隋書》的〈天文志〉、〈經籍志〉，《新唐書・地理志》等等，同時也相當重視各種會要，還有三通（南按：《通典》、《通志》、《文獻通考》），並大量閱讀其他雜史。因為注重史實，他很欽佩劉知幾與章學誠，尤其推崇司馬光《資治通鑑》的見解。對於諸子，陳寅恪很喜歡莊子的文章，也很重視荀子，認爲荀子是儒家正統。對於古文，最推崇韓愈、歐陽修、王安石、歸有光、姚鼐、曾國藩諸大家。而對於古代詩詞，陳氏佩服陶淵明、杜甫，雖好李白及李商隱詩，但不認為是上品，他特別喜好平民化的詩，故最推崇白居易。除幾首宋人詞外，他對於清代詞人經常提及龔自珍、朱祖謀及王國維三大家。陳氏本人作詩不多，但都很精美，吳宓頗為歎服，並經常向其請益。而陳氏一生的詩文中，當屬弔王國維的長詩與紀念碑文最被世人推重。[69]

陳寅恪到清華時，吳宓因受張彭春和國學研究院學生吳其昌等輩的擠壓、脅迫，已辭去研究院主任之職，調至外文系任教。因而在清華國學研究院中，與陳氏最能談得來且引為知己者首推王國維，其次才是梁啟超，而王國維與陳寅恪在心靈上的溝通要遠比梁更為深刻悠遠。

與陳氏七載同學的俞大維在晚年回憶時曾這樣說過：「（陳寅恪）到了中、晚年，對他早年的觀念，稍有修正。主要原因，是受了兩位大學者的影響。一是瑞典漢學大家高本漢先生。高氏對古人入聲字的說法，與假借字的用法，給他極大的影響。二是海寧王國維先生。王氏對寅恪先生的影響，是相得益彰的。對於殷墟文字，他受王氏的影響；對梵文及西域文字，則王氏也受他的影響。」[70]

當時王國維居住在清華西院，陳寅恪經常到王氏住處論古話舊，說到傷心動情處相對而泣，幾不能語。當王國維自沉後，陳氏的輓詞有「回思寒夜話明昌，相對南冠泣數行」71之句，即指此段情誼。

當然，陳、王相對話舊或陳氏獨處，並不是整日沒完沒了地哭哭啼啼，也有陽光燦爛的日子。陳氏的清華弟子藍文徵曾說過一個頗似笑話的故事——陳寅恪極其幽默，有天幾位學生在他家問學，陳興致上來，對眾弟子說：「我有個聯送給你們：『南海聖人再傳弟子，大清皇帝同學少年。』」72眾人聞聽，先是一愣，待解其意，哄堂大笑。南海聖人特指出身南海的康有為，梁啟超自稱是康氏的弟子；王國維當過末代皇帝溥儀的老師。因而清華國學研究院的學生便成了「再傳弟子」與「同學少年」。只是，隨著王國維的沉湖，這些大清皇帝的「同學少年」們再也不能向這位譽滿神州的一代大儒請教了。

王國維沉湖

「四大導師」之一的王國維在清華大學執教的兩年中，儘管生活趨於平靜，學問越發精進，但仍「時時以津園為念」，每年春節都要去天津晉見「皇上」，還常為「有君無臣」而憂慮。一九二七年三月間，聽說蔣介石為總司令的北伐軍，一路勢如破竹，攻城掠地打到了河南，即將北渡黃河，掃蕩華北，入主京師。又聽說葉德輝、王葆心等一代名儒為北伐軍抓起來砍了頭，王氏甚為恐懼，常與吳宓、陳寅恪等人議論應變之事。六月一日，清華國學研究院第二屆學生畢業，典禮過後，下午舉行「師生敍別會」。梁啟超、王國維、陳寅恪、趙元任四位教授各入一席，李濟、梅貽琦等在座，師生暢談別情。據當時在場的研究生柏生回憶說：「座中（王國維）先生為吾儕言蒙古雜事甚暢，其雍容淡雅之態，感人至深。」宴席將散，梁啟超起立致辭，歷述同學們之研究成績，並謂：「吾院苟繼續努力，必成國學重鎮無疑。」眾皆聆聽，王國維亦點頭表示同意此說。宴畢，王國維與眾師生作別如平時，然後隨陳寅恪至南院陳宅，二人暢談至傍晚。73是日晚，王氏在自家宅中會見謝國楨等同學，依舊是談笑和怡；送走謝國楨等人後，又回到書房批閱完試卷（第三屆研究生招考），乃寫遺書一封藏於懷中，像平常一樣安睡了。六月二日晨，王國維餐畢，八時至研究院辦公，料理事務如常，並與同仁談及下學期招生事宜。隨後王離奇地向事務員侯厚培借了五元錢，獨自悄無聲息地走出清華園，在校門雇一輛洋車，徑赴只有幾里地遠的頤和園，花六角錢買了一張門票，讓車夫在原地等候，約十時獨自步入園內，徘徊於長廊之間，後踱步至園內魚藻軒前的昆明湖畔獨立沉思，盡紙煙一支，約十一時左右，懷揣剩餘的四元四角和一紙寫有「五十之年，只欠一死，經此世變，義無再辱。我死後當草草棺殮，即行槀葬於清華塋地」等字樣的簡短遺書，縱身一躍，沉入湖底。當時遠處有巡警與園丁，聞聲馳救，但王的頭顱已插入淤泥，前後不過兩分鐘即氣絕身亡。[74]一代國學大師由此告別了凡塵滾滾，充滿血腥、苦痛與悲傷的世界，時年五十一歲。

王國維沉湖而死，引起了清華師生巨大悲痛，全國學界為之譁然。清華國學研究院「四大導師」之一的陳寅恪懷著極度的悲傷與哀痛，以他深厚的學術造詣與犀利的洞察眼光，揮毫寫下了哀婉淒絕的輓聯：

> 十七年家國久魂銷，猶餘賸水殘山，留與纍臣供一死；
> 五千卷牙籤新手觸，待檢玄文奇字，謬承遺命倍傷神。[75]

陳寅恪詩文以隱晦難解著稱，這算是較為淺白的一個例外，但對個別字詞的理解也曾引起學界不休的爭論。王國維在遺書中曾有「書籍可託陳吳二先生處理」之語[76]，陳詩中所謂「謬承遺命」當指王氏遺書所言。顯然，王國維是把陳寅恪、吳宓視作他的知己。面對知己，陳氏於「倍傷神」中又發出了「敢將私誼哭斯人，文化神州喪一身」[77]、「風義生平師友間，招魂哀憤滿人寰」[78]的深切悲鳴。

王國維之死之所以引起陳寅恪如此悲傷，自是與二人過往歲月結下的深厚友誼，並對天命人事在心靈深處產生共鳴有極大的關聯。

面對王氏離奇的跳湖自盡，學術界為之強烈震動的同時，坊間對其死因也產生了種種猜測議論，致使有多種說法流傳於世，如殉清說、自殉文化說、悲觀哀時說、羅振玉逼債致死說，等等。王氏之死遂成為一個人言言殊的謎團。[79]

王國維的遺體入葬後，陳寅恪在〈王觀堂先生輓詞並序〉中，對其死因作了解釋和評價，成為眾說紛紜中最有說服力的論斷，為天下士林廣為矚目和重視。在陳寅恪的眼中，王國維是亦師亦友的人物，也是極少可以引為知己者，王的自殺絕非世人所說的起於個人恩怨，或後來溥儀所說是經濟方面的索債等，而是殉文化而死，是不忍見到即將衰亡的中國文化那令人心酸的悲劇結局，也是對當時混亂無序的時局和世風日下的現實之抗爭。陳寅恪以他對師友的深切理解與同情，在輓詞序中云：「凡一種文化值衰落之時，為此文化所化之人，必感苦痛，其表現此文化之程量愈宏，則其受之苦痛亦愈甚；迨既達極深之度，殆非出於自殺無以求一己之心安而義盡也。」又說：「蓋今日之赤縣神州值數千年未有之鉅劫奇變；劫盡變窮，則此文化精神所凝聚之人，安得不與之共命而同盡？此觀堂先生所以不得不死，遂為天下後世所極哀而深惜者也。至於流俗恩怨榮辱委瑣齷齪之說，皆不足置辨，故亦不之及云。」[80]

此輓詞一出，時人紛紛讚之，王國維的好友兼親家、著名甲骨文學者羅振玉更是讚譽有加，謂：「辭理並茂，為哀挽諸作之冠，足與觀堂集中〈頤和園詞〉、〈蜀道難〉諸篇比美；忠愨（南按：遜帝溥儀賜給王氏的謚號）以後學術所寄，端在吾公矣。」[81]

顯然，陳氏之說較之世人流傳或溥儀道聽塗說，更能接近事實本質和王氏內心之痛楚。作為死者的知己，陳寅恪對其深剖追思至此，王國維九泉之下自當頷首！

是大詩人，是大學人，是更大哲人，四昭炯心光，豈謂微言絕今日；

為家孝子，為國純臣，為世界先覺，一哀感知己，要為天下哭先生。

這是一九二二年十一月，王國維的知己，也是陳寅恪的師輩人物，清末著名詩人與學者沈曾植去世時，王國維為他撰寫的輓聯，其悲慟之情溢於言表。斗轉星移，一九二九年六月三日，當王國維紀念碑在清華園落成後，陳寅恪本於悲天憫人的大情懷、大心願，亦以明晰的哲理與深邃的思想，為王氏書寫了光照千秋、永垂不朽的碑文：

士之讀書治學，蓋將以脫心志於俗諦之桎梏，真理因得以發揚。思想而不自由，毋寧死耳。斯古今仁聖所同殉之精義，夫豈庸鄙之敢望。先生以一死見其獨立自由之意志，非所論於一人之恩怨，一姓之興亡。嗚呼！樹茲石於講舍，繫哀思而不忘。表哲人之奇節，訴真宰之茫茫。來世不可知者也。先生之著述，或有時而不章。先生之學說，或有時而可商。惟此獨立之精神，自由之思想，歷千萬祀，與天壤而同久，共三光而永光。[82]

清華園中的王國維紀念碑（作者攝）

陳寅恪藉碑文而抒發出的「獨立之精神，自由之思想」，如天光突裂，地火迸噴，再次展現了內在的文化精髓與人性光輝，於蒼茫的天地間揚波激浪，震聾發聵。此文一出，世人莫不為之動容。只是數十年後，當陳寅恪自己在殘酷的政治桎梏中含恨告別紛亂的世界時，赤縣神州再也沒有人為其撰寫悼念文章了，只有遠在美國的趙元任聞訊，寫了一篇小文，但鑑於當時的政治形勢，又不能直抒心中悲憤感傷之情，也只能是「而已」而已。

王國維奇特、詭異、神祕地離去，在給世界留下一串謎團的同時，也昭示了一個不祥的預兆，清華國學研究院「四大」支柱轟然斷裂一根，另外一根也岌岌可危，馬上就要坍崩——這便是學界中與王國維並稱泰山北斗，被陳寅恪譽為「清華學院多英傑，其間新會稱耆哲」[83]的梁啟超。而盛極一時的清華國學研究院也漸顯頹勢，大有唇亡齒寒，風雨飄搖之勢。

早在一九二六年初，梁啟超因尿血症久治不癒。他不顧朋友們的反對，毅然住進北京協和醫院，並於三月十六日做了腎臟切除手術。極其不幸的是，手術中卻被協和醫院院長劉瑞恆與其助手，誤切掉了那個健全的「好腎」（右腎），虛弱的生命之泉只靠殘留的一隻「壞腎」（左腎）來維持供給。事後，梁的友人、著名醫學家伍連德「已證明手術是協和孟浪錯誤了」，「割掉的右腎，他已看過，並沒有絲毫病態，他很責備協和粗忽，以人命為兒戲，協和已自承認了。」據伍氏的診斷，「這病根本是內科，不是外科」，「乃是一種輕微腎炎，西醫並不是不能醫，但很難求速效」，協和「從外科方面研究，實是誤入歧途」。[84]

此時西醫在中國立足未穩，大受質疑，而手術主要操刀者乃是畢業於美國哈佛大學的醫學博士、協和醫院院長劉瑞恆。劉的副手則是純種的美國人，聲名赫赫的外科醫生。為了維護西醫的社會聲譽，以便使這門科學在中國落地生根，對於這一「以人命為兒戲」的醫療事故，身為受害者，梁啟超不但沒有狀告院方，反而在他的學生陳源、徐志摩等人以「白丟腰子」（徐志摩語）透過媒介向協和醫院進行口誅筆伐、興師問罪之時，梁啟超仍把西醫看做是科學的代表，認為維護西醫的形象就是維護科學，維護人類文明的進步事業。他禁止徐志摩等人上訴法庭，不求任何賠償，不要任何道歉，並艱難地支撐著病體親自著文為協和醫院開脫，在〈我的病與協和醫院〉一文中，梁啟超對做了錯事的協和醫院「帶半辯護的性質」[85]。文章的最後極為誠懇地講道：「我盼望社會上，別要借我這回病為口實，生出一種反動的怪論，為中國醫學前途進步之障礙。——這是我發表這篇短文章的微意。」[86]

梁啟超默默承受著內心的煎熬與苦痛，維護著他篤信的科學與進步事業，而代價是他的生命。與其說梁啟超

「白丟腰子」是被他所「篤信的科學」所害，不如說他為科學所做出的犧牲更具理性和人道。

一九二八年五月底，梁任公將學生論文評閱完畢，身體不支，即辭職回天津養病。六月八日，北伐軍擊潰奉系軍閥，攻占京師，北洋政府宣告覆滅，旋改北京為北平。清華學校由梅貽琦「暫代校務」，聽候接管。八月十七日，南京國民政府議決，清華學校改為國立清華大學，任命曾留學歐美的「海龜」羅家倫為校長，清華學校由此進入了大學時代。

九月底，梁啟超無意中得《信州府志》等書，不勝狂喜，遂在天津家中扶病連續筆耕七日。此時死神已開始「砰砰」地叩擊梁府大門那個獸面鋪首的銅環，梁任公的生命之火已是油乾薪盡，回天乏術，只能聽從死神的召喚了。

一九二九年一月十九日，梁啟超與世長辭，享年五十六歲。噩耗傳出，學界政壇天下同悲，清華同仁撫棺慟哭。

泰山崩塌，梁柱摧折，哲人已去。尚在人間的生者在巨大的悲痛中發出了「痛斯人之難再，嗟舉世之皆暗」的天喪斯文的哀歎。

一九二九年七月，盛極一時的清華國學研究院宣告解體，清華園中三位著名「海龜」的命運，就此與南國的傅斯年緊緊維繫在了一起。

注釋：

❶ ㊻《吳宓日記》，第三冊，吳學昭整理注釋，北京：三聯書店一九九八年初版。

❷ 朱家驊〈悼亡友傅孟真先生〉，載台北《中央日報》，一九五〇年十二月三十一日。

❸ 轉引自《魯迅與他「罵」過的人》，房向東著，上海書店出版社一九九六年初版。

❹《對於《新潮》一部分的意見．魯迅來信》，載《傅斯年全集》，第一卷，歐陽哲生主編，湖南教育出版社二〇〇三年初版。

❺一九一九年一月十六日〈致許壽裳〉，載《魯迅全集》，第十一卷，人民文學出版社一九八一年初版。

❻㊸《顧頡剛日記》，第二卷，聯經出版公司二〇〇七年初版。分見一九二七年三月一日、一九三一年六月十二日條。

❼羅家倫〈元氣淋漓的傅孟真〉，載《傅故校長哀輓錄》，台灣大學一九五一年六月十五日印行。

❽㉓顧頡剛〈古史辨第一冊自序〉，載《我與「古史辨」》，顧頡剛著，上海文藝出版社二〇〇一年初版。以下引文同。

❾《胡適口述自傳》，胡適著，安徽教育出版社一九九九年初版。

❿胡適〈傅孟真先生的思想〉，載《胡適作品集》，第二十五冊，《胡適演講集（二）》，遠流出版公司一九八六年初版。

⓫顧頡剛〈我是怎樣編寫《古史辨》的？〉，載《我與「古史辨」》，顧頡剛著，上海文藝出版社二〇〇一年初版。

⓬㉕㉘傅斯年〈與顧頡剛論古史書〉，載《傅斯年全集》，第一卷，歐陽哲生主編，湖南教育出版社二〇〇三年初版。

⓭一九二二年，顧頡剛在北京大學整理古籍，把《詩》、《書》和《論語》三部書所載的上古史中傳說整理出來，加以比較，發現「禹是西周時就有的，堯舜是到春秋末年才起來的。越是起得後，越是排在前面。等到有了伏羲神農之後，堯舜又成了晚輩，更不必說禹了」。於是他建立了一個假設：「古史是層累地造成的，發生的次序和排列的系統恰是一個反背。」也就是說，古籍中所講的古史是由不同時代的神話傳說一層一層地積累起來而造成的，神話傳說發生的時代，其先後次序和古書中所講的排列系統恰恰相反——這便是二十世紀上半葉在中國史學界影響重大和深遠的顧頡剛學術精髓——所謂的「層累地造成的中國古史」觀。

顧氏理論一出，胡適大為激賞，並譽為「真是今日史學界的一大貢獻」，「這是用歷史演進的見解來觀察歷史上的傳說」，「他這個根本觀念是顛撲不破的，他這個根本方法是愈用愈見功效的」云云。（見胡適〈古史討論的讀後感〉，載《古史辨》，第一冊，顧頡剛等編著，上海書店一九九二年初版。）當然，學術界亦有與顧頡剛持不同觀點者，並紛紛撰文與顧氏爭辯。從一九二六年開始，顧頡剛把古史論戰中雙方所有文章以及後來繼續討論的文章、信件彙集在一起，編成《古史辨》第一冊，並寫了一篇十幾萬字的長序，闡發自己的思想觀點。胡適在介紹此書時說：「這是中國史學界的一部革命的書，又是一部討論史學方法的書。此書可以解放人的思想，可以指示做學問的途徑，可以提倡那『深澈猛烈的真實』的精神。」又說：「頡剛的『層累地造成的中國古史』一個中心學說已替中國史學界開了一個新紀元了。」（見胡適〈介紹幾部新出的史學書〉，載《古史辨》，第二冊，顧頡剛等編著，上海書店一九九二年初版。）

《古史辨》第一冊一經問世，立即風靡學界，一年之內重印近二十版次。到一九四一年，《古史辨》共出七冊。一個以顧頡剛為核心的「古史辨派」覆蓋了中國史學界，極大地震盪了人們的思想與史學觀，如當時在北大任教的資深教授錢玄同，不但對顧氏理論擊節叫好，稱讚「層累地造成的中國古史」觀，「真是精當絕倫」，而且索性將自己的錢姓廢掉，改為「疑古玄同」，以示對顧頡剛的呼應和自己疑古到底的決心。錢氏之神經病式的妄舉，曾一度受到魯迅的嘲諷。

據沈尹默說，一九二九年五月，魯迅由上海北上省親，錢玄同偶然去孔德學校，正好碰見魯迅在室中端坐。此時二人已從往昔的親密同學加戰友變成相互厭惡的對象。玄同既已跨進室內，不好立即退出，一邊尷尬地和魯迅打著招呼，一邊尋找轉移話題，恰好看見桌上放著一張印有周樹人三個字的名片，便回頭對魯迅道：「你現在又用三個字的名片了？」魯迅板著臉沒好氣地答道：「我從來不用四個字的名字。」此言一出，在場者都明白這是諷刺錢玄同主張廢姓，改為「疑古玄同」，同時又與胡適派或者「古史辨派」攪在一起，為魯迅所忌之故。錢玄同聞之，神色陡變，一言不發，搖著頭做不屑一顧狀，溜之乎也。（見沈尹默〈魯迅生活中的一節〉，載《文藝月刊》，一九五六年十月號。）另據馬幼漁說，就是這次北上省親，魯迅到馬幼漁家看望舊友，又與不睦的胡適相遇。胡從外面一進門，看到客廳中的魯迅，略作驚訝，打趣道：「你又捲土重來了！」魯迅瞟了胡適一眼，立即回敬道：「你不要害怕，我還要捲土重去，決不搶你的飯碗！」胡適頗為尷尬，搭訕道：「看你還是那個脾氣。」魯迅仍板著臉冷冷地答道：「這叫江山易改，稟性難移。」二人再無話，胡適打著哈哈轉身悻悻而去。（見王廷林〈魯迅不搶胡適「飯碗」〉，載《縱橫》，二〇〇四年九期。）

胡適到了台灣以後，一九五八年五月四日在台北中國文藝協會作了一次題為《中國文藝復興運動》的演講。他肯定魯迅在《新青年》時代「是個健將，是個大將」，並認為魯迅、周作人翻譯的《域外小說集》「翻得實在比林琴南的小說集翻得好，是古文翻小說中最了不得的好」。胡適在鋪墊一番之後，接著罵了魯迅：「但是，魯迅先生不到晚年——魯迅先生的毛病喜歡人家捧他，我們這般《新青年》沒有了，不行了；他要去趕熱鬧，慢慢走上變質的路子。」什麼叫做「變質」呢？就是和共產黨搞在一起，參加了「左聯」。胡適認為，魯迅加入了「左聯」，也是不自由的。他說：「那時共產黨盡量歡迎這批作家進去，但是共產黨又不放心，因為共產黨不許文藝作家有創作自由。所以那時候監視他們的人——左翼作家的監視者，就是周起應，現在叫周揚，他就是在上海監視魯迅這批作家的。」（見《胡適作品集》，第二十四冊，《胡適演講集（二）》，遠流出版公司一九八六年初版。）

⑭《華蓋集續編·不是信》，載《魯迅全集》，第三卷，人民文學出版社一九八一年初版。

⑮羅久芳《傅斯年留學時期的九封信——紀念先父羅家倫與傅斯年先生的友誼》，載台北《當代》，第一二七期（一九九八年三月一日）。

⑯一九二七年五月十五日〈致章廷謙〉，載《魯迅全集》，第十一卷，人民文學出版社一九八一年初版。

⑰㉙㉚㉛㉜㊲㊳㊴〈顧頡剛致胡適〉，載《胡適來往書信選》，上冊，北京：中華書局一九七九年初版。

⑱⑳李濟〈傅孟真先生領導的歷史語言研究所——幾個基本觀念及幾件重要工作的回顧〉，載《國立中央研究院歷史語言研究所傅所長紀念特刊》，中央研究院傅故所長紀念會籌備委員會編，中央研究院歷史語言研究所一九五一年初版。

⑲一九二八年一月二十八日〈傅斯年致蔡元培〉，轉引自杜正勝〈無中生有的志業〉，載《新學術之路——中央研究院歷史語言研究所七十周年紀念文集》，上冊，杜正勝、王汎森主編，中央研究院歷史語言研究所一九九八年初版。

㉑蔡元培〈國立中央研究院工作報告〉（一九二九年三月十五日），收入《國立中央研究院歷史語言研究所十七年度總報告》，中央研究院歷史語言研究藏；轉引自《傅斯年全集》，第六卷，歐陽哲生主編，湖南教育出版社二〇〇三年初版。

㉒㉗〈致胡適〉，載《傅斯年全集》，第七卷，歐陽哲生主編，湖南教育出版社二〇〇三年初版。

㉔㉞杜正勝〈無中生有的志業〉，載《新學術之路》，上冊，杜正勝、王汎森主編，中央研究院歷史語言研究所一九九八年初版。

㉖《顧頡剛日記》，第二卷，聯經出版公司二〇〇七年初版。見一九二八年四月篇末之〈記本月二十九日晚事〉。是日晚上，顧頡剛偕容肇祖到傅斯年住處，討論研究所事，顧、傅二人意見相左，爆發口角。一九七三年七月，顧始補記當時雙方衝突之原委。

㉝《胡適遺稿及祕藏書信》，第四十二冊，耿雲志主編，黃山書社一九九四年初版。

㉟顧頡剛〈我是怎樣編寫《古史辨》的？〉，載《我與「古史辨」》，顧頡剛著，上海文藝出版社二〇〇一年初版。事在一九二九年三月十四日，顧頡剛脫離了中山大學，到寧、滬數日，當時胡適是上海中國公學的校長，顧在滬時順道訪胡。（見《顧頡剛年譜》，顧潮編著，中國社會科學出版社一九九三年初版。）

㊱㊶㊷《歷劫終教志不灰——我的父親顧頡剛》，顧潮著，華東師範大學出版社一九九七年初版。

㊵〈致馮友蘭、羅家倫、楊振聲〉，載《傅斯年全集》，第七卷，歐陽哲生主編，湖南教育出版社二〇〇三年初版。原信未署年代，編者據函中內容推斷為民國十八年（一九二九）不確，應為前一年。信中涉李濟、楊振聲等人，李於一九二九年春已赴安陽發掘，楊於一九二九年夏，為國立青島大學籌備委員會委員，到青島參加籌備會議並籌建青島大學，不在清華。

㊹(73)《清華國學研究院史話》，孫敦恆編著，清華大學出版社二〇〇二年初版。

㊺趙楊步偉〈四年的清華園〉，載《傳記文學》，第七卷第四期、第八卷第一期（一九六五年十月、一九六六年一月）。

㊼(66)(72)陳哲三〈陳寅恪先生軼事及其著作〉，載《傳記文學》，第十六卷第三期（一九七〇年三月）。

㊽《談陳寅恪》，俞大維等著，傳記文學出版社一九七〇年初版。

㊾此前，伯希和前來中國西部考察，曾把敦煌藏經洞的經卷運出國外，引起了中國人憤怒。但身為漢學家的他在中國期間，仍受學術界人士尊敬，曾在傅斯年的幫助下，於一九三五年到河南安陽殷墟發掘現場等地做過考察。

㊿《陳封懷回憶錄》（未刊稿），轉引自《陳寅恪先生編年事輯》（增訂本），蔣天樞撰，上海古籍出版社一九九七年初版。此回憶錄由陳封懷口述，陳小從筆錄於一九八〇年春初。

(51)〈與妹書（節錄）〉，載《陳寅恪集．金明館叢稿二編》，陳美延編，北京：三聯書店二〇〇一年初版。俞曲園，即清末國學大師俞樾。

52 智效民〈陳寅恪是否獲得過學位？〉，載《往事知多少》，智效民著，雲南人民出版社二〇〇四年初版。

53 《問學諫往錄》，蕭公權著，傳記文學出版社一九七二年初版。

54 《胡適雜憶》，唐德剛著，廣西師範大學出版社二〇〇五年初版。

55 王世民〈傅斯年與夏鼐〉，載《傅斯年與中國文化》，布占祥、馬亮寬主編，天津古籍出版社二〇〇六年初版。

56 據金岳霖晚年回憶說：「寅恪先生不只是學問淵博而已，而且也是堅持正義勇於鬥爭的人。清華那時有一個研究院，研究中國的古史。院裡主要人有王國維、梁啟超、陳寅恪。也有一位年青（輕）人，李濟之。前些時他還在台灣，現在是否也已作古，我不知道。看來當時校長曹雲祥對梁啟超有不正確的看法或想法，或不久要執行的辦法。陳寅恪知道了。在一次教授會上，陳先生表示了他站在梁啟超一邊，反對曹雲祥。他當面要求曹雲祥辭職。曹不久也辭職了。好像外交部派校長的辦法不久也改了。」（見《金岳霖的回憶與回憶金岳霖》，劉培育主編，四川教育出版社一九九五年初版。）又據蔣天樞《陳寅恪先生編年事輯》（增訂本）民國十六年丁卯（一九二七）條載：「十一月，研究院發生風潮。起因為：外交部聘梁任公先生為庚款董事會董事。按章程規定，校長由董事中互選。曹雲祥恐梁先生將代之為校長，暗中運動教職員反對，教育系教授朱君毅獨甘為奔走，嗾研究生王省上書云『研究院教員曠職（時任公先生因病返津），請求易人』。曹將信油印寄與任公，欲迫令去職。全院同學聞之大憤，質問王省，盡吐實情。於是同學們一方面赴津，請求梁先生勿辭，一方面請求外交部，撤換曹雲祥及朱某。結果王省被開除，朱君毅辭職，曹旋亦去任。」

57 胡守為〈學識、品格、生活情趣——陳寅恪先生往事雜憶〉，載《歷史大觀園》，一九八八年五期。

58 王永興〈陳寅恪〉，載《中國史研究動態》，一九七九年八期。

59 陳封雄〈史學界緬懷一代宗師陳寅恪——參加紀念先叔陳寅恪國際學術討論會的感想〉，載《人民日報》（海外版），一九八八年六月二十一日。後該文收入《紀念陳寅恪教授國際學術討論會文集》為附錄。

60 61 陳封雄〈卅載都成斷腸史——憶寅恪叔二三事〉，載《戰地》，一九八〇年五期。

62 陳封雄〈史學界緬懷一代宗師陳寅恪——參加紀念先叔陳寅恪國際學術討論會的感想〉，載《人民日報》（海外版），一九八八年六月二十一日。筆記門類數目，陳封雄誤記為二十二，今據季羨林原文改之。（見〈從學習筆記本看陳寅恪先生的治學範圍和途徑〉，載《紀念陳寅恪教授國際學術討論會文集》，中山大學出版社一九八九年初版。）

63 〈馮友蘭中國哲學史下冊審查報告〉，載《陳寅恪集・金明館叢稿二編》，陳美延編，北京：三聯書店二〇〇一年初版。

64 轉引自黃延復〈文史大師——陳寅恪〉，載《人物》，一九八三年四期。

65 陳封懷〈「怪」教授〉，載《人物》，一九八三年四期。

67 69 70 俞大維〈懷念陳寅恪先生〉，載台北《中央日報》副刊，一九七〇年三月三十一日。

68 《陳寅恪先生編年事輯》（增訂本），蔣天樞撰，上海古籍出版社一九九七年初版。

71 78 80 83 〈王觀堂先生輓詞並序〉，載《陳寅恪集・詩集》，陳美延編，北京：三聯書店二〇〇一年初版。

74 吳宓〈王國維在頤和園投河自盡之詳情〉，載《順天時報》，一九二七年六月六日；轉引自《吳宓日記》，第三冊，吳學昭整理注釋，北京：三聯書店一九九八年初版。另參見《王靜安先生年譜》，趙萬里編，載《國學論叢》，第一卷第三號（一九二八年四月）。

75 〈王觀堂先生輓聯〉，載《陳寅恪集・詩集》，陳美延編，北京：三聯書店二〇〇一年初版。

76 《王靜安先生年譜》，趙萬里編，載《國學論叢》，第一卷第三號（一九二八年四月）。

77 〈輓王靜安先生〉，載《陳寅恪集・詩集》，陳美延編，北京：三聯書店二〇〇一年初版。

79 關於王國維為何自沉昆明湖之說法，羅振玉認為是殉清而死，清遜帝溥儀卻認為是被羅振玉逼迫而死。在溥儀所著《我的前半生》第四章（中華書局一九七七年版）裡，溥儀在一個注釋中說道：「我在特赦後，聽到一個傳說，因已無印象，故附記於此，聊備參考。據說紹英（南按：清室內務府大臣）曾託王國維替我賣一點字畫，羅振玉知道了，從王手裡要了去，說是他可以辦。羅振玉賣完字畫，把所得的款項（一千多元）作為王國維歸還他的債款，全部扣下。王國維向他索要，他反而算起舊帳，王國維還要補給他不足之數。王國維氣憤已極，對紹英的催促無法答覆，因此跳水自盡。據說王遺書上『義無再辱』四字即指此而言。」溥儀此說，後被郭沫若著文加以肯定並傳播，影響頗大，遂成為王氏之死諸說中的主流觀點並為時人廣泛採信。

81 〈王觀堂先生挽詞並序．附羅雪堂先生致陳寅恪書〉，載《國學論叢》，第一卷第三號（一九二八年四月）。

82 〈清華大學王觀堂先生紀念碑銘〉，載《陳寅恪集．金明館叢稿二編》，陳美延編，北京：三聯書店二〇〇一年初版。

84 民國十五年九月十四日〈給孩子們書〉，載《梁啓超年譜長編》，丁文江、趙豐田編，上海人民出版社一九八三年初版。

85 民國十五年六月五日〈與順兒書〉，載《梁啓超年譜長編》，丁文江、趙豐田編，上海人民出版社一九八三年初版。

86 梁啓超〈我的病與協和醫院〉，載北京《晨報》副刊，一九二六年六月二日。該文原是一份英文聲明，交協和醫院存入醫案，後經人譯成中文，刊諸報端。

【第四章】

史語所的第一桶金

元和新腳未成軍

當羅家倫佩戴少將軍銜意氣風發地踏入清華園，出任新改制的清華大學校長後，梅貽琦辭去教務長之職，赴美任清華留學生監督處監督，此前由他所「兼管」的國學研究院，校方再未指派他人前來主持。此時研究院已是強弩之末，最後一屆只招收了王璧如一名學生，加上原留院的學生共有十六人繼續攻讀。研究院衰落得如此之速，不禁令人生出「其興也勃焉，其亡也忽焉」的感慨。面對零落的學生與半空的宿舍，望之使人倍感落寞淒涼。雪上加霜的是，此時導師中的梁任公即將撒手歸天，趙元任常去外地調查方言，講師李濟除到外地做考古發掘，還經常赴歐美參加考古學術會議，研究院事務只靠陳寅恪一人勉力支撐。據藍文徵在〈清華大學國學研究院始末〉一文中云：「陳寅恪先生為發展研究院計，遂請校方聘章炳麟、羅振玉、陳垣三氏為導師，馬叔平（衡）為特別講師，校方一一致聘，章、羅二氏均不就，陳氏自以『不足繼梁、王二先生之後』為詞，再三懇辭，惟馬先生應聘。」❶故到了研究院末期，所有指導研究生，指揮助教辦事，聯繫離校同學或函覆其請教諸教授問題，事無巨細，悉由陳寅恪一人處理，辛勞忙碌，自不待言。

就在研究院風雨飄搖，大廈將傾的最後時刻，已出任中央研究院歷史語言研究所所長的傅斯年聞風而動，不失時機地向陳寅恪、趙元任二位導師拋出了橄欖枝。陳、趙二人鑑於清華國學研究院前途堪慮，兼有對歷史語言研究事業的摯愛與對未來的憧憬，很快做出回應，表示願意接受傅氏之請，分別出任中研院史語所下設的歷史組和語言組主任。

歷史沒有記下正在南國羊城的傅斯年得知這一回音後的表情，可以想像的是，當他接到陳、趙兩位大師的回函時，一定感到很爽，並為之深深地噓了一口氣。一九二八年十一月十四日，也就是歷史語言研究所成立後三個禮拜，傅斯年曾致信陳寅恪說：「此研究所本是無中生有，凡辦一事，先騎上虎背，自然成功。」❷字裡行間，見出傅斯年沾沾自喜與偷著樂的神態意境。

待搞定「二大」之後，像清華國學研究院成立之初，胡適沒敢忽視王國維、梁啟超這兩座文化崑崙並世而立一樣，心中竊喜的傅斯年，同樣沒敢忽視另一個人的存在——這便是清華國學研究院講師李濟。

留學哈佛大學時的李濟

清光緒二十二年（一八九六）生於湖北省鍾祥縣的李濟，字濟之，四歲入蒙館。光緒三十三年，隨時為小京官的父親進入北京兩個著名中學之一——位於南城的五城中學（北師大附中前身）讀書，十四歲考入清華學堂就讀。一九一八年八月，以官費生的身分，與同班五十多名同學連同徐志摩等自費生，悄然無聲地去了美利堅合眾國，開始了「放洋」生涯。

這年的九月十四日，船抵美國三藩市，李濟和諸友分手，與徐志摩等幾人進入麻塞諸塞州烏斯特市（Worcester）克拉克大學就讀。一九二〇年，李濟獲心理學和社會學碩士學位，同年轉入哈佛大學攻讀人類學專業，成為當時哈佛大學人類學研究院唯一的外國留學生，同時也是該院創建以來最早到校的唯一的研究生。哈佛三年，李濟跟隨具有國際威望的人類學大師虎藤（Earnest Albert Hooton）、狄克森（Roland Burrage Dixon）等教授，「利用民族學的一個觀點，也就是中國歷史上所指的中國與夷狄的說法，把中國的歷史材料作一種分析」，欲進一步弄清整個中國民族是怎樣形成及移動的，這「不但是中國歷史上最現實的兩件事，而且是一直到現在還在活躍表現中的事實」。❸

一九二三年，李濟以他那凝聚了三年心血的《中國民族的形成——一個人類學的研究》（*The Formation of the People of the Middle Kingdom：An Anthropological Inquiry*）論文獲得哈佛大學哲學（人類學）博士學位，此為第一位中國人獲此殊榮。這一年，李濟二十八歲。

榮獲博士學位的李濟旋即收拾行裝，告別了風景秀麗的查理斯河畔與浸潤著自己三年青春汗水的哈佛校園，踏上了歸國途程。一隻鮮活亮麗的「海龜」就這樣穿過波湧浪滾的浩瀚大洋，攜西學文化新風銳氣，精神抖擻，豪氣飛揚地爬上了黃土凝成、板結乾裂的遠東大陸，回到了曾賦予他青春和夢想的故都北京。未久，受天津南開大學校長張伯苓之聘，入南開擔任人類學、社會學兼及礦科教授，第二年兼任文科主任。其間，由於礦科專業的關係，結識了當時中國著名的礦物學家、地質學家翁文灝，再通過翁結識了在李濟人生旅途上具有重要轉折意義的國際級地質學大師丁文江（字在君）。丁氏作為在歐洲劍橋、葛拉斯哥等大學求學七載，並於一九一一年辛亥革命爆發時歸國的老「海龜」，此時已取得了中國地質學界的領袖地位，甚為學界同人推崇敬仰。

一九二四年，美國華府史密森學會旗下的弗利爾美術館（Smithsonian Institution, The Freer Gallery of Art），派畢士博（Carl Whiting Bishop）率領一個代表團到中國進行考古發掘和研究，鑑於李濟此前已到新鄭做過田野考古發掘，畢士博邀請李濟加入他們在北京的考古工作隊。在丁文江的支持下，李濟決定與對方合作，遂辭去南開教職，於一九二五年初，加入畢士博等人的行列。此舉開創了「既維護主權，又公平合作」，利用外資搞科研的先河，為後來著名的殷墟第二、三次發掘的資金問題的解決打下了基礎。

就在李濟加入畢士博考古工作隊之際，清華國學研究院也正在緊鑼密鼓地籌備並四處招兵買馬。時任清華大學籌備處顧問的丁文江建議李濟去研究院，一邊任教一邊做研究工作，並把情況介紹給老朋友梁啟超，二人共同出面向清華校長曹雲祥推薦，曹一聽李乃哈佛歸國的博士，當場表示聘請。於是，時年三十歲的李濟，繼「四大」之後，以特別講師的身分出任清華國學研究院導師。

此時的李濟雖有大師的身價，並且是研究院的五位導師之一，但後世卻沒有把他與王、梁、陳、趙「四大導師」並列，究其原因，表面上看是他沒有前四人的教授頭銜，其實並不盡然。由於李濟當時正和美國弗利爾美術館合作組織考古發掘事宜，在時間分配上，考古發掘占相當比重，因而大部分薪水由美方撥發，每月三百元，清華每月發一百元，二者合在一起，正好和梁、王、陳、趙「四大」教授的薪水持平。❹因清華支付的一百元並不是教授的薪水，故只能給個特別講師的帽子戴在頭上。想不到這「教授」與「講師」兩頂帽子的不同，造成了儒林士子多年的疑惑與不解。

據清華檔案館所藏《研究院紀事》稱，一九二七年六月，清華學校評議會在討論李濟函詢其下年度待遇問題時，議決：「如畢士博方面仍續約，則本校繼續聘李濟為研究院講師；如畢士博方面不續約，則本校聘李濟為大學部教授。結果畢士博繼續聘李濟與之一同進行考古發掘，李濟下年度仍任研究院講師。」❺這就是李濟沒有被後世譽為「五大」導師之一，而只稱「五位」導師之一的緣故。

一九二六年二月五日，李濟與地質學家袁復禮同赴山西，沿汾河流域到晉南作考古調查。其間發現了幾處新石器時代的彩陶遺址，並取得了一些標本。在初步確定幾個可供發掘的地點後，於三月底返回清華園。同年十月，在李濟的直接協調洽談下，由清華國學研究院和美國弗利爾美術館共同組織，對方出大部分經費，李濟、袁復禮主持，赴山西夏縣西陰村進行田野考古發掘（南按：按照雙方協定，發掘古物永久留在中國）。這是中國人自己主持的第一次正式的現代科學考古發掘嘗試，李、袁二人在山西工作了兩個多月，直到十二月三十日方結束。此次發掘收穫頗豐，共採集了七十六箱出土器物，分裝九大車，於同年年底，歷經數次艱險磨難和幾個晝夜的風餐露宿，總算安全無損地押運到清華國學研究院。山西夏縣西陰村遺址的成功發掘，真正揭開了中國現代考古學序幕，標誌著現代考古技術在遠東這塊古老大地上生根發芽。身為人類學家的李濟也由這次發掘而正式轉到考古學領域的探索與實踐中，從而奠定了他在中國現代考古學發展史上開一代先河的大師地位。

一九二八年十月底，李濟以清華國學研究院導師的身分赴美講學歸國，路經香港，就在這個短暫的停留空隙，李濟順便到中山大學訪友。想不到一進校園，與即將在中國政壇與學界掀起滔天巨浪的重量級人物——傅斯年相識了。

傅斯年當然知道李濟的分量，因而二人一見面，傅氏就像對待老朋友一樣談起中央研究院辦歷史語言研究所之事。按傅斯年的說法，原來聘請的基本上都是本土學者，現在全部或大部分要改為以歐美派為主，目前已聘請了陳寅恪與趙元任，希望李濟能加盟入夥，並出任第三組——考古組主任。經過一番交談，李濟的心是被說動了，他決定辭去清華和弗利爾美術館的職位，加盟史語所這個新升起的山頭，並集中全力主持考古組工作。自此，清華國學研究院殘存的三位導師盡數歸入傅斯年親手樹起的大旗之下，史語所也順利完成了由西方歐美派「海龜」取代東方「土鼈」的成功轉型。

這一年，傅斯年三十三歲，李濟三十三歲，趙元任三十七歲，陳寅恪三十九歲。

對於這一決定史語所未來發展方向和命運的劃時代成果，傅斯年自是興奮異常，他極力挽留李濟在中大多住幾日，與自己好好聊聊日後的事業如何像寫文章一樣，起承轉合，有板有眼，有始有終地做下去，並放出異彩靈光。興之所至，傅斯年找出陳寅恪寫給他的詩文，略帶炫耀地讓李濟觀賞，也暗含堅定對方信念之玄機。陳氏墨蹟作於一九二七年七月六日，詩曰：

不傷春去不論文，北海南溟對夕曛。
正始遺音真絕響，元和新腳未成軍。
今生事業餘田舍，天下英雄獨使君。
解識玉璫緘札意，梅花亭畔弔朝雲。❻

文中所謂「北海南溟」，當指陳寅恪視傅為可以共同唱和呼應的知己。「正始遺音」，則指此前投昆明湖自盡的王國維。「元和新腳」可解釋為包括陳氏自己在內的青壯年學者。全詩為後世學者爭議最大者乃「天下英雄」一句。按美籍華裔學者余英時的說法，此句應看做陳氏「其立場與傅有別」。台灣學者杜正勝認為余說有誤，其理正好相反，陳與傅的立場不但未「有別」，且互為欣賞，大有「唯使君與操耳」之意。❼按杜氏的詮釋，詩中「未成軍」者，不一定就指傅斯年正在籌備的中研院史語所，應涵蓋更廣博的深意。當時無論是中山大學的語言歷史研究所轉變為中研院史語所，還是中山大學本土派學者被歐美派「海龜」取而代之，甚至包括盛極一時的清華國學研究院，只由陳、趙、李等不足四十歲的幾個「元和新腳」掌舵，而支撐整個中國新學術陣營的「宏大架構」尚未成軍，還需加以組織訓練。這便是陳寅恪詩中的本意。

李濟到中山大學之時，離陳寅恪作此詩文又過了近一年半的時光，也是傅斯年單獨拉起杆子，積極招兵買馬，擴編隊伍，欲使「元和新腳」成為一股強大生力軍的關鍵時刻。因而李濟的態度令傅斯年神情亢奮，激動不已。

李濟走後，傅斯年感覺底氣倍增，有了陳、趙、李三員大將，如同當年劉備得到了關羽、張飛、趙雲三位英雄豪傑，史語所可以與清華或清華之外的任何一家院校、學術機關抗衡、叫板甚至恃強鬥勇地開打了。於是，他在給羅家倫、馮友蘭、楊振聲等幾位清華名流大腕的信中，以賣弄加顯擺的姿態表露道：「現在寅恪、元任兩兄，及李濟之，我們的研究所均不免與之發生關係。這不是我們要與清華鬥富，也不是要與清華決賽，雖不量力，亦不至此！亦不是要扯（拆）清華的台，有諸公在，義士如我何至如此！乃是思欲狼狽為善（狼狽分工合作本至善），各得其所！」

緊接著，傅斯年以沾沾自喜外加幾分自負的心情，向三人剖析了史語所與清華的優劣：

一、清華到底是個學校，此則是一純粹研究機關。
二、清華到底在一處（北平），此則無所不在。
三、清華各種關係太多，此則究竟是個小小自己的園地。

所以在清華不便派人長期在外時，可由我們任之。我們有應請而請不起，而清華也要請的人時，則由清華請。有可合作的事時，則合辦之。諸如此類，研究的結果是公物，我們決不與任何機關爭名。故我們感覺擔負（獨力）不起者，願與諸兄商量而合辦；清華有感覺不便者，我們成之，如此而已！[8]

在史語所成立之初，傅斯年就以他慣有的「大砲」風格，向外界放出了一串響亮的口號：「凡一種學問能擴張他所研究的材料便進步，不能的便退步。」「一分材料出一分貨，十分材料出十分貨，沒有材料便不出貨。」「我們不是讀書的人，我們只是上窮碧落下黃泉，動手動腳找東西！」最後，他以當年在北京街頭遊行叫喊的激情與豪氣振臂高呼：

一、把些傳統的或自造的「仁義禮智」和其他主觀，同歷史學和語言學混在一氣的人，絕對不是我們的同志！
二、要把歷史學、語言學建設得和生物學、地質學等同樣，乃是我們的同志！

李濟在後來的回憶文章中寫道：「以歷史語言研究所為大本營在中國建築『科學的東方學正統』，這一號召是具有高度的鼓舞性的；舉起這面大旗領首向前進的第一人，是年富力強的傅斯年。那時他的年齡恰過三十不久，意氣豐盛，精神飽滿，渾身都是活力；不但具有雄厚的國學根柢，對於歐洲近代發展的歷史學、語言學、心理學、哲學以及科學史都有徹底的認識。他是這一運動理想的領導人；他喚醒了中國學者最高的民族意識；在很短的時間內聚集了不少的能運用現代學術工具的中年及少年學者。」只是，極富理性與科學眼界的李濟沒有因為傅斯年的大呼小叫而陶醉，反而為之擔心並提出警告：「口號是喊響了，熱忱是鼓起來了，如何實行？若是這進一步的問題不能圓滿的解決，口號將止於口號，熱忱終要消散的。」❿

傅斯年畢竟非等閒之輩，他同樣意識到了這一點，因而在處理各項事務時，較之中山大學時代更加謹慎、務實和富有遠見。經過一年的籌備及各方面的反覆磨合，到一九二九年六月，在傅斯年主持的所務會議上，正式決定把全所的工作範圍由原來預設的九個組，壓縮為歷史、語言、考古三個組，通稱一組、二組、三組。主持各組工作的分別是陳寅恪、趙元任、李濟「三大主任」。後又增設第四組——人類學組，由留美的「海龜」吳定良博士主持工作。這一體制，直到史語所遷往台灣都未變更。

萬事俱備，只欠東風，歷史語言研究所就要鳴鑼開張了。當三個組的人員各就各位後，傅斯年以非凡的處事能力與人脈關係，很快為第一組找到了內閣大庫檔案予以研究，這是史語所創建以來掘到的第一桶金，也是傅、陳等人在學術界聲威大震的轉捩點。史語所正是憑藉這一學術研究資本迅疾崛起，聲名遠播的。

內閣大庫檔案的「發見」

與趙元任、李濟二人略有不同的是，由於陳寅恪不捨得丟掉清華園這個與自己建立了血肉情感的學術陣地，此前雖答應傅斯年出任史語所歷史組主任兼研究員，但並未前往廣州赴任。當盛極一時的清華國學研究院解體之後，陳氏轉為清華大學中文、歷史兩系合聘教授，史語所一組的職務實際屬遙領性質，除人員聘請與研究課題等方面親自操勞外，其他事宜並不過問。這樣的格局未過多久，發生了一件對中國新史學創建具有劃時代意義的大事。正是這件大事，促使陳寅恪不得不拿出相當大的精力出面予以周旋辦理——這便是中國學術史上著名的號稱八千麻袋十五萬斤清宮內閣大庫檔案的「發見」。

如同世界上所有的文明國家一樣，檔案是記錄國家史實的重要文書，屬於高級國家機密。因此，各國歷朝歷代都極其重視檔案的收藏與管理，並設有專門管理機構。號稱世界四大文明古國之一的中國，對文獻資料特別重視，其收藏和管理也更為用心，無論是商周還是秦漢唐宋元明，莫不如此。當歷史長河淌到滿清王朝時，統治者同樣按照國家慣例制定了嚴格的管理制度，把國家檔案分為內閣大庫檔案、軍機處（亦叫方略大庫）檔案、內務府檔案、宗人府檔案、國史館檔案、宮中各處檔案和各部院衙門檔案等不同類別加以保存收藏。其中，除大部分為漢文外，還有滿文老檔以及英、法、德等文字的外交檔案。

滿清王朝自他們的祖先走出白山黑水，催動鐵騎撞開山海關那斑駁蒼老的大門入主中原後，出於多方面的考慮，下令焚毀了大量明代檔案和許多入關以前形成的對清朝不利的老檔。後來根據政治形勢的需要，又不斷進行篡檔、改檔。越是如此，統治者就越擔心檔案洩密，也愈加重視其收藏、管理。對於各類國家檔案，統治者規定，任何人都不得隨便閱覽，以致清宮內閣大庫檔案出現了「九卿翰林部員，有終身不得窺其一字者」⓫的情形。

史載，有清以來的內閣大庫，「在舊內閣衙門之東，臨東華門內通路，素為典籍廳所掌。其所藏書籍居十之三，檔案居十之七。其書籍多明文淵閣之遺，其檔案則有歷朝政府所奉之朱諭、臣工繳進之敕諭、批摺、黃本、題本、奏本、外藩屬國之表章、歷科殿試之大卷。」⓬當時僅管理這批檔案者就達二百餘眾，足見朝廷對此之重視。

清嘉慶年間，紫禁城宮中發生大火，導致清宮檔案部分損毀。後來，由於檔案設施的限制，國家內憂外患日趨頻繁，加之朝政失綱，紛如亂絲，統治者已無力、無心顧及檔案之事，致使一些檔案遭受雨淋、水淹而霉爛，蟲咬鼠噬的情況也日趨嚴重。而保存於內閣大庫的檔案，隨著年復一年不斷增加，庫房漸漸不能容納。到了同治、光緒年間，因洪、楊率領太平軍在南方造反起事，神州大地戰火連綿，烽煙不絕，統治者更是無心過問檔案管理事宜，就連庫房年久失修幾近崩塌，各部署衙門也相互推諉，敷衍塞責，沒人願意出面承擔相關的責任了。

北京故宮內存放皇家族譜《玉牒》的檔案庫

光緒三年（一八七七），內閣大庫開始滲漏，負責管理的官員多次催促內務府派人修繕，但內務府從大臣到太監，都採取背著手撒尿——不予理睬的姿態拖延下來。

光緒十二年，內閣大庫已嚴重損壞，眼看就要傾塌崩毀，內務府一幫臣僚仍置若罔聞，不管不顧。

光緒二十五年，清廷執掌此事的官員眼見內閣大庫破敗不堪，已成風雨飄搖之勢，認為整個滿清王朝已千瘡百孔，即將崩潰，這些既不能吃亦不能喝的破爛檔案並無任何可用之處，遂下令將內存朱批紅本四千五百餘捆，約三十萬件清理出庫，拉到京城郊外一把火燒了個精光。據說此前主事的官員們議定只焚燒副本之霉爛者，但到了具體辦事人員移檔時，因正副本交相混雜，且正本也多有殘缺不全者，故不分正副本，凡稍有霉爛者都被一網打盡，葬身火海。這批被焚毀的檔案除明朝遺留

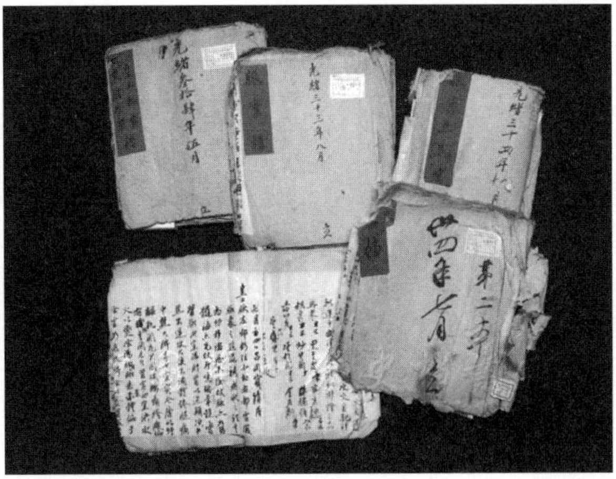

現存於北京故宮博物院的部分內閣大庫檔案

的舊書、舊檔外，還有清朝自入關以來二百多年的清檔，如此之巨的歷史文化財富，在世事紛亂、王朝動盪的大時代中全部化為灰燼。此後，主理檔案事的清廷官員又頒發一道明令，各存檔機構可以將「實在無用者，悉行焚毀」。自此，焚燒檔案在晚清遂成為一道合法程序和處理方式在各衙門興行開來。

到了末代娃娃皇帝溥儀登台亮相、醇親王載灃攝政時期，整個朝廷紊亂不堪，大清帝國即將全面崩潰，各種禮儀規矩已無章可循，為重整朝綱，挽狂瀾於既倒，醇親王下令內閣大臣尋出立國之初攝政典禮的舊檔案以便參考。執事者得令後往大庫中搜尋，因庫內極端混亂而不能覓，便回奏載灃曰：「內閣大庫無用之舊檔太多，著實已無保存之必要，應加以焚毀以減輕庫存的容量。」頭腦昏聵的載灃認為此言有理，便下達了一道即刻焚毀的命令。於是，從宣統元年（一九〇九）八月初一日開始，一批官員加幫工們每天都從大庫內向外挑揀「無用舊檔」。至八月底，共挑出乾隆至同治朝紅本一萬六千零六十二捆，全部露天堆置在內閣大庫外的庭院中，只等某位高官大員一聲令下就要焚成火灰。

當此之時，號稱大清帝國最後一根支柱的內閣大學士、一代名臣張之洞正兼管學部事務。見此情景，頗為痛心，遂以一個傑出政治家的眼光和氣度，上疏奏請設京師圖書館，以保存內閣大庫的圖書典籍。張的奏請很快得到批准，時在學部任參事的著名甲骨學者羅振玉，正好被派往內閣大庫接收圖書典籍事宜，羅氏在庫外堆放的檔案中隨手抽出幾份閱看，見裡面有許多珍貴的文獻，驚詫不已，急忙上書，建議張之洞立即上疏停止焚檔，並請求將這批檔案全部歸入學部管理。張之洞深以為然，上下奔走，終使二百多萬件檔案和部分試卷免於劫難，被陸續運至學部，爾後分存於學部大堂後樓與國子監南學內。

宣統三年，辛亥革命爆發，風雨飄搖的滿清王朝於次年二月咔嚓一聲倒了台，清帝溥儀宣布退位，歷史進入了更加紛繁雜亂的民國時代。也就在這一年，民國政府在孔廟成立了「國立歷史博物館籌備處」，原清廷學部所藏檔案與試卷全部歸入歷史博物館籌備處，暫存於敬一亭中，總數約八千麻袋（南按：王國維說九千）。這批數量龐大、內容神祕的「貨物」，令當時的博物館籌備處處長胡玉縉甚為擔憂，日夜提防工役們放火焚燒。因為他發現堆在敬一亭中的麻袋在不斷地減少，作案者便是那些雇來的工役打雜者，這些人多目不識丁，往往為了一己私利，把麻袋中盛裝的檔案倒在地下，只偷偷裹挾著麻袋皮到外面鋪子裡賣些小錢換酒來喝。胡氏其人老於世故，「不但深研舊學，並且博識前朝掌故」。當年故宮武英殿裡曾藏過一副銅活字，後來太監們爭相偷盜，偷得「不亦樂乎」。待到王爺與主事的大臣要來考察的時候，深感不妙的太監就放了一把火，不但銅活字不見了蹤影，連武英殿也一同燒了個精光。胡氏想到這個舊聞，先自驚出一身冷汗，假如麻袋被偷盜過多，敬一亭也很可能重蹈當年武英殿的覆轍，化為烏有。於是，胡氏於驚恐憂慮中找自己的頂頭上司——教育部商議一個或遷移、或整理、或銷毀的辦法。誰知專管這項事務的教育部社會教育司司長夏曾佑，比胡玉縉更懂得前朝掌故和「國學」奧祕，聽罷當即搖頭拒絕。關於此事的經過和具體細節，曾在教育部任僉事的周豫才（魯迅）專門做過一篇〈談所謂「大內檔案」〉的文章敍述其事。按魯迅的說法，這個夏曾佑，「他是知道中國的一切事萬不可『辦』的；即如檔案罷，任其自然，爛掉，霉掉，蛀掉，偷掉，甚而至於燒掉，倒是天下太平；倘一加人為，一『辦』，那就輿論沸騰，不可開交了。結果是辦事的人成為眾矢之的，謠言和讒謗，百口也分不清。所以他的主張是『這個東西萬萬動不得』。」[13]在這一「國學祕訣」的處事思想指導下，這批「貨物」再也沒有人敢來操心或做什麼主張了。

好在工役們的偷盜行為尚有節制，遲遲未見火光閃現，麻袋們在敬一亭靜靜地躺了十來年之後，教育部主事者突然心血來潮，派出幾十名部員，與歷史博物館員工、夫役合兵一處，對八千麻袋內閣大庫檔案給予整理。時在教育部社會教育司擔任第一科科長的魯迅被差遣前來共同操作。魯迅說：這批檔案之所以在被冷落了十幾年之後，復重新被人憶起並成為熱門，起因是當時所謂「藏書和『考古』的名人」的教育部F總長⓮，聽說從中發現了好的宋版書——「海內孤本」的緣故。這個時候的歷史博物館籌備處已經從孔廟遷到故宮午門大殿辦公，胡玉縉處長也早已退職，另換了一個「京腔說得極漂亮，文字從來不談的，但是，奇怪之至，他竟也忽然變成考古家了，對於此道津津有味」的旗人YT⓯頂替其職。按當時的整理方法，檔案分為「保存」和「放棄」，即「有用」和「無用」兩部分，幾十個部員連同夫役在塵埃和破紙堆中出沒了幾十天，總算告一段落。據魯迅的記載：「保存的一部分，後來給北京大學又分了一大部分去。其餘的仍藏博物館。不要的呢，當時是散放在午門的門樓上。」不久，隨著F總長的「下野」，這批檔案復又落到以前的結局，沒有人再提起了。為此，魯迅曾感慨曰：「中國公共的東西，實在不容易保存。如果當局者是外行，他便將東西糟完；倘是內行，他便將東西偷完。而其實也並不單是對於書籍或古董。」內閣大庫檔案的命運，就是在此種境況下度過了它曲折艱難的一段歷程。

隨著民國時局動盪加劇，隸屬於教育部的歷史博物館籌備處漸漸成了無娘的孩子，資金短缺，無人過問，處於半死不活的狀態。一九二一年，博物館籌備處那位「滿口漂亮京腔」的旗人處長YT和他的幾位同僚，忽然鬼魂附身一樣天目洞開，從漿糊瓶狀的腦殼裡，蹦出了一個求生存圖發展的「奇計」，將館內貯存的八千麻袋、總重量為「十五萬斤」的明清檔案，在月黑風高之夜，神不知鬼不覺地悄悄運出，當做廢紙賣給了北京同懋增紙店，得銀四千元。

檔案變賣後，一直不為外界所知。次年二月，已成為前朝遺老、客居天津的著名古物學家、古文字學家、甲骨學大師羅振玉，因事進京，於偶然之際在市肆中發現了「洪承疇揭帖」和「朝鮮國王貢物表」等明代檔案。學

晚年的羅振玉

識淵博，眼光敏銳的羅振玉，立即意識到此物定出自清宮內閣大庫，大吃一驚，急忙尋蹤覓跡，調查此物的來龍去脈。經過一番周折，最後找到同懋增紙店並弄清了事情真相。

此時的同懋增紙店已經把檔案當做廢紙轉賣出了約計一千麻袋，其餘部分則被老闆差人運到了定興與唐山兩地的紙廠，準備化成紙漿，製造「還魂錢」。

羅振玉聽罷，心急如焚，當場與紙店老闆交涉，表示願將這批「廢紙」全部收購。庸俗不堪又自以為是的老闆並沒有把這位遺老放在眼裡，更不肯費時耗力去運回那堆廢紙，一口回絕。羅振玉意識到事情的緊迫和嚴重，如稍有拖延，後果不堪設想。他當即表示可以高價收購，以彌補對方的損失。紙店老闆一聽有利可圖，立即改變態度，答應以一萬三千元的高價轉售給羅振玉。羅氏咬牙答應下來。為籌到這筆巨款，羅振玉回到天津後，不惜傾家蕩產、債台高築，總算在規定的日期內湊齊了所定款項，把剩餘的檔案全部購回，並分藏在北京和天津兩地，總算使其擺脫了被毀滅的厄運。此後，羅氏與他的朋友兼親家王國維，一起組織人力對所購檔案進行整理，並彙編成《史料叢刊》十冊陸續印行。這批研究成果甫一問世，立即在國內外學術界引起了強烈震動，很快傳遍天下儒林。

一九二五年七月，王國維受清華學生會之邀作暑期學術演講，在「最近二三十年中中國新發見之學問」一題中，王氏對這批檔案收集、整理、取得的成果以及所顯現的輝煌前景，作了如下敘述：「自漢以來，中國學問上之最大發見有三：一為孔子壁中書；二為汲冢書；三則今之殷虛甲骨文字，敦煌塞上及西域各處之漢晉木簡，敦煌千佛洞之六朝及唐人寫本書卷，內閣大庫之元明以來書籍檔冊。此四者之一，已足當孔壁、汲冢所出，而各地零星發見之金石書籍，於學術有大關係者，尚不與焉。故今日之時代，可謂之『發見時代』，自來未有能比者也。」[16]

此時，王國維已在甲骨文字、流沙墜簡及敦煌千佛洞寫本書卷的研究中，取得了巨大成就，內閣大庫檔案的「發見」，無疑將於這座文化崑崙的高山之巔再添新的巨石，使之更加巍峨壯觀。遺憾的是，這位「老實到像火腿一般」的國學大師，兩年之後，便「在水裡將遺老生活結束」（魯迅語）。而此時，失去經濟來源的另一位遺老羅振玉，已無力支撐此項整理重任，無奈中，只好忍痛割愛，為內閣大庫檔案尋找新的主人。此舉很快被日本人知曉，欲以偽滿洲國的名義出高價購藏，羅振玉甚是歡喜，很快談妥並雇人打包準備轉運。就在這個節骨眼上，消息傳出，以著名金石學家、北大國學研究所教授馬衡為首的北京學術界立即群起攻之，借助新聞媒體口誅筆伐，並上書國民政府，堅決阻止將這批民族文化瑰寶運出平津。國民政府聞訊，立即派出農礦部參事李宗侗（字玄伯）等一干人馬前往查辦。羅振玉見事情鬧大，難以成行，只好黯然作罷，表示另選合適買主。此時客居天津的大收藏家李盛鐸（字木齋）得此資訊，認為奇貨可居，主動上門接洽。羅振玉順水推舟，將藏在北京的大部分約七千麻袋檔案以一萬六千元的價格轉讓給了李盛鐸。另一小部分被北大國學研究所購得。存天津的一小部分，後來被羅振玉偷偷運到了旅順，歸屬偽滿洲國收藏，一九三六年又移交給了奉天圖書館。

陳寅恪與內閣大庫檔案

李盛鐸滿心歡喜地將檔案弄到手後，本以為得了個寶貝疙瘩，想不到轉眼成了燙手山芋。由於時局動盪，軍閥混戰不息，手中財力很快出了問題。李盛鐸深感自己能力有限，根本無力對這批浩如煙海的文獻進行系統化整理研究，逐漸萌生脫身之意。北大教授馬衡得到消息，於一九二八年春寫信給中山大學的傅斯年相商購買辦法，但因款項過大，傅斯年自感心有餘而力不足，只好暫時放棄，靜觀待變。

因內閣大庫檔案之「發見」在中外學術界引起廣泛矚目和坊間的轟動效應，許多學術機構得知李盛鐸轉賣消息後，蠢蠢欲動，無不設法籌款準備收購，其間鋒頭最健者當屬以美國教會為背景的燕京大學。對此，北大、清華、故宮博物院等機構的碩學名儒，紛紛表示這批檔案文獻萬不可落入美帝國主義的代言人——司徒雷登（John Leighton Stuart）所實際操縱的燕京大學手中。而對這批「貨物」關注日久，居住在清華園內的陳寅恪對此亦深以為然，他在給傅斯年的信中明確表示：「現燕京與哈佛之中國學院經費頗充裕，若此項檔案歸於一外國教會之手，國史之責託於洋人，以舊式感情言之，國之恥也。」⑰

因事涉明清重要國史資料，身為史家的陳寅恪為此傾注極大熱情，當是情理中事。陳氏力主把這批珍貴的歷史文獻留於純粹的中國研究機構之手，或北大，或清華，或故宮博物院，或中央研究院歷史語言研究所等。其中，陳寅恪寄予最大希望的還是中央研究院。就當時的情形而論，無論是北大還是清華抑或故宮博物院，都很難拿出一大筆款項，購買這批在當權者看來並無多少價值，但在學術界看來卻是奇珍異寶的內閣大庫檔案。於是，藉傅斯年由廣州來北平辦事之際，胡適與陳寅恪皆主張由傅氏出面向中央研究院院長蔡元培請撥款項，以求購這批「國之瑰寶」。

此時，傅斯年操作的中央研究院歷史語言研究所剛剛成立，除聘請了陳寅恪、趙元任等幾位學貫中西的大字號「海龜」，並以此對外自豪地宣揚外，就學術資料的占有和成果論，並無更多的看家本錢，甚至連壓箱底的本錢也一無所有，無論是北大還是清華，「元和新腳未成軍」的史語所均不能與之抗衡。聽了胡適與陳寅恪的鼓動，傅斯年掐指一算，如果將這批「大內檔案」弄到手中，不但填補了家業之不足，還可在學術圈內一砲打響，令史語所一夜間名震天下。想到此處，傅氏精神大振，立即行動起來，於一九二八年九月十一日上書蔡元培，曰：

孑民先生左右：

……

午間與適之先生及陳寅恪兄餐，談及七千袋明清檔案事。此七千麻袋檔案，本是馬鄰翼時代⓲由歷史博物館賣出，北大所得，乃一甚小部分，其大部分即此七千袋。李盛鐸以（一）萬八千元自羅振玉手中買回⓳，月出三十元租一房以儲之。其中無盡寶藏。蓋明清歷史，私家記載，究竟見聞有限；官書則歷朝改換，全靠不住。政治實情，全在此檔案中也。且明末清初，言多忌諱，官書不信，私人揣測失實。而神、光諸宗時代，禦虜諸政，《明史》均闕。此後《明史》改修，《清史》編纂，此為第一種有價值之材料。羅振玉稍整理了兩冊，刊於東方學會，即為日本、法國學者所深羨，其價值重大可想也。

去年冬，滿鐵公司將此件訂好買約，以馬叔平諸先生之大鬧而未出境，現仍在京。李盛鐸切欲即賣，且租房漏雨，麻袋受影響，如不再買來保存，恐歸損失。今春叔平先生函斯年設法，斯年遂與季、騮兩公商之，云買，而付不出款，遂又有燕京買去之議。昨日適之、寅恪兩先生談，堅謂此事如任其失落，實文化學術上之大損失，《明史》、《清史》，恐因而擱筆。且亦國家甚不榮譽之事也。擬請先生設法，以大學院名義買下，送贈中央研究院，為一種之Donation，然後由中央研究院責成歷史語言研究所整理之。如此，則（一）此一段文物不致失散，於國有榮。（二）明清歷史得而整理。（三）歷史語言研究所有此一得，聲光頓起，必可吸引學者來合作，及增加社會上（外國亦然）對之之觀念，此實非一浪費不急之事也。先生雖辭去大學院，然大學院結束事務，尚由杏佛先生負責，容可布置出此款項，以成此大善事，望先生與杏佛先生切實商之。此舉關係至深且鉅也。至費用，因李盛鐸索原價一萬八千元，加以房租，共在二萬以內，至多如此。叔平先生前云可減，容可辦到耳。專此，敬頌

道安！

杏佛先生同此。

學生斯年謹呈。九月十一日。[20]

蔡元培接信後，鑑於傅斯年的摯誠與對傅的信任，未敢忽視，立即與留在大學院處理後事的楊杏佛協商，表示依傅斯年之說而行。傅氏聽罷，大為高興，立即電告在北平代表政府主此事的農礦部參事李宗侗與清華的陳寅恪，請其火速與李盛鐸聯繫收購事宜。李盛鐸本乃商人收藏家，見中央研究院確有誠意，想到燕京大學方面即將談成，此局已成鷸蚌相爭之勢，立即拿出「無商不奸」的祖宗家訓和無賴氣概，表示非三萬元莫談，以此收到漁翁之利。李宗侗一看對方露出如此醜惡嘴臉，甚為惱火，當即想以政府之特殊權力強迫收買，讓其奸計落空。但又「恐李木齋懷恨在心，暗中扣留或毀損，且須在國府通過一條議案，極麻煩費事」[21]。遂強壓怒氣，開始向對方曉以民族大義，討價還價。此後，經陳寅恪、李宗侗共同出面幾次與李盛鐸協商周旋，總算於一九二九年三月將此事敲定，七千麻袋均由中央研究院前來收購。

內閣大庫檔案的交易，是陳寅恪加盟中央研究院以來，為史語所具體承辦的第一件大事和實事。從後世留存的陳、傅二人通信看，自一九二八年至一九二九年春、夏的一年多時間裡，有相當大的一部分內容是商討內閣大庫檔案的收購事宜。如陳寅恪在一九二九年三月一日致傅斯年的信中云：「前日送交李木齋一萬，既已收款，即已購定矣。」又說：「已付李公一萬元，乞告杏佛先生，彼已書一收條，俟再付一萬後，將與二次之收條一同寄院存案。李藏檔案，天津有一部分，非特別請鐵路局撥車運不可，此事弟已轉託古物保管委員會北平分會，即馬叔平，俟付清二萬及房屋定後，才能進行，目前亦空空預備以待而已。」[22]心性孤傲，從不願出面求人辦事的陳寅恪，此次竟放下國學大師的架子，赤膊上陣，親自與自己向來極端討厭的商人在價格、錢款等事務上斡旋游說、籌畫操辦。從雙方來往的言行中，充分顯示了陳氏對這批檔案的重視與早日得到而後快的急迫心情。

一九二九年八月，在陳寅恪等人的積極努力下，李盛鐸轉讓的檔案全部運往北平北海靜心齋，合計約六萬公斤，其中破爛不堪者約二萬五千公斤——這是史語所自成立以來所獲得的第一筆寶貴史料和學術研究資源。

內閣大庫檔案的易主，被傅斯年有幸而言中，中央研究院歷史語言研究所「有此一得，聲光頓起」，達到了一鳴驚人，為天下學界所重的奇效。而稍後隨著安陽和城子崖遺址考古發掘的不斷進展與巨大成功，史語所再度聲威大震，其擔負的歷史研究與中華文明探索的前驅性使命和輝煌成果，令學界同人為之豔羡。再後來，居延烽燧等遺址出土的大批書寫文字的漢簡在胡適從中周旋調和下，最終落入北大文科研究所手中。太平洋戰爭爆發後，出於安全考慮，這批漢簡被運往美國保存，史語所歷史組的勞榦等人根據所掌握的照片副本，在四川李莊繼續進行整理研究。當年王國維所稱道的二十世紀最偉大的「四大發見」，有三者的實物資料或摹本已操控在史語所手中。中央研究院創辦之初，有八個研究所，史語所原本排行第七，倒數第二，「按說它不算是吃香的一個所，可是因為它的所長傅斯年是一個大手大腳的人，於是它在中央研究院中逐漸膨脹（像傅斯年的肚皮一樣）」❷❸，一躍成為龍頭老大。其出類拔萃的人才陣容和龐大、珍稀的學術研究資源，不但令北大、清華的文學院相形見絀，即使是排在中央研究院前六名的各研究所也無力與其抗衡，史語所當之無愧地成為光芒四射，傲視群雄的學術重鎮。正如董作賓後來在〈歷史語言研究所在學術上的貢獻〉一文中所言：到一九四八年（二十周年）時，中央研究院已有十三個研究所，史語所排行第九，「該是一位小弟弟，其實他一向在研究院中被推居老大哥的第一把交椅上。」史語所的研究人員，向來是最多的，連帶使其刊行專書、發表論文的數量也多，「因此，那些兄弟所們，在敬、畏、妬，複雜情緒之下，不能不共尊他是老大哥，稱之曰『大所』。」❷❹

就在內閣大庫檔案易主之前的一九二九年春末，中研院史語所已由廣州遷往北平北海靜心齋辦公。漸成「大所」之長的傅斯年自搬來北平，如龍歸淵，開始興風作浪，除了統率史語所本部人馬外，還躍馬挺槍殺回北大，於霧色蒼茫中爭占地盤，以再展當年學生領袖的風采與輝煌。傳入北大公開的名號是北大文學院歷史系兼職教授，暗中的打算是藉授課之機，發現讀書種子和有希望的學術研究苗子加以栽培籠絡，以便等其畢業後拉入史語所，繼續擴大「大所」的陣營和聲勢。想不到傅之行動，引起了所內人員的高度關注與羨慕。幾位資深研究員想到走南闖北，奔波努力，到頭來還是窮書生一個，家中上有老下有小，靠自己的薪水難以維持體面的生活開支，倘在高校兼課，自可掙一筆薪金以補貼家用，於是跟風而上，紛紛在北大、清華和其他幾所高校兼起課來。眼見所內主力如李濟、董作賓、梁思永等都跑到大學校園設壇授徒，那些副研究員以下的諸位小嘍囉們因無資格上大學兼課撈外快，便在迷濛的京華煙雲與外面精采的物欲誘惑中，開始胡思亂想，漸漸馳心旁騖，渙散放縱起來，整個史語所亂象畢露。傅斯年一看這等情形，深感大事不好，立即召開所務會，鳴鑼收兵，規定凡史語所專職研究員，必須在所裡辦公，不得在外面兼課，此項規定作為一項制度報中央研究院總辦事處備案，任何時候、任何人都不得以任何理由相違背。這時的陳寅恪仍住在清華園並兼任清華中文、歷史兩系教授，面對傅斯年弄出的這個「霸王條款」，陳寅恪表示擁護但不服從，搞得傅斯年頗為尷尬與惱火。二組組長趙元任一看陳氏不從，也拿出當年清華「四大」的派頭，尾隨陳寅恪之後對其不予理睬。傅斯年氣急敗壞，心有不甘又無計可施。據史語所研究員李方桂回憶說：當規定施行時，陳寅恪與趙元任都在清華擔任了長期的課程，不便中途辭卻，二人一定要在清華授課。「他（傅斯年）不得已，為了請到這兩位傑出的人才，只好退讓一步。說，好！只有你們兩位可以在外兼課，別人都不許！為了顧及某些特殊人才的特殊情況，他也只好不堅持他的原則了。」[25]

不過傅斯年畢竟是傅斯年，儘管此時已被兩位重量級選手逼到了死角，沒有翻盤的餘地，但仍保持虎死不落架的高傲態勢，用自己山大王的威嚴，要求已在京郊清華園定居的陳寅恪立即「改住北平，至少可以在北平住每周數日，以便從事上列（整理內閣大庫檔案）工作」[26]。

傅斯年於兩難中制定了陳、趙二人在所外兼課的特例，令兩位大師很有些過意不去，感激之情油然而生。投桃報李，陳、趙二人也想方設法為史語所事業盡自己最大努力，以無愧於人，同時也給傅斯年留一點顏面。趙元任原來家住城內，到史語所辦公還算方便。陳寅恪在清華授課的同時，仍擔任史語所歷史組研究員、主任。按傅

一九三六年一月二十八日，傅斯年移家南京，告別北平北海靜心齋時所攝。後排左為傅斯年，前排左二為陳寅恪。

斯年讓其「改住北平」的要求和安排，陳氏保留清華園新西院三十六號的寓所，另在北平城內西四牌樓姚家胡同三號租賃了一處寬敞舒適的四合院，並把其父陳三立，連同本家大嫂從南京接來居住。有了城裡城外的兩處住房，且兩處住宅房間牆上都安裝了當時極為稀有的電話，陳寅恪開始比較從容地奔波於兩地之間，課餘大部分時間都在城裡北海靜心齋帶領史語所歷史組人員如勞榦、徐中舒、李光濤等人整理內閣大庫檔案。這年九月，傅斯年與陳寅恪籌畫成立了「歷史語言研究所明清史料編刊會」，除傅、陳二人外，另聘史學大家朱希祖、陳垣以及年輕的學術中堅徐中舒為編刊委員，擬列了一個龐大的出版計畫，歷史組人員一邊進行整理、分類、編目，一邊刊布印行，將珍貴史料公之於世，取名為《明清史料》。這是陳寅恪一生在生活上最舒心，精神上最得意，學術上最有創見的極盛時期。一九三四年五月二十七日，傅斯年在致胡適的信中特別提到：「若以寅恪事為例，則寅恪之職務，大事仍由其主持，小事則我代其辦理。」又說：「且寅恪能在清華閉門，故文章源源而至（其文章數目在所中一切同人之上）。」[27]

可惜好景不常，一九三一年「九一八事變」之後，日本占據東三省，中國的政治、文化中心逐漸南移。一九三三年四月，遵照中央研究院總辦事處指令，史語所拔寨起程，由北平遷往上海曹家渡小萬柳堂辦公，除少部分人員與內閣大庫檔案留守北平外，其他人員全部南遷。陳寅恪不忍捨棄清華園的生活環境與學術氛圍，沒有隨所遷移，仍留校任教，同時改任史語所「專任研究員暫支兼任薪」（南按：意為史語所只給一點薪金補貼，全部薪水由清華支付）。這是陳寅恪與他所統領的史語所歷史組共同相處了四年之後首次分別，此時陳氏與歷史組同人沒有想到，這一別竟有了特殊的歷史況味，當雙方再次相聚的時候，已經不是在繁華的北平或上海，而是五年之後在硝煙彌漫、彈片橫飛的西南邊陲昆明城了。

注釋：

❶藍文徵〈清華大學國學研究院始末〉，載《談陳寅恪》，俞大維等著，傳記文學出版社一九七〇年初版。

❷《傅斯年檔案》，中央研究院歷史語言研究所藏；轉引自杜正勝〈無中生有的志業〉，載《新學術之路》，上冊，杜正勝、王汎森主編，中央研究院歷史語言研究所一九九八年初版。

❸李濟〈我在美國的大學生活〉，載《傳記文學》，第一卷第五、六期（一九六二年十月、十一月）。

❹戴家祥〈致李光謨〉，載《李濟與清華》，李光謨編，清華大學出版社一九九四年初版。戴是一九二六年考入清華研究院的第二屆研究生，時任華東師範大學教授。據戴氏云：當時的清華國學研究院有王、梁、陳、趙等教授四人，各有工作室一間，助教一名。李濟同樣得到了一間工作室、一名助教的待遇，其助教是第一屆畢業生王庸（字以中）。根據院方的安排，研究生可以直接找導師談話。

❺《清華國學研究院史話》，孫敦恆編著，清華大學出版社二〇〇二年初版。

❻〈寄傅斯年〉，載《陳寅恪集．詩集》，陳美延編，北京：三聯書店二〇〇一年初版。

❼杜正勝〈無中生有的志業〉，載《新學術之路》，上冊，杜正勝、王汎森主編，中央研究院歷史語言研究所一九九八年初版。

❽〈致馮友蘭、羅家倫、楊振聲〉，載《傅斯年全集》，第七卷，歐陽哲生主編，湖南教育出版社二〇〇三年初版。

❾〈歷史語言研究所工作之旨趣〉，載《傅斯年全集》，第三卷，歐陽哲生主編，湖南教育出版社二〇〇三年初版。

❿李濟〈傳孟真先生領導的歷史語言研究所——幾個基本觀念及幾件重要工作的回顧〉，載《國立中央研究院歷史語言研究所傅所長紀念特刊》，中央研究院歷史語言研究所一九五一年初版。

⓫《茶餘客話》，卷一，（清）阮葵生著，北京：中華書局一九五九年初版。

⓬⓰王國維〈最近二三十年中中國新發見之學問〉，載《清華週刊》，第三五〇期（一九二五年九月十一日）；轉引自《學衡》，第四十五期（一九二五年九月）。

⓭《而已集・談所謂「大內檔案」》，載《魯迅全集》，第三卷，人民文學出版社一九八一年初版。以下引文同。

⓮F總長指傅增湘，字叔和，號沅叔，四川江安人，光緒二十四年進士，歷任貴州學政、教育總長、故宮博物院圖書館館長等。傅氏工書，善文，精鑑賞，富收藏。以藏書為大宗，世所聞名，與江陰繆荃孫並稱海內。其藏書有宋刊本一百八十多部，元刊本有《資治通鑑》等，明刊及鈔校本三萬餘卷，以及舊藏共約十萬卷。著述有《藏園群書題記》、《雙鑑樓善本書目》、《藏園群書經眼錄》等。

⓯YT處長指彥德，字明允，滿洲正黃旗人，曾任清政府學部總務司郎中、京師學務局長。

⓱㉑㉒〈致傅斯年〉，載《陳寅恪集・書信集》，陳美延編，北京：三聯書店二〇〇一年初版。

⓲一九二〇年八月十一日至翌年五月十四日，馬鄰翼曾代理教育總長。

⓳實為一萬六千元，傅斯年情報不確。

⓴轉引自王戎笙〈傅斯年與明清檔案〉，載《台大歷史學報》，第二十期（一九九六年十一月）。馬叔平，即馬衡；季、騮兩公，指中山大學負責人戴季陶、朱家驊。

㉓李敖〈一個學閥的悲劇〉，載《一個學閥的悲劇》，李敖著，遠流出版公司一九八六年初版。

㉔董作賓〈歷史語言研究所在學術上的貢獻——為紀念創辦人終身所長傅斯年先生而作〉，載《大陸雜誌》，第二卷第一期（一九五一年一月十五日）。十三個研究所，分別是數學、天文、物理、化學、地質、動物、植物、氣象、歷史語言、社會科學、醫學

、工學、心理研究所。

㉕李方桂〈讓你做你想要做的事〉，載《傳記文學》，第二十八卷第一期（一九七六年一月）。

㉖〈致陳寅恪〉，載《傅斯年全集》，第七卷，歐陽哲生主編，湖南教育出版社二〇〇三年初版。

㉗〈致胡適〉，載《傅斯年全集》，第七卷，歐陽哲生主編，湖南教育出版社二〇〇三年初版。

【第五章】

望斷天涯路

盧溝橋事變

一九三七年七月七日，日本軍隊經過長期密謀策畫，終於開始了占領平津，繼而征服整個華北和中國的侵略行動。是日夜，早已占領北平城郊宛平與長辛店一帶的日本軍隊，突然向盧溝橋龍王廟的中國守軍發起進攻，砲轟宛平城。中國守軍第二十九軍何基灃一一〇旅吉星文團奮起抵抗，震驚中外的「盧溝橋事變」爆發，日本全面侵華戰爭由此開始，中國軍民八年抗戰的悲壯序幕隨之拉開。

時在廬山的蔣介石，除接二連三地向宋哲元、秦德純等二十九軍將領拍發「宛平城應固守勿退」、「守土應具必死決戰之決心與積極準備之精神相應付」❶的電令外，分別邀請各界人士火速趕往廬山牯嶺，頻頻舉行談話會及國防參議會，共商救國圖存大計。北京大學校長蔣夢麟、文學院院長胡適、清華大學校長梅貽琦、天津南開大學校長張伯苓、教務長何廉、中央研究院歷史語言研究所所長傅斯年等一大批學界要人也應邀參加會議。

此時，平津兩地各高校正逢暑期，被邀請到廬山參加會議的各大學校長、院長與著名教授，以及部分在外地

一九三七年七月二十九日，日軍進入北平城的情景。

的教職員工，由於遠離平津，對戰事進展的情形難辨真偽，而混亂的時局伴著恐怖的謠言，如同風中野火在中國大地上四處流竄飛騰。面對來自四面八方的消息，在廬山的蔣、梅、張等三校校長憂心如焚，坐臥不安，其情狀正如梅貽琦所言：「實屬腸一回而九折」。❷為此，三校校長與學術界資深人士紛紛陳情，渴盼中央政府儘快作出決斷，以挽救平津，挽救在水火中苦苦掙扎的高校和學界同人。

七月二十五日，日軍已完成軍事部署，大規模攻擊平津的戰爭前奏——廊坊之戰爆發。二十九軍所部愛國將士奮起反擊，敵我雙方傷亡慘重。

七月二十八日夜，秦德純、馮治安等二十九軍將領，以及北平城防司令張維藩等高官大員，率部倉皇南撤。身後，甩下了一座正在淪陷的千年古城和沉浸在驚恐迷惘中的芸芸眾生。

七月二十九日，北平淪陷。

就在北平陷落的同時，天津守軍張自忠部接到命令，開始退卻，日軍乘機展開全面進攻。地處城西的天津南開大學突遭日軍砲火猛烈轟炸，校園內的木齋圖書館、秀山堂、思源堂和教師宿舍區均被日軍砲彈擊中，頓時樓塌屋倒，幾十萬冊寶貴圖書資料灰飛煙滅。緊接著，日軍派大股騎兵和數輛汽車滿載煤油闖入校園，四處投彈、縱火焚燒。這所由著名教育家張伯苓等人創辦，靠各界人士贊助，經過千辛萬苦發展起來的中國當時最傑出的私立大學，在戰火中頃刻化為灰燼。時已轉往南京的張伯苓聞訊，當場昏厥，爾後老淚縱橫，悲愴不能自制。

當天下午，張伯苓強忍劇痛，以悲壯的語調和不屈的精神對《中央日報》記者發表談話：「敵人此次轟炸南開，被燬者為南開之物質，而南開之精神，將因此挫折而愈益奮勵。」❸

七月三十一日，也就是天津陷落，華北大部分落入敵手之時，蔣介石約見張伯苓，以同樣的悲壯與堅毅之情表示：「南開為中國而犧牲，有中國即有南開。」❹

蔣介石與張伯苓的談話，給茫然四顧的平津教育界注入了一支強心劑，由此增添了一份慷慨悲歌之氣。此時的日本人十分清楚，要徹底擊垮一個民族，除動用武力在政治、經濟、軍事諸方面摧毀外，更重要的是精神上的徹底征服。但「自瀋陽之變，我國家之威權逐漸南移，惟以文化力量與日本爭持於平津，此三校實為其中堅」。❺因此，日本軍國主義者決不會輕易放過平津高校和高校中的民族文化精英。事變前就以平津等地高校作為重要征服目標而虎視眈眈的日本軍隊，口口聲聲要打斷中國人的脊梁骨，讓中國人徹底以日本人的意志為意志。在這種驕橫癲狂的意念中，日本軍隊終於將南開大學置於砲火之中，開始了精神上的征服。

在民族生死存亡之際，保護和搶救平津地區教育、文化界知識分子與民族文化精英，越來越顯得重要和迫在眉睫。由廬山轉入南京繼續參與國事討論的北大、清華、南開三校校長及胡適、傅斯年等學界名流，日夜奔走呼號，與國民政府反覆商討如何安全撤退和安置各校師生。一時，南京與平津高校間密電頻傳，共同為之出謀畫策。

八月中旬，傅斯年以中央研究院歷史語言研究所所長兼北京大學文科研究所副所長的身分，同北大、清華、南開等三所大學校長及學界名流反覆商討、權衡後，力主將三校師生撤出平津，在相對安全的湖南長沙組建臨時大學，這一決定得到了南京國民政府的同意。九月十日，國民政府教育部發出第一六六九六號令，宣布由北大、清華、南開三校校長蔣夢麟、梅貽琦、張伯苓等三人為長沙臨時大學籌備委員會常務委員，教育部代表楊振聲為籌委會主任祕書（代表教育部次長周炳琳），籌委會成員每校委派一人，北大胡適，清華顧毓琇，南開何廉。此外另有學界大腕傅斯年、湖南省教育廳廳長朱經農、湖南大學校長皮宗石等，籌委會主席由教育部部長王世杰親自擔任。

九月二十八日，開始啟用國立長沙臨時大學關防，校務由三校校長及主任祕書所組織的常務委員會負責。

在此之前，由教育部發出的撤退命令已在平津三校師生中用書信和電報祕密傳達。早已心力交瘁，翹首以盼的北大、清華、南開三校教職員工和學生們接到通知，紛紛設法奪路出城，儘快逃離淪於敵手的平津兩地，輾轉趕赴湖南長沙——中國現代歷史上最為悲壯的一次知識分子大撤退開始了。由於這一決定是在時局激變的緊急情況下倉卒作出的，因而，此次撤退實際上是一次毫無組織和秩序可言的慌亂大逃亡。

建校歷史最為悠久的北大校園內，由於校長蔣夢麟、文學院院長胡適等均赴廬山參加政府會議，各項善後工作落在了北大祕書長、歷史系教授鄭天挺身上。此時，一些骨氣與民族氣節都呈「五短身材」狀的文人、學者紛紛「下水」，開始與日寇狼狽為奸，企圖阻止師生南下，局勢異常嚴峻。面對危局，鄭天挺不顧夫人新喪，子女年幼，全部身心用於保護校產和組織師生安全轉移。

十一月十七日，鄭天挺與羅常培、陳雪屏、羅膺中、魏建功、王霖之、周濯生、包尹輔等北大教授，最後一批離開淪陷的北平，向南方奔去。正如羅常培所說：「北平淪陷後的北大殘局就這樣暫時結束了！」❻

在北大師生逃難的同時，清華、南開師生也展開了大規模的流亡。南開師生直接自天津碼頭乘船南下，但清華、北大師生就沒有如此幸運了。由於唯一的一條南下通道——津浦路被日軍截斷，必須乘火車由北平轉天津再設法乘船沿海路南下。陳寅恪與大部分師生，正是循這條線路開始了九年的流亡生活。

流亡途中

時為清華大學歷史、中文兩系合聘教授的陳寅恪，仍兼任中研院史語所歷史組主任。在此之前的七八年間，陳氏在學術研究上著述頗豐，教學上成績輝煌，深得中央研究院蔡元培、朱家驊、傅斯年以及清華大學梅貽琦、葉企孫、馮友蘭、朱自清、劉文典等雙方大大小小主事者的讚譽和尊敬，亦深受學生們尊崇與敬愛。由於陳寅恪的名聲越來越大，不僅清華本校教授如朱自清、吳宓、劉文典與各系高年級的學生經常前來聽課，遠在城內的北大學生和年輕教員，也成群結隊，走出古城，穿越西直門，跑到離城幾十里的西北郊外清華園「偷聽」陳寅恪講課。據聽過課的學生回憶，若從北平城內到清華園，宛如一次短途旅行，頗費一番周折。沿途幾十里全是一片接一片的農田，秋天青紗帳起，尚有綠林人士攔路搶劫，甚至不惜鋌而走險，殺人越貨。前往聽課的師生曾幾次遇到過攔路劫財的強盜，多虧每次都靠人多勢眾，手裡又各自拎著木棍鐵器等防身傢伙，對方不敢輕舉妄動。即使如此，北大師生也願冒險出城，親自聆聽陳寅恪上課時那如同天幕傳來的梵音絕唱。相對城內北大的偏遠，近在燕京大學的學生與教員，則得天時地利之便，一溜小跑即可到達清華講堂，先是喘著粗氣，接下來屏息凝氣，美美地享受一頓知識大餐。人云天下沒有免費的午餐，但在陳寅恪這裡卻是例外。當然，這套大餐是文化的、學術的、思想的、精神的，並非由「孔方兄」堆出來的。據一九三〇年入學清華，後留德十年，歸國後由陳寅恪舉薦於傅斯年而進入北大東方語言文學系任教，許多年後頭戴「國學大師」、「學界泰斗」、「國寶」等三頂桂冠的季羨林❼回憶說：在清華讀書的時候，「我旁聽了寅恪先生的『佛經翻譯文學』。參考書用的是《六祖壇經》，我曾到城裡一個大廟裡去買過此書。寅恪師講課，同他寫文章一樣，先把必要的材料寫在黑板上，然後再根據材料進行解釋、考證、分析、綜合，對地名和人名更是特別注意。他的分析細入毫髮，如剝蕉葉，愈剝愈細愈剝愈深，一種實事求是的精神，不武斷，不誇大，不歪曲，不斷章取義。他彷佛引導我們走在山陰道上，盤旋曲折，山重水複，柳暗花明，最終豁然開朗，把我們引上陽關大道。讀他的文章，聽他的課，簡直是一種享受，無法比擬的享受。在中外眾多學者中，能給我這種享受的，國外只有亨利希・呂德斯（Heinrich Lüeders），在國內只有陳師一人。他被海內外學人公推為考證大師，是完全應該的。」又說：「這種學風，同後來滋害流毒的『以論代史』的學風，相差不可以道里計。然而，茫茫士林，難得解人，一些鼓其如簧之舌惑學人的所謂『學者』，驕縱跋扈，不禁令人浩歎矣。寅恪師這種學風，影響了我的一生。」[8]

就在季羨林聽課的這一時期，根據清華大學規定，教授月薪最高以四百元為限，所在學科有特殊貢獻者，可超過此限，其人數不得逾全體教授總數的五分之一。身為兩系合聘教授的陳寅恪，屬當之無愧的「特殊貢獻者」，因而得以連年加薪。到一九三七年上半年，月薪已達四百八十元，為清華教授中薪水最高者。一家人生活穩定，無憂無慮。最令陳寅恪得意的是，他的父親三立老人得以從南京遷到北平城內和兒孫輩家人經常見面，不再孤獨。平時城內與清華園兩面家務都有僕人打理，省心省力，大事小事均可通過家中電話隨時聯絡。陳寅恪講課、讀書、會客、散步，皆感舒心愜意，如處桃花源中，真正過上了俗世中所說的「幸福像花兒一樣」的美滿生活。[9]想不到盧溝橋一聲砲響，將世外桃源之夢擊得粉碎。

據《吳宓日記》載，七月六日晚七時，陳、吳二人來到校內西園散步，「坐體育館後球場，觀晚霞」[10]，覺大自然之美妙，人生之苦短。忽陳寅恪心中若有所失，默坐了一會兒，二人又談起時局變化，感日本之洶洶，歎中國之落後，不禁黯然神傷。意想不到的是，第二天夜裡盧溝橋畔就響起了槍聲。自此，西天的雲霓霞光被騰起的砲火硝煙所籠罩。

七月二十八日，北平西部一帶戰事激烈，當晚，二十九軍潰敗後被迫撤退。此時清華園不斷傳出可怕的消息，風聞日軍已進入清華園火車站，於是人心惶惶，眾皆逃避。仍在清華園的陳寅恪與吳宓、葉企孫等緊急商量後，攜家帶口乘人力車急入北平城內西四牌樓姚家胡同三號寓所暫避。

正應了「福無雙至，禍不單行」的古話，此時住在城內八十五歲高齡的陳三立已重病在身。當盧溝橋事變發生後，面對山河破碎，生靈塗炭，日本軍隊咄咄逼人的凶妄氣燄，三立老人憂憤不已，情緒很消沉。無論家人如何勸慰，總是抑鬱寡歡。臥床期間，每有親朋故舊前來探視，老人則艱難撐起病體，以低沉沙啞的聲調問道：「時局究竟如何，國軍能勝否？」外傳馬廠國軍大捷，老人特向來訪親友詢問消息是否確鑿。當中國軍隊敗退，有悲觀者言稱中國終非日本之對手，必棄平津而亡全國時，三立老人於病榻上圓睜二目，怒斥曰：「中國人豈狗彘不若，將終帖然任人屠割耶？」⓫言畢遂不再服藥進食，欲以死明志。從來訪者得知平津淪陷的消息後，老人傷心欲絕，大放悲聲，曰：「蒼天何以如此對中國邪！」延至九月十四日，一代詩文宗師溘然長逝。

砲火連天中，老父的不幸棄世，對陳家可謂雪上加霜。時陳寅恪幾個兄弟均在南方，因交通阻隔，一時難以趕赴北平奔喪，陳寅恪只得先行主辦喪事。九月二十三日下午，吳宓自清華園至城內姚家胡同三號陳宅祭弔三立老人，行三鞠躬禮。此時，日軍已進清華園，清華師生多數已躲避逃亡。在陳宅，吳宓與陳寅恪商量逃難辦法。吳宓不願南下，欲留北平暫避讀書一年，寅恪表示十分贊成，唯謂：「春間日人曾函邀赴宴於使館。倘今後日人逕來逼迫，為全節概而免禍累，則寅恪與宓等，亦各不得不微服去此他適矣。」⓬也就是說，要想不當漢奸，做有辱人格與民族氣節之事，就必須離開北平，遠走他鄉。國恨、家愁交迭而來，陳寅恪急火攻心，導致視力急劇下降，不得已到同仁醫院檢查，診斷為右眼視網膜剝離，醫生叮囑及時入院手術治療，不可延誤。陳氏聽罷，猶豫不決。據陳寅恪的女兒流求回憶道：「父親是決不會在淪陷區教書的，記得那天晚上祖父靈前親友離去後，父親仍久久斜臥在走廊的藤躺椅上，表情嚴峻，一言不發。」⓭又說：「考慮到當時接受手術治療，右眼視力恢復雖有希望，但需費時日長久，而更重要的是父親絕不肯在淪陷區教書，若在已陷入敵手的北平久留，會遭到種種不測。當年，美延剛出生，流求八歲（南按：以實歲計）。側聽父母嚴肅交談反覆商量，從大人的語句中感覺出父母做出決定很慎重，也極艱難。父親終於決定放棄手術治療眼疾，準備迅速趕赴清華大學內遷之校址。此時父輩四兄弟均已抵達，共議祖父身後事，在祖父逝世後剛滿『七七』尚未出殯時，於十一月三日父親隱瞞了教授身份，攜妻帶女，離開北平，決心用惟一的左眼繼續工作。」[14]

陳寅恪常年漂泊海外求學，無心婚配，直到一九二八年、三十九歲時才與唐篔結婚。唐篔小寅恪十一歲（一九〇一年生），字曉瑩，廣西灌陽人，其祖父為前清台灣巡撫唐景崧（一八四一～一九〇三）。

光緒二十一年（一八九五），甲午海戰一役，中國戰敗。陽曆四月十七日，清廷代表李鴻章與日本簽訂《馬關條約》，割讓台灣予日本。台灣官吏與士紳聞訊，激昂悲憤，聯合上書唐景崧，謂「萬民誓不從倭，割亦死，拒亦死，寧先死於亂民手，不願死於倭人手」，力主唐氏抗日守台。同年五月二十三日，唐景崧發表「台灣民主國獨立宣言」，宣稱「台灣同胞誓不服倭，與其事敵寧願戰死」云云。五月二十五日，台灣民主國成立，唐景崧被推選為總統，年號「永清」，開始組織軍隊與招募義勇抗擊日本侵台之敵。六月三日，日軍陷基隆，台灣岌岌可危。翌日，唐景崧自感力不能敵，遂化裝為一老婦，帶領隨員和官銀逃到滬尾（今淡水），轉乘德國籍輪船「鴨打」號（Arthur），棄職內渡廈門。台籍士紳、新上任的義勇統領丘逢甲得知唐氏逃遁，亦不再抗日，於混亂中攜帶公款十萬元，逃往廣東嘉應州。此後，整個台島人心惶惶，潰兵四處搶掠，台北藩庫存銀被搶劫一空。繼之倉庫失火，秩序大亂。延至六月七日，強悍的日軍占領台北，曇花一現的台灣民主國宣告覆亡。唐景崧逃回大陸後，被清廷以抗命罷黜，光緒二十九年卒於家中，有《請纓日記》等傳世。當時陳寅恪的舅公，即俞大維的伯父俞明震曾入台襄助唐氏策畫防務並出任民主國內務大臣。而胡適的父親胡傳（字鐵花）曾以台灣直隸州知州兼（軍事）統領的職務，助唐景崧、劉永福守台，後於光緒二十一年退出台灣病死於廈門。胡適五歲之前曾在台灣隨父居住。許多年後，胡適赴台出任中央研究院院長職，曾專門尋找過兒時的舊居。因了這一歷史的淵源，唐氏家族與俞家、胡家、陳家皆有交情。陳寅恪在海外學成歸國並出任清華國學研究院導師期間，一個偶然的機會，與時任北京女子文理學院體育教師的唐篔相識並「一見如故」，在胡適、趙元任夫婦的撮合下締結連理。以後的

陳寅恪夫婦與三個女兒（後排左起：小彭、流求、美延）合影，一九五一年夏攝於廣州。

若干歲月，夫婦二人相濡以沫，榮辱與共，手拉肩扶地走過了悲欣交集的人生旅程。

陳寅恪、唐篔夫婦共育三女：長女流求，其名為台灣的古稱；次女小彭，意指澎湖列島，兩個名字皆是陳氏夫婦為紀念唐景崧所取。三女取名美延。平津淪陷之際，陳寅恪四十八歲，流求九歲，小彭七歲，美延出生僅四個多月。

匆匆料理了父親的喪事，一九三七年十一月三日，陳寅恪一家連同傭人忠良與照顧美延的王媽媽，踏上了奔赴長沙的逃亡之旅。此時日軍已在平津地區穩住了陣腳，整個局面已完全被日偽政權控制，對出逃的中國人而言，平津局勢更加嚴峻凶惡。為防止平津文化、教育界人士逃走南下與抗日力量會合，日偽軍在車站、碼頭及沿途重要關口設卡堵截。在出逃之前，陳家就聽說清華老教授高崇熙逃出北平後，在天津火車站一下車，即被日偽軍識破身分，當場按倒在地一頓拳腳揍了個鼻青臉腫，然後一根繩子拴住手腳倒吊著扣押起來。為防不測，陳寅恪扮成生意人，又叫孩子們熟背沿途及目的地等有關地址及人名，以便在走失後設法尋找親人或故舊。

此時，深秋已降臨中國北方遼闊大地，在寒風的肆虐中，樹葉枯萎，草木凋零，天地蕭瑟。清晨，北平城內霜氣陣陣，冷風襲人，越發令人感到淒苦悲涼。陳寅恪一家與北大毛子水等幾位教授結伴，在淒冷、慘澹的星光映照下，於微明的夜色中踏著晨霜，悄然告別北平相依相戀的家園，由前門乘火車向天津進發。所幸由於逃難人潮如黃河之水奔騰四溢，無論是火車之內還是沿途停靠的車站，如同一鍋煮爛的餃子，人聲鼎沸，身影綽綽，混亂不堪，使日偽軍的辨別能力受到限制。陳寅恪等幾名教授乘著混亂，引領家人小孩在慌張的人群中穿行。孩子們則一個接一個牽著父母的衣角，越過了日軍和偽員警設置的盤查關卡，提心吊膽走出了天津火車站，在租界暫時躲了起來。次日，陳家又與毛子水等轉道塘沽，登上「濟南」號英國郵輪向青島駛去。跟隨陳氏一家服務十年之久的傭人忠良，因家事不能前行，把陳家老小送上輪船後，含淚作別，依依不捨地離去。

輪船在大海中一路顛簸動盪總算到了青島，乘客登岸後已過午夜，陳家與毛子水等不敢停留，急忙購好長沙聯票，連夜擠上去濟南的火車。行至濟南，火車停開，班次皆無。此處風聲更緊，人相爭傳日軍即到，逃難者如同被火燒著屁股的螞蟻，擠成一堆，滾成一團，又各自向心中的目標掙扎衝撞。車站每有火車南開，人潮如江海巨濤，轟然而上。陳寅恪一家被裹挾在湧動的大潮中，於茫茫人海不知身歸何處。幸虧蒼天有情，一班列車停在車站未動，被擠撞得熱汗淋漓的毛子水突然從一個窗口中發現清華教授劉清揚眷屬已先在車內。這一發現，如同大海迷途的航船突然看到了暗夜的燈火，眾人拚盡力氣擠上前來求援。劉清揚等見車門已不能通行，索性把陳寅恪一家人連拖帶拉從窗口一一拽進車廂，毛子水等也藉機鑽了進去。車廂內如同一個被封了蓋的熱鍋，擁擠不堪的人群如同熱鍋上爆炒的螞蟻，在一片大呼小叫、哭爹喊娘中四處衝撞遊動，難以找到片寸落腳之地。不懂世事的美延突見如此混亂情景，連驚帶嚇大哭不停，弄得陳氏一家情緒低落，叫苦不迭。此時，北風呼嘯，陰雨連綿，敵機不斷在沿線轟炸，濟南火車站時聞炸彈在附近爆裂的聲音，並有炸起的碎石塵土落入月台之上，車內車外驚恐淒苦之狀令人心碎。所幸陳家乘坐的火車沒有遭炸彈掀翻，未久即駛出濟南火車站，一路狂奔向南疾駛。至徐州後下車，轉隴海線至鄭州，旋又轉車抵漢口。在漢口旅店休息半日，即搭粵漢鐵路火車於十一月二十日夜終至長沙。同來的大小知識分子各尋住處，陳氏一家無處覓房，暫時在一位親戚家借住。自北平至長沙，整個行程五千餘里，歷時十八天，一家人備嘗亂離迭苦，總算擦乾汗水，落下腳來。⑮

再別長沙

就在北大、清華、南開等校師生向長沙逃亡之時，傅斯年離開廬山隨一批黨國大員回到南京，整日大汗淋漓地主持中央研究院總辦事處日常工作。

史語所自北平遷入上海後，未久即轉遷南京欽天山北極閣史語所大廈，與中央研究院總辦事處住在一起，算是落地生根，安頓下來。

一九三六年春，繼楊杏佛之後擔任中央研究院總幹事的丁文江因煤氣中毒不幸在長沙去世，蔡元培與傅斯年共同邀請朱家驊接任總幹事。是年冬，朱家驊被國民政府任命為浙江省主席，成為威震一方的封疆大吏。不久，盧溝橋事變爆發，日軍即有進攻上海、迫近南京之勢，華東陷入全面危急，朱家驊已無法繼續兼顧中研院院務，只好請傅斯年出面代理。而這個時候，中央研究院已由最初的幾個所，發展到十個研究所，開始步入歷史上的鼎盛時期。從廬山回到南京的傅斯年，開始以事實上的總幹事身分處理中央研究院各項事務，史語所只是他掌控大局中的一個組成部分。

就在傅斯年上下奔波，忙得焦頭爛額之時，淞滬戰役爆發。

一九三七年八月十三日，駐上海日軍萬餘人突然向江灣、閘北中國駐軍發起進攻，中國軍隊奮起抵抗，舉世矚目的淞滬戰役拉開了序幕。

八月十五日，日本政府宣布全國總動員，成立作戰大本營，中日戰爭機器全面開動，就此踏上了不是魚死就是網破，不分勝負決不罷兵的不歸路。

八月十七日，國防參議會最高會議在南京召開，胡適、傅斯年、蔣夢麟、梅貽琦、張伯苓等學界要人出席了會議。在這次會議上，傅斯年力主中央研究院各研究所，以及平津重點大學，內遷長沙與南昌一帶城市暫避。這

日軍向杭州灣、蘇州河一帶進發。

個請求得到了多數與會者的回應與支持，並很快形成了政府決議。蔣介石受全民抗日激情的影響，下定決心與日本一戰，同時又希望在外交上能得到英美等國的同情和支持。當天的會議決定派胡適出使美國，蔣百里出使德國，孫科出使蘇聯，爭取國際援助，壓制日本的囂張氣燄。此時的胡適已完全拋棄了過去堅持與日本和談的夢想，發出了「和比戰難百倍」清醒而符合時代大勢的呼聲。未久，胡適從香港乘飛機抵達三藩市，開始了被他自己譽為「過河卒子」的外交生涯。

九月一日，日軍精銳部隊第十二師團等三個師團抵達上海，實力大增，向中國軍隊發動全線攻擊，中國守軍拚死抵抗。蘊藻浜、蘇州河之戰，雙方死亡慘重，成堆的死屍阻斷了航道，血流成河，浜水皆赤。

上海戰事正酣，南京國民政府開始設法動用運輸力量，把國家珍寶、工業設施、戰略物資和科研設備，經長江、隴海鐵路和各條公路悄悄運往內地，以保存實力，準備長期抗戰。與此同時，根據國民政府命令，中央研究院各研究所也開始向長沙與南昌一帶遷徙。

決策既定，傅斯年立即指示中研院各所捆紮物資儀器，打點行裝，準備起程。同時滿懷豪情地寫下了「莫謂書生空議論，頭顱擲處血斑斑」的悲壯詩句，以此鞭策自己，激勵同事。

早在淞滬戰役爆發之前，中研院史語所考古組已根據戰爭形勢，在富有遠見和責任心的李濟指揮下，開始對歷次發掘器物和各種器材進行打包裝箱，準備內遷。據史語所《七十年大事記》的民國二十六年七月條載：「本

董作賓，一九二三年攝於北平。

所隨本院西遷，先選裝最珍貴中西文圖書、雜誌及善本書共六十箱，首批運往南昌農學院，其餘一千三十三箱分批運長沙。但部份殷墟出土的人骨、獸骨及陶片等，限於運輸工具，暫留原址。」八月條云：「本院組織長沙工作站籌備委員會，本所遷入長沙聖經學院，所長傅斯年仍暫留在南京，派梁思永為籌備會常務委員。」⑯

《七十年大事記》所說的殷墟出土物，為史語所三組人員在安陽小屯發掘的商代遺物。早在一九二八年秋，史語所正式成立之初，兼具學術眼光和辦事才幹的傅斯年就指派時任中山大學副教授、史語所通信員的董作賓，悄悄趕往安陽殷墟，對甲骨出土地進行調查並收集甲骨了。

甲骨文自光緒二十五年（一八九九）秋，被時任國子監祭酒、山東煙台福山人王懿榮發現後，已過去了三十多年。當傅斯年決定派三十四歲的河南南陽人董作賓前往甲骨出土地——安陽調查的時候，曾遭到不少學者的反對，以羅振玉為首的大部分金石學和古器物學家認為安陽之地「寶藏一空矣」，沒有發掘的價值。但董作賓到達安陽後，通過實地調查得知，小屯地下埋藏的有字甲骨，並不像羅振玉等人所說的那樣已被挖盡，他從當地農民盜掘甲骨留下的坑痕作出判斷，殷墟規模龐大，地下遺物十分豐富，且遺址破壞嚴重，有組織的科學發掘已到了刻不容緩的緊要關頭。董作賓在向傅斯年報告中頗為焦慮地宣稱：「遲之一日，即有一日之損失，是則由國家學術機關以科學方法發掘之，實為刻不容緩之圖。」⑰

傅斯年得知安陽殷墟的情形，驚喜交加，馬上籌措經費，購置設備，調配人員，在中央研究院院長蔡元培的大力支持下，組成了由李濟、董作賓等為首的殷墟科學發掘團，開赴安陽進行發掘，從此揭開了殷墟發掘的序幕。這是史語所繼內閣大庫檔案之後，找到的又一豐富的學術研究資源，通過對殷墟的科學考古發掘，湮沒了三千多年的殷商歷史大門轟然洞開，傳說中的古代燦爛王朝終於露出了它的真容。

一九三四年秋到一九三五年秋，由史語所三組考古學家、梁啟超之子梁思永主持的第十、十一、十二次殷墟發掘，對已發現的王陵遺跡緊追不捨。此時，參加發掘的專業人員達到了鼎盛，除總指揮梁思永外，考古組的十大金剛或號稱「十兄弟」全部調到發掘工地，人員為：石璋如、劉燿（照鄰、尹達）、祁延霈（沛蒼）、胡福林（厚宣）、尹煥章（子文）、李光宇（啟生）、王湘（元一）、李景聃（純一）、高去尋（曉梅）、潘慤（實君）。另有視察人員李濟、傅斯年、董作賓。臨時工作人員與練習生馬元材、夏鼐、王建勳、董培憲，以及法國漢學家伯希和（訪問）、河南大學、清華大學等部分師生。一時間，在幾十平方公里的殷墟發掘工地上，大師雲集，人才薈萃，氣勢如虹。胸有成竹的梁思永充分表現出一個戰略家的宏大氣魄，規畫周密，指揮若定，每天用工達到五百人以上，遺址得以大面積揭露，連續發掘了十座王陵，以及王陵周圍一千二百多座小墓和祭祀坑。所揭露的商代墓葬規模浩大，雄偉壯觀，雖經盜掘，成千上萬件的精美的銅器、玉器、骨器等出土文物仍使舉世震驚。

一九三六年，繼郭寶鈞主持的第十三次發掘之後，梁思永主持的第十四次發掘，在尋求甲骨方面又取得了突破性進展。在著名的編號為YH127號商代灰坑中，一次發現帶字甲骨一萬七千零九十六片，其中有三百多塊是未破損的整版甲骨且刻有卜辭。更為重要的是，這些甲骨出於同一坑中，說明相互之間有某種內在的聯繫，比之零星出土的傳世甲骨殘片，其學術價值更高一籌。這一重大發現令學者們欣喜若狂。

一九三七年春，由石璋如主持的第十五次更大規模的殷墟發掘再度展開。此次發掘從三月十六日開始，一直延續至六月。此時，華北已是戰雲密布，局勢一日緊似一日，日本人磨刀霍霍，即將血濺中原。面對一觸即發的中日大戰，為防不測，殷墟發掘不得不於六月十九日匆匆結束——這是抗日戰爭全面爆發之前最後一次發掘。

至此，從一九二八年開始的殷墟發掘共進行了九年十五次，出土有字甲骨二萬四千九百一十八片，另有大量

一九三〇年殷墟發掘現場

殷墟出土的甲骨（牛骨）

殷墟出土的甲骨（龜甲）

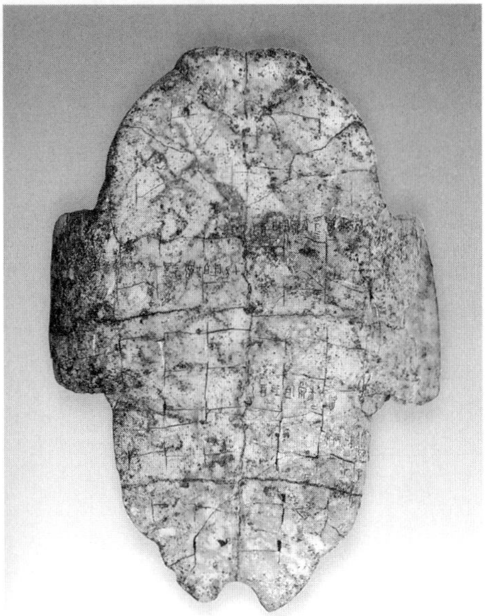

頭骨、陶器、玉器、青銅器等器物出土。其發掘規模之大，牽涉人員之多，收穫之豐，前所未有，世之罕見。這一創世紀的偉大成就，正如後來著名考古學家、美國哈佛大學人類學教授張光直所言：「這九年十五季的發掘是抗戰以前中國考古學上最大的發掘，在規模上與重要性上只有周口店的研究可以與之相比。但殷墟在中國歷史研究上的重要性是無匹的。」[18]

發掘人員於匆忙中將出土器物整理裝箱，風塵僕僕押運到南京欽天山北極閣史語所大廈，喘息未定，額頭的汗水尚未抹去，震驚中外的盧溝橋事變與淞滬戰役相繼爆發，史語所人員被迫對這些發掘物進行處理和轉運。此次行動，按照史語所研究人員石璋如的說法，首先選擇重要的文物裝箱，「像骨頭就選人骨，其他部份就留下，這也是一種決定。」[19]根據不同的情況，傅斯年與李濟、梁思永商定，已捆裝完畢的六十箱最珍貴中西文圖書及善本書等，由李濟親自負責押運到南昌農學院保存，其他一千三百多箱出土器物，陸續運到南京下關碼頭裝船，分批運往長沙，由梁思永總負其責，組織雇用船隻、運輸和安置。經過一個多月的忙碌，史語所物資、人員陸續抵達長沙聖經學院。

就在北大、清華、南開三校和中央研究院下屬的幾個研究所，在長沙聖經學院空曠的校區安頓下來之時，從後方退出的大批機關單位、知識分子、工人、商人、難民、乞丐、流氓等各色人物，潮水一樣紛紛向長沙湧來，整座城市已呈人滿為患，混亂不堪之勢。而每一股難民潮的湧入，都標誌著前線戰場國軍潰退以及大片國土的喪失。

十一月十二日，遠東最大的海港城市上海失陷，日軍轉而圍攻國民政府首都南京，中華民族到了最危急的緊要關口。

十二月五日，日軍開始圍攻南京，中國十萬守軍在司令官唐生智的總指揮下拚死抵抗，傷亡慘重但未能阻止日軍的凌厲攻勢。

日軍攻陷南京中山門時的情形

十二月十三日，日軍攻占了南京，這座散發著濃重的脂粉與墨香氣味的六朝古都，頓時淹沒在鮮血、呻吟與絕望的哀號之中。放下武器的中國官兵被集體屠殺，三十餘萬手無寸鐵的無辜市民遭到殺戮，日本天皇的軍隊像出籠的野獸一樣在大街小巷瘋狂強暴淚盡滴血的中國婦女。連續四十餘日的屠城，橫七豎八的屍骨滿目皆是，揚子江成為一條流動的血河，整個南京籠罩在「天雨粟，鬼夜哭」的陰霾恐怖之中。消息傳出，舉世震動。大海那邊的日本國民按捺不住心中的狂喜，紛紛叫喊著擁上東京街頭，釋放燄火，提燈遊行，歡呼著「戰爭就要結束，中國已被無往不勝的大日本皇軍全面征服」等口號。整個日本四島大街小巷燈火閃耀，人潮湧動，許多人擁抱在一起，喜極而泣。此時，全世界每一個關注中國命運的人，都感受到了一九三七年隆冬那來自遠東地區強烈的震撼與滴血的呼喊。

緊接著，杭州、濟南等重量級省會城市於十二月下旬陷落。

由於平漢鐵路沿線的保定、石家莊、新鄉等軍事重鎮相繼失守，長江沿岸的上海、南京、蕪湖等地區陷落，驕狂的日軍開始集結精銳部隊，沿長江一線大規模向西南方向推進，地處兩條幹線交會處的軍事要道武漢三鎮，立即成為中日雙方矚目的焦點和即將進行生死一搏的主戰場。

十二月十四日，蔣介石由江西抵達武昌，緊急布置軍事防務。國民政府最高統帥部加緊了武漢大會戰的策畫和兵力集結。

大戰在即，而長沙與武漢只有三百公里之距，一旦武漢失守，長沙勢難獨撐。面對危局，無論是剛組建不久的臨時大學，還是中央研究院在長沙的幾個研究所，又一次面臨遷徙流亡的歷史性抉擇。

注釋：

❶《蔣介石年譜》，李勇、張仲田編著，中共黨史出版社一九九五年初版。

❷《梅貽琦日記（一九四一～一九四六）》，黃延復、王小寧整理，清華大學出版社二〇〇一年初版。

❸〈張伯苓談絕不氣餒〉，載南京《中央日報》，一九三七年七月三十一日。

❹〈南開大學大事記〉，載《南開大學校史（一九一九～一九四九）》，南開大學校史編寫組編，南開大學出版社一九八九年初版。

❺馮友蘭〈國立西南聯大紀念碑碑文〉，轉引自《馮友蘭自述》，中國人民大學出版社二〇〇四年初版。

❻羅常培〈七七事變後北大的殘局〉，載《北大舊事》，陳平原、夏曉虹編，北京：三聯書店一九九八年初版。

❼季羨林氏在《病榻雜記》（新世界出版社二〇〇七年初版）中，以〈辭「國學大師」〉、〈辭「學界泰斗」〉、〈辭「國寶」〉三個章節的內容，昭告天下，表示要把這三頂別人加在自己腦袋上的桂冠統統摘下來，並說：「三頂桂冠一摘，還了我一個自由自在身。身上的泡沫洗掉了，露出了真面目，皆大歡喜。」對季氏的說法，有媒體稱「三頂桂冠」皆是民間給加封的，季氏如此不識抬舉，豈不是要違背「民意」，凌駕於普天之下百姓之上，置自己於不仁不義之境地云云。但季氏堅持不論是民意還是官意

，統統辭掉，一個不留。此言一出，學界也有所呼應，中國社會科學院考古研究所的資深研究員王世民等學者認為，季羨林弄的那一套，主要是中亞文字與佛教，而這些東西確實不是國學，所以季氏自然不是所謂的「國學大師」，至於其他幾項帽子也頗為荒唐。

❽季羨林〈回憶陳寅恪先生〉，載《懷舊集》，北京大學出版社一九九六年初版。

❾自一九三一年梅貽琦出任校長後，為招聘賢能，清華大學頒布規定：教授月薪三〇〇～五〇〇元，每位教授可擁有一幢新式住宅。一九三三年春，清華西院住有陳寅恪、吳宓、聞一多、顧毓琇、周培源、雷海宗、吳有訓、楊武之（楊振寧之父）等近五十家。一九三五年初，聞一多、俞平伯、吳有訓、周培源、陳岱孫等教授又遷入清華新南院，這是三十幢新建的西式磚房，每位教授一幢，其條件比西園更好，除有一個花木蔥蘢的小院子外，內有書房、臥室、餐廳、會客室、浴室、儲藏室等大小十四間，附設的電話、熱水等生活用具一應俱全。時清華學生的學費每學期十元，不收寄宿費，共有學生一千二百餘人。

❿⓬《吳宓日記》，第六冊，吳學昭整理注釋，北京：三聯書店一九九八年初版。

⓫吳宗慈〈陳三立傳略〉，載《民國人物碑傳集》，卞孝萱、唐文權編，團結出版社一九九五年初版。

⓭陳流求〈回憶我家逃難前後〉，載《紀念陳寅恪先生百年誕辰學術論文集》，王永興編，江西教育出版社一九九四年初版。

⓮陳流求、陳美延〈先父陳寅恪失明的過程〉，載《永遠的清華園——清華子弟眼中的父輩》，楊振寧等著，宗璞、熊秉明主編，北京出版社二〇〇〇年初版。

⓯據馮友蘭回憶，自北平淪陷之後，一直到清華師生南遷，這段時間清華園完全成了一片真空。馮說：「我們參加校務會議的這幾個人，還住在清華，說的是要保護學校。我在圖書館內對圖書館的工作人員說，中國一定會回來，要是等中國回來，這些書都散失了，那就不好，只要我們在清華一天，我們就要保護一天。有一次，夜裡我和吳有訓在學校裡走，一輪皓月當空，四周一點聲音都沒有，吳有訓說：『可怕，可怕，靜得怕人！』」馮友蘭猛的想起了黃仲則的兩句詩：「如此星辰非昨夜，為誰風露立中宵。」幾近潸然淚下。

馮又說：「後來日本軍隊正式進入北京，日本人到處接管，我們就覺得，在政權已經失了以後，保管是沒有意義的，事實上是替日本保管，等它來接收。這就決定南遷。」「決定以後，南遷的人和留守的人，都痛哭而別。」當時馮友蘭與吳有訓二人一起離平南下，到達鄭州時，馮建議上館子吃一頓黃河鯉魚。馮說：「不知道什麼時候才能回來，有機會先吃一頓。」正在這時，意外碰到了清華的同事熊佛西，於是三人一同去館子吃了一頓黃河鯉魚，算是了了一樁心願。當時熊佛西喜歡養狗，他對馮、吳二人說：「北平有許多人都離開了，狗沒法帶，只好拋棄了。那些狗，雖然被拋棄了，可是仍守在門口，不肯他去。」馮聽罷，滿目淒然道：「這就是所謂喪家之狗，我們都是喪家之狗！」（見《馮友蘭自述》，馮友蘭著，中國人民大學出版社二〇〇四年初版。）

⓰《中央研究院歷史語言研究所七十年大事記（一九二八～一九九八）》，中央研究院歷史語言研究所大事記編輯小組編，中央研究院歷史語言研究所一九九八年初版。

⓱《洛都石經殷墟甲骨調查報告暨發掘計劃書》（未刊稿本），董作賓撰，一九二八年八月，中央研究院歷史語言研究所藏。

⓲張光直〈李濟考古學論文選集編者後記〉，載《李濟考古學論文選集》，張光直、李光謨編，文物出版社一九九〇年初版。

⓳《石璋如先生訪問紀錄》，陳存恭、陳仲玉、任育德訪問，任育德紀錄，中央研究院近代史研究所二〇〇二年初版。

【第六章】

南渡記

暫住蒙自

一九三七年十二月，根據國民政府指令，設在長沙的臨時大學撤往昆明，另行組建國立西南聯合大學。學校當局得令，立即開始撤退行動，師生們分成三路趕赴昆明。第一批從廣州、香港坐海船由越南海防到昆明；第二批沿長沙經貴陽至昆明的公路徒步行軍；第三路從長沙出發後，經桂林、柳州、南寧，取道鎮南關（今友誼關）進入越南，由河內轉乘滇越鐵路火車，奔赴昆明。

幾乎與此同時，中央研究院總辦事處於重慶發出指示，電令在長沙的史語所與社科所、天文所等幾個研究所設法向昆明轉移。一九三八年春，中研院史語所人員奉命押送三百餘箱器物，先乘船至桂林，經越南海防輾轉抵達昆明，暫租賃雲南大學隔壁青雲街靛花巷三號一處樓房住居。

長沙臨時大學師生遷往昆明的三條路線中，陳寅恪一家選擇了水路。南下之前，陳寅恪將清華園搶運出的一批私人書籍另行打包郵寄長沙，但直到要離開此地時，郵寄的書籍因交通阻隔尚未收到。眼看師生已走大半，陳

羅爾綱，一九四〇年攝於昆明。

氏已顧不得許多，只好攜家眷起程。據流求回憶說，「我們離長沙時已經霜凍，經衡陽搭乘長途汽車，途中拋錨，走走停停，夜宿零陵縣，入夜米糖開水的叫賣聲，提醒我們逃難的路程已由遼闊的華北平原到達祖國富饒的南方，接著乘汽車到廣西桂林市」❶。廣西是唐篔的故鄉，其父母早已去世，有些親屬還在桂林工作和居住。這是一座看上去較北方安靜的古城，買賣貨物使用的是「桂幣」，物價尚平穩。陳家住進靠近湖畔的一家旅館，一面做繼續上路的準備，一面在城中拜訪唐氏的本家或親戚。就在這短暫停留的時刻，胡適的愛徒、時為中央研究院社會科學研究所助理研究員、後為著名太平天國史研究專家的羅爾綱與陳寅恪意外相遇了。許多年後，羅爾綱回憶：當時中研院社科所與史語所、北大、清華等高校相繼南遷，群集於湖南長沙聖經學院，「在聖經學院遼闊的廣場上，每天都是人山人海站在路旁無聊地觀望。」就在這樣的環境氛圍中，一代史學大師陳寅恪瘦削的身影出現在廣場。羅爾綱說：

一天，在我旁邊忽然有人急促地叫道：「這是陳寅恪！這是陳寅恪！」我還沒有見過陳先生的風采，正打算追去看，忽然想到這是沒有禮貌的，停止了。

過了兩個月，社會科學研究所派我回廣西接洽遷桂林，住在環湖酒店。這是個寒冬之夜，約在七時半，聽有人叩房門。開了門，原來是陳寅恪先生！對陳寅恪先生光臨我這個小小的助理研究員的住所，真是天外飛來的喜訊！

> 我恭迎陳先生進來坐定。他說今夜到旅館訪友，見住客牌知我住在這裡，就來看望，不訪朋友了。陳先生一坐下來，就說看過我許多考證，接著一篇篇加以評論。他一直坐到十一時，旅館要關門，服務員來通知，我送他出旅館門口，他才依依不捨告別。這件事，距今五十七年，如在眼前。我深感榮幸，也極感驚奇。陳先生是研究教導隋唐史和撰著文學考證的。我研究的太平天國和他距離那麼遠，我又不是他的學生，他為什麼這樣關心我的著作呢？
>
> 我今天回想起來，使我豁然感到陳寅恪先生胸懷曠達，潤物無邊。❷

可以想像的是，在這個異地他鄉寒冷的冬夜，一代國學大師陳寅恪與青年才俊羅爾綱的一席交談，對後者的影響是重大的。羅爾綱後來之所以在學術上能取得令人矚目的成就，除了胡適耳提面命、不辭辛苦的栽培扶植，與陳寅恪等前輩大師這種禮賢下士的指導與鼓勵自有關聯。羅爾綱又說：「我一生最著力的苦作是八〇年代以後十年對《水滸傳》原本和著者的研究。羅貫中《水滸傳原本》出版，我曾得到新華社的報導，中央電視台的廣播，我想如果陳先生得見到，那是多好啊！」❸遺憾的是，陳寅恪沒能活到這個時候。

在桂林的日子很快過去，陳寅恪一家又要急著趕路。在濛濛細雨中，一家人登上長途汽車，經平樂到達梧州市。當時廣西大學就設在這裡，李運華校長原是清華教授，得知陳氏一家來到此地，親自到車站迎接，熱情招待一家人吃晚飯。因不能在此過多停留，晚間，李校長與夫人一道踏著沿江燈火，親送陳家老小登上內河輪船，茫茫夜色中，輪船沿江而下。陳寅恪一家經虎門抵達香港，此時已是一九三七年陰曆歲末了。

初到香港，陳夫人唐篔因旅途勞累過度，心臟病突發，三女美延又身染百日咳，高燒發熱，晝夜尖叫，咳嗽不止，全家不能再行，只好在陳寅恪的好友、香港大學中文系主任許地山的幫助下，租賃了一間房屋暫住下來。

陳家在極其窘迫落魄的生活境遇中於香港度過了逃難以來的第一個春節。據流求回憶，大年夜，幽暗的燈光映照下的餐桌上，唐篔悄悄叮囑女兒：「王媽媽和我們奔波半年，過舊曆年總要讓她多吃幾塊肉。」意思是讓尚不太懂事的流求、小彭們主動克制、謙讓一些，盡量讓王媽媽多嘗到一點難得的美味。王媽媽從旁側聞聽，感動得淚流滿面。

春節過後，陳寅恪必須趕往西南聯大授課，唐篔心臟病未癒，體力不支，不能隨行。陳氏只好告別家人，獨自一人先行上路，自香港取道越南海防抵達雲南蒙自西南聯大文學院（南按：時聯大文學院、法商學院暫安置在雲南蒙自，對外稱聯大分校）。赴滇之時，陳寅恪把自己隨身攜帶的文稿、拓本、照片、古代東方書籍，以及經年批注的多冊《蒙古源流注》、《世說新語》、《五代史記注》等，連同部分文獻資料，裝入兩只木箱交予鐵路部門託運——這是他幾十年心血凝聚而成並視為生命的珍貴財富。萬沒想到的是，待陳寅恪趕到蒙自，雇人力車夫將運來的木箱拉到宿舍，興沖沖地打開驗看時，卻發現箱內只有磚頭數塊，書籍等物蹤跡絕無，面對如此淒絕慘狀，陳氏當場昏厥。後據同事分析，箱內之物在路途中被鐵路內部的不法分子竊走，為防盜事過早暴露，另易磚頭數塊裝入箱內充數。在悲憤、痛惜與傷感中，陳寅恪身染沉痾，一病不起。禍不單行，此前由北平郵寄的書籍在陳寅恪一家走後陸續到達長沙並由一位親戚暫時收藏。想不到一九三八年十一月日軍攻占岳陽逼近長沙，國軍為實施堅壁清野戰略於十二日夜間放火燒城，毀房五萬餘幢，死傷市民二萬餘人，長沙一片火海，數十萬人無家可歸，陳氏寄存的書籍也在大火中化作灰燼。面對這場突如其來的回祿之災，陳寅恪痛心疾首，再度潸然淚下。

儘管在蒙自這偏僻之地暫時穩住了陳腳，但流亡而來的師生心情依然沉重。從後方不同路線輾轉傳來的消息令人心焦。同樣從長沙趕到蒙自任教的吳宓在日記中披露道：在青山環繞的雲南蒙自，「誠以陰雨連綿，人心已多悲感。而戰事消息復不佳，五月十九日徐州失陷。外傳中國大兵四十萬被圍，甚危云云。於是陳寅恪先有〈殘春〉（一）（二）詩之作，而宓和之。」❹

殘春

無端來此送殘春，一角湖樓獨愴神。
讀史早知今日事，對花還憶去年人。
過江愍度饑難救，棄世君平俗更親。
解識蠻山留我意，赤榴如火綠榕新。
家亡國破此身留，客館春寒卻似秋。
雨裡苦愁花事盛，窗前猶噪雀聲啾。
群心已慣經離亂，孤注方看博死休。
袖手沉吟待天意，可堪空白五分頭。

稍後，陳寅恪又有〈藍霞〉一詩：

天際藍霞總不收，藍霞極目隔神州。
樓高雁斷懷人遠，國破花開濺淚流。
甘賣盧龍無善價，警傳戲馬有新愁。
辨亡欲論何人會，此恨綿綿死未休。5

一九三八年夏，因柳州中央航空學校要遷蒙自，須占用聯大分校校舍，西南聯大文學院與法商學院等師生奉命陸續遷至昆明聯大校本部。六月十七日，陳寅恪在給中研院史語所歷史組的勞榦、陳述二人的信中說道：

貞一、玉書兩兄同鑑：

大作均收到，容細讀再奉還。弟於七八月間必到昆明，如兩兄不急於索還，則俟弟親帶至昆明面還。如急需，即乞示知，當由郵局寄上也。

聯大以書箱運費係其所付，不欲將書提出。現尚未開箱，故聯大無書可看。此事尚須俟孟真先生來滇後方能商洽解決。研究所無書，實不能工作。弟近日亦草短文兩篇，竟無書可查，可稱「杜撰」，好在今日即有著作，亦不能出版，可謂國亡有期而汗青無日矣。大局如斯，悲憤之至。匆復，敬請

撰安

弟寅恪頓首　六月十七日

所中諸君均乞代致意。❻

許多年後，陳氏弟子蔣天樞在〈師門往事雜錄〉一文中錄此信時，曾注云：「……藉見先生彼時情懷。世之讀上錄函件者，其亦省識先生當日感憤之深歟？」❼

遷往昆明

一九三八年秋，陳寅恪與吳宓等教授離開蒙自抵達昆明。陳氏住進了中研院史語所租賃的靛花巷青園學舍樓上——這是他自北平與史語所同人分別四年多來再次相聚。一年後，史語所全體人員搬到郊外，此樓成了北大文科研究所的大本營。陳寅恪到昆明不久，即兼任北大文科研究所歷史組導師，一直在此住居。

西南聯大教室位於昆明文林街，靛花巷青園學舍臨近昆明城北門，每逢上課，陳寅恪都須步行一里多路到校。儘管處於戰時，陳氏仍像在清華園一樣，每次上課都是用一塊花布或黑布，包著一大包書向教室匆匆走來，至

時滿頭是汗，但從不遲到。有同學不忍見身患眼疾，且一隻眼睛已盲的史學大師如此辛苦勞累，主動提議前去迎接，並幫助拿書，未允。陳寅恪上課一絲不苟，多數時候先抄了滿滿兩黑板資料，然後再閉上眼睛講。他講課總是進入自我營造的學術語境或歷史語境，似乎把世事都忘得一乾二淨。據一位曾聽過陳寅恪的課的聯大學生回憶說：「某日，第一隻腳甫踏入門，距離黑板尚遠，陳師即開始講述，謂上次講的……。隨即走近桌旁，放置包書之包袱，就坐於面對黑板、背朝學生之扶手椅上。講述久之，似發覺座位方向不對，始站起身搬轉坐椅，面對生徒，而作微笑狀。有時瞑目閉眼而講，滔滔不絕。」[8]

位於昆明的西南聯大校門

陳寅恪當時居住的靛花巷青園學舍小樓共分三層十八間，師生的分配情形，據當年就讀的學生周法高回憶道：「我記得當時研究生住在三樓兩間大房裡面，另外兩小間，一間住的是陳寅恪先生，一間住的是湯用彤先生。羅常培先生是住在二樓。另外還有助教鄧廣銘先生（字恭三，山東人）和事務員郁泰然先生（郁是劉半農的親戚，江陰人）。此外還有英文導師葉公超先生，只召集研究生談了一次話，就沒有再見面了。」又說：「靛花巷的房子大概先是由中央研究院歷史語言研究所租來作辦公用的，後來才讓給北京大學來辦文科研究所的，所以蔣天樞的《陳寅恪先生編年事輯》一直認為陳先生住在靛花巷歷史語言研究所的樓上，而不知道後來已經改成北大文科研究所了。」周法高認為：「他（陳寅恪）本來是清華的教授，可是因為他是傅斯年先生的親戚和好友的關係，又住在靛花巷的樓上，就擔任研究所史學組的導師了。不過他的

西南聯大簡陋的校舍

脾氣也真不小，可能由於健康不佳的關係吧！我們和他同住在三樓，彼此從不交談。有一次大概他午睡的時候，有一個客人慕名來看他，他一直打恭作揖把那個人趕下樓去。又有一次，二樓羅常培先生的房裡研究生滿座，鬧烘烘的，那時大概九十點鐘吧！聽到樓上陳先生用手杖重重地把樓板敲了幾下，羅先生嚇得趕快偃旗息鼓。」❾

從周法高的回憶中可以看出，陳寅恪初來昆明時，儘管身兼數門功課，頗為忙碌，但還能安然居住、授課，並能有機會睡個午覺。可惜這樣的安穩日子未過多久，凶悍的日軍飛機又帶著一肚子爆炸物找上門來了。

一九三八年九月二十八日，日軍以堵截和破壞滇越鐵路、滇緬公路為終極戰略意義的昆明大轟炸開始了。由九架日機組成的航空隊從南海一線突然飛臨昆明上空，首次展開對昆明的轟炸，當場炸死一百九十人，重傷一百七十三人，輕傷六十餘人。

初試刀鋒，日軍感到兵不血刃就取得了如此輝煌的戰果，於是放開膽子繼續更大規模地對昆明實施狂轟濫炸。許多人都親眼目睹了這樣的景象：只見飛機在空中從容變換隊形，一架接著一架俯衝投彈，整個城市濃煙四起，烈燄升騰，爾後才是炸彈的呼嘯和爆炸聲，有時甚至可以清楚地看到一枚枚炸彈如何從飛機肚子裡鑽出來，帶著「嗖嗖」聲向城市各個角落飛去。

因有了「九二八」慘劇這一血的教訓，「跑警報」成了昆明城不分男女老少、貧富貴賤共同的一種生活方式。由於敵機經常前來轟炸，幾乎每天都要跑警報。時在西南聯大就讀的學生汪曾祺撰寫的回憶文章〈跑警報〉中

正在執行轟炸任務的日本飛機。

，以他特有的幽默風趣舉例說：「西南聯大有一位歷史系的教授，——聽說是雷海宗先生，他開的一門課因為講授多年，已經背得很熟，上課前無需準備；下課了，講到哪裡算哪裡，他自己也不記得。每回上課，都要先問學生：『我上次講到哪裡了？』然後就滔滔不絕地接著講下去。班上有個女同學，筆記記得最詳細，一句話不落，雷先生有一次問她：『我上一課最後說的是什麼？』這位女同學打開筆記來，看了看，說：『你上次最後說：現在已經有空襲警報，我們下課。』」⑩

頻繁的警報搞得人心惶惶，雞犬不寧，無論是學者還是學校師生，大好時光白白流逝。鑑於這種痛苦不安的情形，雲南省政府開始通知駐昆學校及科研院所盡量疏散鄉下，以便減少損傷，同時也可騰出時間工作。西南聯大人多勢眾，要選個合適的地方極其不易，一時不能搬動，但有些教授還是自願住到了鄉下比較偏僻的地方。中研院史語所為保存所攜古物、資料及書籍不受損毀，決定立即搬家，搬到一個既安靜又不用跑警報的地方去。此前，史語所的石璋如到過城外十幾里地的黑龍潭旁一個叫龍泉鎮的龍頭村做過民間工藝調查，並結識了龍泉鎮棕皮營村村長趙崇義，棕皮營有個回應寺，石認為此處條件不錯，便引領李濟、梁思永等人前去觀察。待看過之後，經趙崇義與鎮長商量並得到許可，史語所決定遷往此地。正在這個節骨眼上，傅斯年來到了昆明。

淞滬戰役爆發後，傅斯年託史語所一位陳姓職員護送自己的老母前往安徽，暫住陳家，繼而讓妻子俞大綵攜幼子傅仁軌投奔江西廬山牯嶺的岳父家避難，自己隻身一人留在危機四伏的南京城，具體組織、指揮中央研究院總辦事處和各研究所內遷重慶、長沙等地的事務。

傅氏在總辦事處度過了最後的留守歲月，於南京淪陷前夕，奉命撤離，同年冬到達江西廬山牯嶺，見到愛妻幼子，隨即攜婦將雛乘船經漢口抵達重慶中央研究院總辦事處。一九三八年初夏，蔡元培終於同意朱家驊辭去總幹事之職，本想請傅斯年繼任，但傅氏堅辭，說對昆明的弟兄放心不下，急於到昆明主持史語所工作，蔡只好請中央研究院化學研究所所長、原科學社的創辦人、著名科學家任鴻雋（字叔永）任總幹事。

傅與任交接了總辦事處的工作，攜妻孥來到昆明，與史語所同人相會於昆明靛花巷三號一樓，繼之遷往龍泉鎮龍頭村。未久，中央博物院籌備處也從重慶遷往昆明，並在離史語所不遠的龍泉鎮起鳳庵暫住下來。儘管生存環境艱苦，畢竟在炸彈紛飛中又安下了一張書桌，眾研究人員心情漸漸平靜的同時，又在各自的專業領域忙碌起來。

炸彈下的陳寅恪與傅斯年

傅斯年初到昆明，為照料北大文科研究所事務，在靛花巷三號的青園學舍一樓住過一段時日。此時日機對昆明轟炸正酣，為了躲避空襲，傅氏命人在樓前空地挖了一個大土坑，上蓋木板以作防空洞之用，但坑裡經常水深盈尺。住在三樓的陳寅恪，不惜帶著椅子坐在水裡面，一直等到警報解除，並為此專門作過一副帶有調侃意味的對聯：「聞機而坐，入土為安。」每次警報一鳴，眾人皆爭先恐後向防空洞奔跑，以儘快「入土為安」。這個時候，身體虛弱的陳寅恪不但右眼失明，左眼也已患疾，視力模糊，行動極其不便。陳氏本人有睡早覺和午覺的習慣，傅斯年怕陳寅恪聽不到警報，或聽到警報因視力不濟遭遇危險，每當警報響起，眾人大呼小叫地紛紛向樓下衝去，傅斯年卻搖晃著肥胖的身軀，不顧自己極其嚴重的高血壓和心臟病，喘著粗氣，大汗淋漓地向樓上急奔，待跑到三樓把陳寅恪小心翼翼地攙扶下來，送進防空洞「入土」，才算了卻一件心事。滿身霸氣，整日仰頭挺胸，鼻孔朝天，顧盼自雄，不把任何人放在眼裡的傅斯年，竟對陳寅恪如此敬重呵護，一時在昆明學界傳為佳話。⓫後來，傅斯年搬到了龍頭村，只是進城時在此小居，不能扶陳寅恪「入土」了。陳氏的日常生活則由吳宓等其他師生予以照應。

西南聯大為三校合辦，學術巨子與怪人名士呈魚龍混雜狀，雲集西南一隅這座臨時搭建的校園。陳寅恪的學問人格，不僅得到了傅斯年等學界大腕的尊重，即是當年同在清華大學任教的馮友蘭、朱自清等輩也對其倍加敬重。對清華校史如數家珍的黃延復先生曾寫道：

> 在清華大學的校史中，流傳著許多關於陳寅恪先生的趣談。例如，哲學大家馮友蘭的學問可謂不小了，從一九二八年進校起，祕書長、文學院長，以至於代理校長，都曾作過，在清華可稱為上乘人物了。但是有人觀察到，每回上《中國哲學史》課的時候，總看見馮先生恭敬地——「好像徒弟對著師傅那樣的恭敬」——跟著陳先生從教員休息室裡出來，一邊走路一邊聽陳的講話，直至教室門口，才相對地打個大躬，然後分開。「這個現象固然很使我們感覺到馮先生的謙虛有禮，但同時也令我們感覺到陳先生的實在偉大。」⓬

從這個記載可以看出，陳寅恪的威望和名聲在他步入清華園不久，即憑著他的才學與人格力量，已在清華園的空氣裡無聲地飄蕩流動，深入到師生的肺腑並得到同人的普遍尊敬。所謂風氣，即此也。時為清華國文系主任的劉文典（字叔雅，一八八九～一九五八），年齡比陳寅恪大一歲，既是一位才高學廣的「博雅之士」，又是一位恃才自傲的「狷介」之人。早在光緒三十三年（一九〇七）就讀蕪湖安徽公學時就加入同盟會。宣統元年（一九〇九）留學日本早稻田大學，學習日、英、德等國文字、語言，回國後曾一度擔任孫中山的祕書處祕書，積極

西南聯大時代的劉文典

主張以刺殺、車撞或引爆自製炸彈等恐怖活動，來打擊、推翻袁世凱集團的統治。老袁一命嗚呼後，國內革命形勢丕變，劉氏遂不再過問政事。一九一七年，劉文典受陳獨秀之聘出任北京大學文科教授，並擔任《新青年》英文編輯和翻譯，積極鼓吹另類文化在中國的傳播，同時選定古籍校勘學為終身志業，主攻秦漢諸子，並以《淮南子》為突破口加以研究。經過數載苦鑽精研，終以皇皇大著《淮南鴻烈集解》六卷本震動文壇，為天下儒林所重。劉氏因此部巨著一躍成為中國近現代史上最傑出的文史大家之一，影響所及，已超出學界而步入政壇，曾一度被蔣介石抬舉為「國寶」。⓭

成了「國寶」的劉文典並不買蔣介石的帳，後來在安徽大學校長任上為學潮一事曾當面頂撞蔣介石，並呼對方「新軍閥」，結果被盛怒之下的蔣當場扇了兩個耳光，又下令關押了七天。魯迅在他的〈知難行難〉一文中曾有「安徽大學校長劉文典教授，因為不稱主席而關了好多天，好容易才交保出外」⓮云云。據說蔣介石扇劉耳光時，劉文典也不甘示弱，飛起一腳踢中了蔣的蛋蛋（即睪丸），蔣捂著下腹痛得臉上汗珠直滾，這才有了把劉氏關進監獄之舉。此事曾轟動一時，風傳學界，劉文典被視為敢作敢為的民族英雄，聲震天下儒林。劉氏出獄後，根據蔣介石「必須滾出安徽」的釋放條件，受羅家倫之聘來到清華出任國文系主任，成了陳寅恪的同事兼上司，也成為在國學領域唯一可與陳寅恪過招並有一拚的重量級大師。儘管如此，劉文典對陳寅恪卻極為尊崇，不敢有半點造次，公然坦承自己的學問不及陳氏之萬一，並多次向他的學生們云：自己對陳氏的人格學問不是十分敬佩，而是「十二萬分的敬佩」。

當然，挨過蔣介石耳光，也曾踢中蔣主席私處的劉文典，並不是輕易對他人心悅誠服的，陳寅恪算是一個少有的例外。此後的若干歲月，劉氏那恃才傲物的「狷介」性格並未有所收斂。他公開宣稱整個中國真懂《莊子》

者共兩個半人，一個是自己，另半個是指馬敘倫或馮友蘭，因當時馬、馮二人皆從哲學的角度講《莊子》。另有一說是指日本某學者，意思是指在中國真正懂《莊子》者乃自己一人而已。劉文典如此自誇，並不是信口開河或真的「精神不正常」，的的確確有絕招。來到西南聯大後，每當劉氏開講《莊子》，吳宓等幾位重量級教授便前往聽講。經常的情況是，劉文典見了並不打招呼，旁若無人地閉目演講，當講到自己認為出彩的節骨眼上，戛然而止，抬頭張目望著教室最後排的吳宓，慢條斯理地問道：「雨僧兄以為如何啊？」吳宓聞言立即起立，恭恭敬敬地一面點頭一面回答：「高見甚是，高見甚是！」

於恃才傲物，不可一世的同時，劉氏對搞新文學創作的學者分外輕視，並放言「文學創作的能力不能代替真正的學問」。有一次警報響起，他挾著一個破布包，從屋裡躥出來往郊外山野方向逃竄，路上正遇西南聯大文學院副教授、著名小說家沈從文奪路而奔。劉文典頓時火起，停住腳步側過身對沈從文大聲罵道：「我跑是為了保存國粹，為學生講《莊子》；學生跑是為了保存文化火種，可你這個該死的，跟著跑什麼跑啊！」[15]

西南聯大時代的沈從文

沈從文出身窮鄉僻壤的湘西，也就是陳寅恪之祖父陳寶箴當年曾署理的鳳凰縣農村，僅念過小學，及長大後又以當兵謀生，屬於自學成才的「土包子」學者和作家，沒有西洋與東洋「海龜」的神氣，在校中頗為東西洋大小「海龜」輕視，沈氏在文章中也不斷地稱自己為「鄉下人」。在昆明時的沈從文由於輩分較低，加之生性靦腆，不太輕易與人較勁兒。此時見瘟神一樣的東洋「海龜」兼「國寶」劉文典氣勢洶洶地向自己逼來，未敢計較，索性來了個逃之夭夭。劉氏仍不知趣，望著沈從文的背影繼續嘟囔叫罵不止。此時敵機已飛臨頭頂，劉文典忽見炸彈落下，乃立即收住嘴巴，挾著一個破包袱放開腳步狂奔起來——畢竟炸彈是不管什麼「海龜」或「國寶」的。

由於劉文典對新文學與現代作家的蔑視，當他後來得知學校當局要提拔沈從文由副教授晉升為教授時，勃然大怒，對眾人大叫道：「在西南聯大，陳寅恪才是真正的教授，他該拿四百塊錢，我該拿四十塊錢，沈從文該拿四塊錢。可我不會給他四毛錢！如果沈從文都是教授，那我是什麼？我不成了太上教授？」⑯

劉文典對沈從文的輕視是否有失公允，仁者見仁，智者見智，但對陳寅恪的評價大致是不差的。吳宓自在哈佛大學時起，對陳寅恪的中西政治、社會之學的獨到眼光與精闢論述就深為折服。透過吳宓當初的日記，可以看到他對陳寅恪的崇拜程度決不次於劉文典那「十二萬分」的佩服境地。離開哈佛十五年之後的一九三四年夏季，吳宓在一篇關於陳寅恪〈王觀堂先生輓詞〉的詩話中，再次以真摯的情感抒發了對陳氏學問的敬仰，以及自己受益良多的感念之情。吳曰：

> 始宓於民國八年，在美國哈佛大學，得識陳寅恪。當時即驚其博學，而服其卓識，馳書國內諸友，謂：「合中西新舊各種學問而統論之，吾必以寅恪為全中國最博學之人。」今時閱十五六載，行歷三洲，廣交當世之士，吾仍堅持此言，且喜眾之同於吾言。寅恪雖係吾友而實吾師。即於詩一道，歷年所以啟迪予者良多，不能悉記。其〈與劉文典教授論國文試題書〉（載登《學衡》雜誌七十九期）及近作〈四聲三問〉一文（刊登《清華學報》九卷二期），似為治中國文學者所不可不讀者也。⑰

據吳宓的女兒吳學昭說，上述這段話，父親曾向她重複講過多次，因而在腦海中留下了很深的印象。一九四八年吳學昭在武漢大學就讀，暑假時，「他（吳宓）同學文姐和我談做學問，又以寅恪伯父為範例講到這段話的意思。」⑱由此可見吳氏所言「馳書國內諸友」、「且喜眾之同於吾言」等，的確是掏心窩子的話，並非一時性起的妄語或湖吹海捧的醉話。為此，大名鼎鼎的金岳霖曾不無感慨地說道：「寅恪先生的學問我不懂。看來確實淵博得很。有一天我到他那裡去，有一個學生來找他，問一個材料。他說：你到圖書館去借某一本書，翻到某一頁，那一頁的頁底有一個注，注裡把所有你需要的材料都列舉出來了，你把它抄下，按照線索去找其餘的材料。寅恪先生記憶力之強，確實少見。」[19]

正是由於陳寅恪的博學與卓識，加上傅斯年超凡的霸氣與管理才能，當然還有其他同事、學生的密切合作與共同努力，才使一個並不為時人所重的歷史語言研究所，一躍成為中國史學研究的重鎮，開一代史學研究之風氣。曾一直追隨陳寅恪治學的史語所歷史組研究員、著名漢簡研究專家勞榦多少年後，在台灣回憶往事的時候曾這樣說道：「二十年來的歷史學研究，國內幾個好的大學及研究機關，雖然都有他的貢獻，但孟真先生主持的中央研究院歷史語言研究所以及北京大學文科研究所的確能做到中心的地位。尤其歷史語言研究所的有關歷史部分在陳寅恪先生以歷史學先進，以謹嚴而淵博的方法領導之下，影響尤深。」[20]

戰事連綿，人心惶惶，世事紛亂的艱難環境中，在昆明的陳寅恪除了應付史語所歷史組、西南聯大、北大文科研究所等職責內的各項事務，還強拖病體，靠一隻即將失明的眼睛，硬是完成了奠定其世界級學術大師地位的不朽名篇——《隋唐制度淵源略論稿》的著述。

一九三九年春，陳寅恪被英國皇家學會授予研究員職稱，並收到牛津大學漢學教授聘書，請其赴牛津主講漢學。對方已安排該校漢學家休斯副教授充任其副手。這是牛津大學創辦三百餘年來首次聘請一位中國學者為專職教授。面對如此極具榮譽的禮聘，陳寅恪曾兩度辭謝，後考慮一直住在港島的夫人唐篔患嚴重心臟病，不能攜家抵昆團聚，同時藉赴英機會可治療眼疾，遂答應就聘。在得到西南聯大主持校務的梅貽琦同意後，陳寅恪乘車由越南轉往香港作赴英的準備。整個歐洲的漢學家風聞陳寅恪即將赴英，皆雲集於牛津城，靜坐以待。時在重慶的女史學家、文學家陳衡哲得此消息，評論道：「歐美任何漢學家，除伯希和、斯文·赫定（Sven Hedin，地理考古）、沙畹（Edouard Chavannes）等極少數外，鮮有能聽得懂寅恪先生之講者。不過寅公接受牛津特別講座之榮譽的聘請，至少可以使今日歐美認識漢學有多麼個深度，亦大有益於世界學術界也。」㉑

意想不到的是，陳寅恪抵港未久，歐洲戰火突起，地中海不能通航，何時能夠起程，杳無可知。陳氏茫然四顧，不知如何是好，他在寫給傅斯年的信中說：「天意、人事、家愁、國難俱如此，真令人憂悶不任，不知兄何以教我？」㉒

此時的傅斯年亦無法可想，無奈中的陳寅恪只好由香港重返昆明西南聯大，等待可行的機會。就在這時，噩耗傳來，蔡元培於香港撒手歸天。

注釋：

❶陳流求〈回憶我家逃難前後〉，載《紀念陳寅恪先生百年誕辰學術論文集》，王永興編，江西教育出版社一九九四年初版。

❷❸〈憶陳寅恪〉，載《困學覓知》，羅爾綱著，浙江人民出版社二〇〇〇年初版。

❹《吳宓日記》，第六冊，吳學昭整理注釋，北京：三聯書店一九九八年初版。見一九三八年五月條。時吳宓、馮友蘭、朱自清等均已抵達蒙自並開課。

❺《陳寅恪集．詩集》，陳美延編，北京：三聯書店二〇〇一年初版。據吳宓云：「因憂共產黨與國民政府不能圓滿合作，故宓詩中有『異志同仇』之語，而寅恪又有〈藍霞〉一詩。藍霞二字出吳文英〈鶯啼序〉末段（李岳瑞丈〈燭影搖紅〉詞已用之）。而寅恪用之則指藍衫黨（通稱藍衣社）及紅軍。寅恪之意，吾能識之。吾愛國並不後人，而極不慊今日上下之注重『革命』等觀念，而忽略中國歷史文化之基本精神。（日兵俘虜，亦有能言此者，見報。）此則二十餘年來學術思想界所謂『領袖』所造之罪孽，及今而未已也。……」（見《吳宓日記》，第六冊，吳學昭整理注釋，北京：三聯書店一九九八年初版。）

❻〈致勞榦、陳述〉，載《陳寅恪集．書信集》，陳美延編，北京：三聯書店二〇〇一年初版。貞一，勞榦字；玉書，陳述字。

❼蔣天樞〈師門往事雜錄〉，載《紀念陳寅恪先生誕辰百年學術論文集》，北京大學中國中古史研究中心編，北京大學出版社一九八九年初版。

❽宗良圯〈憶陳寅恪先生〉，載《談陳寅恪》，俞大維等著，傳記文學出版社一九七〇年初版。

❾周法高〈記昆明北大文科研究所〉，載《我與北大：老北大話北大》，王世儒、聞笛編，北京大學出版社一九九八年初版。關於陳寅恪睡早覺和午覺的習慣，陳氏於一九四二年八月三十日在給傅斯年的信中有所披露和詮釋，信曰：「弟之生性非得安眠飽食（弟患不消化病，能飽而消化亦是難事）不能作文，非是既富且樂，不能作詩。平生偶有安眠飽食之時，故偶可為文。而一生從無既富且樂之日，故總做不好詩。古人云詩窮而後工，此精神勝過物質之說，弟有志而未逮者也。」（見《陳寅恪集・書信集》，陳美延編，北京：三聯書店二〇〇一年初版。）

此信是陳寅恪在桂林時，因家累與身體原因不能速返蜀地李莊史語所，而專門向傅斯年做出的解釋，後文詳述其情。但從這幾句解釋中可知陳氏之睡早覺、午覺，甚或感情衝動、愛發火等是確有緣由的。

另據傅斯年一九四二年八月三十一日致中央研究院總幹事葉企孫信中言：「其實彼（指陳寅恪）在任何處一樣，即是自己念書，而不肯指導人。」又，傅斯年以開玩笑的口氣說：「本所幾個老年助理，他還肯說，因此輩常受他派查書，亦交換方便也。一笑。」（見《傅斯年全集》，第七卷，歐陽哲生主編，湖南教育出版社二〇〇三年初版。）從傅斯年這幾句推斷，此時的陳氏不理睬周法高輩，是合乎其性格和處世方式的。

❿《人間草木》，汪曾祺著，江蘇文藝出版社二〇〇五年初版。

⓫那廉君〈傅孟真先生軼事〉，載《傳記文學》，第十五卷第六期（一九六九年十二月）。

⓬黃延復〈文史大師——陳寅恪〉，載《人物》，一九八三年四期。

⓭⓯⓰《劉文典傳聞軼事》，劉平章主編，雲南美術出版社二〇〇三年初版。

⓮一九二二年五月三十日，清朝遜帝溥儀召見胡適。胡氏在不久之後所作〈宣統與胡適〉一文中，記載了這次被召見的經過，其中

有「在養心殿見著清帝，我對他行了鞠躬禮，他請我坐，我就坐了。……他稱我『先生』，我稱他『皇上』」等語。一九二九年十月，胡適發表了〈知難，行亦不易〉一文，對孫中山提倡的「知難行易」學說加以「批評」，同時提出了一個新的「專家政治」的主張，要求蔣介石政府「充分請教專家」，明確指出「知難行易」「的學說」不修正，「專家政治決不會實現」云云。一九三一年十月，蔣介石在南京會見丁文江與胡適，「對大局有所垂詢」，各報轉載了消息。同年十二月十一日，《十字街頭》第一期刊發了魯迅（署名佩韋）的〈知難行難〉一文，後編入作者的《二心集》。魯迅在文中對胡適等人進行了嘲諷：「中國向來的老例，做皇帝做牢靠和做倒霉的時候，總要和文人學士扳一下子相好。做牢靠的時候是『偃武修文』，粉飾粉飾；做倒霉的時候是又以為他們真有『治國平天下的』大道，再問問看，要說得直白一點，就是見於《紅樓夢》上所謂『病篤亂投醫』了。當『宣統皇帝』遜位遜到坐得無聊的時候，我們的胡適之博士曾經盡過這樣的任務。見過以後，也奇怪，人們不知怎的先問他們怎樣的稱呼，博士曰：『他叫我先生，我叫他皇上。』……現在沒有人問他怎樣的稱呼。為什麼呢？因為是知道的，這回是『我稱他主席……』安徽大學校長劉文典教授，因為不稱『主席』而關了好多天，好容易才交保出外，老同鄉，舊同事，博士當然是知道的，所以，『我稱他主席！』也沒有人問他『垂詢』些什麼。為什麼呢？因為這也是知道的，是『大局』。而且這『大局』也並無『國民黨專政』和『英國式自由』的爭論的麻煩，也沒有『知難行易』和『知易行難』的爭論的麻煩，所以，博士就出來了。」（見《魯迅全集》，第四卷，人民文學出版社一九八一年初版。）

⑰〈空軒詩話（十二）陳寅恪「王觀堂先生挽詞」〉，載《吳宓詩話》，吳宓著，吳學昭整理，北京：商務印書館二〇〇五年初版。

⑱《吳宓與陳寅恪》，吳學昭著，清華大學出版社一九九二年初版。

⑲《金岳霖的回憶與回憶金岳霖》，劉培育主編，四川教育出版社一九九五年初版。

⑳勞榦〈傅孟真先生與近二十年來中國歷史學的發展〉，載《大陸雜誌》，第二卷第一期（一九五一年一月十五日）。

㉑今聖歎〈國寶云亡——敬悼陳公寅恪先生〉，載《談陳寅恪》，俞大維等著，傳記文學出版社一九七〇年初版。「今聖歎」為台

灣作家程靖宇的筆名。該文又云：「此評不為時人知，余戰後在上海中研院辦事處後住宅中，親聞於衡哲女士者。」

㉒《陳寅恪集・書信集》，陳美延編，北京：三聯書店二〇〇一年初版。

【第七章】

中研院院長爭奪戰

八方風雨會重慶

蔡元培在香港去世的消息傳到昆明，中央研究院各研究所、中央博物院籌備處與西南聯大同人無不同聲悲泣。傅斯年在龍頭村旁邊山中的彌陀殿主殿外，專門組織召開追悼會，除史語所與中央博物院籌備處人員外，同在龍頭村的梁思成、林徽因夫婦及中國營造學社同人也前往參加。傅氏作為主持人，在講述恩師蔡元培的生平、特別是上海淪陷前後一段經歷時，痛哭流涕，如喪考妣。

盧溝橋事變發生時，蔡元培正在上海。此時，中央研究院理、化、工等三個研究所仍留在上海租界內開展工作。淞滬戰役爆發，身為院長的蔡元培強撐病體，親自組織、指揮三個所向內地撤退。就在上海城陷之際，中央研究院總辦事處已由朱家驊和傅斯年共同組織撤往重慶，蔡元培滿懷悲憤與憂傷，乘一艘外國郵輪獨自一人從上海趕往香港，準備轉赴重慶與傅斯年等人會合。一路顛簸漂蕩，年高體衰的蔡元培抵達香港後身體不支，被迫滯留在港島療養休息，暫居跑馬地崇正會館。次年二月，一家老小逃出淪陷的上海乘船抵港。蔡元培攜家遷往尖沙咀柯士甸道（Austin Road），化名「周子餘」隱居下來，平時謝絕一切應酬，但仍遙領中央研究院事務，通過各種管道密切關注著中研院的命運，為本院未來的生存與發展預作籌謀。一九三八年二月，在他精心策畫和組織下，於香港主持召開了中央研究院自上海、南京淪陷以來首次院務會議。浙江省主席兼中研院總幹事朱家驊，以及所屬的丁西林、李四光、竺可楨、傅斯年、陶孟和等十位所長如期赴約，共商禦侮圖存大計。面對眾人慷慨悲歌之氣，蔡元培精神為之一振。就在這次會議上，確定了戰時院務工作的許多重大策略與生存、發展方針。

一九三八年五月二十日，蔡元培應宋慶齡邀請，同港督羅富國爵士（Sir Geffry Alexander Stafford Northcote）等人一道，出席由「保衛中國同盟」及「香港國防醫藥籌賑會」於聖約翰大禮堂舉行的美術展覽會並發表演說。這是蔡元培在港期間唯一的一次公開演講，其意本為公開話別，離港前往昆明或重慶，奈何因身體荏弱不堪，未能成行。

一九四〇年早春，七十三歲的蔡元培步入了貧病交加的人生暮年，生命之火即將熄滅。而此時，偏又遭逢愛女蔡威廉死於難產的致命一擊。蔡威廉這位留洋歸國的藝術家，自和林文錚結婚後，一直致力於國立藝專的藝術教學工作，滿腹才華和理想尚未來得及施展和實現，就在昆明撒手人寰。她死得很慘，在嚥下最後一口氣之前還用手在牆上反覆疾書「國難，家難……」其撕心裂肺之狀令天地為之動容。白髮人送走了黑髮人，而白髮人也將循著女兒的背影飄然而去。

一九四〇年三月三日晨，蔡元培起床後剛走到浴室，忽然口吐鮮血跌倒在地，繼之昏厥過去。兩天後，醫治無效，溘然長逝。

巨星隕落，天下震驚。全中國不分政治派別，均表深切哀悼。國民黨在重慶舉行公祭，由黨總裁蔣介石親自主持，接著舉行追悼大會以表達對死者的追念與哀思。遠在延安窯洞裡的中共領袖毛澤東聞訊，也向這位對自己當年進北大謀到圖書登記員差事並有知遇之恩的故校長發去了「孑民先生，學界泰斗，人世楷模」的唁電，同時發動延安各界舉行追悼大會，發表悼念文章以示尊崇與紀念。一代名流許崇智、廖承志分別受國共兩黨委託，親赴香港致祭，香港各界為之執紼者五千多人。蔡氏遺體於七日下午在香港灣仔摩利臣山道福祿壽殯儀館入殮，十日舉殯，香港各學校及商號均下半旗致哀。蔡元培的靈柩初移厝於東華義莊七號殯房，以待運回故鄉浙江紹興安葬，因戰事迭起，砲火連綿，未能成行，遂移葬於香港華人永遠墳場。這位「五四元老」、「中國新文化運動之父」、「學界泰斗」，就此長眠於香江之岸。

此時抗戰轉入低潮，日軍攻勢淩厲，中國東部最精華的國土盡失，國際社會無一援手。國民政府幾乎陷入了外無救兵，內無糧草的絕境。蔡元培去世，使遷往昆明的中央研究院各研究所同人心頭蒙上了一層揮之不去的陰影。在一次交談中，傅斯年與李濟均流露出「樹倒猢猻散」的悲情。當時在座的鄭天挺事後頗為感慨地說：「孟真、濟之皆目前國內一流的學者，尚且如此，真是國家學術機構之不幸。」❶

身為不幸之中的倖存者，當然不會真的因蔡元培這棵大樹的倒掉而四散湮滅，化作歷史風塵隨風飄逝。每一個具有血性的中華兒女都深知，在如此嚴峻的歷史轉折關頭，只有一條路可供選擇，那就是必須咬緊牙關，積蓄力量，實現戰略反攻，贏得抗戰的最後勝利。為使中央研究院各個系統不致因它的締造者蔡元培去世而在戰火中癱瘓，院長繼任人選很快被提到了議事日程。這個時候，中央研究院還沒有後來的院士制度，成立之初，在蔡元培、楊杏佛、傅斯年等人的努力下，創立了一個評議會作為全國最高學術評審機構，這一機構除負責聯絡國內各研究機關，決定研究學術方針，促進國內外學術研究合作互助外，還握有推舉院長候選人的權利。評議會以院長為議長，設祕書一人，負責日常事務。評議會的評議員以中央研究院各研究所所長以及重量級的研究員為主，另有部分大學教授和教育、科學界傑出人士組成——這便是後來院士制度的雛形。

按既定章程，中央研究院院長的產生實行「提名制」，即由該院評議會通過聘請的評議員投票方式，選出三位候選人呈報國民政府，由政府最高領袖從三位被提名的候選人中圈定一人，有幸被圈定者就是合法的中央研究

翁文灝

院院長。

一九四〇年三月中旬，評議會祕書翁文灝與中研院總幹事任鴻雋、前總幹事朱家驊、教育部部長王世杰等人溝通後，呈報國民政府批准，召集散落在全國各地的評議員赴重慶開會，選舉新一屆院長。

在昆明學術、教育界的蔣夢麟、傅斯年、陳寅恪、陶孟和、李濟、竺可楨、李四光、丁西林以及西南聯大教授周炳琳等接到通知，紛紛來到國民政府陪都重慶，每個評議員都渴望自己看好的對象能夠當選。鑑於複雜的政治人事關係，由誰來坐第一把交椅，皆心中無數。即使神通廣大、霸氣十足，具有國民參政員頭銜的傅斯年，對此次選舉前景究竟如何，也是霧中看花，不甚明瞭。其中有人主張既然蔡元培是由北大校長轉為大學院院長和中研院院長，那麼現任北大校長、西南聯大常委蔣夢麟就應該名正言順地繼任，擁蔣的陶孟和曾對鄭天挺試探性地說：「看來這次夢麟先生應當出來了。」[2]鄭天挺深知事情遠沒有如此簡單，不置可否。

果不其然，到達重慶後，有相當一部分評議員並未把蔣夢麟放在眼裡，反而「平空談到此事，都說〔胡適〕先生一票不可少」。[3]且同為評議員的重量級學者陳寅恪還公開放言：本人不遠千里來重慶，就為了投胡適一票。一時間，正擔任駐美大使的胡適博得了頭彩。只是，同中國所有的官場一樣，由於各方面的明爭暗鬥，導致選舉事項橫生枝節，頓起波瀾。

推選程序尚未開始，整個氛圍已如濃霧彌漫的山城重慶，令初來乍到者暈頭轉向，拿捏不穩。大幕遮掩下的評議行動，首先是翁文灝、朱家驊、王世杰、任鴻雋等在民國政壇、儒林這道星河中最明亮、龐大的四隻「海龜」暗中較起勁來。

在相互較勁的四人中，朱家驊最為年輕，學術資歷亦相對較淺，但官職以及在國民黨內部的威望卻不在前三

王世杰，一九三六年攝於南京。

人之下，甚至有後來者居上的健勁勢頭，此時他正身居國民黨權力中樞的中央常委、組織部部長高位。

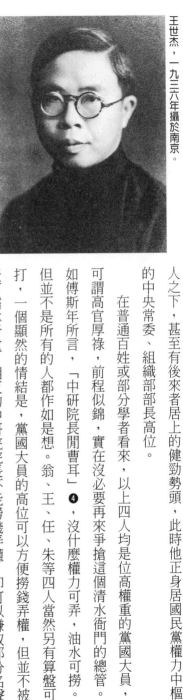

在普通百姓或部分學者看來，以上四人均是位高權重的黨國大員，可謂高官厚祿，前程似錦，實在沒必要再來爭搶這個清水衙門的總管。如傅斯年所言，「中研院長閒曹耳」[4]，沒什麼權力可弄，油水可撈。但並不是所有的人都作如是想。翁、王、任、朱等四人當然另有算盤可打，一個顯然的情結是，黨國大員的高位可以方便撈錢弄權，但並不被天下儒林所重，相反的中研院院長不能撈錢弄權，卻可以賺取部分名聲，特別是作為學者從政的一族，骨子裡或多或少地殘存著讀書人情結，渴望天下人把自己看做是一位大賢者、大儒式的高官，而不是以一隻土鱉、老粗或滿腿泥水兼煙袋油子味的軍閥面目出現。面對這個國家最高研究機關的掌門人職位，幾位儒生出身的高官自然不能不為之心動。按他們的想法，只要能坐上這把盟主的交椅，便可名動天下儒林公卿，達到魚與熊掌兼得，名利雙收之奇效。於是，一場明爭暗鬥的大角逐在警報聲聲的霧都重慶拉開了序幕。

當眾評議員從全國各地抵達重慶，即將進入正式選舉程序時，出乎所有人意料，身為中央研究院評議會祕書（南按：相當於後來的祕書長）的翁文灝，突於三月十六日接到一封蔣介石侍從室二處主任陳布雷給他的信函，內稱蔣委員長「盼以顧孟餘為中研院院長」（《翁文灝日記》）。[5]第二天，翁文灝、王世杰、朱家驊在與傅斯年、李四光等幾位中研院健將會面時，原樣轉達了陳布雷信中的內容。向來有「大砲」之稱的傅斯年「頗表憤慨」，在震怒中本想當場發作，但又感到此乃「介公下的條子」，而顧孟餘又是前輩學人，同時也是自己當年在北大時的師長與中山大學時的上司，甚覺不便，遂強按怒火答道：「我個人覺得孟餘不錯，但除非北大出身或任教者，教界多不識他，恐怕舉不出來。」隨後，傅斯年又問在場的汪敬熙：「我可以舉他一票，你呢？」

汪敬熙聽罷將嘴一撇，頗為不屑地答曰：「我決不投他票，他只是politician（政客）。」

傅斯年遂對王世杰說道：「你看！」面對此情，翁、王二人無言以對。

盛怒中的傅斯年仍餘氣未消，轉身又對同時在場的段錫朋說道：「書詒（段錫朋字），你算一下看，老顧能得多少票？」

汪敬熙、段錫朋二人皆是五四運動時期與傅斯年在北大同時舉事的學運名將，他們所看重的只有自己的老師胡適，其他人均不放在眼裡。而顧孟餘雖曾出任過北大教務長，但後來離開北大轉往國民黨中央發展，從事政治活動，並與國民黨高官大員甚至蔣介石本人，有著扯不斷、理還亂的關係，與學術界人士關係早已疏遠冷淡。顧氏不再把這些儒生寒士們放在心中，而這些認死理的書呆子也以牙還牙，同樣對他視而不見，如棄敝屣一樣將其拋到爛泥坑中去了。段錫朋與在場的朱家驊根據顧孟餘的名望和人緣，粗算了一下，最多只能得八票，而這票數幾乎囊括了整個北大出身的評議員，甚至連汪敬熙也計算在內，而汪則表示堅決反對。面對這個不祥的結果，翁、王、朱等幾人均沉默不語。

這個插曲只是小範圍內的非正式公布與商議，假如就此打住，各自相安，倒也無事。但這「下條子」一說不知被誰捅了出去，輾轉傳聞，立即引起眾評議員的盛怒。此種做法不但違反了中研院的選舉條例，同時也是對學者們自由思想和獨立精神的侮辱，一時群情激昂，怒氣頓生。儘管顧與朱都是自己在中山大學時的上司，翁、王二人與自己也頗有交情，但此時的傅斯年和陳寅恪一樣，傾向於推舉胡適，其理由如傅後來致胡適函中所言，「我輩友人，以為蔡先生之繼承者，當然是我公，又以為從學院之身份上說，舉先生最適宜，無非表示學界之正氣、理想、不屈等義」。[6]

按照翁文灝的說法，當他將眾人的意見回饋到陳布雷處時，陳氏急忙作了解釋，說介公只是在跟他和張岳軍

（張群）談及此事時，提到中研院應歸行政院管轄，院長不宜由評議會選舉，但也「未言決即更改」，「對院長人選，曾提及吳稚暉、戴季陶、鈕鐵（惕）生等，嗣又提及顧孟餘」云云。既然介公本人也只是非正式地提及，並沒有一個斷然的決定，翁文灝除向陳布雷說明「盼能依法辦理」，希望不至破壞法律條例外，也就沒有再作更多的表示。隨後，翁特意又走訪了陳布雷和介公談話時另一位在場者張群，也沒有探聽到更多與陳布雷不一致的說法。下午，翁文灝、傅斯年、任鴻雋、李四光、汪敬熙等一起，又與王世杰專門討論選舉院長事。據《翁文灝日記》載，當時王世杰只是表示，關於此事，他本人「有兩個consciences（良心）」。兩個什麼consciences？翁的日記沒記，王世杰具體說沒說也不得而知。❼

除翁文灝的一面之詞外，另有一條消息在評議員間傳開，謂王世杰最不願意胡適此時回國，用王的話說，雖然胡適算不上一流的外交家，美國的外交政策也不是容易被他國外交官轉變的。他認為，美國外交政策中那些可以設法轉變的，胡博士去做就比其他人有效，因此極力反對讓胡適回國當院長云云。而蔣介石之所以敢冒得罪天下儒生的罵名，讓陳布雷「下條子」推舉顧孟餘，就是王世杰的移花接木之計，沒想到弄巧成拙，遭到了學者們的強烈反對，並對王大為不滿。原本熱心穿梭的王世杰、段錫朋一看眾評議員的激憤之態，才知道學術圈與純粹的官場大不相同，「這一班學者，實在沒法運動，如取運動法，必為所笑，於是無補。」❽在這種情況下，翁、王、任、朱四人撇開顧孟餘，又開始為爭搶這把交椅暗中鉤心鬥角起來。

二十一日晚上，翁文灝、任鴻雋聯名出面請客，赴宴者三十人。席間有任鴻雋的夫人、著名的女「海龜」，並具有「莎菲女士」之稱的一代女詩人、教授陳衡哲作陪壓陣。翁、任聯盟表面上不動聲色，內心卻自有打算。意想不到的是，前來參加的傅斯年、陳寅恪等人仍不買帳。為了這次評議會，陳寅恪抱病專程從昆明趕來參加，而且從「素不管事之人」忽然變得「熱心」起來，竟當眾表示「重慶之行，只為投胡先生一票」。❾陳寅恪對於社會生活態度，最看重的就是獨立精神、自由思想，也就是他為王國維撰寫的紀念碑碑文中所宣導的「士之讀書

任鴻雋與陳衡哲夫婦

治學，蓋將以脫心志於俗諦之桎梏，真理因得以發揚。思想而不自由，毋寧死耳」。在這次宴席上，陳寅恪同樣大談其academic freedom（學術自由）理論，並言稱中研院院長「必須在外國學界有聲望，如學院之外國會員」云云。⑩陳氏此語，顯然是向在座者宣示，只有胡適才有資格來坐這把天下儒林盟主的交椅。而這個時候，儘管國內有不少黨國要人對胡適在駐美大使的位子上，「只好個人名譽事，到處領學位」之行徑頗為不滿，尤其令孔祥熙、宋子文等政治集團大為不快，恨不得立即將胡氏抓將起來投進監獄，甚至連同傅斯年等一幫前呼後擁的嘍囉一併逮捕法辦，以達到斬草除根之目的。但遠在美國的胡適仍是照領不誤，直到中研院院長選舉之時，國人並不清楚他以中國駐美大使的身分，在國外受領了多少個學位和院士帽子。不過從胡適一生在國外共弄了三十五頂博士帽子來看，這個時候恐怕已有三十多頂博士或相關的名譽博士帽子戴在頭上了。除此之外，弄到的「外國會員」頭銜更是不計其數。這個能量，如同三國時代虎牢關前的呂布，是翁文灝與任鴻雋加上陳衡哲三位男女英豪合在一起都無法匹敵的。故陳寅恪之說，得到了大多數受邀賓客稱許，翁與任氏夫婦一時頗為尷尬。

眼看自己的酒錢就要打水漂，滿腹心事與夢想也即將付之東流，任鴻雋力圖扭轉頹局，強調道：「在國外者，任要職者，皆不能來，可以不選。」⑪

傅斯年聽罷，表示對此不敢苟同，謂：「挑去一法，恐挑到後來，不存三四人，且若與政府太無關係，亦圈不上，辦不下去。」⑫

陳寅恪當然明白翁文灝與任鴻雋的意中人在自己而不在胡適，遂堅決表示反對。此前他曾公開談過自己的看法：「如果找一個搞文科的人繼任，則應為胡適之。胡適之對於中國的幾部小說的研究和考證的文章，在國外的學術界是很有影響的。如果找一個搞理科的，則應找李四光，因為，李在地質學理論方面的造詣，在中國無人能比。」⓭翁文灝儘管是地質學界享有權威的老字號「海龜」，但其成就主要集中在地質與礦產資源的調查方面，缺乏像新生代「海龜」李四光所具備的那樣一種宏大的視野與學術理論構建，而這種差別不是靠聽師傅講解，或自己躲在一間四面封閉的小黑屋裡，懸梁刺股，不吃不喝，一門心思讀書思考就可以彌補的，這是一種世間難得一見的天才的事業，只有天才方可達到這般境界。當然，不能說翁文灝就不是天才，他與李的差別，其實就是天才大小的差異。二者相較，李四光為大，翁為小。至於任鴻雋本人，就不足道哉了。若干年後的事實也證明了陳寅恪的眼力與識見，紅色中國成立後，李四光在地質學界發揮了開天闢地的重大作用，無論是在理論還是在實際操作中，都做出了一切同時代人無法企及的巨大貢獻。當年與其爭鋒者皆被他那科學巨人的身影籠罩得不辨牛馬。而同樣留在大陸的任鴻雋則籍籍無名，除了弄了個灰頭土臉，沒有什麼值得一提的造詣和貢獻。

只是，此時的胡適與李四光皆屬於不被國民黨高層真正歡迎之人，陳寅恪之說，也是一時的宣洩怨憤而已，可謂明知不可為而為之。

飯後，依胡先驌提議，進行了一次民意測驗性的假投票（straw vote）。結果是：翁文灝得二十三票，胡適得二十一票，朱家驊得十九票，王世杰僅得一票，任鴻雋〇票。

王世杰一看自己僅此一票，頓覺失了面子，眾人也大感詫異。王在窘迫中把這個悲慘結局歸罪於傅斯年，認為傅對眾評議員傳播他在背後鼓動蔣介石，要舉顧孟餘並下條子事，才引起了眾怒，導致了這場難堪的敗局。為此，王世杰對傅大為惱火。傅斯年見此情形，大喊冤枉，並對外聲明，自己從未說過王鼓動介公下條子之事。在致胡適的信中，傅斯年說：「雪艇（王世杰字）決不會做此事，可是有些理想，與布雷等談及，無意中出此支節，容或有之，要之，亦是為研究院。」⓮此時外部傳言已呈覆水難收之勢，傅斯年這個替自己洗刷，又替對方開脫的聲明，王世杰並不領情，仍是餘怒未消，且對傅斯年耿耿於懷，「總不釋然」。

宴席在沉悶、爭吵的氣氛中不歡而散。回到住處，陳寅恪把手杖往牆角重重地一扔，對傅斯年憤憤地說道：「我們總不能單舉幾個蔣先生的祕書吧。」⓯陳氏所說的「幾個祕書」則是指暗中角逐較勁的翁、王、朱等人。

來渝只爲胡先生

三月二十二日，中央研究院第一屆評議會第五次年會終於在重慶濛濛細雨中開幕。當天晚上，不知由誰出面，居然把蔣介石請出來參加評議員的集體宴會，蔣氏說了一些冠冕堂皇的官話，並未言及人選之事。此次宴會是陳寅恪首次與蔣謀面，由於前幾日眾評議員風聞蔣親自下條子的緣故，陳寅恪心存不滿，對蔣極為看輕。宴罷之後賦詩一首：

重慶春暮夜宴歸有作

頗恨平生未蜀遊，無端乘興到渝州。
千年故壘英雄盡，萬里長江日夜流。
食蛤那知天下事，看花愁近最高樓。
行都燈火春寒夕，一夢迷離更白頭。⓰

此詩陳寅恪曾親抄一份贈給西南聯大教授吳宓品評，吳宓心領神會，將詩收入《吳宓詩集續集》稿中，詩後寫有附注：「寅恪赴渝，出席中央研究院會議，寓俞大維妹丈宅。已而蔣公宴請中央研究院到會諸先生。寅恪於座中初次見蔣公，深覺其人不足有為，有負厥職。故有此詩第六句。吳宓記。」⓱按照吳宓的詮釋，陳詩中的「

食蛤」指蔣介石。[18]

第二天，評議員對院長候選人正式進行無記名方式投票，選出三名候選人。據統計，到場者共三十人，由王世杰擔任會議主席，為避嫌，王放棄投票。其結果是：翁、朱二人旗鼓相當，各得二十四票，胡適得二十票，李四光六票，王世杰與任鴻雋各四票，任的支持者全是他在美國留學時創辦的「科學社」的幾個鐵杆弟兄。介公舉薦的顧孟餘僅得一票。按照選舉條例，評議會將得票最多的翁、朱、胡三人名單呈報國民政府審批。

這一選舉結果令陳寅恪等評議員們還算滿意，感覺「自有公道」，一方面學者們頂住了上面的「條子」，顯示了「獨立之精神，自由之思想」的正氣；另一方面，似乎「上面」沒有再強行施壓，或節外生枝故意製造麻煩。而學者們選出的翁、朱、胡三人，也並不出當局意外，只是任鴻雋的太太陳衡哲見中研院的人都不投其夫君的票，甚為惱怒，大罵傅斯年等人不是東西。傅斯年有苦難言，乾瞪著眼說不出話來，只有到了這時才真正領悟那天酒席上「叔永演說之旨何在」。大勢去矣，既然這個時候陳衡哲連與自己曖昧的人——胡適（南按：胡與陳衡哲在美國留學時就建立了曖昧關係並長久地保持下來）都棄之不顧，傅斯年又豈能不通人情事理地去關照與自己無親無故的任鴻雋？一場競選大戰下來，縱有一代女傑陳衡哲為其夫君吶喊助威，亦無法扭轉乾坤，使地球倒轉。

胡適作為學術界的一種象徵和符號，儘管在傅斯年、陳寅恪等人的共同努力下入圍了，但就評議員們而言，也只是一種情緒的表達與釋放而已。正如傅斯年在給胡適的信中所說：「舉先生者之心理，蓋大多數以為只是投一廢票，作一個demonstration，從未料到政府要圈您也。」[19]這一判斷，也是評議員的陳源（西瀅）深有同感，四月二十一日，他在致胡適的信中說：「我認為中央研究院的院長，最適當的人選當然是你，但是你現在在美國的使命太重要，不能回來也是事實。……我與一部分朋友至今仍認為你是蔡先生唯一的繼任人，但又不願意你在此時離開美國，所以不知道自己希望的是那一樣。」[20]

但是且慢，以傅斯年為首的儒生們未免把問題看得過於簡單了。選舉的第二天，王世杰向蔣介石報告選舉結果，當說到顧孟餘沒有被選中時，「介公笑了一下。次日語孔（祥熙）云，『他們既然要適之，就打電給他回來罷。』」[21]這一招令傅斯年大感始料不及。也正是這一枝節的突現，使傅斯年對選舉中的「條子事件」有了新的更合乎邏輯的分析推斷。

按傅的推理：翁文灝此前所言有詐，陳布雷是明確接受了蔣介石的旨意，而翁文灝與朱家驊二人又接受了陳的指示，「派他們設法舉顧出來」。最後只是由於陳寅恪等評議員們的強烈抵制「而未辦到」。介公交代的事沒有辦到，本已是嚴重失職，無顏稟報。但翁、朱二人見此情形，私心頓起，反意萌生，在關鍵時刻棄顧孟餘而「偏舉上自己」，公然「忤旨」。[22]這就讓最高領袖蔣介石產生了一種憤怒與厭惡之感，而這種憤怒與厭惡又不好當場發作，因而蔣在得知選舉結果後，只好當著王世杰的面「笑了一下」。這一笑含著極度複雜的成分，除了以上的情緒，還有對「人不為己，天誅地滅」等人生信條的感歎，也有對翁、朱二人人格的嘲諷，更有對評議員們所謂「自由、民主」等的無可奈何。這種種反應的交織，便化作了尷尬的一絲苦笑和讓胡適回國的口諭。

蔣介石這個頗有些意氣用事的口諭，立即得到了行政院副院長孔祥熙的熱烈響應，欲乘機把胡適的大使搞掉——這是他多年來就夢寐以求並多次操作過的事情。據說孔一口氣就向蔣推薦四個繼任人選。

形勢急轉直下，大洋那邊，胡適端坐的那把大使椅子開始搖晃，嘎嘎作響。危急時刻，傅斯年意識到當初鼓動眾評議員合力推選胡適是個「大失策」。群儒之意並非真要讓胡適回來做這個「閒曹」院長，而是「為國家著想」，「願先生留在美任」，繼續行使中國駐美大使的職責；「而其選舉乃純是為的『學院主義』、『民主主義』，（如今）鬧到此地步，真是哭不得笑不得耳！」[23]——這是傅斯年見情勢危急，怕胡適因此事件翻船之後，自己成了三國時盜書的蔣幹，兩邊無功，反而有過，受恩師的埋怨而專門向胡作出的特別書信解釋。人謂傅斯年在政治生活中只是一門不會拐彎的直筒子「大砲」，謬也！從此次事件中可看出他的聰明之處。

此時的傅斯年不只是向胡適寫信為自己開脫，同時以一個戰略家的姿態積極組織人力進行絕地反擊，以阻止孔祥熙等人的強勢進攻。他開始聯繫王世杰等人，「加入運動先生留在美任之友人中」，「曾為此事數訪（張）岳軍，並請萬不得已時，先設法發表一代理人，最好是翁，以便大使改任一事停頓著。」[24]箭在弦上。

七月二十二日，胡適致函王世杰，對外間盛傳其將被免職一事表示不快，且有請辭試探之意。[25]接函後，王世杰先後找到傅斯年、陳布雷、張群、翁文灝等商議對策，又將信送呈蔣介石，並乘機進言不讓胡適回國。蔣介石面對各門各派明爭暗鬥的激烈角逐，遲遲未作表態，經過再三權衡，終於做出決定：胡適繼續任大使不變，並囑外交部公開否認外電所傳胡適辭職的謠言。

七月二十七日，王世杰致電胡適：「外傳調兄返國，均由中央研究院問題引起，政府覺美使職務重於中研院，迄無調兄返國決定。」[26]至此，胡適與傅斯年、陳寅恪等當初力挺胡氏的一干人馬，懸著的心才算怦然落地。

既然胡適不能返國，中央研究院院長人選就只有在翁文灝與朱家驊之間選擇。因有了顧孟餘事件的陰影，蔣介石對翁、朱二人皆不滿意，故左右搖擺，舉棋不定，直到蔡元培死後半年有餘的九月十八日，蔣才最後下定決心棄翁而圈朱，不過在圈定之後又加了個「代」字，朱氏遂以中央研究院的代理院長的名分被公示天下。

朱家驊本是合法的三位院長候選人之一，結果陰錯陽差地以暫代之名來充當天下儒林盟主，心中頗為不快，又無力改變這一尷尬局面。經過他一番明察暗訪，認為導致這一局面的原因，除了顧孟餘事件給介公留下了惡劣印象外，與王世杰背後搗鬼大有關係。王不想讓胡適此時離任回國，但又覺得胡適因此沒當上中研院院長犧牲太大，既然自己得不到，也不能讓朱輕而易舉地占了便宜，於是欲留院長之位以待胡適，並以此說動介公，拋棄最具競爭力的翁文灝，讓資歷較淺的朱家驊暫代。蔣介石心想，既然翁被拋棄，單舉朱家驊來做院長也有些不便，於是順水推舟，在朱的院長前輕輕加了個「代」字，以示平衡，蔣氏此舉煞是費了一番苦心。

事已至此，朱家驊雖心中不快，但回天無力，只好屈就。不過隨著國內外政治風雲變幻和時間推移，王世杰的設想也成為泡影。當胡適從朱家驊手中接掌中央研究院院長的時候，已是十八年之後台灣島上的事了。

朱家驊以險勝暫時坐上了中央研究院第一把交椅，傅斯年暗中長噓了一口氣。儘管傅在選舉院長問題上明顯偏袒胡，但對朱也沒有暗中下絆兒或在背後鼓譟搗亂，總體上亦屬擁護之類。鑑於傅在中央研究院非同尋常的號召力和辦事才幹，朱家驊上任之始便棄任鴻雋而請傅斯年出任總幹事一職，是謂一朝天子一朝臣也。可憐的任鴻雋不但競選院長未果，連總幹事的帽子也丟掉了，只好仰天長歎，徒呼奈何！傅斯年此時正身患高血壓，並深受其累，不想戴這頂「閒曹」手下總幹事的帽子，卻因朱家驊真誠相邀，感念當年朱在中山大學時對自己有知遇之恩，遂「為了朋友，欣然地答應下來」。[27]不過傅斯年還是有言在先，認為自己既然已擔任了史語所所長，不能再兼職，只是以暫時代理的身分出任總幹事一職。在正式上任之前，傅斯年要先回昆明處理史語所的事務，然後回重慶就任。而這個時候，昆明的局勢則又進一步惡化了。

揚子江頭流亡客

自一九四〇年七月起，為徹底切斷中國僅存的一條國際通道，日本人利用歐洲戰場上德國人勝利的有利時機，直接出兵強行占領了法屬印度支那的越南，不僅切斷了滇越鐵路，而且由於距離縮短，使得飛機轟炸滇緬公路和終點站——昆明，更加頻繁起來。到了八月底九月初，日機對昆明的轟炸越發猛烈，轟炸範圍已擴大到昆明郊區，日軍開始組織精銳部隊向雲南境內進犯，形勢日趨危急。住在昆明郊外龍泉鎮的史語所與中央博物院籌備處人員，每天都在警報的鳴響中惶恐度日，其悲苦憤懣之情無以言表。

這樣的生活顯然難以繼續支撐下去，根據重慶國民政府的指示，西南聯合大學、同濟大學、中央研究院史語所、社科所、中央博物院籌備處等駐昆學校和科研機構，全部向大後方轉移，並指出最合適的地方是三峽以西的四川轄境。因蜀地既有千山萬壑的阻隔，又有長江或岷江、金沙江、嘉陵江等支流和國民政府戰時首都重慶相通，是一個可進可守的天然避難場所與積蓄力量待機反攻的後方戰場。中國歷史上許多王朝在大難臨頭之際都逃亡四川避難，天寶年間的安史之亂，在長安城陷之際，唐玄宗攜帶部分文臣武將出逃四川劍南，使李唐王朝在天崩地裂的搖晃震盪中又重新站了起來。鑑於這樣的天然條件，駐昆的機關、工廠及各教育單位與學術機構，紛紛派人入川考察，以儘快撤離昆明這個戰火熊熊的城市。

當年十月，赴四川考察的西南聯大人員已在瀘州南部的敘永找到了落腳點，準備先在此地建一分校，以待將來形勢演變再作全部搬遷的抉擇。而史語所派出的副研究員芮逸夫，與同濟大學的王葆仁、周召南一起，也在宜賓下游李莊找到了一個可供安置書桌的地點。回到昆明後，芮逸夫將赴川考察、洽談情況向傅斯年作了詳細彙報，傳聞知，與李濟、梁思永、董作賓、李方桂等人交換了意見。最後決定，在沒有更好的地方和去處的情況下，只能選擇此處暫時落腳。於是，中央研究院在昆明的幾個所，連同相關的中央博物院籌備處等學術機構，與同濟大學一道，又開始了一次大規模遷徙，目標是一個「在地圖上找不到的地方」——四川省南溪縣李莊鎮。

芮逸夫等人找到的李莊，位於宜賓市下游十九公里處長江南岸，下距南溪縣城二十四公里的一個不大的古鎮。在相當長的一段歷史時期，此處曾是川南的政治、經濟、軍事、文化中心。建郡後，歷代朝廷曾在此屯兵防邊，屏障戎州東南。隨著人口猛增和清朝歷史上著名的「康乾盛世」的來臨，李莊出現了歷史上最為鼎盛的經濟繁榮期，與之相配套的會館、佛寺、道觀開始復修興建，僅乾隆年間就先後修建了文武宮、桓侯宮、南華宮、文昌宮、佛光寺、萬壽寺、玄壇廟、永壽寺、關聖殿、伏虎寺、常君閣、天宮廟。後陸續修建禹王宮（初稱湖廣會館）、東嶽廟、觀音堂等建築群，至咸豐朝末年，李莊鎮內外已形成了九宮十八廟二教堂的輝煌建築格局，其勢力之大，氣派之興，威震川南，遠播巴蜀，為一時所重。

除散落鎮區內外的宗教建築外，在李莊鎮上游約五公里的長江邊上，有一座狀如犀牛的小山，山上有一株數

長江邊上的李莊古鎮一角（王榮全攝）

李莊板栗坳城牌坊頭牆一角（作者攝）

李莊東嶽廟，抗戰時期為同濟大學工學院。（作者攝）

李莊禹王宮，抗戰時期為同濟大學校本部。（作者攝）

百年的板栗樹，故名板栗坳，又稱栗峰山莊。自乾隆年間始，板栗坳一支張姓家族，在此處打造宅院，歷經數輩人的辛勤積累，前後耗白銀二萬多兩，用工不計其數，最終形成了由七處院落組成又相互聯繫貫通的栗峰山莊。其雄偉的建築，宏大的氣派，加上張氏族群輝煌的基業，栗峰山莊自成一個獨立王國，傲然聳立在川南的栗峰山上，俯視大江南北。

正是由於鎮區內外有了九宮十八廟二教堂和板栗坳這樣龐大規模的山莊可以租用，這才使同濟大學和中研院在昆明的幾個研究所共一萬餘人，全部搬來成為可能。在得到李莊鄉紳與國民黨李莊鎮支部書記羅南陔等人的積極贊成支援下，一場對中國文化具有深遠影響的行動悄然開始了。

根據國民政府教育部和中央研究院總辦事處的指示，中央博物院籌備處、中研院在昆明的歷史語言研究所、社會科學研究所，也是中研院從事人文科研機構的全部力量，於一九四〇年秋冬時節，分期分批遷往李莊。與此同時，同濟大學也開始作全校大遷徙的準備，西南聯大也在四川敘永找到了地點，準備將當年招收的新生遷往該地上課。

此時的傅斯年已先行回到重慶，趙元任赴美講學，李濟、董作賓、梁思永各有一攤子業務須親自料理，中研院史語所的搬遷事宜由語言學組的研究員李方桂主持辦理，石璋如作為總提調予以協助。在中研院最為鼎盛時期的十幾個研究所中，史語所的物資之多是最著名的，甲骨、青銅器、陶器等出土器物，連同從各方陸續運來的共二十多萬冊珍貴書籍，共有六百餘箱之巨。面對這份國寶級的龐大物資，李方桂從利國公司雇用了二十多輛汽車，每三輛為一組，分批行動。

當一切安排妥當後，由三輛車組成的第一批車隊於一九四〇年十月二日開始出發。

從昆明到李莊，須經滇黔公路入川，中途要翻越溝壑縱橫、坡陡路險的烏蒙山脈，並須渡過著名的赤水等幾十條水流湍急、險象環生的河流方能到達瀘州。

當車隊歷盡艱險抵達瀘州後，停在長江南岸的藍田壩卸貨，由史語所先遣人員潘慤、王文林負責接貨，通過當地的轉運站轉送到大噸位輪船，再沿長江水道運往宜賓，最後從宜賓再返運到李莊碼頭上岸。根據傅斯年的指示，先遣人員潘慤、王文林等人與長江航線赫赫有名的民生公司聯繫，負責具體的轉送航運事宜。經過一番艱苦跋涉，至一九四一年一月十三日，史語所的大隊人馬和攜帶物資安全運達李莊。傅斯年聞訊，由重慶乘船，沿長江一線匆匆趕往李莊，主持安置事宜。

當傅氏前往李莊之時，同濟大學師生也陸續翻越烏蒙山脈，渡過赤水河，溯江而來。當時人口只有區區三千的李莊古鎮，突然要安置上萬之眾的「下江人」，儘管當地士紳和民眾早有心理準備，但當一隊隊人群扛著箱子，背著背包，提著行李，潮水一樣湧來時，還是感到震驚。在國難當頭，民族危急之際，李莊士紳和民眾敞開了博大胸懷，表示要克服一切困難，來者不拒，盡數接納。同濟大學憑著自己最早與李莊接洽的優勢，在租賃房產問題上自然博得了頭彩，凡李莊鎮內最適合外來人員辦公、學習場所，如「九宮十八廟」及因「湖廣填四川」而來的各種會館、祠堂等，均為其所占。同濟師生在這座千年古鎮找到了一片綠蔭與棲息之地。

與同濟大學相比，中研院來李莊的兩個研究所和跟隨而來的以梁思成、劉敦楨、林徽因等人為骨幹的中國營造學社，則相對遜色了許多，好在史語所搶先一步，占據了離鎮四公里遠、張氏家族最龐大的住居地——板栗坳（栗峰山莊）。

當史語所遷李莊時，因西南聯大幾乎沒有圖書可借閱，而史語所藏書豐厚，於是，同中國營造學社梁思成等人的情況一樣，多數研究生不得不隨史語所遷往李莊，以便查閱圖書資料完成學業。據當時的檔案顯示，研究生中的馬學良、劉念和、逯欽立、任繼愈、楊志玖、閻文儒等都隨史語所而來。身為助教的鄧廣銘和他在北大的同班同學、進所不久的助理研究員、傅斯年的姪子傅樂煥等，也相繼遷來李莊。既然史語所所長傅斯年兼任北大文科研究所代理所長，在李莊為學生們適當安置一個讀書的環境當是義不容辭的責任。況且，傅斯年辦這個研究所的主要目的，就是把畢業生招到史語所留用，北大文科研究所實際上成了中研院史語所的一個預備培訓班。當研究生們到達李莊後，全部被安排在板栗坳與史語所同人一起居住、生活，平時則各人在圖書館看書學習，著手撰寫論文。為了顯示這股力量的存在，傅斯年還專門讓研究生在居住地的門口掛起了一塊「北大文科研究所辦事處」的牌子，作為一個相對獨立的單位彰顯於世。若干年之後，當地政府在統計李莊外來學術機構時，北大文科研究所也理所當然地被列入其中了。

比史語所稍晚些時候到達李莊的，是以陶孟和為所長的社會科學研究所，因陶氏此前並未派人前往李莊探路，當所中人員倉卒到來時，遲遲找不到合適的辦公居住地點。經過近半年的折騰，直到一九四一年五月中旬，總算在距李莊鎮五里地的石崖灣及門官田（南按：又稱悶官田，以夏日酷熱，不透風而聞名）兩個地方找到了落腳地。儘管兩處相隔四五里路程，生活、研究等極其不便，且門官田的辦公室隔壁就是牛棚，中間僅有一道竹「牆」分離，整日牛喊驢鳴，臭氣熏天，真可謂實實在在地入了牛馬圈，但畢竟安下了一張平靜的書桌，有了自己的棲身之處。在陶孟和的親自指揮下，社科所人員分批遷入居住地和辦公處。

至此，李莊的外來人員達到了一萬一千之眾，這些「下江人」在抗戰烽火中，隨著他們就讀或服務的學校與學術機構，在這塊陌生的土地上生根發芽，各自揭開了生命的另一篇章。

傅斯年因兼任中研院總幹事，不便在李莊久留，待把板栗坳的房子分配之後，便急如星火地趕回重慶中央研究院總辦事處，協助上任不久的代理院長朱家驊處理各種繁瑣事務，史語所的日常工作由清華出身、後留學美國的李方桂代為主持。

一九三七年上海淞滬戰役爆發前，李方桂與趙元任先後赴美國耶魯大學和夏威夷大學講學。一九三九年，李氏回國，此時史語所已遷往昆明，趙元任在昆明小住，不久即再度赴美到耶魯大學接替了李方桂留下的空缺職位。歸國途中的李方桂則從香港、越南一路輾轉來到昆明龍頭村史語所大本營，重新進入語言組行列。因中研院史語所語言組主任一職出缺，見李方桂歸隊，傅斯年萌生了讓其代理趙氏職務的打算。後來隨著搬遷之日臨近，傅斯年要到重慶，而所裡其他人員又不太願意管事，傅想一併請李方桂代理史語所所長。事出倉卒，想不到竟碰了一鼻子灰。

因當年父親入仕為官和中年隱退的經歷，給李方桂這位出生於山西省昔陽縣大寨村的傑出學者（南按：後來李在美國常自稱與官至中國國務院副總理的原大寨大隊黨支部書記陳永貴大叔是鄰居），在幼小心靈裡留下了不愉快的印象，自入清華學校之後，李方桂就對從政為官之人產生了厭惡之感，並立志以學術研究為自己的畢生事業。當他自美返國後，在抗戰前八年的中研院研究生活中，對傅斯年平時顯現的霸氣與牛哄哄的勁頭越來越看不順眼，更對其整天晃動著笨重的身子，滿頭大汗地跑來跑去，為國民黨政府指手畫腳出點子的舉動感到不快，甚至從內心深處產生了憎惡之情。如今見傅氏找上門來讓自己出任一組之長（主任）的小官，加封了一頂所長的官帽還是暫代（戴），久積於心中的塊壘經此觸動，如同一根細小的引線點燃了火藥，槍管中的彈丸受到火力的助推，「唰」的一聲穿膛而出，朝著傅斯年發射而來。

李方桂冷冷地說道：「在我看來，研究人員是一等人才，教學人員是二等人才，當所長做官的是三等人才。」

傅斯年聞聽此言，頓時面紅耳赤，張口結舌說不出話。待回過神來，額頭上已是汗珠點點，他掏出手巾一邊擦汗，一邊眨巴著眼睛看了看李方桂，然後頗為知趣地躬身作了一個長揖，退出說：「謝謝先生，我是三等人才！」

傅斯年懵懵懂懂地挨了一記悶棍，狼狽地溜走後，李方桂靜心一想，覺得自己剛才的言語有些過火，遂有幾分悔意。在以後的日子，李氏自動低調處理與傅斯年的關係，兩人在表面上又成了相互依託的朋友。傅離昆赴渝，李方桂便自動代理所長的職務並負起責任來了。當史語所遷往李莊板栗坳，傅斯年分配完房子回重慶後，史語

李方桂與夫人徐櫻在清華園合影

所的日常工作仍由李方桂以代理所長的身分出面主持。

此時，被架到代理所長椅子上的李方桂，與傅斯年的個人關係，仍然只是「表面的朋友」而已，二人很難傾心相交。正如多少年後李方桂在美國加州萊克伍德市（Lakewood）他的別墅中，對自己的口述記錄者所言：「除了普通的學術上聯繫外，我們很少有共同的話題，因為我們的研究領域不同。當然作為朋友，又另當別論。……當然啦，首先他是研究所所長，位置高高在上，再者……」[28]

也許是出於為尊者諱的考慮，向以處事謹慎，不善張揚著稱的李方桂，沒有向他的口述記錄者透露這個「再者」之後的刪節號中隱含著什麼具體內容，甚至對他的夫人、北洋時期皖系將領徐樹錚之女徐櫻都諱莫如深。而這位李夫人也曾帶著不解對外界披露道：「傅斯年從未成為他（李方桂）的知心朋友，也不知道是為什麼。」對此，李方桂的解釋是：「傅斯年人挺好，在政治方面他頗是個人物。他是研究所所長，他一度曾是叫什麼參政員之類的政界人物，曾有一段時期任過北京大學校長，後來又當上了台灣大學校長。因此他太忙，而我這個人又對政界沒興趣，自然我就同他無話可談嘍！」[29]仍然是遮遮掩掩，猶抱琵琶半遮面，不肯竹筒倒豆子。但從李氏晚年的言談語氣中可以看出，他對傅斯年在政治上的所作所為，是頗有些輕視鄙薄意味的。

自昆明時代起當了代理所長的李方桂，對從政與當官真的沒有多大興趣，當史語所的工作在李莊板栗坳重新鳴鑼開張後，李氏對各種行政事務依然比較淡漠，正如當年的親歷者、史語所研究員石璋如所言：「李方桂先生從昆明搬家起就開始管事，可是他不願意出名，要跟他商量事情，就是他叫你作什麼，他不動就是了。」面對這種狀況，董作賓就忍不住對同人說起了笑話：「朱家驊先生代理院長，傅斯年先生代理總幹事，李方桂先生代理所長，我們這一群人就是三代以下的人民啊！」[30]

不久之後，李方桂辭職離開李莊，到以美鈔作後盾的成都燕京大學任教，甘做美金照耀中的「二流人才」，史語所所長乃由董作賓代理。而董氏此後再也不提什麼「三代以下的人民」了。此事被當做一個笑話在史語所同人中流傳下來，直到許多年之後，在台灣的石璋如說起來仍興趣盎然。

注釋：

❶❷鄭克晟〈中研院史語所與北大文科研究所——兼憶傅斯年、鄭天挺先生〉，載《傅斯年與中國文化》，布占祥、馬亮寬主編，天津古籍出版社二〇〇六年初版。

❸❹❻❽❾❿⓫⓬⓮⓯㉑㉒㉓㉔㉗〈傅斯年致胡適〉，載《傅斯年全集》，第七冊，歐陽哲生主編，湖南教育出版社二〇〇三年初版。

❺❼李學通〈一九四〇年中央研究院院長的選舉〉，載《萬象》，二〇〇二年四期。

⓭鄧廣銘〈在紀念陳寅恪教授國際學術討論會閉幕式上的發言〉，載《紀念陳寅恪教授國際學術討論會文集》，中山大學出版社一九八九年初版。

⓰《陳寅恪集．詩集》，陳美延編，北京：三聯書店二〇〇一年初版。據竺可楨在一九四〇年三月二十二日的日記上記載：「……七點半至中四路一〇三號官邸應蔣介石先生之邀晚膳，出席評議員除仲揆（南按：李四光）、戩哉（南按：應作絹齋，即汪敬熙）、雩艇（南按：即王世杰）及林可勝四人以外，餘均到。蔣對於未見過諸人一一問詢。……九點回。」（見《竺可楨日記》，第一冊，人民出版社一九八四年初版。）則陳氏初見蔣介石並作此詩，即在此日晚間。

⓱《吳宓與陳寅恪》，吳學昭著，清華大學出版社一九九二年初版。

⓲宋代筆記《萍洲可談》卷二云：「閩浙人食蛙，湖湘人食蛤蚧，大蛙也。」蛤蚧是爬蟲綱有鱗目，長四、五寸，頭似癩蝦蟆，背呈綠色，與蜥蜴同類異種。「食蛤」，射一介字，對映下句的「最高樓」，暗喻蔣介石。

⓳〈傅斯年致胡適〉，載《傅斯年全集》，第七冊，歐陽哲生主編，湖南教育出版社二〇〇三年初版。Demonstration，即「表演」。

⓴〈陳源致胡適〉，載《胡適來往書信選》，中冊，中華書局一九七九年初版。

㉕胡適在當天的日記上寫道：「今天發憤寫航空信給王雪艇，說我若不做大使，決不就中央研究院院長。……大使是『戰時徵調，我不敢辭避。』中研院長一類的官不是『戰時徵調』可比。」（見《胡適日記全編》，第七冊，曹伯言整理，安徽教育出版社二〇〇一年初版。）

㉖轉引自李學通〈一九四〇年中央研究院院長的選舉〉，載《萬象》，二〇〇二年四期。

㉘㉙《李方桂先生口述史》，李方桂著，王啟龍、鄧小詠譯，李林德校訂，清華大學出版社二〇〇三年初版。

㉚《石璋如先生訪問紀錄》，陳存恭、陳仲玉、任育德訪問，任育德記錄，中央研究院近代史研究所二〇〇二年初版。

【第八章】

縱橫天涯馬

傅斯年家世情緣

一九四一年底，傅斯年決定離開重慶返李莊視事。此次李莊之行，主要原因是身體狀況已糟糕得不容許他再行代理中央研究院總幹事一職了，加上放心不下史語所的事務。傅氏身體垮掉得如此之快，除自己原有的病根與終日的忙碌外，與他遭逢老母突然病故有很大關係。

傅氏家族在聊城崛起與飛黃騰達，肇始於傅斯年七世祖傅以漸。出生於明萬曆乙酉年（一六〇九）的傅以漸，幼值明末大亂，七歲入塾館受「四書」，稍長則攻《詩經》、《易經》，習舉子業。雖家境貧寒，然聰穎好學，夜讀無燈照明，則以焚香代之。為求得功名利祿，曾投師於當地名儒孫輿。但直到三十五歲，仍未博得尺寸功名。崇禎十七年（一六四四），滿族鐵騎躍出白山黑水，穿越山海關入主北京，氣脈已竭的大明王朝覆亡。為了籠絡知識分子，求得漢族地主階級的合作與支持，清廷於入關後的第二年——順治二年（一六四五）開科納士，招攬聖賢。三十七歲的傅以漸以老童生的身分打起精神再度投身科場，結果鄉試中舉，得登賢榜。順治三年入京

聊城傅家大院內的「狀元府第」匾（晨曦攝）

會試，得中進士，殿試對策時又被擢為一甲第一名，成為大清開國順治朝第一位狀元，授弘文院修撰，順治十一年累遷至內祕書院大學士。次年，加太子太保銜，改為內翰林國史院大學士。順治十五年，傅以漸被加少保銜。同年陰曆九月，順治帝改內三院為內閣，授傅以漸以武英殿大學士、兵部尚書職銜，晉階光祿大夫，傅氏成為事實上的宰相。與此同時，順治帝又頒發誥命，追贈傅以漸的曾祖父傅諭、祖父天榮、父親思敬為光祿大夫、少保兼太子太保、內翰林國史院大學士加一級之勳號。自此，聊城傅氏一族榮冠當世，澤及後代，一躍成為黃河流域最為顯赫的名門望族。

儘管傅以漸權傾朝野，富貴甲天下，但因出身卑寒，深知民眾疾苦，時時克儉自律，名聲光鮮，頗為後人尊敬。《聊城縣志》稱其：「居相位，食不重味，衣皆再汗，與寒素無異。」又說：「每聞百姓疾苦，若切於身；閭里有義舉，必贊成之。汲獎後進，唯恐不及。」❶不過，身為後世子孫的傅斯年，從不向別人提及他這位「宰相」祖公，更不引以為榮。在傅斯年看來，傅以漸在明清兩代易鼎之際，為了自己博取功名富貴與滿清異族合作，是有損民族大義、氣節和讀書人之人格精神的。如此不顧名節的所作所為，應得到痛斥和唾罵，而不能當做一種榮光不知香臭地四處顯擺，這是傅斯年和祖上的思想與人生觀之大不同處。

但在聊城的鄉里閭巷也有一種傳說，謂傅以漸身居相位，卻並不甘心為滿清王朝效力。在順治朝後期，傅以漸曾與身在雲南的平西王吳三桂暗中多有往來，並有藉吳的力量圖謀推翻大清恢復明室之志。只是清廷有所察覺

聊城郊外新修建的傅以漸墓碑，站立者為傅斯年的族姪傅樂銅。（晨曦攝）

，與吳三桂交往密切的僚屬被祕密逮捕，後以罪充軍發配，傅以漸見時機不成熟，又覺吳氏不足以成事，未敢輕舉妄動。康熙四年（一六六五），傅以漸病逝。臨終前，傅氏以「帝師」之尊，囑其家人不得請謚請恤，與他早年的圖謀不無關係。❷

繼傅以漸之後，傅氏家族在整個滿清王朝二百多年歷史中，科場得意者不乏其人，在朝為郎官者有之，出任巡撫為封疆大吏者有之，任布政使、知府、知縣者更是如螞蟻做窩，數目繁多。傅氏一門的勢力，由黃河流域擴大到全國各地，為天下所重。有道是「君子之澤，五世而斬」，像許多歷史小說、通俗戲曲講述的豪門興衰故事一樣，到了傅斯年的祖父傅淦這一代，家業便開始衰萎、窘迫了。

傅淦雖博通經史書畫，兼備文武，為聊城生員中之佼佼者。但就在他發憤圖強的十五歲那年，父親突然去世，生母張氏迫於社會和家族壓力，不得不絕食殉節，與夫共赴黃泉，留下兄弟七人相依為命。傅淦在兄弟之中排行第三，兩個哥哥已獨立成家，四個弟弟皆在童沖之年，兩位哥哥又在其妻的擠壓脅迫下，不肯或不敢出面熱情照料年幼的弟弟。萬般無奈中，生性孤傲豪爽，具有俠義氣概的傅淦主動割捨學業，全力持家，撫育諸弟長大成人。到了與弟弟們分家之時，傅淦謙恭退讓，主動把十二座樓房全部讓給諸位兄弟，自己一家只要了一座馬廄整修後居住，勉強度日。傅淦的性格和為人處世的態度，對後來傅斯年性格的形成產生了極其重要的影響。

就在十九歲那年，傅淦娶山東濰縣人、後官至江西巡撫的陳阡之女陳梅為妻。儘管陳氏給女兒的陪嫁之物甚豐，但傅淦對持家理財之道不是內行，家業漸衰。傅淦二十二歲那年，得長子旭安，接著次子暠安、三子春安又相繼出生。人增物耗，家財自減，漸趨貧困。為了一家老小的生計，傅淦不得不設法尋覓一個養家餬口的職業。傅淦的父親傅繼勳曾在安徽為官二十餘年，後升為布政使，名重一時的李鴻章、丁寶楨等巨宦皆出其門下。光緒九年（一八八三）七月，李鴻章繼曾國藩之後晉升直隸總督兼北洋通商事務大臣，曾專程捎信讓傅淦赴天津，準備為其安排一個肥缺。傅淦接信後立即前往。想不到在天津等了幾天，李鴻章因忙於公務，未能及時接見。生性孤傲的傅淦認為這是李氏一貫玩弄的與洋人「搗糨糊」的外交伎倆與布袋戲，是對自己的怠慢和大不敬。盛怒之下，傅淦拍案而起，不辭而別，自此安居家鄉以教塾館維持生計，有時靠賣字畫換些銀兩貼補家用。幾年後，傅淦的身體漸趨衰老，無力維持一家人的生活，只好靠變賣夫人陳氏的嫁妝補貼度日。陳夫人的陪嫁之物雖多，有道是「萬丈布裹不住常裂」（南按：山東諸城賈悅土語）。傅家是世家豪門，根據中國特有的「虎死不落架」，死要面子活受罪的處世哲學，儘管家道急劇衰落，傅氏仍然要裝點門面，像一個被薺菜頭敲打著的氣蛙子（南按：山東境內生長的土種小蛤蟆）——硬撐。每日的花銷如流水，不幾年便把家中值錢的物件典當一空。

傅斯年的父親傅旭安，自幼勤奮好學，攻舉子業，光緒甲午（一八九四）鄉試中舉，但未能步入仕途。隨著家境日窘，為全家生活計，傅旭安於光緒二十五年（一八九九）離開家鄉，到東平縣龍山書院教書，並以舉人的身分出任山長，靠學生們供給的學費維持一家人生活。傅旭安在東平執教六年，誨教殊勤，頗得學生和家長的尊敬，社會聲譽日隆。不意突染重疾，光緒三十年死於任所，年僅三十九歲。其時，傅斯年只有九歲，其弟傅斯嚴剛出生七個月。而這個時候，傅斯年的祖父傅淦已入花甲之秋，家庭重荷全落在傅斯年之母李夫人肩上。喪事過後，親友們念其一家老小生活無依無著，相與饋贈一些錢財，託周祖瀾、范玉波二鄉紳為之代存生息，供其一家人支用。傅旭安生前龍山書院的弟子深懷恩師教誨之情，每年舊曆年前，總要派一人為代表前來聊城，給師母送來春節所需食物用品。李夫人奉老撫孤，儘管持家勤儉，終因全家人無生財之道，生活仍難以維持。如有急事用錢，不得不忍心含淚命人從頹垣斷壁上拆一些磚瓦變賣。自己的住房破損，因無錢修理，每逢風雨來臨，屋頂漏水，李夫人只好懷中抱著幼子孟博（斯嚴），頭上撐一把布傘遮風擋雨。傅斯年的外婆一家在聊城縣城西南的賀家海村，斯年小時，經常隨母親去外祖母家小住，使他得以目睹當時魯西農民的生產、生活情形，粗略地了解了鄉間習俗、風尚及思想狀況。許多年之後，傅斯年於北大求學時，寫出了著名的〈山東底一部分的農民狀況大略記〉[3]一文，此文與他少時的生活體驗有極大關聯。

正值盛年的父親撒手歸天，年幼的傅斯年與弟弟傅斯嚴只有靠祖父與母親撫養教育。傅淦雖淡泊功名，不求仕進，卻不願把自己不入世的思想傳染給他的長孫斯年。像晚明遺老、江南四大才子之一冒辟疆晚年仍渴望他的孫子入仕清朝一樣，經過新朝政治文化的洗腦與現實生活的脅迫，把家族命運與大清政權興衰連為一體的傅淦，同樣希望自己的孫子刻苦攻讀，擔負起知識分子「修身齊家治國平天下」的重任，重振傅氏門庭偉業，光宗耀祖。於是，晚年的傅淦把課教孫子視為生活與精神的全部寄託。而傅斯年天生聰慧敏捷，是難得的可造之材，老人為此感到極大欣慰。自此，這一老一少開始了重振傅門雄風的攻讀生活。據傅斯年的同鄉加同學聶湘溪晚年回憶說：「孟真四歲即和其祖父同床共寢，每天破曉，尚未起床，便口授以歷史故事。從盤古開天闢地，系統地講到明朝，歷時四年，一部二十四史就口授完畢了。在他幼小的心靈裡就埋下了研究歷史的興趣，其後能成為歷史學家，委以歷史研究所所長的職務而有所成就，是與其家學淵源分不開的。」[4]

光緒二十七年春，傅斯年尚未度過五周歲生日，祖父便迫不及待地將他送入私塾上學。在塾師與祖父的「內外調治」下，傅斯年剛滿十歲，便熟讀十三經。未久，進入東昌府立小學堂讀書，學業大進，其刻苦攻讀的情景，作為佳話一直在聊城坊間流傳，並成為啟迪後學長久不衰的精神力量。

光緒三十四年冬，十三歲的傅斯年被他父親的一位高足、後來得中進士的侯延塽帶到天津進洋學堂學習。第二年春，傅斯年考入天津府立中學堂就讀，其間備嘗人間艱辛。許多年後，當史語所的研究員何茲全問傅斯年何以懂得那麼多人情世故時，傅不無感慨地引用孔子的話笑答道：「吾少也賤，故多能鄙事。」[5]一語道出了自己的辛酸經歷與內心的悲涼。民國成立以後，一九一三年夏，傅斯年考入北京大學預科。從此，這個從魯西土地走出來的破落戶子弟，伴著迷濛的京華煙雲，開始了生命中「牧野鷹揚唱大風」的求學奮鬥時代。

一九二九年，脫離中山大學專職教書生涯的傅斯年率史語所由廣州遷往北平北海養心齋，在繼續擔任史語所所長職務的同時，開始兼任北京大學歷史系教授。念及家中族人之辛苦，陸續把他的姪子傅樂成、傅樂德，以及堂姪傅樂煥、女姪傅樂淑等接到北平，或直接送進學堂讀書，或令其半工半讀，在生活上給予接濟照料。後來傅樂煥、傅樂成、傅樂淑等兄弟姊妹，相繼考取北京大學和西南聯大，學有所成，皆為著名歷史學家。

傅斯年父親早逝，他身為長子，十六歲在天津讀中學時，由祖父和母親做主，把聊城縣紳丁理臣之長女丁馥萃一頂花轎抬到家中拜堂成親。年輕的丁姑娘比傅斯年大四歲，雖略通文墨，號稱聊城第一美女，但由於長期生活在鄉下高牆大院之中，處世態度和生活方式與傅斯年反差極大，鑿枘不入。兩人如此這般生活下來，搞得傅斯年甚為惱怒與痛苦，但因一時難以擺脫家庭倫理觀念的制約，只好像胡適與魯迅等人一樣聽之任之。隨著年齡增長和系統化接受與中國傳統教育不同的另類教育，傅斯年對自己的婚姻越來越感到不快，他在抨擊舊式家庭時，對傳統的「父母之命，媒妁之言」的買辦婚姻形式深惡痛絕，他說：

> 中國人是為他兒子的緣故造就他兒子嗎？我答道，不是的，他還是為他自己。胡適之先生曾有句很妙形容語，說「我不是我，我是我爹的兒子」。我前年也對一位朋友說過一句發笑的話：「中國做父母的給兒子娶親，並不是為子娶婦，是為自己娶兒媳婦兒。」這雖然近於滑稽，卻是中國家庭實在情形。咳！這樣的奴隸生活，還有什麼埋沒不了的？❻

傅斯年與夫人丁氏長期分居，既已失了共同的志趣，感情更是無從談起。他為此悲憤滿腔，想擺脫這種困境，又如同老虎吃天無處下口，轉來轉去總不得要領，苦惱之極，遂憤然道：「我們現在已經掉在網裡了，沒法辦了。想個不得已的辦法，只有力減家庭的負累，盡力發揮個性。不管父母、兄弟、妻子的責難，總是得一意孤行，服從良心上的支配；其餘都可不顧慮，並且可以犧牲的——這樣還可望有點成就，做點事業。」❼

這是傅斯年當時對社會家庭的認識，也是他個人內心的表白。當他留學歐洲歸來，以一隻全身散發著海腥味的學術「大鱷」重新爬上遠東陸地時，情況就大不相同了。他挾西洋之學以自重，再也不管中國社會瘟疫一樣繁衍盛行的那一套亂七八糟的「吃人」禮教了，遂下定決心要與母親娶的那位「兒媳婦兒」一刀兩斷。於是，在一九三四年那個酷熱的夏季，傅斯年擦著滿頭大汗，咬牙掏出了一筆「青春損失費」，總算與丁夫人在濟南協議離婚。同年八月五日，與俞大維之小妹俞大綵在北平共結百年之好。

傅斯年與妻子俞大綵（左）、母親李夫人、姪子傅樂成攝於北平。

出身名門官宦之家的俞大綵，幼沖之年即受新式教育，及長，求學於上海滬江大學，長於文學，尤擅英文，且寫得一筆好字，作得一手絕妙的小品文章。得益於傅斯年留德同學俞大維從中牽線搭橋，傅氏與比自己年輕十歲的俞大綵締結連理。一九三五年九月十五日，兒子傅仁軌出生，前一年傅斯年已把在老家聊城的母親接到北平與自己一起生活。傅斯年平時對母親十分孝順，雖已成為學界政界呼風喚雨的人物，且霸氣十足，不把任何人放在眼裡，但偶遇母親發脾氣，仍立即長跪不起，聽任母親斥責，直到老太太發完脾氣，讓他起來方才站起，或是對母親解釋，或是好言安慰。因傅的母親患高血壓病，忌吃豬肉，作為兒媳的俞大綵為照顧婆母身體，不敢給她食肉，而傅母卻偏喜好這一口，且極愛吃肥肉，於是矛盾不可避免。晚年的俞大綵曾回憶說：

> 孟真侍母至孝，對子侄輩，也無不愛護備至。太夫人體胖，因患高血壓症，不宜吃肥肉。記得有幾次，因我不敢進肥肉而觸怒阿姑。太夫人發怒時，孟真輒長跪不起。他竊語我云：「以後你給母親吃少許肥肉好了。你要知道，對患高血壓症的人，控制情緒，比忌飲食更重要。母親年紀大了，別無嗜好，只愛吃肉，讓她吃少許，不比惹她生氣好麼？我不是責備你，但念及母親，茹苦含辛，撫育我兄弟二人，我只是想讓老人家高興，盡孝道而已。」[8]

抗日戰爭全面爆發後，南京空襲日頻，危在旦夕。傅斯年由於領導中央研究院各所搬遷事宜，無暇顧及家庭，更無力陪侍老太太避難同行，特委託一位下屬和兩個侄兒負責保護母親轉移至安徽和縣暫住。南京淪陷，傅氏輾轉來到重慶後不久，兩個侄兒來見，傅斯年以為家人順利脫險，十分高興，當侄兒述說祖母沒有逃出來時，傅斯年大怒，當場打了侄兒幾個耳光，讓站在一旁的護送者也頗為尷尬。隨後，他千方百計令人把母親於戰禍連綿的安徽接了出來，輾轉二十餘天由陸路逃至漢口，最後抵達長沙。斯時老太太年已七十餘歲高齡，傅斯年每言及老母逃難事，總懷歉疚之情，他曾對同事說：「老母幸能平安至後方，否則將何以對祖先？」[9]殷殷孝心蒼天可鑑。後來，史語所由長沙遷昆明，傅斯年把母親接到重慶，安置在歌樂山下一個較為安全的地方，與弟弟傅斯巖一起生活，費用全部由傅斯年負擔。

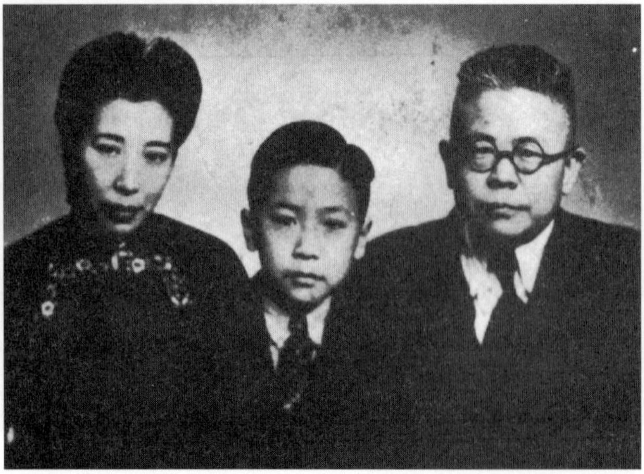

傅斯年夫婦與兒子傅仁軌於李莊合影

傅母體胖，加之為躲避戰火長年奔走勞累，一旦安定反生病恙，時好時重。到了一九四一年春，傅斯年又一病不起，此病源於他身體過於肥胖，又患有高血壓症，整日奔波操勞，遂使病情加重，不得不住進重慶中央醫院救治。傅斯年患病的消息傳出，遠在美國的胡適曾專門致函表達了真摯的關切之情：

昨晚得你四月三十日的飛郵，才知道你病了，我真十分擔心，因為你是病不得的，你的「公權」是「剝奪」不得的！你是天才最高，又擔得起擔子的領袖人才，國家在這時候最少你不得，故我讀你病了的消息，比我自己前年生病時還要擔心。……你的病必須休息靜養，若能如來書所云，「六個月內絕對休息」，我可以包你恢復健康，但不可憂慮氣惱，也不可貪吃肥肉！你的興致好，和我一樣，我想你一定可以恢復健康的。❿

不管是「天才」還是「領袖」，甚至是真龍天子，人難免是要生病的，上帝不會單獨照顧這位「黃河流域第一才子」。胡適的友情，還是在傅氏精神上給予一些慰藉，使他增加了同病魔抗爭的信心和勇氣。幾個月後，傅斯年終於出院，回到重慶郊外的家中休養。

意想不到的是，傅斯年出院了，他的老母卻死在了醫院。

關於傅母去世的情形，傅斯年在給胡適的信中以極其傷感的心情作了如下稟報：

先報告先生一件大事：家母在去年（一九四一）十月二十一日在重慶中央醫院去世矣！七十五歲，不為不壽，但照他的身體，應當活到八十五乃至九十以上。他去世前兩個星期還與小孩們玩，每日做飯做衣，非此不樂。……雙十節前數日，生一次瘧疾，已好，雙十節仍為舍弟小兒作生日，樂甚。過雙十節，瘧子又犯，以寓在衛生署左近，請了金署長找的衛生署之醫生，先上來甚好，忽然沉重，送入中央醫院（未早入者，因此院亦簡陋，髒甚），即不起矣。致死之病狀難定，遍身發黃，醫斷為Obstructive jaundice，於是作一小autopsy，則十二指腸上之通管為一大塊石頭所塞住。然則在南京時已鬧起之「急性胃炎」，實即此事之誤斷也。中間經多醫，在重慶並住了一次仁濟醫院，皆認為胃，以其平日健康，故若干病狀不露。……設若不是我去年至今這一場大病，也或者早到醫院去也。⓫

傅斯年在給好友羅家倫的信中，再次提及老母病逝之經過：

> 家母之逝世，直是怪事！其體質之佳，理必登大耄者，乃突然而病，遽爾不起，蓋一塊膽石杜大管（common duct），一項（向）皆認為胃病者也。在南京誤診，然彼時未必有此石，在仁濟醫院誤診，設非弟病，亦或不至於此。此則至今念之，倍覺罪惡者也。弟之一病，除此事外，皆有益處。例如借病逃院會，在此讀書不休，然有此一事，一切蕩盡矣。七十五之高年，不為不壽，然以其體質論之，固當達期頤耳。⓬

據一直在病房服侍的傅門故舊朱仲輝說，傅家老太太病逝後，傅斯年因不知病情，醫院方面的專家又拿不出一個確切的結論，為此雙方吵吵嚷嚷，爭論不休，最後院方提出解剖，以驗證病症之要害。傅斯年猶豫再三，最後同意解剖，其結果確為膽結石所致。由此可見當時中國頭號醫院，其醫藥設備及醫療技術是怎樣的落後與糟糕，亦知傅斯年之心情是如何的悲憤交集又徒感哀傷了。

辭別重慶

傅母去世後，得到了許多親朋故舊及同事的關懷慰問，正在香港的陳寅恪通過中央研究院總辦事處得到消息，當即發來唁函，以真摯的情感勸慰正處於悲痛中的傅斯年。函中說道：

孟真吾兄苫次：

頃得毅侯先生函，驚悉堂上於本月廿一日病逝，曷勝悲悼。伏念姻伯母大人一世慈勤，六親景式，訓子獲通學之稱，弄孫有含飴之樂，優游晚歲，足慰生平。不幸國難遽興，崎嶇轉徙，未竟期頤之養，不無微憾之遺，然值此神州之鉅劫，億兆莫能免於犧牲，斯實時運為之，未可奈何者也。

吾兄孝思純摯，愴懷家國，大病之後將何以堪，務懇節哀行事，庶幾舊恙不致復發，區區下悃，至希鑑納是幸。專此奉唁，敬請

禮安

弟寅恪頓首　十月廿六日

懷妹均此，令弟處恕未另函。⑬

陳、傅二人緣於姻親關係，陳寅恪才在信中稱傅母為「姻伯母大人」。而今斯人已去，身為孝子的傅斯年能夠做的就是盡其所能料理後事。國難當頭，喪事又須從簡。傅斯年身體尚在休養階段，不能為此奔波操勞，只好由妻子俞大綵出面請其兄、時任國民政府兵工署署長的俞大維派人料理安葬事宜。墓地選在歌樂山附近中研院數學所辦公處旁的一個小山頂上，由兵工署人員在岩石中鑽一洞穴，下葬時用吊車將棺木放入，用水泥製成七八寸厚預製板三塊，用吊車吊起蓋在墓穴上方，整體看上去如同一個應用於戰爭的碉堡，極為堅固。為此，傅斯年致信胡適說：「家母葬於歌樂山風景絕佳處，作成一水泥之壙，甚堅，欲移亦可，未開弔，未發訃，事後登報耳。」⑭短短幾十字，透出傅斯年得意與寬慰之情。只是令他沒有想到，當一九六六年「文革」風潮興起後，這個寄託著自己緬懷之情的「水泥之壙」，作為「地主妖婆」和「蔣幫特務的後台老闆」之窩點，被紅衛兵和造反派以

「摧枯拉朽」之勢，用炸藥炸開，拋骨揚屍，蕩滌殆盡。據說傅母的人頭骨被一革命小將拿去作為輝煌戰果公開展覽後，倒上洋油，掛於一棵大樹之上點了天燈。此時傅斯年在台灣去世已十五年，倘若地下有知，情何以堪？

卻說傅斯年安葬了老母，懷著哀痛與悲壯的雙重心境，拖著病體，堅持出席了十一月中旬在重慶召開的國民政府參政會議，僅出席了一半就因體力不支回到家中繼續養病。此時的傅斯年心灰意冷，無意再參政議政，搞什麼治國平天下的宏圖大計，只想儘快找個地方躲起來「修身齊家」，過幾天安靜的日子。此前他艱難地支撐病體參加會議，對所謂的「參政」已沒了興趣，主要是因為他的老對頭孔祥熙，今春曾到處散布流言，謂：「聽說傅斯年病的要不行了！」言外之意是馬上就要斷氣死掉了。傅斯年聞知後怒不可遏，大罵孔氏混帳王八蛋，等等。這次出場亮相，完全是為了反擊幸災樂禍的孔祥熙，正如他在給胡適的信中所言：「蓋證明我未死也！」⑮

傅斯年確實有點撐不下去了，對於他的生活與身體狀況，俞大綵曾有過一段回憶：

孟真屢年來，因為公務奔波勞碌，感時憂國，多年的高血壓症暴發，頭昏眩，眼底血管破裂，情形嚴重。不得已，在（重慶）郊區山中，借屋暫居，藉以養病。那時，他奄奄在床，瀕臨危境，悲身憂世，心境極壞，看不見他常掛在嘴角的笑容了。

那是一段窮困悲愁的日子。孟真重病在身，幼兒食不果腹。晴時，天空常有成群的敵機，投下無數的炸彈。廊外偶細雨紛飛，又怕看遠樹含煙，愁雲慘淡，我不敢獨自憑欄。

記得有一次，三五好友，不顧路途遙遠，上山探疾。孟真囑我留客便餐，但廚房中除存半缸米外，只有一把空心菜。我急忙下樓，向水利會韓先生借到一百元，沽肴待客（我與韓君，素不相識，只知他曾在北京大學與孟真同學，但不熟）。那是我生平唯一的一次向人借錢。

事隔一月，我已還清債務，漫不經心的將此事當笑話說與孟真聽。不料他長歎一聲，苦笑著說：「

這真所謂『貧賤夫妻百事哀』了。等我病癒，要拚命寫文章，多賺些稿費，決不再讓你再靦顏向人借錢了。我好慚愧！」我很後悔失言，不料一句戲言，竟引起他的感慨萬千，因為他雖然為國家多難而擔憂，但他於個人生活事，從不措意！

孟真病稍癒，我們即遷李莊。那是一個水秀山明，風景宜人的世外桃源。我們結廬山半，俯瞰長江，過了一段悠閒的日子，直到抗戰勝利才離開。……⑯

一九四一年十二月三日，已辭去中研究院代理總幹事之職的傅斯年，攜家眷乘「長豐」號輪船沿長江趕赴李莊。

就在傅斯年一家乘船溯江而上，艱難前行之時，美國西部時間十二月七日凌晨，龐大的日本艦隊已悄然抵達夏威夷群島，並進入預定作戰位置。一時十六分，漆黑冰冷的太平洋歐胡島海底，隨著咔嚓一聲輕微響動，牽縛五艘日本潛艇的固定帶迅速斷開，隨著暗流巨濤驟然滾動，五艘特種潛艇如脫韁野馬，向位於夏威夷群島的美國太平洋艦隊基地——珍珠港駛去。

夏威夷時間七日晨六時十五分，從六艘航空母艦甲板上起飛的一百八十三架日機，在黎明的夜空中編好隊形，組成了第一輪衝擊波，發瘋般向珍珠港撲去，偷襲珍珠港的軍事行動正式展開。

日本轟炸機群對珍珠港先後實施兩輪攻擊後迅速撤離，總計炸沉、炸壞美國太平洋艦隊各種艦船四十餘艘，炸毀、炸壞美飛機四百五十架，有四千五百多名美軍官兵傷亡。美國太平洋艦隊幾乎全軍覆沒。

美國時間十二月八日，羅斯福總統身披深藍色海軍斗篷，登上國會大廈講壇，發表了令全世界為之震撼並注定要留傳後世的演說。羅斯福同時要求國會宣布：「自十二月七日星期天無端發動這場卑鄙的進攻之時起，美國和日本帝國之間處於戰爭狀態！」

在羅斯福總統發表講話的同一天，中國政府對德、義、日等三國宣戰！隨後，英國、加拿大、澳大利亞、荷蘭、紐西蘭、自由法國、波蘭等二十多個國家，相繼對德、義、日宣戰。驚心動魄的第二次世界大戰全面爆發，世界反法西斯聯盟業已形成，危機四伏的中國戰局隨之發生了根本性轉變。

營救陳寅恪

一九四一年十二月七日，傅斯年一家抵達李莊，爬過五百級台階，住進了板栗坳一個叫桂花坳的院落。因冬季上水行船，行駛緩慢，連續五天的顛簸，傅斯年到達李莊板栗坳之後，頭暈目眩，全身無力，幾不能行步。一量血壓，水銀柱忽忽上躥，竟打破了先前的一切紀錄，高血壓症再度發作，傅只得大把吃藥，迷迷糊糊地昏睡。三天之後，當傅斯年在昏睡中得知日本偷襲了珍珠港，戰火已在太平洋燃起，第二次世界大戰全面爆發的消息後，立即意識到被困在香港的陳寅恪一家性命堪憂，必須立即設法促其離港，於是強撐病體，接連拍發了三封加急電報。

（款）重慶杭立武兄：

務盼設法助陳寅恪兄來渝，電復宜賓轉李莊。

斯年　灰

三十年十二月十日

重慶王毅侯兄：

祈電丁巽甫兄，設法助寅恪離港，先墊款，弟負責料理此事，並陳院長。再此間無存款，前說四千元，均為同人墊借，乞速匯。

香港九龍太子道三六九號三樓陳寅恪：

已電杭及丁巽甫助兄，速飛渝。

斯年　灰

斯年　灰⑰

一九四〇年暑假，聽說歐洲方面戰況稍有好轉，陳寅恪由昆明西南聯大再返香港等候赴英講學的機會。其理由如陳先前致傅斯年函中所言：「英國如能去，則弟必須去，因弟復牛津函言去，故必須踐約也。」⑱想不到這次又出了差錯，剛到香港不久，忽得中國駐英大使郭復初發來電報，謂因時局關係，赴英之事須延期一年。心灰意冷的陳寅恪欲再次孤身一人返回西南聯大，恰在此時，日軍為切斷廣西與越南之間的國際交通線，出兵攻占南寧，陷落崑崙關，滇越交通中斷，致使陳寅恪無法回昆，而夫人唐篔除心臟病外又患子宮病，陳氏走投無路，一面寫信請傅斯年「如本所及聯大有遷地之消息，乞速示知為感」⑲，一面作攜家眷遷川之打算，並通過許地山在香港大學暫時謀得一客座教授職位，以換取微薄的薪金維持生計。

一九四一年初，中研院史語所已遷往四川南溪李莊，傅斯年致信陳寅恪，告之消息，並云西南聯大也即將遷川，其時已在四川敘永建分校，如在香港不能支撐，可攜家眷由香港轉赴四川李莊，專任史語所研究員兼歷史組主任一職。但此時陳家已一貧如洗，根本無資遷川，處在兩難中的陳氏在走與留問題上搖擺不定，「進退維谷，前途茫茫」。一九四一年二月十二日晚，幾近陷入絕境的陳寅恪在答傅斯年的信中寫道：

現除飛機外，尚有由廣州灣至桂林一道勉強可通（亦須經過無窮苦難）。內人及小孩等不計其生死存亡，令其遷至廣西居住，通計載運人身及搬運行李，據最近車船伕轎之價，約近四五千元國幣，若此能設法籌出，或者於五六月，敝眷及弟全部可由港至廣西，弟一人赴川而置家於廣西，以免多費川資及免再跋涉之苦。但又不知彼時此道能通與否耳！總之，於今年暑假將屆時，即五月間，能設法為弟借貸國幣五千元或英金百磅（與朱、杭諸公商之如何），以為移家至內地之費，則弟或可不致愁憂而死，否則恐與兄無相見之機矣。

　　又近六月來，內子與弟無日不病，祇得輪班診治服藥，以二人不能同時治病也，因此病又時發，未能全恢復健康也。所幸近已努力作成《唐代政治史略》一部，約七八萬言，又考證唐人小說二篇（《會真記》、《東城老父傳》）約一二萬言，現因無人謄抄故，尚未能一時寫清寄上求教，約暑假前總可謄清也！[20]

二月二十八日中午，陳寅恪再致函傅斯年，作為前封信的補充。

……遷內地既決定，則廣州灣亦有制限行李之事，衣被不能多帶，故乘天氣尚寒時，將皮袍棉袍儘量穿在身上帶渝，以為過冬禦寒及當作被蓋之用。（四）如有暇則赴李莊一看情形，以為遷居之預備。大約昆明地太高，心臟不能堪。如不能去李莊，敘永不知如何？敘永情形在渝可詳問楊金甫兄一切也。

　　廣州灣現尚有人去，須乘轎數日始有公路車，且廣西廣東邊界有匪，不論廣州灣上岸之檢查限制也。（因是惟一較廉且可略帶衣被之路，其餘只餘航空鳥道矣。）……[21]

陳寅恪在信末專門叮囑傅斯年，「此函請並交大維一閱，因到渝須住其家，恐須預備被蓋等，此行不帶被也。」

傅斯年接信後，知道陳氏赴川的決心已定，便想方設法為其籌集川資，但來回奔波幾圈，幾無所獲，最後不得不與西南聯大的楊振聲協商，先從北大文科研究所借支資助三千元以解燃眉之急。款尚未寄至香港，通往桂林的路又被日軍截斷，陳寅恪欲轉上海等處，又深感不妥。恰在此時，一直關懷著陳家生活的許地山又不幸去世，陳寅恪失去了在香港唯一的依靠，情形越發令人心焦，他於八月二十六日在致傅斯年的信中解釋說：「上海即一間房亦須頂費，且未覓得亦不能去，近更不妥故也，幾於無地可去，而香港祇餘一月糧，不能久住。飛機則港渝票六百四十元港幣，港昆票八百二十元港幣，故即得北大三千元之助，亦須取道公路，作一月餘之旅行。總此諸端，其難可想。無怪三舅母、大綱、若農又徐森玉及諸親友之為弟焦急也。近因許地山逝世，其所遺之中國歷史課二門（共八點鐘）由弟暫代，其餘行政事務一概不管，大約月可得港幣四百元，以近一年港地物價計（每月漸漲），想可敷衍（近一年來每月約費三百六十元上下），惟求其不生大病，則大幸矣。」㉒

一九三九年，陳寅恪與家人攝於香港。

任憑陳寅恪捶胸頓足，仰天大呼自己身家性命如此之苦，但蒼天卻板著面孔，未有半點憐憫之意，陳氏一家只有在水深火熱中備受煎熬而無法自拔。在給史語所助理研究員鄧廣銘並轉呈傅斯年的信中，陳寅恪再次強調道：「弟居港下半年，即六月以後便無辦法，行止兩難，進退維谷，頗如待決之死囚，故半年來白髮又添無數莖矣！」同時明確表示：「……擬弟一人至川，而將家眷由廣州灣赴廣西居住，因路短費省，且可略帶行李（運費極昂）。」最後，陳寅恪特地囑鄧

㉓ 廣銘說：「弟到李莊之可能甚多，便中乞告以地方情形，即何物最須帶，何物不必帶之類，以便有所預備也。」

在香港登陸的日軍高舉太陽旗，進攻英軍陣地。

當陳寅恪在勢如牢籠的港島左衝右撞，總是突不出重圍之時，震驚世界的珍珠港事件爆發了。

就在珍珠港事件爆發的同日上午八時三十分，日軍空襲英軍守衛的香港並以第二十三軍第三十八師團數萬人之兵力進攻港島。十三日，九龍半島淪陷，二十五日港島失守。英國守軍僅經十八天抵抗便告崩潰，香港總督楊慕琦（Sir Mark Aitchison Young）打著白旗親到九龍半島酒店向日軍第二十三軍司令官酒井隆投降，一萬五千名駐港英軍被俘，整個港島為日軍占領。隨後，日本在香港設立了大本營直轄的占領地總督，以陸軍中將磯谷廉介為「港督」，受日本「中國派遣軍」總司令節制。

當身處李莊的傅斯年為陳寅恪一家命運憂心忡忡，焦慮不安，並拖著病體連續拍發電報，請求中英庚款董事會負責人杭立武等人設法營救之時，鑑於港島已被日軍團團圍住且即將淪陷的危局，重慶國民政府火速派出飛機抵達香港，予以接應、搶運在戰前滯留在香港的政府要員與著名文化教育界人士。十二月十八日，國民政府派出的最後一架飛機抵達香港機場，此時英港督楊慕琦已經通過廣播公開宣布向日本投降，整個港島事實上已在日軍的控制之下，那些尚未來得及離港的政府要員和文化名人，已是大難臨頭，到了生死攸關的最後一刻。

按照國民政府教育部和中央研究院的提議，被傅斯年、鄭天挺譽為「三百年來僅此一人」、「教授的教授」的國學大師陳寅恪，當之無愧地被排在了「搶運」之列。此前中央研究院代院長朱家驊已拍發密電通知陳寅恪，令其做好準備，萬勿錯過這最後一線生機。但當陳寅恪於兵荒馬亂中攜家帶口匆忙趕到機場時，卻被無情地擋在了圈外。與陳寅恪一道被擋在圈外的還有國民黨元老廖仲愷的夫人何香凝、國民政府監察院副院長許崇智、文化界知名人士郭沫若、茅盾，同時還有中央研究院故院長蔡元培的夫人周峻等。阻擋者乃是孔祥熙（時任國民政府行政院副院長兼財政部部長）的夫人宋靄齡、女兒、隨從和豢養的一大批保鏢。

當時素有「南天王」之稱的國民黨中央常委、一級陸軍上將陳濟棠，已搶先一步登上飛機。然而，孔家的二小姐、時常裝扮成半男不女模樣的孔令俊（又名孔令偉），竟把自己的一條寵物狗放在座位上，以阻止陳濟棠入座。昔日不可一世的粵軍統帥陳濟棠見對方如此無理，竟不把自己這位黨國大員放在眼裡，怒不可遏，當場對孔二小姐的無恥行徑大加痛斥。想不到孔二小姐仰仗孔家隨從人多勢眾，幾十名保鏢如狼似虎，比這位老軍頭更加凶悍驕狂。只見孔二小姐從腰間嗖地拔出精製的左輪手槍，敲點著陳濟棠的額頭，喝令對方立即滾下機艙，否則就地槍決。陳濟棠身邊的幾個保鏢一看主子命懸一線，立即掏槍護衛。於是雙方保鏢在機艙內持槍對峙，各不相讓。無奈陳濟棠保鏢只有區區幾人，根本無力與孔家保鏢爭雄鬥勇，陳夫人一看眼前凶惡的局勢，怕丈夫遭到不測，不明不白地吃了孔二小姐贈送的「花生米」，乃流著眼淚示意身邊人員服軟認輸。最後的結果是，陳氏的衛兵全被孔二小姐下令強行繳械，連同陳濟棠與夫人一起被轟下了飛機舷梯。可憐這位昔日手握重兵，縱橫疆場，稱霸一方的「南天王」，竟因少帶了幾個保鏢而遭此奇恥大辱，還差點把老命送掉。

重量級軍閥陳濟棠尚且如此，其他幾十位黨國大員與文化、學術界名流，面對如此驕悍的孔家主奴，更是無力登上飛機舷梯。所有的人只能兩眼冒火，情緒激昂，高聲疾呼「國法何在，黨紀何在，公道何在，天理何在」

等口號以示抗議。

此時，從天空落下的炸彈已在機場四周爆炸，濺起的塵土直撲機身，滾滾濃煙伴著火星籠罩了整個機場，所有的人都明白，這是逃離港島的最後一刻了。此時只知有四大家族、蔣家王朝，不知有黨紀國法的孔二小姐，從容地指揮她的隨從、保鑣把自家大大小小的家私、洋狗，甚至私人用過的馬桶全部裝入機艙，強行下令起飛。飛機挪動笨重的軀體緩緩劃過跑道，在眾人的痛罵與呼叫聲中騰空而起，直插煙霧彌漫的天空。身後，甩下了一群站在圈外，於淒雨寒風中悲憤交加、捶胸頓足，徒歎「奈何！奈何！」的黨國大員與文化、學術界名流。

被孔家強占的飛機剛起飛兩個小時，日軍便進駐了這座當時香港唯一的一座堪能使用的機場。頗具諷刺意味的是，就在孔家惡少把持的飛機抵達重慶機場時，國民黨中央正在召開五屆九中全會，為了抑制黨內日甚一日的腐敗行為，迎接世界性的反法西斯戰爭並早日取得對日作戰的勝利，會議通過了一個名為《增進行政效能，厲行法制制度以修明政治》的決議案。聽到赴香港飛機返回的消息，參加會議的黨國要員按捺不住心中興奮，紛紛趕往機場迎接。然而，從飛機舷梯走下來的既不是陳濟棠，也不是許崇智、何香凝，更不是陳寅恪、郭沫若或周峻，而是孔家母女連同攜帶的老媽子與洋狗、馬桶和香料床板。見此情景，接機者一個個目瞪口呆。

「殺孔祥熙以謝天下」

當年著名的五四運動爆發時，北洋軍閥及其一幫御用策士於盛怒中，曾指斥新興的士風為「洪水猛獸」。對此，「北大之父」蔡元培曾專門著文反擊道：「不錯，今日之士風，可以算是洪水，而今日之軍閥，正是猛獸，即非用洪水淹此猛獸不可。」傅斯年進一步著文補充道：「洪水是不可為常的，洪水過了，留下些好的肥土，猛獸卻不見了。」㉔此時，躺在李莊板栗坳泥屋土炕上，強撐病體遙望西南雲天的傅斯年沒有想到，當年掀起的那場洪水巨浪早已過了許多年，而猛獸與猛獸的徒子徒孫們卻依然如故地在中國大地上興風作浪。假使死在港島的蔡元培地下有知，面對孤苦伶仃淪落於港島的夫人與陳寅恪等學術大師們，不知作何感想？

香港淪陷的第四天，一九四一年十二月二十二日，重慶《大公報》發表〈擁護修明政治案〉社評，借題發揮，巧妙地披露了孔祥熙一家霸占飛機運送私物的醜聞。內中說道：「最要緊的一點，就是肅官箴，儆官邪。譬如最近太平洋戰事爆發，逃難的飛機竟裝來了箱籠、老媽與洋狗，而多少應該內渡的人尚危懸海外。善於持盈保泰者，本應該斂鋒謙退，現竟這樣不識大體。……」

社評一經發表，輿論大譁，各地報紙相繼轉載，社會各界正義之士紛紛譴責孔氏家族的飛機運洋狗行徑。十二月二十四日，昆明的《朝報》以〈從修明政治說到飛機運洋狗〉爲標題，轉載了《大公報》社評並對孔家的劣跡給予了尖銳抨擊，文中指出：「香港戰事爆發，有人把飛機裝運沙發和洋狗到重慶，大公報前幾天以社論原題爲〈擁護修明政治案〉，痛砭此事，今將原文介紹如下……」

隨著《大公報》社評的轉載，引起了重慶與昆明西南聯大等高校師生的義憤，校園內外立即沸騰起來。當西南聯大師生們得知教育部與中央研究院圈定的陳寅恪本該在「搶運」之列，而由於「飛狗院長」家中的主子與奴才從中作梗而未返回時，悲憤交加。許多師生都以為陳寅恪此次在劫難逃，已經在亂槍流彈中死去了。於是幾位歷史系學生在一個名叫《論壇》的壁報上，發表了一篇題為〈悼陳師寅恪〉的文章，以哀婉、悲憤的語調追懷香港淪陷後，生死與下落皆不明的陳寅恪教授及其家人，文中以悲愴的語氣說道：「著名的史學教授陳寅恪導師，不能乘政府派去香港的飛機離港，命運似不如一條洋狗……」[25]

文章刊出，整個西南聯大師生沉浸在莫大的悲痛與激憤中，積壓在心中的怒火如電石碰撞，瞬間爆發。時在西南聯大任教的吳晗在課堂上對學生們說：「南宋亡國前有個蟋蟀宰相（南按：指賈似道），今天又出了一個飛狗院長，真是無獨有偶啊！」力主師生起來反抗。[26]激於義憤，聯大學生鄒文靖等二十六人立即用毛筆大字起草了「討孔宣言」，張貼在校門口的牆壁上。宣言云：「國家之敗，多由官邪。……今日，我國貪污官吏有如恆河沙數，而其罪大惡極者莫如國賊孔祥熙。孔賊貪污中飽，驕奢恣睢，已為國人所共憤，為法理所難容，而此次風聞由香港以飛機運狗者，又係孔賊之婦！致使抗戰物資、國家碩老，困於港九，淪於敵手而不得救。嗟夫！銅臭沖天，阿堵通神，用全一己之私，足貽舉國之害。此賊不除，貽害無窮；國事危急，奚容緘默！……呼籲我校學生自治會立即召開全校同學大會，群策群力，共商大計，並通電全國，同聲誅討。通過學運，掀起高潮！期樹討賊之大纛，倡除奸之首義。剪彼凶頑，以維國本。是為國民之天職，尤為我輩之責。」[27]

宣言貼出，在學生自治會的組織下，全校師生立即回應，於校本部廣場組成了聲勢浩大的「討孔」隊伍。隊伍的前鋒是一幅用床單製成，上畫脖頸上套一巨大銅錢作枷的孔祥熙頭像。學生們在短暫集會後，高呼「打倒孔祥熙，剷除貪官污吏」的口號，浩浩蕩蕩地走出校園示威遊行。沿途有雲南大學、昆華師範學院、南菁中學等十多所大中學校師生陸續加入，匯聚成數千人的遊行隊伍。西南聯大當時在校主持日常事務的蔣夢麟、梅貽琦二常委出於對孔氏一家惡行的義憤，不但對學生的義舉未予勸阻，還暗中準備了應變措施，並乘車尾隨遊行隊伍之後，以備萬一學生與軍警發生衝突，好及時出面加以調解。

遊行過後，西南聯大與昆明市眾多大中學校學生紛紛宣布罷課，並向全國各地高校拍發討孔通電，以期通過這一運動，給國民黨政府和孔祥熙之流的貪官污吏予以警告和懲戒。

西南聯大的通電發出，遠在李莊的同濟大學師生立即回應，相機而動，高舉旗幟和標語，湧向大街小巷，高喊「打倒孔祥熙」口號，並在中央博物院籌備處借住的張家祠門前、史語所居住的板栗坳、中國營造學社所在的上壩月亮田等地，背誦詩詞，以悼念被「『飛狗院長』孔祥熙的狗兒女害死的陳寅恪教授」。在李莊的陶孟和、李濟、董作賓、梁思成、林徽因及其所屬機構的同事，聽到陳寅恪「死去」的消息，大為震驚，紛紛向傅斯年詢問詳情。傅斯年聞訊更是驚恐萬狀，立即急電重慶中央研究院總辦事處，探詢實情。重慶方面的回電稱同樣聽到了如此不幸的消息，卻無法確定真偽。於是，整個李莊的科研人員與同濟大學師生，沉浸在一片巨大的激憤與憂傷之中。盛怒中的傅斯年暴跳如雷，直呼要「殺『飛狗院長』孔祥熙以謝天下」。

此時的陳寅恪並沒有死去。就在國內群情激憤，四處聲討「飛狗院長」之時，他與家人已顧不得「國法」與「公理」何在的是非之爭了。在整個港島大混亂、大失控的槍砲與硝煙之中，他需要儘快設法找到一條逃亡之路。但此時，香港與內地之間，無論是陸地、海上還是空中，所有的交通、書信、電傳、票匯等，一切全部斷絕。香港大庫的存糧統統被日軍封存，以供軍需。伴隨而來的是學校停課，商店關門，糧荒四起，大街小巷散落著滿地的垃圾和在寒風中飄舞的疲舊報紙。昔日港島歌舞昇平的繁榮景象，似乎在一夜之間全面崩潰，霎時籠罩在一片蕭條破敗之中，整個香港已成為一座死城。在這種混亂危局中，要想在短時間內逃出孤島，幾無可能。無奈中的陳寅恪一家老小，只有伴隨著這座死城和城中幾近絕望的人群，開始在日軍的鐵蹄下痛苦地呻吟。陳氏的弟子蔣天樞後來在記述這段「事輯」的按語中寫道：「如非日本挑起太平洋戰爭，〔陳師〕赴英倫之舉或終能成行。先生離北平時，右眼視網膜已發現剝離現象，若得至英倫，眼疾當可醫治痊復，不致終於失明。」走筆至此，蔣氏慨歎曰：「天歟，際遇之不幸歟？」[28]

日軍在香港街頭耀武揚威

身陷港島的陳寅恪確是遭到了天命與際遇雙重的不幸。由於學校關門，糧庫封鎖，錢糧來源皆已斷絕，只靠一點存糧維持一家人的生命。陳氏困坐家中，惶惶不可終日。為節省口糧，唐篔開始強行控制家人進食，孩子們吃到紅薯根、皮，竟覺得味美無窮。忽一日，日軍又要徵用陳寅恪家所租住樓房作為軍營，勒令所有住戶限期搬出。然而街上交通封閉，日軍在路口架設鐵絲網，動輒開槍殺人，常有過路者無故中彈倒地而亡。聞知將遭驅逐的消息，全樓人驚惶失措，皆感大禍臨頭又莫知如何應對。陳家女兒流求清楚地記得，「那天早晨母親含著眼淚，拿一塊淡色布用毛筆寫上家長及孩子姓名，出生年月日及親友住址，縫在四歲的小妹美延罩衫大襟上，怕萬一被迫出走後失散，盼望有好心人把她收留。如此情景，不僅全家人眼眶濕潤，連正要告辭返鄉的保姆也哭了。」㉙危難之中，陳寅恪決定不再顧及個人安危，豁出性命與日軍一搏，遂毅然下樓與凶悍的日軍交涉，終使對方同意延長時日，以留出居民搬遷的空隙。後因這支軍隊突然奉命開往新的戰場，全樓才得以倖免。陳家那位原本有些牛氣哄哄的房東對這位在日軍面前大義凜然，且能用日語交涉的窮教授自此刮目相看，尊禮有加。

剛剛躲過被驅逐的厄運，夜幕沉沉中，忽又傳來對面樓上爆出陣陣凄慘的哭叫聲與廝打聲，睡夢中的陳家驚恐而起，緊張地聽著外面的動靜，直到天將大亮哭叫聲才漸漸平息。次日有鄰居轉告，說是昨夜前方樓上一家五個女孩遭到日本大兵的強姦污辱。此時陳家大女兒流求已上初中，母親唐篔聽罷打了個寒戰，立即從身旁摸過剪刀，一把拉過流求，不由分說，把她頭上的長髮剪掉，又找出陳寅恪的舊衣讓其穿上，女扮男裝，以躲避可能的不測。恰在此時，又傳來蔡元培的夫人家中遭劫的消息，陳寅恪急忙跑去一看，蔡家錢物被洗劫一空，據說是當地一夥不法之徒乘亂所為。蔡夫人悲慟不已，幾次昏死，陳寅恪欲助其難，但已是泥菩薩過河——自身不保，只好空言勸慰，以減輕對方精神之苦痛。

春節過後，有位自稱陳寅恪舊日學生的男子來訪，謂奉命請其到淪陷區廣州或上海任教，並撥一筆巨款讓陳寅恪籌建文化學院。陳氏辭卻對方，意識到自己有被日偽漢奸強行利用的危險，想要不與狼共舞，就必須冒死逃離港島。於是，經過一番苦心孤詣的祕密籌畫，終於在一九四二年五月五日突出重圍，攜家登船離開了香港，取道廣州灣（即湛江）返回內地，一路艱苦跋涉，終於同年六月抵達桂林。

關於逃難經過與顛沛流離之苦，陳寅恪在一九四二年六月十九日致傅斯年信中有一段泣淚滴血的敘述，信中道：「此次九死一生，攜家返國，其艱苦不可一言盡也，可略述一二，便能推想，即有二個月之久未脫鞋睡覺，因日兵叩門索『花姑娘』之故，又被兵迫遷四次；至於數月食不飽，已不肉食者，歷數月之久，得一鴨蛋五人分食，視為奇珍。此猶物質上之痛苦也。至精神上之苦，則有汪偽之誘迫，陳璧君之凶惡，北平『北京大學』之以偽幣千元月薪來餌，倭督及漢奸以二十萬軍票（港幣四十萬），託辦東亞文化〔協〕會及審查教科書等，雖均已拒絕，而無旅費可以離港，甚為可憂，當時內地書問斷絕，滬及廣州灣亦不能通匯，幾陷於絕境。忽於四月底始得意外之助，借到數百港元，遂買舟至廣州灣，但尚有必須償還之債務，至以衣鞋抵值始能上船，上船行李皆須自攜，弟與內子俱久患心臟病，三女皆幼小亦均不能持重物，其苦又可想見矣，幸冒險將二年來在港大講稿攜出，將來整理或可作一紀念也。」㉚

同一日，陳寅恪在致朱家驊、葉企孫、王毅侯和傅斯年四人的信中補充道：「弟於疾病勞頓九死一生之餘，始於六月十八日攜眷安抵桂林。」又說：「當俞君大綱臨離港，曾託其友人資助還國路費，乃其人絕不踐諾言，弟當時實已食粥不飽，臥床難起，……至四月底忽奉騮公密電，如死復生，感奮至極。」㉛

脫離虎口，流亡到桂林後，陳寅恪的心情如同久霾的天空忽然晴朗，正如稍晚給好友劉永濟的信中所言：「弟前居香港半年，每食不飽，後得接濟，始扶病就道，一時脫離淪陷區域，獲返故國，精神興奮，勉強尚能成行。」㉜遠在樂山武漢大學任教的次兄陳隆恪得知陳寅恪尚活在人間，並擺脫了倭督及汪偽漢奸的糾纏，舉家安全脫險的消息後，在〈聞六弟攜眷自香港脫險至桂林〉詩中，有「辛苦識君來」、「正氣吞狂賊」兩句㉝，以示對這位富有民族氣節的胞弟及其家人的稱讚與嘉賞。

注釋：

❶轉引自白萬祥〈傳斯年先生對國家的貢獻〉，載《傳斯年與中國文化》，布占祥、馬亮寬主編，天津古籍出版社二〇〇六年初版

。

❷白萬祥〈傅斯年先生對國家的貢獻〉，載《傅斯年與中國文化》，布占祥、馬亮寬主編，天津古籍出版社二〇〇六年初版。

❸《傅斯年全集》，第一卷，歐陽哲生主編，湖南教育出版社二〇〇三年初版。該文原載《新青年》第七卷第二號（一九二〇年一月一日）。

❹李裕桓〈聶湘溪談傅斯年〉，載台灣《聯合週報》第三版，一九九〇年十一月二十四日。

❺何茲全〈憶傅孟真師〉，載《傳記文學》，第六十卷第二期（一九九二年二月）。

❻❼〈萬惡之原（一）〉，載《傅斯年全集》，第一卷，歐陽哲生主編，湖南教育出版社二〇〇三年初版。

❽⓰俞大綵〈憶孟真〉，載《聯合報》副刊，一九七七年三月二十六、二十七日。

❾朱仲輝〈懷念傅故校長孟真先生〉，載《傅斯年》，山東人民出版社一九九一年初版。

❿王汎森〈史語所藏胡適與傅斯年來往函札〉，載《大陸雜誌》，第九十三卷第三期（一九九六年九月十五日）。

⓫〈傅斯年致胡適〉，載《胡適來往書信選》，中冊，北京：中華書局一九七九年初版。金署長，指金寶善，中國近代衛生事業的奠基者之一。Obstructive jaundice，即「梗阻性黃疸」：autopsy，即「解剖」。

⓬〈傅斯年致羅家倫函〉，載《羅家倫先生文存附編（師友函札）》，中國國民黨中央委員會黨史委員會編輯，中國國民黨中央委員會黨史委員會一九九六年初版。

⓭〈致傅斯年〉，載《陳寅恪集．書信集》，陳美延編，北京：三聯書店二〇〇一年初版。純絜，或有人解讀為鈍摯。懷妹，即俞大綵。

⓮⓯〈傅斯年致胡適〉，載《胡適來往書信選》，中冊，北京：中華書局一九七九年初版。

⓱〈致杭立武〉、〈致王毅侯〉、〈致陳寅恪、王毅侯、杭立武〉，載《傅斯年全集》，第七卷，歐陽哲生主編，湖南教育出版社二〇〇三年初版。杭立武，時任行政院中英庚款董事會總幹事；王毅侯，即中研院會計室主任王敬禮，字毅侯；丁巽甫，即中研

院物理所所長丁西林（燮林），字巽甫，日軍侵華時避居香港。「灰」是十日的常用電報代碼。

⑱⑲㉓〈致傅斯年〉，載《陳寅恪集・書信集》，陳美延編，北京：三聯書店二〇〇一年初版。

⑳〈致傅斯年〉，載《陳寅恪集・書信集》，陳美延編，北京：三聯書店二〇〇一年初版。朱，指朱家驊；杭，指杭立武。陳寅恪赴英即由中英庚款董事會墊付旅費，時陳家已將杭立武寄來的三百英鎊全部花掉，正為無力償還而痛苦不堪，但要舉家遷往內地，又不得不硬著頭皮再行請傅斯年借款。《唐代政治史略》一書，後易名為《唐代政治史述論稿》。

㉑〈致傅斯年〉，載《陳寅恪集・書信集》，陳美延編，北京：三聯書店二〇〇一年初版。楊金甫，即西南聯大教授楊振聲，字金甫。

㉒〈致傅斯年〉，載《陳寅恪集・書信集》，陳美延編，北京：三聯書店二〇〇一年初版。據編者注釋，大綱，即俞大綱；三舅母，即大綱母；若農，指曾若農。三人皆是陳氏親戚。徐森玉，即著名版本學家和文物鑑定家徐鴻寶，字森玉，日軍侵華時避居香港。

㉔〈「五四」偶談〉，載《傅斯年全集》，第五冊，陳槃等校訂，聯經出版公司一九八〇年初版。

㉕二〇〇七年四月八日，作者在北師大寓所採訪何茲全記錄。何當年聽聯大學生對其講過此事。另據何兆武說：「這一新聞立即不脛而走，引起大嘩。次日上午，西南聯大的牆上就張貼了許多大字報揭發此事。而且大家都知道陳先生此時身陷敵中，尚未脫險。這就更加給群情憤慨的火上加了油：難道我們的國寶還不如貴婦人的一條狗？當天下午校園裡就有人高喊上街去示威遊行，打倒孔祥熙。」（見〈與陳寅恪先生相關的兩件事〉，載《萬象》，第五卷第十、十一期合刊（二〇〇三年十、十一月。）

㉖王煊城〈吳晗在昆明〉，載《浙江文史集粹》，（六）文化藝術卷，浙江省政協文史資料委員會編，浙江人民出版社一九九六年初版。

㉗鄒文靖〈國家之敗，多由官邪——回憶西南聯大的「討孔」運動〉，載《雲南文史資料選輯》，第三十四輯，雲南人民出版社一九八八年初版。

❷⑧《陳寅恪先生編年事輯》（增訂本），蔣天樞撰，上海古籍出版社一九九七年初版。

❷⑨陳流求〈回憶我家逃難前後〉，載《紀念陳寅恪先生百年誕辰學術論文集》，王永興編，江西教育出版社一九九四年初版。

❸⓪〈致傅斯年〉，載《陳寅恪集．書信集》，陳美延編，北京：三聯書店二〇〇一年初版。時朱家驊密電告知陳寅恪已派人攜款至澳門和廣州等候，並與其聯繫，安排了相應的計畫，請陳寅恪攜家眷設法出逃。被派去的人由澳門赴香港五次送信接頭，由於日軍盤查甚嚴，均未達到目的。後陳氏舉家逃離港島抵達澳門後，才得以與對方謀面。此後收到接應人員送來的中央研究院和中英庚款董事會寄款共一萬九千元，以作逃亡的川資。陳寅恪得款後，始能攜家繼續上路，直至抵達桂林。

❸①〈致傅斯年〉，載《陳寅恪集．書信集》，陳美延編，北京：三聯書店二〇〇一年初版。此信由台灣學者王汎森在傅斯年檔案中獲取，整理此信時，王氏發現傅斯年在空白處批曰：「信中所說陳逆璧君凶妄事，在陷落之初，該女賊（或其代表，原報告不詳）與偽『中山大學』『校長』前往，請其出來。寅恪在床上，云生病，不能動，該賊即加以恫嚇，而偽『校長』反云不要為難病人，遂去。所謂偽『北京大學』事，係錢逆稻孫所為，錢曾受寅恪推薦，彼此次乃以欲拖之下水以報德，所有寅恪信中所談此事，騮先先生知之頗詳，但事關各方面，不便以書信分告諸友人也。斯年附白。」信中提到的錢稻孫，原為清華大學教授、圖書館館長。時為淪陷區日偽「北京大學」校長兼文學院、農學院院長。陳璧君，乃汪精衛妻，此時已隨夫叛國降日，成為中國頭號漢奸。陳璧君時任汪偽中央政治委員會委員。

❸②〈致劉永濟〉，載《陳寅恪集．書信集》，陳美延編，北京：三聯書店二〇〇一年初版。

❸③〈聞六弟攜眷自香港脫險至桂林〉，載《同照閣詩集》，卷十，陳隆恪著，張求會整理，北京：中華書局二〇〇七年初版。「正氣吞狂賊」一句下，有詩注云：「聞寇餽米二袋，拒不受。」

【第九章】

與李莊擦肩而過

騎上虎背的葉企孫

陳寅恪一家抵達桂林後，最初落腳於中央研究院物理研究所。一九三八年初，長沙臨時大學與中研院史語所、社科所等機構撤離長沙遷往昆明時，物理所、地質所、心理所三個研究所隨之撤離。鑑於各方面原因，三個研究所抵達桂林後不再前行，並索性在離桂林市四十華里外的良豐鎮郊外山腳下安營扎寨住了下來。陳寅恪一家到達桂林，根據朱家驊電示，中研院物理所所長丁西林專程派車把他們接到所內暫住。歷盡千險萬難，死裡逃生的陳家，對這一歷史性的會面，自是百感交集，愴然難忘。許多年後，流求深情地回憶道：「抵達物理所時，天色已全黑，丁伯伯（西林）讓我們住進他的宿舍裡，緊接著研究所的伯伯、伯母們來熱情問候，真像回到老家一樣。環顧宿舍，雖是茅草房頂，竹籬夾牆，但是人情溫暖，父母眉頭也舒展開了。」❶

按照流求的說法，「父親原打算繼續上路赴四川李莊歷史語言研究所」，而史語所的同人也翹首以待，渴盼著大師的到來，為這座萬里長江第一古鎮增添新的活力與分量。遺憾的是，陳寅恪夫婦的身體狀況均不允許繼續前行，導致這一計畫中途變卦，終致大師的身影與李莊擦肩而過。

一九四二年八月一日，陳寅恪在給傅斯年的信中道出了自己當時不能繼續前行的詳情。儘管陳氏發出了「重返故國，精神一振，扶病就道，直抵桂林」的慷慨之詞，但信中又不無消沉地接著說道：「然二月之久，舟車勞頓，旅舍喧呼，俟到山中，稍獲休息。豈知久勞之後，少息之餘，忽覺疲倦不堪，舊病如心跳不眠之症，漸次復發。蓋神經興奮既已平靜，大病又將到而尚未到矣，此時必須再有長期休息，方可漸復健康。若短期內再旅行，重受舟車勞頓之苦（旅費亦將無所出，此姑不論），必到目的地，恐將一病不起矣！前上一書言，欲與中英庚款會商量，設一講座於廣西大學，即是此旨，想蒙諒解。」信中可見，身心俱疲的陳寅恪很有些打退堂鼓的意思，並極想在桂林這個山清水秀的古城小憩一陣，等身體復原後再做他圖。

此前，陳寅恪已致信中英庚款董事會負責人杭立武，商量設講座事，已蒙同意，所聘薪金由中英庚款董事會與廣西大學合出，為兩家合聘之局，每週開課三小時，只是「月薪則不多」，「桂林物價近大漲，去渝不遠，亦不足用」，「但半年或數月之內，弟個人及全家皆不能旅行，又不可無收入以維持日食，授課之時既少，可整理年來在港大講授舊稿，藉此暫為休息過渡之計，作漸次內遷之預備，似亦無不可。」❷

陳氏對自己面臨的窘境和日後的打算說得極為清楚，但此信尚未發出，重慶方面的中央研究院總幹事葉企孫，已命人於前一日將聘書匆匆發往桂林，請陳寅恪出任「中央研究院歷史語言研究所專任研究員」。而這一切，正在李莊主持工作的史語所所長傅斯年卻被蒙在鼓裡。當得知葉企孫竟瞞著鍋台上了炕，置自己這位史語所掌門人於不顧，膽大妄為，擅自聘陳寅恪為「專職」之後，傅斯年怒火頓起，立即以筆當砲討伐起葉企孫來。

葉企孫，光緒二十四年（一八九八）出生於上海一個知識分子家庭。據葉後來自述：「吾的父親是科舉出身，研究古書中的經史部分。」又說：「吾從十幾歲起，讀了相當多的古書，例如曾讀完《詩經》、《禮記》和《左傳》。這些古書使吾有正統思想。一九三一年入清華學校後，又學習了一些歐美資產階級思想。」❸一九一八

葉企孫

年自清華學校畢業後，葉企孫入美國芝加哥大學物理系就讀。一九二〇年獲碩士學位，轉赴哈佛大學研究院攻讀實驗物理，一九二三年獲哲學博士學位，旋即旅遊考察歐洲各國著名大學，與國際一流大師交流。一九二四年回國，應東南大學之聘擔任物理學副教授一職。一九二五年八月應清華大學之聘，擔任物理學副教授並開始了理學方面的畢生志業。一九二九年出任清華大學理學院院長、校務委員會主席兼代理校長一職。抗戰爆發後隨校南遷，出任西南聯合大學物理系教授、清華大學特種研究委員會主席、校務委員。

葉氏作為一位優秀的物理學教授，突然轉行出任中央研究院總幹事，主持繁瑣的院務，主要是朱家驊的盛意。按照葉企孫後來的說法：「據吾推測，中研院要吾擔任總幹事的理由，是因為吾對於各門科學略知門徑，且對於學者間的糾紛尚能公平處理，使能各展所長。」[4]在中央研究院甚至整個抗戰期間，沒有人特別關心朱、葉二人的關係，學術界的知識分子也普遍認為，葉氏加盟中央研究院，屬於正常的工作調動，沒有任何特殊的背景和政治色彩。想不到二十個春秋後的一九六八年，這個工作調動已變得不再普通和尋常了，葉企孫被當做暗藏的國民黨CC系特務分子，由中共中央軍委辦公廳逮捕關押，他與朱家驊的關係，由此成為決定他能否保住人頭的焦點所在。[5]

梅貽琦與葉企孫的學生、後來擔任清華大學中層領導的某君於一九六八年的「揭發」材料顯示：梅貽琦與葉企孫均是朱家驊手下的國民黨「中統」特務，且一九四六年至一九四八年，「中統」在清華的主要負責人就是校長梅貽琦。某君進一步揭發道：「葉企孫是理學院長。一向梅貽琦因事外出，總是由葉企孫代行校長職務，即在抗日戰爭前後都是這樣做的。直到解放後，還是沿襲過去慣例由葉擔任過一個時期的校務委員會主席。當時偽教育部長朱家驊是反動組織『中統』頭子陳立夫手下的第一名打手，與葉的關係相同於梅與朱的關係，因此，我認為朱家驊不可能不拉葉參加這個反動組織。」❻

因這位「高足」的揭發文，朱家驊、葉企孫二人的關係變得嚴重複雜起來。在中央軍委辦公廳提審人員冷峻、凌厲目光的逼視下，葉於一九六八年一月二十二日，向中央軍委項目組就自己與朱家驊的相識與共事經過作了如下交代：「一九一八年八月，我同朱家驊同船赴美國留學。那時吾同朱並不熟識。朱不是清華公費生。到美後，吾同朱並不同學，也不通信。朱留美不久，即轉往德國留學。」又說：「在幾位地質學家中，吾同丁文江、翁文灝和李四光相熟在前，同朱相熟在後。……朱就院長職務時，總幹事為任鴻雋。不久任辭職。一九四一年春，朱來信要吾擔任總幹事。吾應允了，但須秋間方能到職。」❼

這個交代與葉企孫本人在同年九月四日的說法略有不同，在專案組人員的威逼利誘下，葉氏更加詳細地說道：「我從一九一八年同朱家驊認識的，是一同去美國的。在一九一八年八月在『南京』號輪船上認識的。朱到紐約，我到芝加哥。我在一九二四年三月回國在南京東南大學任物理系副教授。一九三三年在南京中央研究院開評議會時同朱家驊見面，他是地質組，我是評議員，議長是蔡元培，物理組組長是丁燮林（現叫丁西林）或李書華。一九四一年開始同朱家驊往來多了。一九四一年春夏時期，我在昆明受（收）到朱家驊的來信，叫我到國民黨政府中央研究院工作擔任總幹事。當時朱家驊是該院院長，又是國民黨黨內的反動特務頭子，是中央組織部部長。我應允朱家驊的邀請到了重慶作了中央研究院的總幹事。我管計劃、預算、審查著作、聘請人、籌備開會等事。」❽

由於在前述中葉提及了翁文灝等三人，專案組人員立即找到在國民黨統治後期曾出任行政院院長，名頭最大最響的翁文灝，讓其寫「揭發」材料。在一份由他人代筆，翁文灝本人閱後簽字的材料中說：「葉在清華大學，作物理學系主任。我也（在那兒）教過（書）。吳有訓（南按：中國科學院副院長）也在那兒教書。解放以後，清華大學把學理的歸為（於）北大，葉到北大作教授。葉沒有幹過多大事情。解放以前，聽人家說，那時是偽中院（央）研究院，朱家驊想請葉當總幹事。權力第一是院長，第二位的就是總幹事。葉去過一下，時間很短，沒有做下去，很快就離開。……朱家驊作過交通部長，北洋軍閥〔時期〕朱是北大教授，後來做過很多國民黨的工作。朱與葉一定認識，否則，朱請不動葉到中南（央）研究院當總幹事。」❾

聽翁文灝的口氣，似乎國民黨在重慶期間，他沒有同朱家驊爭奪過中央研究院院長的位子，也不是大權在握的中研院評議會的祕書，更不知朱與葉此前是否相識，只是「聽人家說」，那時有個偽中央研究院的機構。翁氏真不愧是宦海老油條，從官場高手李鴻章那裡學來的「搗糨糊」的迴旋術，可謂至絕至妙矣！

一九三四年，中央研究院部分人員在南京合影。左起第一排：xx、王毅侯、王家楫；第二排：丁西林、汪敬熙、xxx；第三排：葉企孫、陶孟和；第四排、傅斯年。

事實上，葉企孫離開清華專任中研院總幹事一職，翁文灝在中間起了相當關鍵的作用。

當朱家驊經過激烈角逐如願以償登上中央研究院代院長的寶座後，由於傅斯年身體狀況實在太差，體力漸漸不支，朱家驊不得不重新考慮找人擔任總幹事一職。經過與翁文灝、傅斯年反覆商量權衡，最後決定請葉企孫出山。

從葉企孫的人生經歷和後來他的「高足」與同事們揭露的情節看，朱與葉同事之前，僅是熟悉而已，並不像後來清華名宿馮友蘭的「揭發」材料中所說「關係相

在西南聯大常委任上的梅貽琦

當密切」。朱家驊之所以瞄上了葉企孫，除了葉自己所說的受到「正統思想」和「歐美資產階級思想」的雙重教育，一個重要原因就是葉的學術地位和組織處事能力非一般人可比。當時中央研究院各所的主要支柱，基本上都是清華出身或與清華相關的歐美系統，而葉企孫在這個系統的地位之高之重是有目共睹的。正如一九六八年葉企孫被捕後，馮友蘭親筆向中共中央軍委項目組提供的「揭發」材料所言：「葉企孫，按解放前北京教育界的派系說，是清華派的第二號人物（第一號人物是梅貽琦），在清華幾次代理校務，當過理學院長，負責清華的幾個研究所的工作，在清華有很大的影響。」[10]馮友蘭此話大致不差，正是緣於這種其他人無法企及的影響力，葉企孫才能做到「對於學者間的糾紛尚能公平處理」。加之葉是一個無黨派人士，性格溫和，以此面目出現，對於各政治派別和學術利益集團的平衡，更有一種無形的親和力與說服力——這便是朱家驊請其出山的根本動機。

據資料顯示，朱家驊最初實施這個計畫是在一九四〇年夏，當時梅貽琦因公赴渝與朱家驊相見，朱向梅表示，有意聘葉企孫接替身體欠佳的傅斯年擔任中央研究院總幹事一職。梅聽罷朱家驊的要求，頗感為難，表示清華方面的事務很難離開葉。當時西南聯大的情況如馮友蘭所言：「除了聯大的總部外，三校各有其自己的辦事處，自己設立一些機構，與聯大無干。清華的辦事處最大，自己設立的機構也比較多，主要的是那些原來辦的研究所，有農業、航空、無線電、金屬和國情普查等研究所，這些所都不招學生，與聯大毫無關係。清華還有研究院，招收研究生，他們雖然也往聯大聽課，可是不算聯大的學生。北大辦有文科研究所，招收研究生，也與聯大無關。」又說：「當時的聯大，好像是一個舊社會中的大家庭，上邊有老爺爺、老奶奶作為家長，下邊又分成幾個房頭。每個房頭都有自己的『私房』。他們的一般生活靠大家庭，但各房又各有自己經營的事業。『官中』、『私房』，並行不悖，互不干涉，各不相妨，真是像《中庸》所說的『小德川流，大德敦化，此天地之所以為大也』。」⓫

當時清華辦理的所謂「特種研究事業」，是指清華在戰前辦的農業、航空工業、無線電三個研究所，以及到昆明之後增辦的金屬學及國情普查兩個研究所。為便於統籌管理，清華方面把五個所組成一個「特種研究事業委員會」，葉企孫為主任，主持全面工作。為了不駁朱家驊的面子，梅貽琦最後答應如果中研院非要葉出山赴重慶就任，葉本人最好不脫離清華而兩邊兼顧。這一條件朱家驊未置可否，表示與同人商量後再作決定。

到了這年的九月二十九日，朱家驊致信梅貽琦，說已同翁文灝與傅斯年二人商量，不同意葉企孫兩邊兼顧，只能放棄清華而專任中研院總幹事職。其理由是按中研院章程規定，凡院內專任人員不能兼職。為使問題更加清楚明瞭，在朱家驊授意下，一九四〇年十月十五日，翁文灝以中研院評議會祕書的名義致信梅貽琦說：「葉企孫兄至渝後接理中央研究院各事，朱騮先及傅孟真諸君均熱誠匡助，可以順利進行。惟有一事竊願以友誼奉商者：兄前次至渝時，曾經談及企孫兄於短時間內暫兼清華教務名義，但可以隨時商停。此事固僅為一名義問題，但事實上亦有若干影響。中研院總幹事一職向為專任，丁在君兄初受院聘時，方任北京大學教授，當經商定俟功課教畢完全離開北大（教授名義亦辭卸），然後方至院任事。企孫兄最好能免兼大學教授（但如聘為名譽教授則似尚可行）。此事弟與企孫兄面談時亦經提及，並以奉陳，敬希察照酌采，至為企幸。」⓬

梅貽琦接信後，對這種「霸王條款」表示不能接受，遂置之不理，坐看朱、翁等人如何處理。

一九四一年五月十六日，梅貽琦因公再赴重慶，想起幾個月來朱、翁二人書信不斷，為葉企孫事糾纏不休，便想藉此機會就此事來個徹底了結。據《梅貽琦日記》載：五月二十一日，「（下午）六點半至牛角沱資委會訪翁詠霓（南按：翁文灝字），談企孫就中央〔研究〕院總幹事問題」；二十二日，「（下午）五點往巴中組織部訪朱騮先部長談企孫問題」；三十一日，「（上午）十點一刻至中央醫院門前，往返園中一刻許，尋得傅孟真所住病室，渠於前日曾割扁桃腺一半，說話不便，未敢與之多談」。⑬

此時傅斯年重病在身，中央研究院總辦事處急需有人料理，在朱、翁、傅等人的懇切要求下，梅貽琦終於同意葉企孫以請假的名義離開清華，專任中央研究院總幹事職。朱、翁、傅等人聽罷，各自都長噓了一口氣。

此前朱家驊和翁文灝、傅斯年已與葉單獨做過溝通談及此事，九月三日，葉致信校長梅貽琦，表示：「經考慮之後，雖自恐才難勝任，然因該院之發展與全國學術前途之關係甚大，亦未嘗不可盡其綿力，逐漸使該院之研究事業更上軌道。」⑭

一九四一年九月十一日，梅貽琦覆函葉企孫，謂「足下之去中研院，在清華為一重大損失，在琦個人尤感悵悵，但為顧及國內一重要學術機關之發展起見，不應自吝，乃不得不允君請假，暫就該院職務」⑮。九月底，葉企孫離開昆明飛赴重慶，正式接替傅斯年出任中央研究院總幹事職。傅則於同年十二月初，攜妻帶子離開重慶，遷往李莊。

令葉企孫沒有想到的是，半年之後，因陳寅恪聘任一事，竟惹得傅斯年暴跳起來。

傅斯年與葉企孫之爭

葉企孫與陳寅恪在北平清華園時期就來往密切，堪稱摯友。盧溝橋事變前後，葉與陳曾就戰爭局勢與南遷之事多有商談，可謂患難與共，直到遷往長沙、昆明仍保持深厚的交情。當陳氏攜家由港抵達桂林的消息報到中央研究院總辦事處時，葉企孫遙望東南，以極大的熱情和愛心關注著這位三百年才出一人的國學大師的命運。未等陳寅恪伏案作書報告詳情經過，葉以上海人特有的細膩與精明，開始為陳氏未來的生活打起了算盤。一九四二年六月九日，葉致書李莊的傅斯年，大意說：陳寅恪已到桂林，史語所是否有聘其為專任研究員的打算？月薪多少？又說：「以寅恪夫婦之身體論，住昆明及李莊均非所宜，最好辦法，似為請彼專任所職，而允其在桂林工作，不知尊意如何？亦請示及。」⓰

一九四八年，葉企孫（左）與好友陳寅恪（右）在清華園工字廳陳宅院內合影。

傅斯年接信看罷，心想這個葉企孫在雜事紛繁中還惦念著陳寅恪的工作和生計，其心可感，其情可嘉，實乃寅恪不幸之中的大幸。但有一點是傅斯年斷然不能同意的，這便是專職與兼職之區別，他在隨後覆葉企孫的信中說：陳寅恪來史語所任專職，原是傅氏本人及全所同人渴望日久之事，但由於中央研究院和本所有嚴格的制度和服務規程，故陳寅恪不能常住在桂林而遙領本所專任研究員之薪水，必須來李莊住在史語所租賃的房中辦公，才可以拿專任之薪。若陳果能來李莊，其薪金自應為六百元又臨時加薪四十元。否則，不能為之。

傅斯年進一步解釋說：「弟平日辦此所事，於人情之可以通融者無不竭力，如梁思永兄此次生病，弄得醫務室完全破產。寅恪兄自港返，弟主張本院應竭力努力，弟固以為應該，然於章制之有限制者，則絲毫不通融。蓋凡事一有例外，即有援例者也。」⓱此信寫罷，傅斯年似覺仍有話沒有解釋清楚，又在信箋上端一空白處特地注明寅恪何以歷來稱為「專任研究員暫支兼任薪」

之故云云。

葉企孫接信後，覺得傅斯年所言有理，於是在六月三十日回信中說：「關於寅恪事，尊見甚是，請兄電彼徵詢其意見，倘彼決定在李莊工作，清華方面諒可容許其續假也。寅恪身體太弱，李莊昆明兩地中究以何處為宜，應由彼自定。」⑱

傅斯年接信後，沒有按葉企孫所言去做，理由是：「以前此已兩函與之商榷此事，而電文又不能明也。然寅恪來信，未提及弟信，來信囑弟託杭立武兄設法在廣西大學為彼設一講座云云」。⑲

按傅斯年的意思，縱然我兩次寫信問陳寅恪來不來李莊，何時來李莊，並把李莊的地域特點、風土人情都做了詳細介紹，但陳氏回信除了說自己「正在著作，九月可完」外，「絕未談及到李莊事」。這讓傅斯年深感不解又有點窩火，心想你到底是來還是不來，總該有個說法，如此裝聾作啞是何道理？在此種心情驅使下，傅斯年索性把葉信扔到一邊不再搭理。

既然傅斯年不樂意再蹚這道充滿了疑惑與不解的渾水，而陳寅恪又明確表示要在廣西大學當客座教授，等過一段時間再作遷川的打算，事情似應告一段落，無須別人再強行插手，節外生枝，以致徒添煩惱。想不到葉企孫對此種變局卻視而不見，熱情不減，一根筋走到底，非堅持聘陳寅恪為史語所專任研究員而後快。他認為，既然在李莊的傅斯年不再理會，那自己就以總幹事的身分和名義做主。傅斯年常以他家鄉陽穀縣打虎的武松自居，且自以為是，曾多次在人前人後宣稱「凡辦一事，先騎上虎背，自然成功」。按葉企孫的想法，傅氏以武二郎自居，自己當然也不是武大，不妨先騎在傅斯年這隻老虎的背上操作一把試試，於是提筆輕而易舉地簽發了聘書。

想不到自小在上海這個花花世界長大的葉企孫，對在山地奔走與叢林爭鬥缺乏應有的經驗，此次沒能騎上虎背，卻猛地裡撞到了傅斯年的屁股上。民間有云，老虎屁股摸不得，這一撞不是不要緊，而是要緊得很，一下使得草木驚悚，蹲在山坳裡守望待機的傅斯年發出了沖天怒吼。

七月下旬，中央研究院總辦事處職員劉次簫在致傅斯年的信中附一消息說：「葉先生函商院長聘陳寅恪先生為專任研究員，月薪六百元外加暫加薪四十元，院長已批准照辦。俟葉先生將起薪月日函復核，聘書即當寄貴所轉寄桂林也。」[20]

這一突如其來的消息，令傅斯年「甚為詫異」，心想自己並沒有收到陳寅恪決定來李莊的信函，又沒有與孫通信，變更此前的意見，「何以忽然有此？」儘管傅心中不甚痛快，但想到信中有「寄貴所轉寄桂林」一語，稍感釋然。按傅的打算，待聘書一到李莊，即將其壓下，爾後再修書與葉企孫理論不遲。大出傅氏意料的是，七月三十一日又突然接到中央研究院會計室主任王毅侯的信，告之曰：「發寅恪兄聘書已辦好，企孫兄函囑徑寄桂林，免得轉遞之煩。並云一月至五月領薪由院保留作抵銷旅費之一部，弟本日寄寅恪一函，徵其同意（函稿另紙抄奉）。」[21]

傅斯年看罷此信，又瞄見函稿上「自六月份起全部寄交先生應用」的那句話，如同憑空挨了一記悶棍，當場把信摔在地下，大喊一聲「他憑什麼！」跳將起來，晃動小山包一樣的軀體在室內來回轉圈，其狀甚似一隻剛剛被關進籠子的老虎，威中帶怒，又呈無可奈何狀。此前傅氏已說得非常明確，陳寅恪如任史語所專職，就必須來李莊，但陳氏尚未表態，自己亦未強行令其來川，兩邊當事者皆靜觀其變，以待形勢的發展，身為一個遠在重慶的中研院「閒曹」院長手下的總幹事，每天要處理的事務如此之多，何以迫不及待地跳將出來，踏著鼻子上臉，旁若無人地發號施令？如此不把自己這位「黃河流域第一才子」、「孔子之後第一人」（伍俶引北大同學語）、「學界大鱷」放在眼裡，這不是故意找打嗎？傅某不僅是史語所所長，而且還是前中研院總幹事，按照歷代王朝的典章制度，與葉企孫比起來，自己當屬太上皇級的高官大員，至少也是個「太上總幹事」。[22]有道是虎去山還在，山在虎還來，儘管自己大病在身，但還沒有行將就木，或者真的像孔祥熙之流期盼的那樣「快不行了」，說不定哪一天會百病俱痊，重拾健康，再度躥出深山老林，笑傲江湖，號令中研究院各路諸侯以威天下。如今，葉企孫竟公然蔑視自己這隻臥虎的存在，豈不是佛頭抹糞，犯上作亂？想到此處，傅斯年滿懷悲憤之情，提起如椽大筆，於八月六日向葉企孫發出了一陣連珠砲式的「聲明」：

一、弟絕不承認領專任薪者可在所外工作。在寅恪未表示到李莊之前，遽發聘書，而六月份薪起，即由寅恪自用，無異許其在桂林住而領專任薪。此與兄復弟之信大相背謬。

二、自杏佛、在君以來，總幹事未曾略過所長直接處理一所之事，所長不好，盡可免之。其意見不對，理當駁之。若商量不同意，最後自當以總幹事之意見為正。但不可跳過，直接處理。在寅恪未表示到李莊之前，固不應發專任聘書，即發亦不應直接寄去（以未得弟同意也），此乃違反本院十餘年來一個良好Tradition之舉也。

三、為彌補寅恪旅費，為寅恪之著作給獎（或日後有之，彼云即有著作寄來），院方無法報銷，以專任薪為名，弟可承認。在此以外，即為住桂林領專任薪，弟不能承認。

此事幸寅恪為明白之人，否則無異使人為「作梗之人」。尊處如此辦法，恐所長甚難做矣。弟近日深感力有不逮，為思永病費，已受同人責言。今如再添一個破壞組織通則第十條之例，援例者起，何以應付。此弟至感惶恐者也。㉓

信中提及的杏佛和在君，是指中央研究院最早的兩位總幹事楊杏佛與丁文江。

如此言辭激烈的戰鬥檄文作完後，傅斯年仍覺尚有千頭萬緒的複雜言語沒有盡情說出，於是繼續揮動大筆，以家長對孩子、老師對學生、長輩對晚生的口氣教訓、指導起來：

即令弟同意此事，手續上亦須先經過本所所務會議通過，本所提請總處核辦。總處照章則（人事會議及預算）辦理。亦一長手續也。又及與此事有關院章各條文：

組織通則第十條「專任研究員及專任副研究員應常川在研究所從事研究」。

服務通則第二條「本院各處所及事務人員之服務均須遵守本通則之規定」。（以下各條即規定辦事時間等項）

此外間接有關者尚多，故領專任研究員薪而在所外工作，大悖院章也。㉔

傅斯年將一連串的「砲彈」傾瀉而出，憤懣之情漸漸緩解，心中生出了一股莫名的快感。他站起身，像一隻征戰歸來的虎王，背著手在屋子裡轉了幾圈，突然覺得應該以最快的速度打消陳寅恪的念頭，否則將出現不必要的麻煩。於是傅再次坐到桌前，寫下了「總處所發聘書，乃假定兄到李莊者」㉕的電文，請管理圖書的助理員兼事務祕書那廉君連同信件一同發了出去。

八月十四日，傅斯年的激憤心情已趨平和，經過理智思考，怕陳寅恪接到電報後產生誤會，於是又即刻修書一封，先是促陳寅恪盡速遷川，「弟瞻念前途，廣西似非我兄久居之地」，「若不早作決意，則將來更困難矣」。然後對自己不滿葉企孫發聘書之事，又向陳寅恪做了詳細說明和解釋：「此事在生人，或可以為係弟作梗。蓋兄以本院薪住桂，原甚便也。但兄向為重視法規之人，企孫所提辦法在本所之辦不通，兄知之必詳。本所諸君子皆自命為大賢，一有例外，即為常例矣。如思永大病一事，醫費甚多，弟初亦料不到，輿論之不謂弟然也。此事兄必洞達此中情況。今此事以兄就廣西大學之聘而過去，然此事原委就不可不說也。」㉖

陳寅恪接信後，於八月三十日覆信道：「弟尚未得尊電之前，已接到總辦事處寄來專任研究員聘書，即於兩小時內冒暑下山，將其寄回。當時不知何故，亦不知葉企孫兄有此提議。（此事今日得尊函始知之也，企孫只有一書致弟，言到重慶晤談而已。）弟當時之意，雖欲暫留桂，而不願在桂遙領專任之職。院章有專任駐所之規定，弟所夙知，豈有故違之理？今日我輩尚不守法，何人更肯守法耶？此點正與兄同意者也。……以大局趨勢、個人興趣言之，遲早必須入蜀，惟恐在半年以後也。總之，平生學道，垂死無聞，而周妻何肉，世累尤重，致負並世親朋之厚意，唏已。」[27]

在信的附言中，陳寅恪補充道：「八表妹[28]想安好。所中諸友乞均道念，如欲知弟近況者，即求以此函與之一閱可也。中山、貴大、武大皆致聘書，而中央大學已辭了，而又送來並代為請假（怪極）。弟於此可見教書一行，今成末路，蓋已不能為生，皆半年紛紛改行，致空位如此之多，從未見銀行或稅關之急急求人也。庾子山詩云：『何處覓泉刀，求為洛陽賈。』[29]此暮年之句也。」

陳氏不愧是傅斯年的莫逆之交，他已從傅信中解讀出「本所諸君子皆自命為大賢」的箇中況味，為了不致引起諸位「大賢」的誤會，陳寅恪特以這種一切盡在不言中的方式，為傅斯年不動聲色地予以解困。陳氏出身家業正值興旺的名門望族，沒有破落大戶傅斯年那種自喻為「吾少也賤」的人生背景和複雜經歷，有人云：「陳寅恪只是一位兩耳不聞窗外事的書呆子式大師爾！」但通過此次對自己潔身自律，對世事的洞達明晰，以及為傅斯年巧妙解脫同人可能產生誤會所獻的移花接木之術，可見此言大謬矣！

陳寅恪這邊已得到安撫，重慶方面的葉企孫迫於壓力，亦來信向傅斯年做了道歉式解釋，其理由大致是：梅貽琦在得知陳寅恪抵達桂林後，欲出川資招回這位國學大師繼續服務於西南聯大，以保存清華的實力。葉企孫得知這一消息，既為中央研究院總幹事，自然要把中研院的利益放在第一位，為搶在清華之前抓住陳寅恪，才與朱家驊緊急協商，在得到朱的同意後，顧不得繁雜的典章制度，於匆忙中直接從重慶向陳寅恪發出了聘書。

葉的動機已經明瞭，傅斯年的「暴怒」之火卻未完全消解，他對葉的所作所為表示「盛意至感」之後，沒有就此打住，而是在八月三十一日的覆信中，不厭其煩地大談清華、北大與中研院發聘書的不同，謂「此次清華發聘，係繼續舊辦法，本院發聘，是更改舊辦法」。言外之意是中研院的辦法要比你們那個清華大學先進和高明得多，你作為現任中研院的總幹事何以不明二者之高下？又謂：「此事若兄當時有一短信致弟，或一短電，弟可省甚多信（尤其是後來與寅恪之一長信及電，反覆解釋此聘書以來李莊為前提者），若當時兄囑毅侯兄去信時，末了寫上一筆『盼大駕早來李莊，為荷』，弟亦不至著急矣。此事寅恪尚未復弟，此固以寅恪就廣西大學之聘而解決，然弟或有得罪寅恪太太之可能也。」言語中似乎仍是抓住不放，且不依不饒。最後，傅斯年表示，「但求為國家保存此一讀書種子耳」，還是要聘請陳寅恪就任史語所職，並以長者或老子輩對待孫子的架勢，指令葉企孫再給陳寅恪發一聘書，傅在信中親自列出了聘書的文字格式：

「專任研究員暫適用兼任研究員之待遇」

月薪一百元外　暫加薪四十元

注：此為十年相沿之公式（最初「為適用特約待遇」）。有換文，兩方輪轉，後來不轉了。如改此式，恐須先在本所所務會議中一談，弟覺此式似可不必改也。

有此暫加薪否，由兄決定（彼接了廣大之聘而言，薪水甚少）。30

葉企孫接到傅斯年的指令，甚感不快，回想自己在清華的地位與勢力，曾幾度出任代理校長，掌管清華一切事務，就連德高望重的梅貽琦也讓著幾分。而今身為中央研究院一人之下的總幹事，居然連發個兼職人員聘書這種小事也要由「太上總幹事」親自授命，真是莫大的恥辱。想到此處，葉企孫氣得臉色絳紫，當著總辦事處工作人員的面大聲說道：「傅斯年，此人太過於high-handed（霸道）了！」31遂把傅信棄之一邊不再理會。儘管傅斯年「氣魄大，要錢、花錢，都有本領」，且在別人看來「歷來的總幹事，都敬重他而又多怕他」（董作賓語），但葉企孫卻不吃這一套，他敬傅而不懼傅，心中有自己的主張，見傅斯年來勢凶猛，大有不依不饒之勢，於心灰意冷中理智地採取了敵進我退，惹不起躲得起的戰略戰術，萌生了掛起烏紗帽一走了之的打算。儘管在傅斯年的

清華大學物理系教授何成鈞，在清華園寓所向作者講述葉企孫與傅斯年當年的恩怨，以及葉離開中研院的內情。（作者攝）

遙控、指揮、施壓下，葉企孫最終還是給陳寅恪寄發了「兼任」的聘書，但從此不再過問此事，至於陳寅恪是走是留，是死是活，一切都與他無關了。

一九四三年一月十六日，藉梅貽琦赴重慶辦理公務之機，葉企孫與之進行了密談，二人商定葉可於夏秋離渝返昆，重執教鞭。當天的梅氏日記有「午飯後與企孫久談」、「特種研究所將來併入各系」、「企孫明秋可返校」[32]之語。當然，這些談話都是背著朱家驊與翁文灝等人，祕密進行並達成協定的。同年八月，葉企孫不顧朱家驊再三挽留，堅決辭去中央研究院總幹事職，返昆任教。葉辭職的公開理由是自己「覺得長期脫離教書，不合適」，「當初離開昆明時，是向聯大（南按：應指清華）請的假，按當時規定不能超過兩年」云云。但據葉的姪女說，其叔父在中研院的同事曾向她透露，最主要的一個原因則是「跟傅斯年合不來」。[33]許多年後，葉在中研院的助手何成鈞證實了這一說法，並謂：「葉企孫有東南大學（後併為中央大學）、清華大學與美國學術機構的人脈背景，當時的中央研究院十幾個研究所，人員大多都是這個系統的。葉人緣好，處事公道，很得這些所長與研究人員的歡心。而傅斯年是北大與歐洲系統的人物，這個系統在中研院的人數並不多，傅之所以能在此立腳，還有些作為，就是靠他性格中具有的山東響馬與水泊梁山好漢們那股敢打硬衝的狠勁。但他那一套不是很受人歡迎，葉先生就曾親自跟我講過傅斯年太過於high-handed（霸道），不能跟他共事等話。據說傅斯年到了台灣也還是很high-handed，這是他本人性格決定的，是沒辦法改變的事。葉辭職後，由留法博士、生物物理學家李書華繼任。一九四五年，李辭職，朱家驊聘請著名物理學家薩本棟出任中研院總幹事兼物理研究所所長。」[34]

李莊不復見

對葉企孫流露的不滿情緒和消極的工作態度，時在李莊的傅斯年有所風聞但並未放在心上。他在板栗坳山中那幾間土木建構的屋子裡，全力經營史語所並繼續遙控中央研究院各項事務的同時，仍沒有忘記陳寅恪的存在，多次去信勸其離桂遷川，速到李莊共襄大業。此時的陳寅恪夫婦則是貧病交加，難以成行。在傅的一再催促下，陳寅恪於一九四三年一月二十日致信傅斯年道：「弟所患為窮病，須服補品，非有錢不能愈也。奈何，奈何！」次日凌晨，陳氏繼續前一日因病情未能寫完的信，再道：「然有最難解決之問題，即在桂林家用每月在三千元上下，……桂林物價尚低於四川，若如來示所云，弟到李莊薪津約月千七百元，不識何以了之也。弟明知如此非了局，然身體關係，省則病或死，未知如正式薪水之外，有何收入可以補貼日用（弟今則賣衣物為生，可賣者將賣盡矣，因怕冷不能賣皮衣棉被，皮鞋則早賣矣）。因無一解決之法，遂不得不採取拖延之法。」[35]。

寫這封信的時候，陳寅恪尚且不知，就在他為了生計不得不賣掉腳上穿的一雙皮鞋時，在李莊的傅斯年也開始了賣書生涯。據時在史語所工作的屈萬里與傅斯年的姪子傅樂成等人回憶，在生活最困難的時候，傅斯年每餐只能吃一盤「籐籐菜」，有時還喝稀飯，實在接濟不上，就賣書度日。傅斯年嗜藏書，平日之積蓄，幾乎全部用在了買書上，可以想像，不到萬不得已的時候，他是不肯賣書的。而每當傅忍痛賣書換來糧食，除解決自家的燃眉之急外，還要救濟史語所的下屬朋友。例如董作賓家庭人口最多，遷往李莊後，生活幾無保證，傅斯年便拿賣書的錢給予接濟。面對全所人員越來越艱難的生活和生存條件，向來不可一世，「目空天下士」的傅斯年，也不得不低下高傲的頭顱，忍辱負重，與當地政府飽暖終日的官僚交涉周旋，有時不惜打躬作揖，以求援手。據傅斯

李莊文化史研究專家左照環指著面前的院落說：「史語所研究人員在李莊板栗坳的宿舍，現在是一片破落景象了。」（作者攝）

傅斯年在李莊的故居。傅氏一家當年的生活用具尚有少部分被保留了下來。這幢房子現為當地張姓人家居住，女主人正展示一只打燈油時使用的油壺。（作者攝）

年留下的遺物顯示，在李莊期間，他曾用當地出產的竹紙，親筆給駐宜賓的四川第六區行政督察專員兼保安司令王夢熊寫過一封求助的長信，信曰：

> 請您不要忘記我們在山坳裡尚有一些以研究為職業的朋友們，期待著食米。……
>
> 敝院在此之三機關（歷史語言研究所、社會科學研究所、人類學研究所）約一百石，外有中央博物院約三十石，兩項共約一百三十市石，擬借之數如此。……夙仰吾兄關懷民物，饑溺為心，而於我輩豆腐先生，尤深同情（其實我輩今日並吃不起豆腐，上次在南溪陪兄之宴，到此腹瀉一週，亦笑柄也），故敢求之於父母官者……。[36]

此種窮困、憂愁、繁忙的工作環境和生存壓力，使傅斯年的高血壓病再度發作，白髮劇增。他曾無限感慨地對友人說：「我是從少年突然進入老年的！」[37]而這個時候的陳寅恪在致傅斯年的信中，似也不甘落後地寫道：「弟近日頂髮一叢忽大變白，此憂愁所致，他日相見，與公之白髮可互兢（競？）矣！」[38]陳氏的言談儘管包含了中國文人依靠精神的力量，舔血療傷，化解悲情的自謔氣度，但仍令人為之心酸。

正是鑑於這樣的生活困局，傅斯年才於一九四二年的八月就力勸陳寅恪遷川，並毫不客氣地指出：「兄昔之住港，及今之停桂，皆是一『拖』字，然而，一誤不容再誤也。目下由桂遷眷到川，其用費即等於去年由港經廣〔州〕灣到川，或尚不止，再過些時，更貴矣。目下錢不值錢，而有錢人對錢之觀念，隨之以變，然我輩之收入以及我們的機關之收入，尚未倍之，至多未三之也。」[39]傅斯年所言不虛，戰前每月支三百五十元之教授，戰後按當時生活指數折合，只相當於一三．六〇元，而越往後其指數越少，幾乎形同一堆廢紙。這個變數陳寅恪當然清楚，早在西南聯大時，他就有「淮南米價驚心問，中統銀鈔入手空」[40]的詩句，以形容當時的窘境。

面對錢已經不再值錢，物價一日三漲，惡性通貨膨脹的殘酷現實，在傅斯年等人的提議下，中央研究院總辦事處決定不再發放廢紙一樣的錢鈔，而是直接發放實物。一九四三年三月一日，中央研究院各研究所的每個職員都接到了一張由本所文書室送達的表函，上書「頃接總辦事處函，關於教職員及工役食米，擬依據需要發給實物，茲規定表式，即請儘速填寄處」。[41]想不到通行了幾千年的貨幣制度，如同滾滾流動的江河之水，終於在戰亂和社會劇烈動盪的雙重擠壓下宣告枯竭，乾涸的河床再度翻起了漫天泥沙，社會流通機制又無可奈何地回到了遠古以物易物的原始時代。只是史語所同人遠沒有原始的先民幸運，以苦心積慮的研究成果換來的物質，只是一點少得可憐的散發著霉爛氣味的大米。

既然史語所的研究人員與家眷維持性命的只是一點霉爛大米，後果可想而知。很快地，越來越多的人染上了疾病，竟至一病不起，甚至登上了閻王殿的鬼錄。經常與傅斯年唇槍舌劍並總占上風的史語所「第一勇士」董同龢，當年結婚時的皮鞋、西裝早已賣掉，只穿褲衩和一雙自製的草鞋度日。一九四三年六月二日，他上書傅斯年曰：「同龢之子及妻先後患痢，適值本所醫師離所，聞本年曾訂有臨時輔助辦法，茲同龢之情形未悉仍能適用否，懇請設法予以救濟。」[42]

救濟之說無從談起，董的請求也自然成了廢紙一張。一九四三年九月二十三日，在所內主持工作的董作賓向在重慶參加會議的傅斯年拍發了急電：「（汪）和宗夫人產一女，夏作民（南按：作銘，即夏鼐）先生病，陳文永君之小孩已夭折。」[43]一個月之後的十一月十一日，史語所人類學組主任吳定良再次致電傅斯年：「弟目前經濟處於絕境，小女之醫藥費擬向紅十字會輔助研究院經費中申請，懇請吾兄予以惠助。」[44]董與吳的電報，皆在懇請傅斯年儘快設法改換醫生和購買藥品，以扼制病魔的大規模侵襲。身在重慶焦慮不安、坐臥不寧的傅氏尚未想出解決辦法，史語所研究員勞榦的母親又去世了。

據李莊板栗坳一李姓姑娘在許多年後對前往採訪的作家岱峻回憶：勞榦的媽媽勞婆婆是個小腳女人，從外地投奔兒子來李莊板栗坳時還看不出有多老，只是每走路顫巍巍的，嗜辣，講一口不好懂的湖南話，來李莊沒幾年

董作賓夫婦與孩子們在李莊板栗坳牌坊頭合影（董玉京提供）

就死了，是死於水腫。勞婆婆先是吃不下，肚子鼓一樣的脹。因他們的那個醫務室沒得什麼藥，醫生只讓喝開水，開水喝進去，肚子就更脹得不行，白受罪。沒得法，就找我們給他扯草藥。一籃籃的夏枯草、車前草、金銀花，用來煎水喝。喝進去又拉肚，沒得幾天，一張臉全是綠陰陰的，瘦成僵屍樣，可憐得很，他的兒子勞榦又著急又沒得法。沒幾天老婆婆就躺在勞榦的懷裡嚥了氣。看著人把老婆婆裝棺抬走，勞榦站在板栗坳坳口上哭啞了喉嚨。那個可憐，連當地人看了也跟著流下了淚……[45]

在這種窮困哀苦的境況中，傅斯年已被眼前的慘狀折騰得筋疲力盡，哪裡還有精力顧及陳寅恪的補助。他在致陳寅恪的信中明言，如到李莊只有分內薪金，無法保證能取得分外補貼。既然「無一解決之法」，陳寅恪「不得不採取拖延之法」，只好繼續留在桂林。

一九四三年夏，日軍為殲滅國民黨中央軍主力，由湖北向常德進攻，戰火逼近長沙，桂林吃緊。迫於形勢，陳寅恪只好再度攜家踏上艱難而漫長的逃亡之路，向四川境內進發。一路經宜山、金城江進入貴州境，再過獨山到都勻。原本就有病的唐篔不幸又染上了痢疾，艱難支撐到貴陽後，病情更加嚴重，腹瀉膿血，經月餘調養，復重新上路。此時陳寅恪又身染沉痾，只得咬著牙關繼續奔波，一家人沿川黔公路又經過一個多月的跋涉，總算於十一月底到達重慶，住進了姻親俞大維、陳新午夫婦家中。原清華研究院畢業生蔣天樞、藍文徵當時正在重慶夏壩復旦大學任教，聽說陳寅恪一家至渝，兩人相約前往俞大維家拜謁。陳氏夫婦皆重病在身，臥床不起，見弟子到來，強撐身體倚被而坐。藍文徵來時在街上僅買到三罐奶粉，陳寅恪見後愛不釋手，歎曰：「我就是缺乏這個，才會病成這樣！」46

由於李莊地處偏僻，缺醫少藥，生活艱苦異常，對患病在身，雙目即將全部失明的陳寅恪而言，幾乎無法生存。此前陳寅恪已接到燕京大學聘書，在同俞大維一家商量後，陳氏決定赴條件稍好的成都燕京大學任教。於是，在一九四三年歲暮，身體稍有好轉的陳寅恪夫婦，攜家離開重慶，乘汽車沿川渝公路趕赴成都。車至內江城夜宿，陳寅恪不顧旅途疲勞，讓女兒流求帶自己來到流經內江城外的沱江江邊。此時已進入枯水期，江面平靜無波，望著夜色朦朧中的江水，陳寅恪向當地一位漁民打扮的老人打聽，自內江到南溪還有多遠的路程。老人說，共有一百多公里，這沱江直通瀘州，瀘州往西一拐就是南溪，兩座城都在長江邊上，走水路三四個小時可達，若走公路，只需兩個多小時就可直接到達南溪。陳寅恪聽罷點點頭，望著霧氣縹緲的江水沉默了許久，最後，似是自言自語地道了一句話：「李莊，一切都是緣分啊！」言畢，長歎一聲，悄然返回下榻的旅舍。

陳寅恪的江邊之行，當是為思念史語所的朋友和同人所為。此時，他的書箱等物品仍在李莊史語所保存（南按：自昆明撤離時與史語所物資一起運李莊）。或許傅斯年正秉燭疾書，催他儘快到李莊與朋友們會面，共述別離之苦，相思之情。如今近在咫尺，卻若隔天涯，李莊將永遠留在自己的夢中了。

第二天，陳寅恪一家人乘車離開內江，直奔成都而去。

許多年後，據李濟之子李光謨說：陳寅恪之女陳流求在一封信中告訴他，「抗戰時期寅恪先生全家由香港返回內地時，他原打算回到史語所工作（去李莊），後因得知李濟兩個愛女不幸夭折，說明當地醫療條件很差，陳先生擔心自己和家人身體無法適應，乃應燕京大學之聘去了成都。」47

陳寅恪原是奔李莊而來，最終卻捨李莊而去。李莊與一代史學大師之間的緣分，如滾滾東流的長江之水，一去不返。內江是大師一生足跡所至距李莊最近的地方。

陳寅恪像一隻受傷而失群的孤雁，在苦寒的夜空中留下了一聲哀鳴，瘦削的身影掠過大地山河獨自遠去。自此，李莊不復見矣！

注釋：

❶陳流求〈回憶我家逃難前後〉，載《紀念陳寅恪先生百年誕辰學術論文集》，王永興編，江西教育出版社一九九四年初版。

❷㉗㉟㊳〈致傅斯年〉，載《陳寅恪集．書信集》，陳美延編，北京：三聯書店二〇〇一年初版。

❸❹❼❽《葉企孫「交代材料」》，轉引自《中國科技的基石——葉企孫和科學大師們》，虞昊、黃延復著，復旦大學出版社二〇〇〇年初版。該書導言及末章，皆引錄了葉氏在「文革」中的種種口供、筆供及書面交代。

❺一九四三年八月，葉企孫辭去中央研究院總幹事職，重回西南聯大，於一九四五年出任聯大理學院院長，在梅貽琦離校期間，曾幾度主持校務。一九四八年底，梅貽琦南飛時曾邀請葉一起離平，葉未從，仍留在清華園觀望。一九四九年春，北京解放，五月，任命清華校務委員會為學校的最高管理機構，葉企孫以很高威望和資歷，出任清華大學校務委員會主席。一九五五年，中科院成立，葉當選為學部委員與中科院數理化學部常委。一九五二年全國高校調整，葉隨清華物理系一起調到北京大學。因葉的觀點與現實大政方針相左，從此，便「淡出」中國科技、教育界核心圈。「文革」開始後，葉作為「反動學術權威」受到批判。一九六七年六月，被北大紅衛兵以「反革命分子」揪出，關押，抄家，停發工資，送往「黑幫勞改隊」改造。一九六八年，葉企孫作為國民黨CC系特務被中央軍委「呂正操專案組」逮捕關押。

葉的禍因來自一位叫熊大縝的學生。熊就讀清華期間，深得葉的賞識，畢業後留校做助教並擔任葉的助手。「七七事變」爆發後，葉企孫與熊大縝等一起離平準備到長沙臨時大學，至天津，葉得到梅貽琦電報，令其在津照料一切南下的清華人員，葉遂在天津留守。期間，一位早期投奔中共冀中軍區的原清華畢業生孫魯，奉命赴平津祕密招攬能製造炸藥的青年專家共赴冀中進行抗日

學生時代的熊大縝贈送給恩師葉企孫的照片

活動。孫與熊原是清華同學，於是首先找到了熊。毫無準備的熊大縝最終被孫說服，決定投奔冀中軍區。當其與葉企孫說明後，葉並不贊成這一貿然行動，「但因事關抗日，吾無法極力阻止，也沒有什麼理由可以阻止他。」（《葉企孫「交代材料」》）師徒二人就此分手。熊隨孫魯等人赴以呂正操為司令員的冀中軍區，先任印刷所所長，後提升為軍區供給部部長，著手籌建技術研究社，展開對烈性炸藥、地雷和雷管等的研製工作。同時研究製造短波通信工具，以便對日作戰。幾個月後，葉企孫離津赴昆明聯合大學任教。一九三八年九月，熊大縝等技術社成員帶領戰士在平漢鐵路保定方順橋附近埋設電動控制的氯酸鉀地雷，成功地炸翻了日本軍列機車車頭，在中日雙方引起震動，熊大縝等為此受到前來視察的晉察冀軍區聶榮臻司令員接見。一九三九年春，晉察冀軍區除奸部瞞著聶榮臻，擅自將熊大縝祕密逮捕，同時被捕的還有其技術社的同人與從平津赴冀中參加抗日的數百名知識分子，其罪名是「鑽入革命隊伍的漢奸特務」。在押送途中，熊大縝被「除奸隊」人員祕密拉入一個溝渠用石頭活活砸死。幾個月後公開宣布熊為國民黨特務，是死有餘辜的民族敗類。「文革」爆發後，曾任過張學良副官的呂正操受到中央軍委專案組關押審查，熊大縝之事再度浮出水面，葉企孫被當做熊大縝加入國民黨特務組織的介紹人而逮捕關押。在押期間，葉受過八次連續提審，寫過多次「筆供」，人格和尊嚴受盡凌辱。同時專案組還展開內查外調，諸如馮友蘭、翁文灝等原清華同事，皆成為調查審問的對象。有落井下石者出於複雜的動機藉機誣陷，使案情幾度反覆，遲遲得不出一個合理、正確的結論。

一九七〇年初，葉在無結論的情況下被從監獄放出，由北大紅衛兵繼續對其「隔離審查」。此時葉已病重，前列腺肥大，小便失禁，兩腿紅腫，難以站立，偶爾走動，腰彎成九十度，似一根彎曲的枯木在風雨中搖晃。再後來，葉患精神分裂症，成了一個胡言亂語的瘋子。
自出獄始，葉企孫每月領五十元工資，吃飯穿衣皆不能足。因已精神錯亂，紅衛兵遂不再把他作為重要的「反革命分子、特務」看待，當看管稍微放鬆之時，葉總是從北大南門溜出來在中關村一帶的小攤上討吃討喝，嘴裡不住地嘟囔著別人很難聽懂的話語。當時中科院下屬研究所的不少人在海淀中關村一帶見到了這一慘不忍睹的情景：葉企孫頭髮花白，弓著背，整個身子呈九十度直角狀，穿著一雙破棉鞋，蹣跚街頭，間或踽踽前行。有時來到一家店鋪小攤，葉或買或向攤主伸手索要兩個明顯帶有蟲咬疤痕的小蘋果，邊走邊津津有味地啃著，碰到教授模樣或學生打扮的人，便伸出一隻枯乾的手，說：「你有錢給我幾個，所求不過三五元而已！」見者無不為之潸然。
一九七五年，葉企孫被解除隔離。一九七七年一月十三日，他於淒苦中死去。葉企孫一生未婚，沒有兒女。
一九八六年，熊大縝的冤案得到平反。一九八七年二月二十六日，《人民日報》發表〈深切懷念葉企孫教授〉一文，算是正式為其恢復名譽。
葉企孫在清華大學物理系、理學院主政和任教期間培養的著名學生如下：
王淦昌，一九二九屆，核子物理學家，中國科學院院士。
趙九章，一九三三屆，地球物理和空間物理學家，一九五五年被選聘為中國科學院學部委員（院士）。
張宗燧，一九三四屆，政治家張東蓀次子，理論物理學家，一九五七年被選聘為中國科學院數理化部學部委員（院士）。
彭桓武，一九三五屆，理論物理學家，一九四八年被選為皇家愛爾蘭科學院院士，一九五五年六月被選聘為中國科學院學部委員（院士）。
錢三強，一九三六屆，語言文字學家錢玄同之子，核子物理學家，中國科學院院士。
王大珩，一九三六屆，光學專家，中國科學院院士。
胡寧，一九三八屆，理論物理學家，中國科學院院士。

陳芳允，一九三八屆，無線電電子專家，中國科學院院士。
屠守鍔，一九四〇屆，清華航空系（後併入西南聯大）畢業，火箭技術專家，中國科學院院士。
鄧稼先，一九四五屆，西南聯大畢業，核子物理學家，中國科學院院士。
朱光亞，一九四五屆，西南聯大畢業，核子物理學家，中國科學院院士。

葉企孫學生之學生：

周光召、程開甲、于敏（三人均為中國科學院院士）、錢驥（地球物理和空間物理學家，一九九九年被中國政府追認為「兩彈一星」功勳獎章獲得者）。

❻❾❿《葉企孫案「揭發交代材料」》，轉引自《中國科技的基石——葉企孫和科學大師們》，虞昊、黃延復著，復旦大學出版社二〇〇〇年初版。該書末章引錄幾位與葉企孫相關者的揭發、交代、證詞。

⓫《馮友蘭自述》，馮友蘭著，中國人民大學出版社二〇〇四年初版。

⓬《梅貽琦一九三七～一九四〇來往函電選》，黃延復整理，載《近代史資料》，第一〇二號，李學通主編，中國社會科學出版社二〇〇二年初版。

⓭《梅貽琦日記》（一九四一～一九四六），黃延復、王小寧整理，清華大學出版社二〇〇一年初版。

⓮《葉企孫函梅校長》，載《清華大學史料選編》，第三卷上，清華大學校史研究室編，清華大學一九九四年初版。見「關於中央研究院借聘葉企孫的信函往來」一節。

⓯《梅校長覆葉企孫》，載《清華大學史料選編》，第三卷上，清華大學校史研究室編，清華大學一九九四年初版。

⓰⓱⓲⓳⓴㉑㉔㉚《致葉企孫》，載《傅斯年全集》，第七卷，歐陽哲生主編，湖南教育出版社二〇〇三年初版。

㉒一九四五年九月二十日，教育善後復員會議在重慶舉行，傅斯年在會中發言極多，引起國內教育界不滿，曾出任過國民政府行政院政務處處長的清華大學歷史系教授、主任蔣廷黻，綜合傅的發言後，以譏諷的口氣謂傅是「太上教育部長、太上中央研究院總

幹事、太上北大校長」。（見《傅孟真先生年譜》，傅樂成撰，載《傅斯年全集》，第七冊，陳槃等校訂，聯經出版公司一九八○年初版。）傅斯年去世後，據董作賓言：「因為孟真先生的學問的淵博，對於自然人文科學門都通，一直是蔡先生的重要助手，他名義上是史語所的所長，實際上等於一個義務總幹事，他對於全院工作，贊襄策劃的勞績很多，同時他也代過幾次總幹事。歷來的總幹事，都敬重他而又多怕他，這是實情。因為他的氣魄大，要錢、花錢，都有本領，他的一個所包括四組，等於四個研究所，今天發掘，明天調查，後天又買書添儀器，儘量去『擴充材料，擴充工具』，當然需要多花錢。」（見董作賓〈歷史語言研究所在學術上的貢獻——為紀念創辦人終身所長傅斯年先生而作〉，載《大陸雜誌》，第二卷第一期（一九五一年一月十五日））

㉓〈致葉企孫〉，載《傅斯年全集》，第七卷，歐陽哲生主編，湖南教育出版社二○○三年初版。第二點聲明上方空白處，另有附語：「歷年聘書皆由所轉發，其中時有錯誤，每須校後退還改正。」

㉕㉖㊴〈致陳寅恪〉，載《傅斯年全集》，第七卷，歐陽哲生主編，湖南教育出版社二○○三年初版。

㉘指俞大綵，傅斯年妻，在家族中排行第八。

㉙即南北朝文學家庾信，字子山。此二句出自〈對酒歌〉，「泉刀」，另寫作「錢刀」。

㉛㉞二○○四年四月二十八日，作者在清華大學採訪何成鈞記錄。何是清華出身，曾任葉企孫的助手，後為清華大學物理系教授。

㉜《梅貽琦日記》（一九四一～一九四六），黃延復、王小寧整理，清華大學出版社二○○一年初版。此處的「明秋」是指陰曆。

㉝《中國科技的基石——葉企孫和科學大師們》，虞昊、黃延復著，復旦大學出版社二○○○年初版。

㊱那廉君〈追憶傅孟真先生的幾件事〉、〈傅孟真先生軼事〉，載《傳記文學》，第十四卷第六期（一九六八年六月）、第十五卷第六期（一九六九年十二月）。

㊲傅樂成〈先伯孟真先生的日常生活〉，載台北《中央日報》，一九五○年十二月三十一日。

㊵陳寅恪〈庚辰元夕作時旅居昆明〉，載《陳寅恪集．詩集》，陳美延編，北京：三聯書店二○○一年初版。陳氏寄贈吳宓此詩，

「銀鈔」寫作「錢鈔」。

41 《史語所檔案》，中央研究院歷史語言研究所藏；轉引自《發現李莊》，岱峻著，四川文藝出版社二〇〇四年初版。

42 43 44 《傅斯年檔案》，中央研究院歷史語言研究所藏；轉引自《發現李莊》，岱峻著，四川文藝出版社二〇〇四年初版。

45 《發現李莊》，岱峻著，四川文藝出版社二〇〇四年初版。勞榦，字貞一，湖南長沙人，清光緒三十三年（一九〇七）出生於陝西省商縣，一九三〇北京大學畢業。歷任中央研究院歷史語言研究所研究員、台灣大學教授、美國加州大學洛杉磯分校教授，一九五八年當選台灣中央研究院院士。撰有《居延漢簡考釋》等著作。二〇〇三年八月三十日病逝於美國。

46 陳哲三〈陳寅恪先生軼事及其著作〉，載《傳記文學》，第十六卷第三期（一九七〇年三月）。

47 《從清華園到史語所——李濟治學生涯瑣記》，李光謨著，清華大學出版社二〇〇四年初版。李濟的次女鶴徵，一九三九年因急性胰腺炎死於昆明，年僅十四；一九四二年，十七歲的長女鳳徵在李莊得了傷寒，不治身亡。

【第十章】

西北望

亂世策士夢

陳寅恪與李莊失之交臂，標誌著中央研究院歷史語言研究所由盛轉衰。當年史語所的主將趙元任，早在昆明時期就棄所而去，跑到美國任教於夏威夷大學，後轉耶魯與哈佛大學任教，終加入美國國籍，從此再也沒有與戰火熊熊的祖國同呼吸，共命運。抗戰結束後的一九四六年，時任國民政府教育部部長的朱家驊致電趙元任，請其回國出任南京中央大學校長，趙元任只回了短短五個字的電文：「幹不了。謝謝！」

此時史語所在李莊的另外幾員大將如梁思永已重病在身，只能躺在病榻上做一點工作，李濟的主要精力放在中央博物院籌備處，李方桂早已離開李莊到成都燕京大學任教，凌純聲不久即到重慶教育部蒙藏司做了司長，只有董作賓、吳定良、芮逸夫、石璋如等幾位元老還在李莊板栗坳苦苦支撐。面對漸漸冷清且有些悲涼的境況，如石璋如所說：「就只有我們幾個人不管如何，依舊規矩工作。」❶

所幸隨著國際形勢的變化，中國的抗戰已由戰略防禦轉入戰略反攻，大道小道的各種消息水陸並進向揚子江

長沙三次會戰前，蔣介石在南嶽衡山召開軍事會議。

盡頭這個古老的小鎮傳來。

一九四三年十一月二十三日，蔣介石以堂堂中國國家元首和世界級政治巨頭的身分（南按：原國民政府主席林森已於這年八月一日去世，蔣氏從這時起才算名正言順的國家元首），在開羅出席了中、美、英三國首腦會議，蔣介石本人與中國的國際地位大增。

就在抗戰曙光照亮東方地平線並向浩瀚遼闊的天際放射之時，風雲突變，即將全面崩盤的日軍大本營，決定用盡最後一點力氣拚死一搏，死裡求生。日軍大本營制訂了以主力部隊全線出擊，進行一場貫通中國南北，聯絡南洋和摧毀美國空軍基地的大規模戰役，即抗戰後期著名的「一號作戰計畫」。

根據這一計畫，在全面崩盤之前已經殺紅了眼的日軍，於一九四四年四月在中國南北一線發動攻勢，先後發起豫中戰役、長衡戰役、桂柳戰役等大規模決戰。日軍的死打硬拚，立即取得了相應的戰果，國民黨軍隊在各個戰場雖進行了頑強抵抗，卻連連敗績。僅幾個月的時間，中原失守，戰略中心衡陽陷落，湖湘一線的國軍全面崩潰，導致廣西失去了重要屏障。日軍乘機迅速調集優勢兵力，與西南戰區的日軍遙相呼應，南北夾擊，在很短的時間內，南線軍事重鎮桂林、柳州、南寧以及廣東、福建部分軍事要塞相繼失陷，中國軍隊損失兵力六十餘萬。此後不久，日本中國派遣軍和駐東南亞的南方軍，在廣西南部勝利會師，從而打通了中國內地通往越南的大陸交通運輸動脈，完成了日軍大本營擬定的「一號作戰計畫」。這一戰略計畫的成功，極大地鼓舞了日軍的士氣和野心，輿論認為：「一號作戰的顯赫成果，可以說使當時陷於淒慘不利戰局中的日本，微微見到一線光明。」❷

常德會戰現場，國軍拚命抵禦日軍大舉進攻，整個城市建築物被摧毀大半，變成一片瓦礫。

就在柳州淪陷之時，驕悍的日軍一部分北進貴州，進攻黔南重鎮獨山，威脅貴陽，震動重慶，世界各方的焦點都驟然投向遠東戰場上的核心——中國大陸西南地區，中華民族又一次面臨覆亡的危險。凶訊傳出，舉國皆驚，一時人心惶惶，感到又一次大難臨頭。國民政府召開緊急會議，商討放棄重慶，遷都西昌或大西北的計畫。

在中華民族生死存亡的緊要關頭，許多有識之士以民族大義為重，強烈要求國民黨從西北地方撤回胡宗南部，解除對延安共產黨部隊的包圍與封鎖。希望雙方不要干戈相向，砍頭斬腰地瞎折騰，應像抗戰初期一樣，捐棄前嫌，精誠合作，團結一致抗擊日軍，否則國民黨將全面崩盤，死無葬身之地。在各色人物的奔走呼號下，一九四四年九月十五日，國民政府參政會第三屆第三次大會主席團正式提議：「請大會決議：組織延安視察團赴延安視察，並於返渝後向政府提出關於加強全國統一團結之建議；茲推薦冷參政員遹，胡參政員霖，王參政員雲五，傅參政員斯年，陶參政員孟和，為該視察團團員。」❸儘管大會代表對此「咸報以熱烈掌聲」，但被提名的幾人似乎對此沒什麼興趣，陶孟和在開完會後便躲到李莊中研院社科所不再露面，只有傅斯年在進退中猶豫不決，似乎有某種期待，並把此計畫寫信告訴了遠在成都的陳寅恪。陳氏於十月三日回函傅斯年：

孟真兄左右：

奉九月廿七日手書，知將有西北之行。此函達渝，未識已啟程否。此行雖無陸賈之功，亦無酈生之能，可視為多九公、林之洋海外之遊耳。聞彼處有新刊中國史數種，希為弟致之，或竟向林、范諸人索取可乎？「求之與抑與之與」。縱有誤讀，亦有邢子才誤書思之，亦是一適之妙也。匆此奉復，順頌

行祺

弟寅恪頓首　十月三日

守和已寄款來，感荷感荷。然不久即告罄，何以支此許久之時日耶。❹

信中的林、范，指林伯渠與范文瀾，從後來的情形看，傅斯年到達延安，的確找過范文瀾等人並索取過部分書籍。而視察團的西北之行也確如陳寅恪所言，既無「陸賈之功」，也沒有顯示出「酈生之能」，可謂無功而返。不過，一九四四年這個紛亂的秋天，視察團並未成行，傅斯年一行真正抵達延安，已是第二年的事了。

一九四五年五月，隨著盟軍打垮並占領了德國，取得了歐洲戰場上的決定性勝利，國際形勢急轉直下，日本面臨著全面崩潰的結局。與此同時，在老大中華這塊地盤上，關於聯合政府的國共之爭，也到了不是魚死，就是網破，或者魚網俱沉，總之是要徹底攤牌的最後關頭了。

在國共兩黨各不相讓，且劍拔弩張的歷史轉折關頭，第三黨——即在抗戰後期組建的中國民主同盟（簡稱民盟）登場了。此同盟成員大多是散落於社會各界的儒生策士，首領如章伯鈞、羅隆基、黃炎培、左舜生等，皆為一時較有名頭的知識分子與不肯安於現狀的幕客。在這一充滿機遇的大動盪、大變革、大整合的歷史性時刻，此

輩儒生策士們產生了一種幻覺，認為戰國爭雄的蘇秦、張儀時代再度來臨，憑辯士們的三寸不爛之舌，施展揣摩、捭闔、鉤鉗、合縱、連橫、轉丸等「陰道陽取」的游說權變之術，即可令各方諸侯伏首聽命，實現國家和平。

民盟同時認為，既然天下格局如今已成三分之勢，抗戰勝利後應由三方共同執政。按照這一思維方式，黃炎培、章伯鈞、羅隆基等人，均認為當前的機會瞬息萬變，稍縱即逝，一旦失之交臂，永不可復得！於是，諸儒生策士的興奮點很快集中在「怎樣把握住這千載一時的機會，實現中國的民主」[5]，也就是要盡力促成由各黨各派共同參與、掌控的聯合政府這一現實行動中來。在民盟主要幹將黃炎培的提議策動下，幾位重要人物決定仿照戰國時著名的辯才蘇秦、張儀，拉上幾個無黨派的國民參政員，以「中間人」的面目穿梭兩邊，為中斷的國共和談重新牽線。

一九四五年六月二日，褚輔成、黃炎培、冷遹、王雲五、傅斯年、左舜生、章伯鈞七位參政員聯名致電毛澤東、周恩來，提議訪問延安，電報中說：「團結問題之政治解決，久為國人所渴望。自商談停頓，參政會同人深為焦慮。月前經輔成等一度集商，一致希望繼續商談。先請王若飛先生電聞，計達左右。現同人鑑於國際國內一般情形，惟有從速完成團結，俾抗戰勝利早臨，即建國新奠實基。於此敬掬公意，佇候明教！」[6]

當此之時，中共中央正在舉行第七次全國代表大會，對此來電未予理睬。直到六月十八日，毛澤東、周恩來才復電在重慶的中共負責人王若飛，讓其轉告七位參政員，歡迎彼到延安一敘，還說：「估計蔣得此消息後，不一定要他們來，如仍許其來，即使無具體內容，只來參觀，亦應歡迎之，並爭取你陪他們同來。」[7]

電文由國民參政會祕書長邵力子親手交給黃炎培，黃看罷極度興奮，立即與左舜生、傅斯年、章伯鈞等人商定了三條合縱連橫的計畫。當黃炎培與沖沖地準備把電文遞交蔣介石批覆時，卻遭到了國民黨方面與中共談判代表王世杰的當頭棒喝。王聲稱這個樣子的建議「如送領袖，必大遭拂怒」。諸儒生策士聽罷，大感灰心，提出乾脆散攤兒，不要再做這些無用之功云云。幾人中唯黃炎培頗不甘心，道：「撞壁須撞到壁，今壁尚未見，僅憑旁人預測勢將撞壁，便放手了，豈為合理？」❽在他的一再堅持下，七位參政員於二十七日下午鼓起勇氣與蔣介石相見，當面陳述了自己的想法和建議。蔣介石不動聲色地認真聽畢，環視眾人，突然滿面帶笑地說道：「余無成見，國家的事，只須於國有益，都可以商談的。」停頓片刻，又說：「中間人，公道話，原來最難討得雙方的喜歡。」當黃炎培等告辭時，蔣介石和顏悅色地拱手道：「辛苦，辛苦！」❾

送走七位參政員後，蔣介石背著手在室內來回踱步，面無表情哼了一聲，對侍從室二處主任陳布雷說道：「就讓他們幾個折騰去吧！」言畢，嘴角露了一絲略帶嘲諷的冷笑。

傅斯年與毛澤東窯洞相會

一九四五年七月一日，褚輔成、黃炎培、左舜生、章伯鈞、傅斯年、冷遹一行六人，乘專機到達延安（南按：王雲五因病發高燒未能成行），毛澤東、朱德、周恩來等中共領導人親自到機場迎接。

七月二日下午，毛澤東、朱德、劉少奇、周恩來在延安楊家嶺會見六位參政員，共商國共合作事宜。晚上，毛澤東專門設宴款待。餐桌上，面對毛澤東的談笑風生，幾位參政員在應承的同時，各自又有一番不同的心境。

此次重組訪問團的六人中，黃、章、左、冷皆屬於中國民主同盟或與之有密切關係的成員；褚輔成是老國民黨黨員，素以老實的讀書人著稱；傅斯年屬於無黨派人士，重量級學者。很明顯，褚與傅加入這個班子，是受到黃炎培等人極力鼓動與

六位參政員飛抵延安時，中共領導人前往迎接。右起：毛澤東、黃炎培、褚輔成、章伯鈞、冷遹、傅斯年、左舜生、朱德、周恩來、王若飛。

拉攏方加入的，主要目的是給外界造成一種多黨派、多團體的民主氣氛和色彩。對此，羅家倫暗地裡曾略帶諷刺地勸說過傅斯年，讓其「不要和蟋蟀一樣，被人一引就鼓起翅膀來」。[10]意思是不要跟著黃炎培、章伯鈞等一班人鬧騰，天下事不是靠黃、章等幾名儒生策士就可以捭闔得了的。且蘇秦、張儀用舌頭定乾坤的時代早已跟著秦始皇他老爺爺一同變為糞土湮沒於歷史煙塵之中了。眼前正是亂世英雄出四方，有槍就是草頭王，槍桿子裡面出政權的新社會，哪裡還有靠幾片如簧之舌就輕易擺平天下的好事？如此做法無疑是在飛機裡做夢——空想。但此時尚心存僥倖與幻想的傅斯年已聽不進朋友之勸，竟跟著黃炎培等人匆匆上了飛機，開始了他的夢想之旅。

就當時的情形論，在六位參政員中，當屬左舜生與傅斯年心境最為複雜。

舜生者，湖南長沙人也，與毛澤東同庚。早年與毛同係「少年中國學會」會員，二十世紀二〇年代赴法國留學。後來提倡國家主義，反對共產主義。一九二五年，左舜生成為中國青年黨首領之一。一九三〇年與陳啟天在上海創辦《鏟共》半月刊，以剷除消滅共產黨為宗旨。一九四一年中國民主政團同盟（南按：中國民主同盟前身）成立時，他出任祕書長，積極宣導反共。此次來到延安，仍不忘鼓吹他的那一套反共滅共的理論。七月三日上午，左與毛澤東單獨交談時，頗不識趣地說道：「我認為，一個國家的政黨可以有多個，軍隊卻不能個個政黨都有。否則，就要發生內亂，國家就不太平。」

毛澤東聽罷沒有做聲。左舜生見對方沒有接話，以為被自己擊中要害，遂開始施展蘇秦、張儀的捭闔之術，繼續鼓譟道：「我們青年黨就主張走議會道路，不辦武裝，成為國家真正的參政黨，對國民政府沒有任何威脅。」

話音剛落，毛澤東忍不住問道：「你的意思是要我們也向你們青年黨學習？」

舜生答：「談不上學習，我覺得我們青年黨的這種做法是對的。」

「怎麼對呢？」毛澤東頗不以為然地問道。

「和平議政，對政府沒有威脅，也有利於各黨派的團結嘛！」

毛澤東聽出左舜生的弦外之音，他冷靜地說道：「我也主張一個國家只有一支軍隊，但要看軍隊掌握在誰的手裡，為誰服務。要知道，一個沒有武裝的政黨是沒有力量的，被蔣介石視為土匪亂黨的人，若沒有一點兒自己的武力，根本無法生存，更不用說有發言權和改造社會了。老庚呀（南按：湖南人叫同年出生者的俗稱），你這個青年黨的『軍事爺』，怎麼連這個道理也不懂呀！」[11]

時年五十三歲的左舜生碰了個軟釘子，仍不知趣，突然又用鉤鉗（實為勾纏）之術，提出一個令毛澤東頗為尷尬的問題。左氏要與他一直崇拜的夢中情人、毛澤東新任夫人、原上海著名影星藍蘋見上一面。毛當即沉下臉來，以「我不認識藍蘋」，後又改成「她生病」為由拒絕了，自此再也不肯理睬這位無聊、蹩腳加淺薄的策士之徒了。近人有引用明代學者宋濂評鬼谷子的話論左氏者，曰：「舜生所言之捭闔、鉤鉗、揣摩之術，皆小夫蛇鼠之智。用之於家，則亡家；用之於國，則僨國；用之於天下，則失天下。」然也。

對於左舜生的為人處世與不識好歹的輕妄之舉，不但令毛澤東反感，即是同來的傅斯年對其亦頗為輕視。早在一九三七年十月十一日，傅致信剛到美國不久的胡適，在提及國內情形時曾說：「所謂參議會又添了些無聊分子，徐謙、羅鈞任、甘介侯、左舜生等。羅毫無見識，殊大失望。此人乃官僚、酒徒之混合，因其為酒徒，故有時似勇，決不該稱之曰『忠節』也。此一鳥會常有荒謬絕倫、匪伊（夷）所思之提案，亦常為我罵散，大有我是此會之『清心丸』之感！可歎可歎。有好些人運動為此參議官，或成（如左）或不成（如羅隆基），若再這樣下去，我也只好走了。」[12]

今次延安之行，左舜生還是按重慶的老套路數，懵懵懂懂地提出如此「荒謬絕倫，匪夷所思」的問題，惹得同鄉毛澤東深惡痛絕。

相對左氏施展的捭闔、鉤鉗等無聊之術，傅斯年不愧是胡適所說的「人間一個最希有的天才」[13]和學界大鱷。同為毛澤東的舊識，卻沒有像左氏一樣稀里糊塗地讓人家放下手中的槍桿子，或專盯著人家的花姑娘糾纏不休。傅氏深知相互之間的關係與面前各自的地位與往昔大為不同了，所謂此一時彼一時也。

毛澤東是一九一八年夏天從湖南鄉村走進北大校園的，就在這期間，他和大名鼎鼎的胡適以及北大學生領袖傅斯年遭遇了。許多年後，毛在延安那口黃土凝成的簡陋窯洞裡，於寂靜的夜幕中伴著青燈向美國記者斯諾（Edgar Snow）回憶了這段使他刻骨銘心的經歷：「我自己在北平的生活是十分困苦的。我住在一個叫三眼井的地方，和另外七個人合住一個小房間，我們全體擠在炕上，連呼吸的地方都沒有。每逢我翻身都得預先警告身旁的人。」⓮「對於我，北平好像花費太大了；我是從朋友們借了錢來北平的，來了以後，馬上就必須尋找職業。楊昌濟——我從前在師範學校的倫理教員，這時是國立北京大學的教授。我請他幫助我找尋一個職業，他就把我介紹給北大的圖書館主任。這主任就是李大釗，他不久成了中國共產黨的創立者，後來被張作霖槍殺了。李大釗給我找到工作，當圖書館的助理員，每月給我一筆不算少的數目——八塊錢。」又說：「我的地位這樣地低下，以至於人們都躲避我。我擔任的工作是登記圖書館讀報紙的人們的名字，可是大多數人，都不把我當人類看待。在這些來看報的人們當中，我認識了許多有名的新文化運動領袖們的名字。像傅斯年、羅家倫，和一些別的人，對於他們我是特別感興趣的。我打算去和他們開始交談政治和文化問題，可是他們都是忙人。他們沒時間去傾聽一個圖書館助理員說南方土話。」⓯

這段回憶不但令毛澤東感到悲傷，亦令後來的天下讀者倍感心酸，或許沒有人想到，他居然還有這樣一段卑微的傷心史。從這段不愉快的回憶中可以看出，當年在北大一呼百應，叱吒風雲，「不可一世」的傅斯年，的確是「目空天下士」的。同當時所有的人一樣，傅沒有想到毛日後會成為比他還要不可一世和充滿霸氣與豪氣的共黨頭子，當然更不會想到許多年後有延安相會這一段插曲。倘傅氏有先見之明，以他的聰明與世故，想來是會「有時間」去好好聆聽一下這個圖書館助理員說幾句「南方土話」的。不過當時一直處於人微言輕之尷尬地位的毛澤東，對傅斯年等人揚風扎猛的做派，也由最早的崇拜漸漸轉為失望。據傅斯年的姪子傅樂成說：「毛在北大寫信給朋友，說他覺得被孟真先生和羅家倫等人欺騙了，因為他們不像他在長沙耳聞的那麼優秀。」⑯這就是說，後來的毛澤東已不把傅斯年、羅家倫之輩放在眼裡了。

而傅斯年這邊，對後來跑到偏遠山林河谷與黃土高原拉桿子鬧革命，以毛澤東為首的中共高層人物，在很長一段時間同樣未放在眼裡。一九三二年九月十八日，傅斯年在《獨立評論》發表的〈「九一八」一年了！〉的政論文章中，談到中國政治的出路問題，他認為國民黨自身已腐化墮落，弄得天怒人怨，國勢瀕危。儘管如此，中國還沒有任何政治力量可以取而代之。傅氏打個譬喻說，「好比明朝亡國的時候，南京北京的姓朱的都不高明一般」。對有人提出共產黨是否可取而代之的疑問，傅的回答是：「共產黨自身的力量也正有限，以我前者同共產黨共事的經驗論，不能不覺得他們也是感情的發洩，而並無建國之能力，所做的工作很多還是洋八股。」⑰

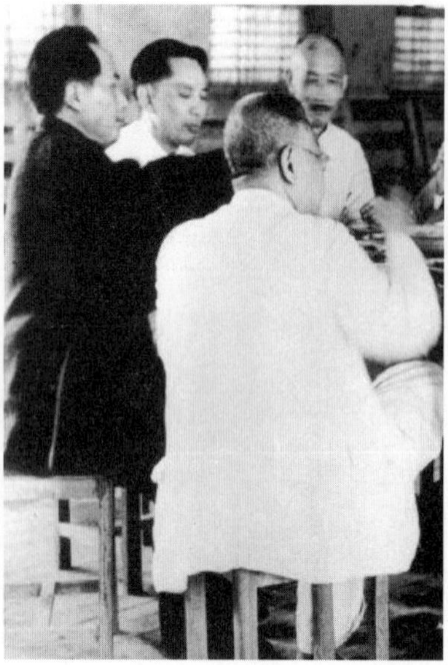
毛澤東（左）在延安設宴招待六位參政員，背對鏡頭者為傅斯年。

令傅斯年深感汗顏的是，僅僅十幾年的時間，已是斗轉星移，物是人非了。倏忽間，二人穿過歷史的隧道，竟跑到陝北的窯洞裡再敘短長，縱論天下大勢。只是當年那位北大圖書館助理員已成為一顆政治明星於這塊風清月高的黃土高原騰空而起，中國的命運也將由於這個人的一舉一動而重新改寫。相對當年氣壯山河的高大身軀，傅氏今日只是作為媒婆一樣的「中間人」出現在光芒四射的毛澤東面前，並籠罩在他的巨大陰影之下了。世事輪回，陰陽轉換，三十年河東，三十年河西，二人的政治地位發生了強烈逆轉，各自內心的感慨之情自是不足為外人道也。有人云，傅斯年一生「誤在多讀了書，沾染上知識分子的缺點、弱點；不然，他是一位雄才大略的創業人物」⑱。這話也許不差，但歷史正是由一個個失誤與成功對接而成的，世人最終沒有看到傅、毛二人像當年劉項一樣爭天下的局面，更沒看到傅斯年建國立號的功業，所看到的只是一位儒生策士與一位政黨領袖在昏黃的窯洞中席地而坐的背影。一位西方哲人說過：「如果人不是從一歲活到八十歲，而是從八十歲活到一歲，大多數人都可能成為上帝。」斯年之悲劇，或許淵源即在此不可逆轉的鐵律和宿命吧。

然而，傅斯年畢竟是傅斯年，儘管此時與他對坐者在政治氣勢上今非昔比，但他仍保持著自己的獨立人格，神態舉止不卑不亢又不失大體，只是說話的口氣較之當年識時務一點罷了。

因了北大的這段因緣，毛澤東單獨拿出一個晚上與傅斯年進行交談，其中最著名的一個細節是，毛沒有忘記北大時代令他百感交集的情結。當毛談及傅曾在五四運動中大出鋒頭，並為反封建與新文化運動做出過貢獻時，傅斯年狡猾而又識趣地回應道：「我們不過是陳勝、吳廣，你們才是項羽、劉邦。」⑲與左舜生的糊塗形成鮮明對比的是，毛澤東聽罷如此得體又使雙方皆不失面子的話，心中大為舒暢。

毛、傅的延安談話，成為研究中國近代史上這兩位重要人物交往的關鍵內容之一。傅斯年在返回重慶之前，沒有像左氏那樣沒出息地一味惦記著那位往昔的影星藍蘋，而是以士大夫傳統、儒雅的交際方式，請毛澤東題字留念，對方慨然允之。有關這方面的真實資料，在台灣中央研究院歷史語言研究所於一九九五年為紀念傅斯年百歲誕辰而出版的一部《傅斯年文物資料選輯》中有所收錄。這部大書所收資料全部為影印，書中第一一五頁收錄了毛澤東給傅斯年的一封短箋和所寫條幅，另有給王世英的一個便條。便箋曰：

孟真先生：

遵囑寫了數字，不像樣子，聊作紀念。今日聞陳勝、吳廣之說，未免過謙，故書唐人詩以廣之。敬

頌

旅安！

毛澤東上
七月五日

毛的條幅這樣寫道：

竹帛煙銷帝業虛，關河空鎖祖龍居。坑灰未燼山東亂，劉項原來不讀書。

唐人詠史一首 書呈

孟真先生

毛澤東

此詩為晚唐詩人章碣的〈焚書坑〉，詩中「劉項原來不讀書」一句，當是毛澤東自況，或含有自謙沒有傅斯年讀的書多，或者還有更深刻的內涵和用意，或者什麼意思也沒有，外人只是自作聰明地瞎猜妄想而已。但這短箋和條幅至少可以說明當時的具體情況，對外界盛傳的傅斯年與毛澤東所說的「我們不過是陳勝、吳廣，你們才是項羽、劉邦」之語，是一個佐證。毛的另外一張便箋，由延安交際處王世英轉交給傅斯年，上寫有：「早上送交際處王世英同志交傅孟真先生　毛緘」字樣。傅、毛延安相會最精采的故事，以這幾幅墨蹟作了見證。

延安歸來

結束了與毛澤東的長談與直接交往，七月四日，傅斯年又在延安中共機關所在地，尋找早些時候陳寅恪所託的林伯渠與范文瀾二人，順便看望了久別的弟子劉燿（尹達）。劉氏是抗戰前史語所發掘殷墟時自河南大學招收的畢業生，與石璋如、尹煥章等一同進入史語所參加殷墟發掘工作，算是傅斯年學生輩人物。抗戰軍興，劉燿隨

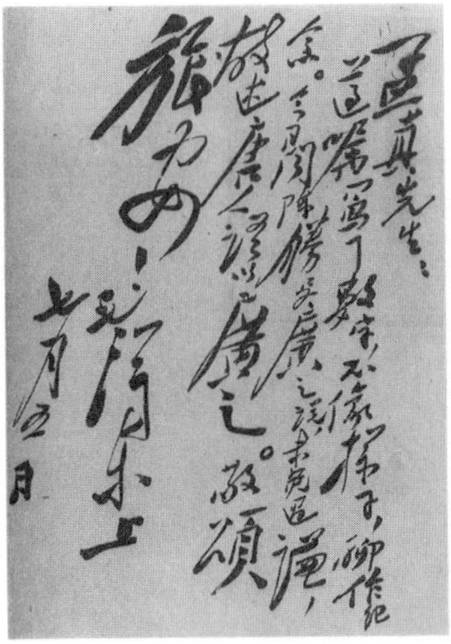
孟真先生：
遵囑寫了數字，不像樣子，聊作紀念。今日間陳勝吳廣之說，未免過謙，故述唐人詩以廣之。敬頌
旅安！
毛澤東上
七月五日

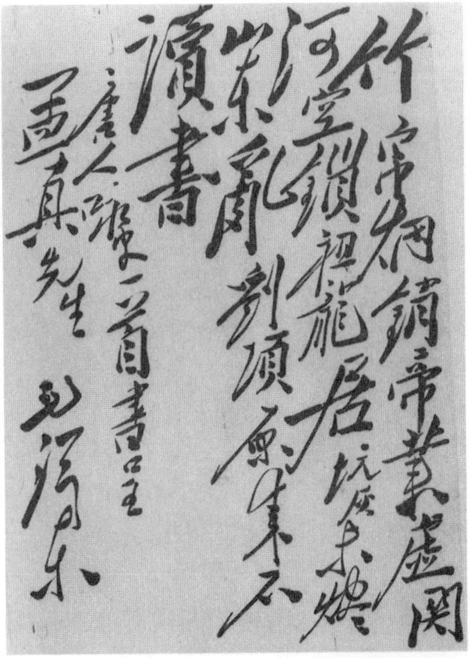
竹帛烟銷帝業虛
關河空鎖祖龍居
坑灰未冷山東亂
劉項原來不讀書
唐人咏史一首書呈
孟真先生 毛澤東

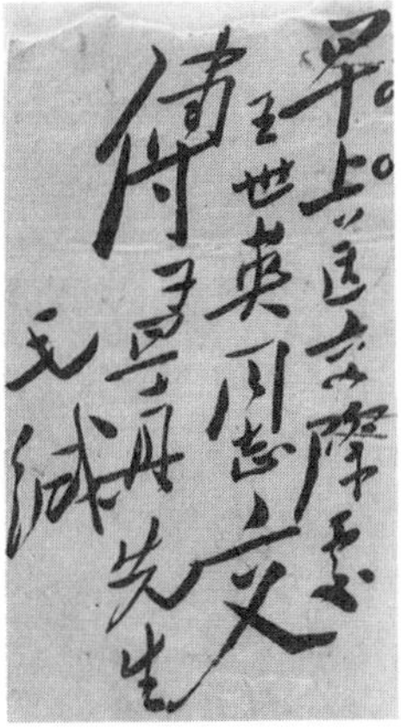
早上[illegible]
王世英同志交
傅孟真先生
毛緘

毛澤東手書給傅斯年的便箋、條幅。

傅斯年與周恩來在延安交談

尹達

史語所抵達長沙不久，離所逕自奔赴延安，化名尹達投入了共產黨陣營，先後進入陝北公學、馬列學院[20]學習，之後分配到陝北公學分校任教，一九三九年調入老范（文瀾）領導的馬列學院歷史研究室從事馬列學說的研究，一九四一年到延安方面設立的中央出版局任出版科科長。傅是在出版局所屬的一口窯洞裡見到這位尹科長的。

儘管政治立場各有不同，但就傅、尹師生而言，此時相見，確有他鄉遇故知之感，一幕幕往事湧上心頭。遙想戰前的殷墟發掘，那是何等壯觀氣派，令人心旌搖盪。隨著抗日戰爭爆發和國共對立摩擦，導師與弟子天南地北，一別數載不得相見，每憶及前塵往事，各自欷歔不已。傅斯年看了尹達的工作環境和工作成績，甚不滿意，忘了眼前的形勢和各自所處的環境與政治地位，一時感情衝動，竟有些糊塗和一相情願地動員尹達隨自己一道回四川李莊史語所，重操舊業，接著續寫尹達此前已完成大半的《山東日照兩城鎮史前遺址發掘報告》。這一提議，「對已經選擇了革命道路的尹達來說，當然是不可能的事情」[21]。其結果是，尹達頗感驚慌，傅更是討了個沒趣。後來，尹達在一九四六年二月曾致信傅斯年，內有「延安一晤，至以為快；知諸師友均在努力寫作，自愧為學術工作盡力甚微，思之悵悵」等語。並表示：「所中所出有關考古之書，可否致送一份？盼甚。愚未完成之書，仍願續作；今後交通方便，大局安定，望能捎至北方大學，當設法完成之。」[22]此事只是尹達一說而已，真正的用意是向傅斯年示好，並替傅挽回一點丟失在黃土高原上的面子罷了。

由於尹達的關係，傅斯年參觀了延安的中央黨校、中央研究院等學術機關，見到了中共中央研究院的副院長兼歷史研究室主任范文瀾。老范是傅斯年的學長，於一九一七年畢業於北京大學國學門。在校期間受業於黃侃、陳漢章、劉師培等「乾嘉老輩」，或曰「乾嘉餘孽」，因而「他對國勢日頹，痛心疾首，但沒有感覺到《新青年

》所提倡的新思潮，是一條真出路」[23]。范畢業後在中學、大學做了近二十年的教書匠，於一九三九年十月辭卻教職索性跑到延安並很快受到重用，開始以頭號馬列主義歷史學家的身分撰寫《中國通史簡編》。據說該大作出版並經《新華日報》連載後，曾轟動一時。《簡編》中的「商朝事蹟」部分，老范引用了中研院史語所在安陽殷墟考古發掘的許多資料，同時對史語所及發掘人員的工作成績給予了讚賞性介紹。其中在「商代的生產方式」一節中寫道：「商代生產工具，已經不是石頭工具而是金屬工具。殷墟發掘專家李濟說：『大多數石器都非平常用的東西，有的是一種藝術的創造，有的是一種宗教的寄託，這些東西，在周朝多用玉琢，如璧琮一類的禮器，在殷墟所見仍為石製。』又殷墟中發現許多銅器，有矢鏃，有勾兵，有矛，有刀與削，有斧與錛，有觚，有爵，有各種銅範。李濟在論殷墟五種銅器說：『殷墟銅器，以矢鏃為最多，金屬原料，只有到了最便宜時，才能用作箭鏃，實際上在青銅時代用作箭鏃的仍是骨與燧石，這就是說用銅的時代，並不一定用銅做矢鏃，失鏃是一次就消耗了的，不是銅的價值低廉，社會經濟決不允許這種質料如此消耗。且矢鏃的形制也完全一致，範銅技術，確已臻至純熟境界，鑄銅業正在全盛時代，沒有長期的培養，決不會達到此境界的。……殷商為青銅末期，殷商以前，仰韶以後，黃河流域，一定尚有一種青銅文化，等於歐洲青銅文化的中早二期，及中國傳統歷史的夏及商的前期。這個文化，埋藏在什麼地方，自然尚待將來考古的發現，但它的存在，我們考慮各方事實的結果，卻可以抱十分的信仰心。』」[24]

傅斯年來延安之前，與住在李莊的李濟、董作賓、梁思永等學界中人已看到了這部著作，但具體作何評價一直不為外界所知，從一貫提倡「新思潮」的「海龜」傅斯年對「乾嘉餘孽」和「土鱉」們的反對與鄙視來看，恐怕難有好的評價——儘管老范早已「古為今用」地改用馬克思主義世界觀來寫此書了。

此次二人延安相逢，老范正在編寫一部中國政治史，並打算本著馬列主義的精神，重新改寫《中國通史簡編》。傅得知此情，對這種治學態度表示讚賞，二人由此握手言歡，彼此增加了信任。至於傅是否從范文瀾處要到

延安景況。圖為一九四七年四月，國民黨軍胡宗南部占領中共中央機關所在地延安時，軍政人員在中央大禮堂前。

了陳寅恪所請之書，不得而知，想來這點事還是不難辦到的吧。令傅想不到的是，一九五〇年後，范重新改寫的《中國通史簡編》，在敍述到商代歷史和殷墟發掘的葬坑與出土器物時，只剩了一句「解放前有人做過發掘」的話。再後來，連「有人」二字也被老范的如椽大筆給一下勾銷了，只剩了草草六個字的「地下發掘證明」[25]。自此，無論是傅斯年、李濟，還是董作賓、梁思永的名字，都與安陽殷墟考古發掘無緣了。

訪問團共在延安逗留四天，傅斯年是否見到了林伯渠，不得而知。若林氏在延安，相見的可能性頗大，只是缺少可查的資料，不便妄加猜測。在六位參政員與中共領導人的相互會見中，黃炎培談了對國際、國內局勢的看法，認為國內各黨各派的團結有絕對的必要，並指出國共兩黨都有恢復談判的表示。黃氏還談了所謂一人、一家、一團體、一地方，乃至一國，「其興也勃焉，其亡也忽焉」等所謂「興亡周期率」，頗得毛的好感，而毛表示「我們能跳出這周期率」，中共「已經找到新路」云云。[26]

毛澤東還對來訪者說：雙方的門沒有關，但門外有一塊絆腳的大石擋住了，這塊大石就是國民黨不顧人民極力反對，強行要開的所謂國民大會等。重慶來的儒生策士們與中共高層人物經過多次會談，最後總算形成了一個《中共代表與褚輔成、黃炎培等參政員延安會談記錄》檔，可視為幾天來會談的總成果。

七月五日早餐後，訪問團成員匆匆趕往機場，毛澤東、朱德、周恩來等中共領導人親到機場送行。最後握別時，毛澤東特地叮囑六位參政員：「歸去時務須向蔣委員長多多道謝，給我們難得的機會，有諸位到延安，使我們聽受到許多平時不易聽到的話，增加了不少了解。並祝蔣委員長健康。」㉗同時，毛還託傅斯年轉達自己對胡適老師的問候——儘管胡適與傅斯年一樣，當年甚是不把這位圖書館助理員放在眼裡。

六位參政員風塵僕僕回到重慶，除向國民參政會和蔣委員長遞交了《會談紀錄》外，各人根據自己的所見所聞，撰寫了報章文字或發表了談話。此次訪問團的盟主黃炎培於興奮之中點燈熬油，苦幹了幾天幾夜，草草寫成了《延安歸來》一書出版發行，內中對延安的人和事極言讚賞，文中說：「就所看到的，只覺得一切設施都切合乎一般的要求，而絕對不唱高調，求理論上好聽好看。……這都是中共三年來的新方針。至於執行的比較徹底，不馬虎，在延安幾天裡，隨處可以見到，這是事事有組織、人人有訓練的緣故。我們應該知道中共政治作風已變了。不是變向別的，而是變向平凡。」又說：「個個人得投書街頭的意見箱，也個個人得上書建議於主席毛澤東。」最後的結論是，自己的延安之行「如坐春風中」。㉘

與黃炎培不同的是，左舜生則寫了〈記「民主政團同盟」與延安之遊〉一文，內中念念不忘他的夢中情人——藍蘋，左氏說：「我本來向毛澤東提議，要見見他的藍蘋的，但毛說她生病，不能見客。七月五日那天我們離開延安的時候，毛帶著他們一個七八歲的女兒（南按：即李訥，時五歲）來送我們，兩隻美秀活潑的眼睛，看樣子似乎和我在戰前見過一次的藍蘋有點像，可是藍蘋本人依然沒有來，『曲終人不見，江上數峰青』，當我們的飛機起飛以後，我還是感到這是此行的一個遺憾。」㉙

到了這個時候，舜生還不明白，毛澤東託詞對方生病不讓相見，顯然不願讓其回重慶後四處宣揚他和江青的

毛澤東與夫人江青、女兒李訥在延安合影。

婚姻關係，也可能是中共政治局做出的硬性規定，不讓在國統區名聲不佳又極愛出鋒頭的藍蘋在此種場合拋頭露面，以免節外生枝。舜生只是枉費心機、自作聰明地破解了「江青」之名的典故（南按：「江青」之名典出唐朝詩人錢起於西元七五一年的應試詩〈省試湘靈鼓瑟〉名句「曲終人不見，江上數峰青」。毛正是依據這兩句唐詩為他的心上人藍蘋命名的）。左舜生勞神了半天，最終還是弄了個「曲終人不見」的悲涼局面。此憾未得彌補，想來左氏當是死不瞑目的吧。

與黃、左二人大不同的是，傅斯年的延安之行，卻有自己獨特的觀感與政治洞見。據羅家倫說：「他（孟真）在重慶被國民參政會推舉為訪問延安代表團的五（六）代表之一，他回來以後，和我談過幾次。他認為當時延安的作風純粹是專制愚民的作風，也就是反自由、反民主的作風。他和毛澤東因為舊曾相識的關係，單獨聊了一夜天。上天入地的談開了，談到中國的小說，他發現毛澤東對於坊間各種小說，連低級興趣的小說在內，都看得非常之熟。毛澤東從這些材料裡去研究民眾心理，去利用民眾心理的弱點，所以至多不過宋江一流。毛澤東和他慢步到禮堂裡，看見密密層層的錦旗，各處向毛獻的。孟真諷刺的讚道：『堂哉皇哉！』毛澤東有點感覺到。他痛恨同去的人沒有出息。他說，章伯鈞是由第三黨去歸宗，最無恥的是黃炎培等，把毛澤東送他們的土織毛毯，珍如拱璧，視同皇帝欽賜飾終大典的陀羅經被一樣。孟真對他們說：『你們把他看作護身符，想藉此得保首領以歿嗎？』」[30]

傅羅

羅家倫這段回憶難免有政治偏見及主觀成分，但所說的許多內容與史料相吻合，說明並不是空谷來風。傅羅談話，較為透徹地反映了傅氏的內心世界和人生觀。傅斯年對中共與蘇聯皆無好感，並公開表示反對。他在一九三二年發表的〈中國現在要有政府〉一文中，就公開宣稱：「中國的共產黨在大體上是祖傳的流寇，不過以前的流寇但由凶年失政造成，今之共產黨乃由凶年失政以外，更加以國民經濟之整個的崩潰而已。」㉛除了反共，傅同樣反蘇，並宣稱：「我的『反共反蘇』的徽號。本是共產黨送我的，我也受之無愧。我因為民族主義與人道主義，所以反共反蘇。」㉜在傅斯年的眼裡，中共與蘇共是連帶的，不可分割的。按他的說法，中共緊隨蘇聯其後，學史達林那一套，搞的不是民主而是專制，有一套不講事理不重人性的辦法，所以一旦共產黨掌權，社會秩序就將大亂，甚至人民的自由也會被剝奪，文化會變成荒漠，等等。

正是因了這樣的政治觀念，傅斯年與毛澤東的關係，和後來的梁漱溟與毛澤東的關係極其相似。各自的性格與政治傾向不同，是傅斯年不可能對毛澤東產生崇拜的根本原因之一，也是他回到重慶後，口出此言的一個不難理解的緣由。後來，當傅斯年看到很多年輕人逐漸演變成為激烈的左派分子時，如芒在背，一次閒聊時他對李濟說：「我要是十七八歲的青年，我也許對共產黨發生興趣。」接著又說：「但我自從與共產黨接觸以後，絕對不會當共產黨！」㉝簡短幾言透出了他內心對左派青年的不滿與對共產黨決絕的態度，這一態度直到他退守孤島都沒有改變，真可謂是一個「帶著花崗岩頭腦見上帝去」的典型人物了。

注釋：

❶《石璋如先生訪問紀錄》，陳存恭、陳仲玉、任育德訪問，任育德記錄，中央研究院近代史研究所二〇〇二年初版。

❷《一號作戰之二：湖南會戰》，下冊，日本防衛廳防衛研究所戰史室著，天津市政協編譯委員會譯，北京：中華書局一九八四年初版。

❸《國民參政會資料》，四川大學馬列教研室編，四川人民出版社一九八四年初版。

❹《致傅斯年》，載《陳寅恪集·書信集》，陳美延編，北京：三聯書店二〇〇一年初版。信末附言中提及的守和，即袁同禮。據此著凡例，「（具體時間）能確定者，在該函署名後月日之上用括號注明年份，大致估計者，注約某年，不能確定者，只注月日。」這封信按第二種情況處理，注為「約一九二九年」。頁下編者注：

（一）陸賈，漢初楚人，從高祖劉邦定天下。使說南越尉佗，佗稱臣。帝令著秦漢所以興亡之故，因著《新語》十二篇，帝稱善。

（二）酈生指北魏酈道元，范陽涿縣人。為吏威猛為治。道元好學博覽，訪瀆搜渠，撰《水經注》四十卷，本志十三篇，皆行於世。

（三）多九公、林之洋，事見《鏡花緣》。

（四）「求之與抑與之與」，第三、七兩與字讀歟。此句出自《論語·學而篇》。

（五）邢邵，字子才，北齊人，雅有才思，日誦萬言，有書甚多，不甚讎校，嘗謂：「誤書思之，更是一適。」

南按：以上注釋，有兩處不確。

第一，此信並非寫於一九二九年，而是寫於一九四四年。一九二九年，傅斯年沒有西北之行的任何計畫，從他一生的行蹤看，也找不到任何文字與事實上的印痕。而只有放在一九四四年這個時間段，方可解釋全文旨意。信中說到「聞彼處有新刊中國史數種」，這個「彼處」就是延安。「竟向林、范諸人索取」一句的林，指的是林伯渠，其人是陳寅恪在光緒三十年（一九〇四）考取官費生第二次留日時的同學，又是一九一六、一九一七年間在湖南省長公署任職時的同事。一九三四年，林氏參加紅軍長征，到延安後歷任中共要職。抗戰時期，國共合作，成立國民參政會作為國家最高諮詢機關，林伯渠是中共七位參政員之一。范，當指范文瀾，其時屬延安知識分子首領之一，所著《中國通史簡編》已經行世，並引起全國學術界的注意。范氏在一九六四年人民出版社出版的《中國通史簡編》修訂本第一編〈緒言〉中，曾回憶此書初版的寫作經過：「一九四〇年我去延安，組織上要我編寫一本十幾萬字的中國通史，為某些幹部補習文化之用。我當時就同馬列學院歷史研究室的幾位同志分工寫作，由我總編。由於缺乏集體寫作的經驗，對如何編法沒有一致的意見，稿子是齊了，有的太詳，有的太略，不甚合用。組織上叫我索性從頭寫起。一九四〇年八月至第二年四五月完成了上冊（五代、十國以前），至年底完成中冊（下冊原擬寫近代史部分）。校完全書我就轉入整風運動中去，不再接觸這個工作了。」既然范文瀾一九四〇年才到延安，一九四一年底才完成古代史部分書稿，則陳寅恪的信不可能寫於一九四二年之前。另據蔣天樞《陳寅恪先生編年事輯》（增訂本）云，一九四二年六月，陳寅恪抵桂林，任教廣西大學，一九四三年八月起程北行，十二月底至成都，任教燕京大學。這段時間，傅斯年主要在李莊與重慶之間穿梭，同樣沒有要赴西北的計畫，因而此信只有寫於一九四四年延安視察團即將起程前。

第二，信中的「酈生」非指酈道元而是西漢的酈食其。據《史記》載，酈生初識劉邦，便請命游說陳留令，使劉邦輕而易舉地控制了號稱「天下之衝，四通五達之郊」的陳留。後又游說齊王田廣，計成，「伏軾下齊七十餘城」。只是未等齊王獻城投降，韓信便聽從謀僚之計，舉大兵攻打齊國，令齊王大為惱火，認為是酈食其欺騙了自己，遂將其捕來投入油鍋當做人肉麻花一烹了之。因陸賈與酈生皆劉邦時代有名的說客，司馬遷乃把陸酈並舉，記於史冊。〈太史公自序〉述其作意云：「結言通使，約懷諸侯：諸侯咸親，歸漢為藩輔。作〈酈生陸賈列傳〉。」

又，陳寅恪信中的「陸賈之功」與「酈生之能」，喻古代朝廷使者勸說地方勢力歸附中央政府的功績和才能，而當時傅斯年的「西北之行」是負有類似使命的。在這樣一個背景下，陳氏憑藉一個偉大歷史學家的洞察力和對時局的非凡卓見，加之與傅斯年的特殊關係，他沒有用「未必」之類的含糊措辭，而是非常肯定地預言傅斯年的「西北之行」，在當時的政治格局之下不可能達到目的，只能是「無陸賈之功，亦無酈生之能」，權作多九公、林之洋的海外之遊罷了。這種對未來歷史走向的洞見，在他的詩文以及與友人、學生的談話中多有反映。所以說，信中的酈生非指酈道元而實指酈食其也。

至於「縱有誤讀」之句的含義，則是陳氏雖不喜歡「先存馬列主義的見解，再研究學術」，但這並不妨礙像他當年在瑞士讀《資本論》原文一樣，了解一下號稱延安頭號馬列主義學者的范文瀾的史著。讀不讀是一回事，信與不信又是一回事，兩者之區別就看每個人的識見與思想信仰了。

❺❾《無窮的困惑——黃炎培、張君勱與現代中國》，許紀霖著，上海：三聯書店一九九八年初版。

❻〈致毛澤東、周恩來〉，載《傅斯年全集》，第七卷，歐陽哲生主編，湖南教育出版社二〇〇三年初版。

❼《毛澤東年譜（一八九三～一九四九）》，中冊，逄先知主編，中央文獻出版社二〇〇二年初版。

❽《黃炎培日記摘錄》，一九四五年一月二十七日，中國社會科學院近代史研究所中華民國史研究室編，中華書局一九七九年初版。

❿㉚羅家倫〈元氣淋漓的傅孟真〉，載《傅故校長哀輓錄》，台灣大學一九五一年六月十五日印行。

⓫汪幸福〈毛澤東冷對左舜生〉，載《共鳴》，二〇〇二年四期。

⓬〈致胡適〉，載《傅斯年全集》，第七卷，歐陽哲生主編，湖南教育出版社二〇〇三年初版。

⓭胡適〈「傅孟真先生集」序〉，載《傅孟真先生集》，第一冊，傅斯年撰，傅孟真先生遺著委員會編，台灣大學一九五二年印行。

⓮《毛澤東自傳》，毛澤東口述，斯諾錄，汪衡譯，解放軍文藝出版社二〇〇一年初版。

⓯《西行漫記》，（美）埃德加·斯諾著，董樂山譯，北京：三聯書店一九七九年初版。

⓰傅樂成〈傅孟真先生與五四運動〉，載《聯合報》副刊，一九六八年四月二十三日。

⓱《傅斯年全集》，第四卷，歐陽哲生主編，湖南教育出版社二〇〇三年初版。

⓲何茲全〈憶傅孟真師〉，載《傳記文學》，第六十卷第二期（一九九二年二月）。

⓳《傅斯年——大氣磅礴的一代學人》，岳玉璽、李泉、馬亮寬著，天津人民出版社一九九四年初版。對於這句話，有研究者認為傅斯年「將毛澤東比作雄才大略的項羽、劉邦，並將不堪大任的國軍比作功敗垂成的陳勝、吳廣」。（見《聖地之光——城子崖遺址發掘記》，石舒波、于桂軍著，山東友誼出版社二〇〇〇年初版。）此說恐怕有誤。當時的「國軍」正配合盟軍進入對日本

軍隊的全面反攻階段，達到了自抗戰以來如日中天，最為輝煌的鼎盛時期，何以用來與兩個自喻為鴻鵠實為燕雀而究不能成大器的草莽英雄陳勝、吳廣比之。實則傅以項劉比做國共兩黨，具體言之，乃以項劉比做蔣介石與毛澤東。陳勝、吳廣是對自己以及五四時代的學生領袖羅家倫等輩無可奈何的自嘲與自謔。從傅的話中還可看出，此時的他依然沒有把所謂的第三黨——中國民主同盟放在眼裡，更沒有產生黃炎培、章伯鈞、羅隆基輩認為的「蒼茫大地」，須由民盟來力主沉浮的幻覺。因而，這也注定了傅在延安的觀察與感受，與黃、章等人的大不同。

⑳一九三八年五月五日，馬列學院成立於延安，一九四一年五月改組為馬列研究院，七月再改組為中共中央研究院。一九四三年五月，併入中共中央黨校，為該校的第三部。

㉑《中國社會科學院學術大師治學錄》，中國社會科學院科研局編，中國社會科學出版社一九九九年初版。另，關於尹達撰寫《報告》一事，中科院編的《治學錄》作了如下敘述：「一九三六年春，尹達從殷墟被抽調到山東日照兩城鎮參加龍山文化遺址考古，由梁思永帶隊。這次發掘是為進一步探討新石器時代龍山文化的面貌，共發掘五十多個龍山文化時期的墓葬。發現最多的是陶器；墓中的頭骨已經腐朽，經多方努力，收取了三十多個。發掘所得於秋天運到南京。寫發掘報告的重擔，落在尹達肩上。他一面參加清理標本的工作，一面著手整理記錄，編寫考古報告。報告的主體部分寫好後，還沒有來得及寫結論，日本帝國主義的鐵蹄已經長驅直入，南京告急！一九三七年秋，尹達隨史語所匆忙遷往長沙，敵機很快就對長沙開始轟炸。國難當頭，尹達決心忍痛放棄即將完成的研究項目，毅然離開個人收入優厚、工作條件令人羨慕的學術機構，投身到民族革命戰爭的偉大洪流。他和幾位同事相約結伴，投奔延安參加抗日。一九三七年的年終這一天，尹達到達延安。

「關於《山東日照兩城鎮史前遺址發掘報告》稿，考古學家梁思永在其一九三九年以《龍山文化》為主題所發表的論文中說：『這報告將成為對於山東沿海區的龍山文化的標準著作，而（且）是研究龍山陶器不可缺少的參考書。』（南按：見《梁思永考古論文集》，中國科學院考古研究所編，科學出版社一九五九年初版。）最近從台灣傳來的消息說，中央研究院史語所將用尹達的原名劉燿，出版這部塵封了半個多世紀的考古報告的未完稿。這份由史語所帶到台灣去的考古報告稿，在經過六十多年的世事滄桑之後，終於獲得了問世的機會，但報告的執筆人卻無法看到自己的心血結晶了（南按：尹達已於一九八三年病逝）。」

㉒《傅斯年檔案》，中央研究院歷史語言研究所藏；轉引自《傅斯年文物資料選輯》，王汎森、杜正勝編，傅斯年先生百齡紀念籌備會一九九五年初版。

㉓朱瑞熙、徐曰彪〈范文瀾〉，載《當代中國社會科學名家》，劉啓林主編，社會科學文獻出版社一九八九年初版。

㉔《中國通史簡編》，中國歷史學會編輯，范文瀾主編，上海新知書局一九四七年滬初版。

㉕《中國通史》，第一冊，范文瀾等著，人民出版社一九九四年初版。

㉖《八十年來——黃炎培自述》，黃炎培著，文匯出版社二〇〇〇年初版。一九四九年之後，黃炎培官至政務院副總理兼輕工業部部長，這是中共投桃報李的酬謝。但黃氏經常在毛澤東面前不斷地叨念當年自己在延安時戴在中共頭上的所謂「其興也勃焉，其亡也忽焉」、「打天下易，坐天下難」等聖人聖言「緊箍咒」。最後，已被念得極不耐煩的毛澤東，可能想起了太平天國時楊秀清以上帝之身用「勸世良言」來壓制洪秀全的往事，索性來了個「即以其人之道，還治其人之身」的策略，轉守為攻，一句「打天下也不易！」算是正式破了這個所謂的「周期率」與「緊箍咒」。自此黃見到毛澤東不敢繼續囉唆，更不提什麼「勃焉」、「忽焉」之類道業高深的法術了——畢竟毛澤東不是洪秀全。

㉗㉘《八十年來——黃炎培自述》，黃炎培著，文匯出版社二〇〇〇年初版。

㉙《近三十年見聞雜記》，左舜生撰，香港：自由出版社一九五〇年初版。

㉛《傅斯年全集》，第五冊，陳槃等校訂，聯經出版公司一九八〇年初版。

㉜〈傅斯年校長的聲明〉，載《傅斯年全集》，第六冊，陳槃等校訂，聯經出版公司一九八〇年初版。該聲明原刊於台北《民族報》一九四九年七月十四日。傅氏另有〈自由與平等〉、〈蘇聯究竟是一個什麼國家？〉、〈我們為什麼要抗俄反共？〉、〈共產黨的吸引力〉等數篇專論，收入此著第五冊。

㉝李濟〈創辦史語所與支持安陽考古工作的貢獻〉，載《傳記文學》，第二十八卷第一期（一九七六年元月）。

【第十一章】

千秋恥，終當雪

初聞涕淚滿衣裳

視察團延安之行被陳寅恪不幸而言中，以黃炎培為首的儒生策士班子儘管使出了渾身解數，但沒有達到目的。蔣介石把雙方的《會談記錄》翻了幾下，就冷冷地撇在一邊不再顧及，仍堅持一黨專制的政治指導思想。這一做法引得延安方面大為不快，認為自己被國民黨又涮了一把。

在黃炎培等人回到重慶的第五天，也就是七月十日，已通過地下管道得知蔣介石真正想法的毛澤東，盛怒之下決定實施反制，於延安發表了著名的〈赫爾利和蔣介石的雙簧已經破產〉戰鬥檄文，對國民黨及美國前往中國調解國共摩擦的代理人赫爾利（Patrick Jay Hurley）大加討伐。此文一出，生存在一相情願和幻覺中的民盟第三黨，不但沒有達到當年蘇秦、張儀合縱連橫的奇效，反而弄得豬八戒照鏡子——裡外不是人，最終落了個蔣介石不疼、毛澤東不愛，兩頭皆空的尷尬結局。好在此時世界性的反法西斯戰爭已取得了驚人進展，中國民眾注目的焦點再度被調轉到東、西方兩大戰場上去，國共兩黨的摩擦暫時被擱置下來。

一九四五年七月二十六日，中、美、英三國聯合發表了促令日本投降的《波茨坦宣言》。日本政府在軍部強硬分子的操縱下，宣布「絕對置之不理」❶。

八月六日，被激怒的美國在日本廣島投下了第一顆原子彈。

八月八日，蘇聯根據雅爾達會議決定對日宣戰。次日，蘇聯紅軍迅速進入中國東北地區，並向朝鮮北部和庫頁島進軍，一舉殲滅近百萬日本關東軍。蔣介石聞訊，以中華民國政府主席的名義致電史達林，謂：「貴國對日宣戰，使全體中國人民奮起……」又說：「本人相信由於貴國壓倒性的力量加入，日本的抵抗必會迅速崩潰。」❷

八月九日，怒氣未消的美國在日本長崎投下第二顆原子彈，整座城市化為一片廢墟。當晚，已被打得急紅了眼的日本天皇在御前會議上不顧軍部強硬分子的阻撓與蠱惑，最後裁決：以不變更天皇地位為條件，向中、美、英三國為首的盟軍投降。

盟軍在「密蘇里」號戰艦上舉行日本投降簽字儀式

八月十日，日本天皇主持御前會議，會議中決定乞降，接受《波茨坦宣言》的主張，條件是不廢黜日本皇室。下午八時，日本廣播宣布日本政府決定無條件投降，正式照會將委託瑞士及瑞典政府轉致中、美、英、蘇四國。稍後，重慶中央廣播電台播發了這一振奮人心的消息。在這具有重大歷史意義的非凡時刻，播音員熱血澎湃，感情激蕩，已沒有了平日圓熟的素養與技巧，任由情感噴湧。廣播結束時，播音員聲音嗚咽，說：「諸君，請聽陪都歡愉之聲！」

是時，收音機中傳出了響亮的爆竹聲、鑼鼓聲以及外國盟友

「頂好」、「頂好」的歡呼聲。緊接著，「日本小鬼投降了！」「抗戰勝利了！」「中華民國萬歲！」的歡呼聲如春雷般炸響開來，整個重慶形成了一片歡騰的人海。

這一天，傅斯年仍在重慶中央研究院總辦事處，當勝利的消息猝然降臨時，先是目瞪口呆，接著方寸大亂，欣喜若狂。平時滴酒不敢沾的他從一個牆角抓起一瓶不知什麼時候存放的瀘州大麴，搖晃著高大肥胖的身軀衝出門外，加入到奔跑歡跳揚臂高呼的人流之中。許多年後，同在重慶的羅家倫還記得這幕經典場景。羅在回憶文章中第一句話就是——「孟真瘋了」。接下來說道：「從他聚興村住所裡，拿了一瓶酒，到街上大喝；拿了一根手杖，挑了一頂帽子，到街上亂舞。結果帽子飛掉了，棍子脫手了，他和民眾和盟軍還大鬧了好一會；等到叫不動鬧不動了，才回到原處睡覺。第二天下午我去看他，他還爬不起來，連說：『國家出頭了，我的帽子掉了，棍子也沒有了，買又買不起。晦氣！晦氣！』」❸

是啊，這口氣整整憋了八年，八年的苦難、辛酸、屈辱、悲憤、忍耐，直至抗爭與浴血奮戰，生死一搏。一旦勝利到來，被壓抑了八年之久的精神需要痛快地宣洩，人們的情緒如同被地殼擠壓得太久而終於火山一樣轟然爆發，拘謹的變得放縱，沉鬱的變得豪邁，愁苦悲壯的面容變成了涕泗縱橫的笑臉。辛酸而艱苦的日子總算沒有白過，慶祝活動通宵達旦。

遙想當年，在那個寒風凜冽的嚴冬，中國軍隊在一片混亂中棄守首都南京，日本軍隊用超乎想像的野蠻，慘絕人寰地屠殺放下武器的戰俘和中國平民，瘋狂強姦無辜的婦女。與獸性大作的日軍遙呼相應的日本市民，紛紛擁向東京街頭，提燈遊行，慶祝狂歡。想不到事隔七年，揚子江湧動的血水漸漸湮退之後，這個夏天的夜晚，換了時空，已是中國百姓在重慶街頭提燈遊行，慶祝狂歡。

「誰會笑，誰最後笑。」——這是南京淪陷，日本東京狂歡之時，一位名叫魯道源的滇軍師長在奉命率部馳援東南戰區的軍事集結中，說出的一句暗含劍鋒的話語。

抗戰勝利，重慶老百姓提燈遊行，慶祝狂歡。

這是一個隱喻，也是一種宿命，它預示了中國人民在經歷九九八十一難之後，最終將修成正果，迎來勝利的歡笑；它暗合了中華民族必將在這場震天撼地的戰爭中，鳳凰涅盤、浴火重生的玄機奧祕。——這一切，都隨著重慶街頭那炸響的爆竹和狂歡的人潮而得到了歷史性驗證。八年抗戰，如果自「九・一八」算起，則是十四年的苦難與抗爭，死者無聲的託付，生者的籲求，都遙遙羈繫在這片風雨迷濛中升浮而起的聖地之上。

——重慶不眠，中國不眠，整個中華民族將伴隨著這個不眠之夜開始新的歷史紀元。

一九四五年八月十五日，日本裕仁天皇發表「停戰詔書」，正式宣布三百三十萬垂死掙扎的日軍放下武器無條件投降。美聯社在這一天向全球播發的電文稱：「最慘烈的死亡與毀滅的匯集，今天隨著日本投降而告終。」[4]

同日，蔣介石以中華民國政府主席的名義，在重慶中央廣播電台發表了抗戰勝利對全國軍民及全世界人民的廣播演說，指出：「我們的抗戰，在今天獲得了勝利。正義戰勝強權，在這裡得到了最後的證明。」[5]

代理北大校長

就在裕仁天皇正式宣布投降的第二天，國民政府教育部部長兼中央研究院代院長朱家驊找傅斯年談話，讓其出任北京大學校長，即刻做復員北平的準備。同時承諾傅斯年賴以起家並作為根據地與大本營的中研院史語所，仍由傅本人牢牢地攥在手心，他人不得染指。朱家驊最後強調，此次任命不僅是教育部的感情，也是介公的旨意。

早在一九四五年五月抗戰勝利前夕，國民政府行政院改組，宋子文被任命為行政院院長，翁文灝為副院長，受命組閣。由於宋子文與時任西南聯大常委、北京大學校長的蔣夢麟皆為留美派的首要人物，且二人關係密切，便拉蔣夢麟做了行政院祕書長。蔣夢麟在翁文灝的幫腔與自己新任夫人陶曾穀的鼓動、蠱惑下欣然同意。當此之時，蔣夢麟正在美國考察教育，消息由北大法學院院長周炳琳從重慶帶到昆明，北大同人大為不滿，並為此「吵起來了」❻。北大歷史系教授兼祕書長鄭天挺氣憤地對周說道：「果有此事，未免辱人太甚，不惟（蔣夢麟）個人之恥，抑亦學校之恥。」又說：「（夢麟）師果允之，則一生在教育界之地位全無遺矣！」❼

在鄭天挺等教授們的眼裡，蔣夢麟是天下士林罕有其匹的重量級甚至宗師級人物，這樣的人物在抗戰勝利之際卻棄北京大學，做一個宋氏門下的幫閒者，實在令人費解和感到悲哀。按鄭天挺的說法，若說為了貪圖功名，早在十幾年前蔣就出任過教育部部長，算得上是高官大員了，現已屆花甲之年，北大校長的社會地位和影響也不算低，何必躬身屈就一個國人皆恨的巨奸閣揆的幕僚？面對蔣氏如此糊塗的抉擇，鄭堅持認為「為師計，殊不宜」❽，並把此意特地向蔣的妻子陶曾穀做了陳述，讓她轉告其夫君不要置名節榮辱於不顧，關鍵時刻還須以北大前途與自己的聲名為重。但由蔣夢麟的祕書半道插足而終於擊敗對手，促蔣離婚晉升為夫人的陶曾穀，卻並不把鄭氏的話放在心上，認為行政院祕書長的官銜比北大校長大得多，發財的門路更多、更廣、更易，乃與蔣串通一氣，堅持己見，一意孤行。在此種情形下，北大

蔣夢麟

同人共舉傅斯年以公私兩重友誼向蔣夢麟進言，作最後努力。想不到傅氏依然回天乏力，蔣夢麟並未給他面子。不僅如此，對方既已決定入閣為官，卻又不向國民政府辭卻北大校長之職。傅斯年見對方如此不識抬舉，盛怒之下遂不再顧及個人感情，開始鼓動朱家驊乾脆來個一不做二不休，索性讓蔣夢麟交出北大的印把子，立即革掉他的北大校長之職。按教育部制定的《大學組織法》，校長不得兼任政府其他官職。當然，最好是讓蔣氏自己知趣地請辭。在朱家驊與傅斯年的合力夾擊圍堵下，深知魚與熊掌不可得兼的蔣夢麟只好忍痛割愛，與北大一刀兩斷，公開辭去西南聯大常委及北京大學校長等本兼各職，義無反顧地加入了宋子文內閣。❾至於西南聯大解體之後北大何去何從，是有希望還是「無希望」，他就顧不得這許多了。

在學界一片惋惜、困惑甚至怨怒聲中，國民政府於同年八月免去蔣夢麟北大校長職。經蔣介石授意，決策者欲任命有「大砲」之聲譽的傅斯年為北大校長，以維持局面。

身處亂離之世的傅斯年被委以重任，他的頭腦尚屬冷靜，深知北大在天下儒林中的分量，更深知此時還有一個重量級的學界領袖胡適在美國蹲著。當年清華國學研究院成立之初，胡適沒敢忽視王國維、梁啟超的存在，此時輪到傅斯年不敢忽視胡適這個高大身影的存在了。只要胡老師一息尚存，自己是萬萬不能瞞著鍋台上炕，窺視北大第一把交椅的。於是，傅頗明事理地向朱家驊建議，讓德高望重的胡適回國主持北大事務，自己可做胡氏大旗下的天字第一號嘍囉，專管搖旗吶喊與擂鼓助威，或者是做個像梁山好漢李逵那樣揮動板斧開路的先鋒。朱聞聽此言，頗感為難，推託此舉是秉承黨國最高領袖介公的旨意，不好擅自更改云云。如果堅辭不就，傅可逕自奏明介公，與教育部和朱氏本人無涉。傅斯年聽罷，深知朱家驊與胡適有一個或明或暗的「瑜亮情結」，不願看到胡適重返教育界執掌權柄與自己爭雄，但又不好公然挑明，遂把這個皮球踢給了自己。此時傅氏是鐵了心要把胡適推向聚義廳頭把交椅的位子上，遂於八月十七日上書蔣介石，動之以情，曉之以理，為自己不敢承襲如此名譽和重擔開脫。一番有板有眼，聲情並茂的陳述終於打動了蔣介石，蔣氏遂決定任命胡適為北大校長。因胡氏尚在美國，歸國之前，國民政府任命傅為北大代理校長，並聘為西南聯大常務委員。在這種情形下，傅「不得不勉強答應」❿。

遠在美國的胡適對蔣夢麟的選擇從一開始就持冷靜的觀望態度，在傅斯年、鄭天挺、周炳琳等滿含悲憤口誅筆伐之時，他以和事佬的身分不慍不火地為蔣開脫，並強調夢麟此舉實乃是「為政府徵調，只是暫局」云云，以此消融北大諸教授的怨憤。在得知自己被任命為北大校長後，胡適在給朱家驊、蔣夢麟、傅斯年三人的信中，極富理性和得體地說道：「將來弟歸國，若不得已，亦願與孟真兄分勞，暫代一時，以待孟鄰兄之歸……」⓫胡適此言，是否出於真心不得而知，或只是為保持朋友間的友誼與共同的情面故意擺出的姿態與客氣話，或真有暫代一時之意。只是蔣夢麟此次一別竟成永訣，再也沒有機會回到他付出過心血，充溢著光榮與夢想的北京大學校園了。

一九四五年九月二十日，傅斯年以北京大學代理校長的身分參加了在重慶召開的全國教育善後復員會議。會議就內遷教育機關的復原以及教育秩序整頓等問題進行了討論和議決，參加者有朱家驊、翁文灝、李石曾、蔣廷黻等學界大腕。傅氏在會上極其活躍與情緒化地指手畫腳，並公開為朱家驊出謀畫策，立即引起了相當一部分與會者的反感。原清華大學歷史系主任、國民政府行政院政務處處長、時為善後救濟總署署長的蔣廷黻對傅氏張牙舞爪的做法更是深惡痛絕，當場挖苦傅斯年，說他是「太上教育部長、太上中央研究院總幹事、太上北大校長」。傅聽罷反唇相譏，說自己只做「太上善後救濟總署署長」。蔣廷黻見傅氏漲紅了臉動起怒來，怕引起對方高血壓病復發，遂不再攻擊。事後，傅斯年在給妻子俞大綵的信中道出了自己的委屈：「事實是騮先好與我商量，而十之七八不聽，然而外人不知也，以為他的一切由我負責。」⓬通過這次會議，傅斯年更加認清了局面的複雜與派系爭鬥的險惡，他在給北大法學院院長周炳琳的信中不無憂慮地說道：「弟貿然代理，半年之後，必遭天殃，有不得不與兄等約者，弟固跳火坑矣，而公等亦不當立於高峰之上，搬請以為樂也，除非大家努力，齊一步驟，

一九四六年春，蔣介石赴北平與傅斯年協商偽北大教員處置問題，特地到文丞相（天祥）祠正殿「萬古綱常」匾額下合影，以示對傅的支持。

此局不易維持也。北大之敵人多矣，隨時可來算賬，且此時不攘外即無以自立，此尤使弟鬥志奮發，而又不得不戒懼者也。」⓭傅氏在憂慮與恐懼的同時，也立下了不惜開打的決心和鬥志。

重慶會議之後，傅斯年即委派北大教授陳雪屏與鄭天挺由昆明趕往北平，接收北大校產，為學校復員做準備。當陳、鄭抵達北平後，首先遇到的頗感頭痛的麻煩就是偽北大教員問題。一九三七年盧溝橋事變之後，北京大學教職員工與學生根據政府的指令倉皇南下，占領北平的日軍利用原校舍和來不及遷運的圖書設備，又成立了一個偽「北京大學」，招生開課，對中國青年進行奴化教育。當時未隨校南遷，仍留在北平並漸漸墮落為漢奸的湯爾和、錢稻孫、鮑鑑清等原清華、北大教授，先後出任偽北大「總監督」和「校長」等職，周作人和著名古器物與古文字學家容庚等沒有南遷的原北大、燕京大學教授也相繼下水。周氏出任偽北大教授兼文學院院長，容氏出任文學院教授。此次陳雪屏在北上途中已接到國民政府教育部的命令，令其接收北平日偽各校的學生，辦理北平臨時大學補習班。傅斯年向來最痛恨不講民族氣節的儒生文士，對他的先祖傅以漸當年沒有從事抗清復明運動，甚且還參加了清朝入關後首次科舉考試並得中，一直耿耿於懷，並深以為恥。如今對與自己同一時代，在民族危亡的緊要關頭，不顧個人名節和民族大義，甘願為日本小鬼驅使的大小知識分子更是深惡痛絕，恨不得立即將其擒獲推出轅門斬首而後快。傅一接手北大事宜，即在報上發表聲明，拒絕漢奸進入復員後的北大。

十月底，傅斯年由重慶飛往北平，陳雪屏等人到機場迎接。傅走下飛機第一句話就問陳與偽北大教員有無交往，陳回答說僅限於在一些必要的場合。傅聞言大怒道：「『漢賊不兩立』，連握手都不應該！」⓮當場表示偽校教職員堅決不予錄用，全部都要屎殼螂搬家——滾蛋。同時傅表示要請司法部門將罪大惡極的儒林敗類捉拿歸案，打入囚車木籠，來個「斬立決」或「梟示」（南按：此為大清刑律，指把頭砍下再掛在杆子上示眾）等。

十一月二十八日，傅斯年於《大公報》再度發表公開聲明，斬釘截鐵地提出：「北大將來復校時，決不延聘任何偽北大之教職員。……至於偽北大之學生，應以其學業為重，現已開始補習，俟補習期滿，教育部發給證書後，可以轉入北京大學各系科相當年級，學校將予以收容。」

蝸住在北平的偽北大教員們一看傅斯年擺出秋風掃落葉一樣的無情架勢，既驚又怕又怒又恨，特別是按照陸軍總部「徵調」偽敵人員服務辦法進入補習班任教的偽北大教授，更是惱羞成怒，不僅四處鼓譟，還企圖渾水摸魚，負隅頑抗。偽教授們經過一番密謀，暗中聯合起來以罷課相要脅，不承認自己按偽敵人員被「徵調」，而是國立北京大學永久的合法教授，或者說「我們就是國立北京大學」。與此同時，偽教授們聯合起來向時任北平行營主任的李宗仁請願，強烈要求進入復員後的北大，繼續擔當傳道授業解惑、萬世不朽的人類靈魂工程師。為此，偽北大教授、古器物與古文字學家容庚還於十一月七日在北平《正報》發表了〈與北京大學代理校長傅斯年先生一封公開信〉，以示抗議和為自己的行為辯護。文曰：

孟真足下：

盧溝橋事變正當庚南歸過漢之時。在粵逗留四月，北平已陷，南京岌岌。庚以燕大職責，乃復北歸，黽勉四年，成《重訂金文編》、《商周彝器通考》數書。教育部授以二等獎狀，中央研究院史語所繼續聘為通信研究員，不虞之譽誠非所堪，差幸不見棄於國。太平洋事變，燕大教務長司徒雷登先生握手告余曰：「吾輩希望之日至矣。」庚亦自念吾國百年積弱，庶幾奮發為雄乎！燕大復校於成都，同人多西去，八妹媛亦從之而西。而庚獨眷戀於北平者，亦自有故：日寇必敗，無勞跋涉，一也。喜整理而紬玄想，舍書本不能寫作，二也。二十年來搜集之書籍彝器，世所希有，未忍舍棄，三也。「不曰堅乎，磨而不磷；不曰白乎，涅而不緇。」素性倔強，將以一試余之堅白，四也。淪陷區之人民，勢不能盡室以內遷；政府軍隊，倉黃撤退，亦未與人民以內遷之機會。荼毒蹂躪，被日寇之害為獨深；大旱雲霓，望政府之來為獨切。我有子女，待教於人；人有子女，亦待教於我。則出而任教，余之責也。策日寇之必敗，鼓勵學生以最後勝利終屬於我者，亦余之責也。……日寇之不得逞志於教育界，自淪陷以迄於今。教員之苦，至近兩年而極。教授最高之月俸，曾不足以購百斤之米，或一噸之煤。故破衣惡食，斥賣書籍家具以為生者比比皆是。兼任講師，受苦尤甚。至有步行往返四小時於道路而授課二小時者。其所得遠不如賣煙拉車之輩為優。堅苦卓絕，極人世悲慘之境，果為何乎？固知吾國之不亡，教育之不當停頓，故忍受而無悔也。漢奸乎？漢忠乎？事實俱在，非巧言所能蒙蔽者，固願受政府之檢舉裁判而無所逃避。在日寇則視吾輩為反動，在政府則視吾輩為漢奸，啼笑皆非，所謂真理，固如是乎？天乎，尚何言哉！

……

容庚白⑮

對容氏這種漢奸還是漢忠，之乎者也的巧言詭辯，傅斯年嗤之以鼻，毫不妥協，向北平的特派記者發表了愛恨分明的談話。一九四五年十二月二日，北平《世界日報》披露了談話內容：

> 北大代理校長傅斯年，已由昆明返渝，準備赴平，頃對記者談：「偽北大之教職員均係偽組織之公職人員，應在附逆之列，將來不可擔任教職。至於偽北大之學生，應以其學業為重，已開始補習，俟補習期滿，教育部發給證書後，可以轉入北京大學各系科相當年級，學校將予以收容。」傅行期未定，校長胡適，傅明春或返國。

就在傅的聲明刊出之時，偽北大文學院院長周作人正貓在北平八道灣的「苦茶庵」，一邊飲著苦茶，一邊悠閒地作著題為〈石板路〉的散文小品。文中極具感情色彩地回憶了他的故鄉紹興石板路與石橋的優美。文章在結尾處寫道：

> 在民國以前，屬於慈善性的社會事業，由民間有志者主辦，到後來恐怕已經消滅了吧。其實就是在那時候，天燈的用處大半也只是一種裝點，夜間走路的人除了夜行人外，總須得自攜燈籠，單靠天燈是決不夠的。拿了「便行」燈籠走著，忽見前面低空有一點微光，預告這裡有一座石橋了，這當然也是有益的，同時也是有趣味的事。
>
> 三十四年十二月二日記，時正聞驢鳴。[16]

文末所謂的「驢鳴」，是對傅斯年發表聲明的回應。周作人在當天的日記中寫道：「見報載傅斯年談話，又聞巷中驢鳴，正是恰好，因記入文末。」[17]

一九三七年北平淪陷後，學術文化界人士紛紛南下，周作人卻堅持不肯離去。他當時幻想在北平隱居下來，

出任偽北大文學院院長時的周作人

脫於紅塵之外，以教書、寫作、翻譯為生，繼續過那恬淡平靜的「苦茶庵」生活。這年九月，他在致《宇宙風》編輯陶亢德的公開信中，以漢代的蘇武自況，明確告知教育部部長王世杰、北大校長蔣夢麟及「別位關心我們的人」，「請勿視留北諸人為李陵，卻當作蘇武看為宜」⑱云云。

一九三九年元旦，周作人在家中遇刺，因子彈打在紐扣上而倖免於難，他誤認為是日本人向其施加壓力，給以顏色，遂於槍殺事件發生未久，周便懷著驚恐之色接受了偽北京大學圖書館館長一職，隨後又接受了偽北京大學教授兼文學院院長等職，一隻腳落入「水中」。一九四〇年十二月，他再次「榮升」為「華北教育督辦」、「南京汪偽政府國府委員」、「日偽華北綜合調查所副理事」等職，整個身子已全部泡到污泥濁水裡去了。

魯迅在一九三二年曾說過這樣一句話，自《新青年》的團體散掉之後，「有的高升，有的退隱，有的前進」。⑲這說的是與他自己有關的小團體。而論到革命者與革命軍的時候，也說過類似的話：「因為終極目的的不同，在行進時，也時時有人退伍，有人落荒，有人頹唐，有人叛變。」⑳魯迅不厭其煩說這些話的時候可能還沒有料到，他的弟弟竟位列其內——很不幸，屬於最不齒的「叛變」一類。

周作人的下水固然有很多原因，但存留於他腦海中的亞洲主義思想、「亡國論」思想、歷史循環思想以及他對日本民族的感情等，都起了舉足輕重的作用。而自一九二七年以來，他追求所謂的「得體地活著」，以及自譽為修煉得大徹大悟，超越了人間是是非非，進入超凡脫俗的活佛與神仙境界，因而「任何庸俗的舉動也就無傷大雅，甚至可以化俗為雅」㉑等等，都是促其「下水」的引子。

當然，這個「引子」有一定的時代背景與思想基礎，非一朝一夕即能形成。抗戰前夕，周作人就寫過〈岳飛與秦檜〉、〈關於英雄崇拜〉之類的文章，公然為秦檜翻案，否定了主戰的岳飛為忠義之臣、秦檜主和為奸相的歷史論斷。他在《瓜豆集．再談油炸鬼》中說：「秦檜主和，保留得半壁江山」，這樣做「卻不是他的大罪」，「而世人獨罵秦檜，則因其殺岳飛也」。又說：「關於秦始皇、王莽、王安石的案，秦檜的案，我以為都該翻一下」，「這裡邊秦案恐怕最難辦，蓋如我的朋友（未得同意暫不舉名）所說，和比戰難，戰敗仍不失為民族英雄，（古時自己要犧牲性命，現在還有地方可逃，）和成則是萬世罪人，故主和實在更需要有政治的定見與道德的毅力也」。㉒在〈關於英雄崇拜〉中，他居然嘲諷起文天祥的殉國，謂：「文天祥等人的唯一好處是氣節，國亡了肯死。這是一件很可佩服的事，我們對於他應當表示欽敬，但是這個我們不必去學他，也不能算是我們的模範。第一，要學他必須國先亡了，否則怎麼死得像呢？我們要有氣節，須得平時使用才好，若是必以亡國時為期，那未免犧牲得太大了。第二，這種死於國家社會別無益處。我們的目的在於保存國家，不做這個工作而等候國亡了去死，就是死了許多文天祥也何補於事呢。我不希望中國再出文天祥，自然這並不是說還是出張弘範或吳三桂好，乃是希望中國另外出些人才，是積極的，成功的，而不是消極的，失敗的，以一死了事的英雄。」㉓此等說辭，似是為他自己落水成為漢奸找到了論據。

當傅斯年初次發表對偽北大教職人員處理辦法的談話後，周作人自視為傅斯年師輩人物，又同屬「新文化運動」陣營中的盟友，遂以老前輩的姿態致信傅斯年，信中不但對自己下水做日人走狗的歷史罪過無絲毫懺悔之情，反而口氣蠻橫強硬，理直氣壯地令傅把自己作為特殊人物予以照顧，甚至發狂言說「你今日以我為偽，安知今後不有人以你為偽」，滿紙透著一股茅房的石頭——又臭又硬的惡劣氣味。傅斯年當即揮毫潑墨，痛斥道：「今後即使真有以我為『偽』的，那也是屬於國內黨派鬥爭的問題，卻決不會說我作漢奸；而你周作人之為大漢奸，卻是已經刻在恥辱柱上，永世無法改變了。」㉔

令周作人沒有想到的是，當他飲罷最後一杯苦茶，寫畢〈石板路〉的小品的第四天，即一九四五年十二月六日，就因漢奸罪被捕入獄，這篇短文與「聞巷中驢鳴」，也就成了他漢奸生涯的一曲絕響。

許多年後的一九七一年五月八日至十日，台北《中國時報》副刊發表了南宮搏〈於「知堂回想錄」而回想〉一文，中篇有一段說：「再以我曾寫過一篇題為：『先生，學生不偽！』不留餘地指斥學界名人傅斯年。當時自重慶到淪陷區的接收大員，趾高氣揚的正不乏人，傅斯年即為其中之一。我們總以為學界的人應該和一般官吏有所不同，不料以清流自命的傅斯年在北平接收時，也有那一副可憎的面目，連『偽學生』也說得出口！他說『偽教授』其實已不大可恕了。要知政府兵敗，棄土地人民而退，要每一個人都亡命到後方去，那是不可能的，在敵偽統治下，為謀生而做一些事，要不能皆以漢奸目之，『餓死事小，失節事大』，說說容易，真正做起來，卻並不是叫口號之易也。何況，平常做做小事而謀生，遽加漢奸帽子，在情在理，都是不合的。」

此文刊出後，許多人不以為然，曾被魯迅指斥為「『喪家的』『資本家的乏走狗』」的著名學者、教授梁實秋就曾出面回應道：「南宮搏先生的話自有他的一面的道理，不過周作人先生無論如何不是『做做小事而謀生』，所以我們對於他的晚節不終只有惋惜，無法辯解。」㉕

就在周作人對傅斯年叫陣之時，傅斯年於重慶再度對記者發表長篇談話，就偽北大教職人員去留問題發表了四點嚴正聲明。十二月八日，北平《世界日報》作了如下報導：

（本報重慶特約航訊）北大代理校長傅斯年先生對偽北大教職員，好像抱有一種義憤填膺、不共戴天的憤怒。除在上月三十日，我也將他賭咒發誓不肯錄用偽北大教職員的談話，專電報告外。今天，我於前兩日參加教育部朱部長的記者招待會之後，我一早冒著迷濛的細雨，再去訪問他。對這位患著血壓過高而有愛國狂熱的傅先生，我想更詳盡地聽聽他的意見。在傅先生的寓所裡，開門見山。

傅斯年向記者提出了四點重要聲明：

一、專科以上學校，必須要在禮義廉恥四字上，做一個不折不扣的榜樣，給學生們，下一代的青年們看看！北大原先是請全體教員內遷的，事實上除開周作人等一二人之外，沒有內遷的少數教員也轉入輔仁、燕京任教。偽北大創辦人錢稻孫，則原來就不是北大的教授。所以現在偽北大的教授，與北大根本毫無關係。二、朱部長向我說過，偽北大教員絕無全體由補習班聘請任教之事，而係按照陸軍總部徵調偽敵人員服務辦法，徵調其中一部服務，不發聘書，與北大亦無關係。三、北大有絕對自由，不聘請任何偽校偽組織之人任教。四、在大的觀點上說，如本校前任校長蔣夢麟先生，如明春返國的胡適校長，北大教授團體及渝昆兩地同學會和我的意見是完全一致的。無論現在將來，北大都不容偽校偽組織的人插足其間。

當記者提到青年學生時，傅慨然說道：「青年何辜，現在二十歲的大學生，抗戰爆發時還不過是十二歲的孩子，我是主張善為待之，予以就學便利。其實在校學生當以求學問為第一，教授的好壞與學生有直接關係。據我所知，偽北大文理法三院教授的標準，就學問說，也不及現在北大教授的十分之一。很快地北大明夏就要遷返北平了，以北大資格之老，加上胡適校長的名望，一定能夠聘到許多第一流的教授。所以偽校教員不用，對學生是絕對有利的。這一點朱部長也再三表示支持，相信北平的青年學生，也不會輕易受人欺騙。」

當記者談到北平的文化漢奸時，傅幽默地說他們的「等類不同」，有一種是消極而不能自拔的，如同周作人，原來享有聲望，如今甘心附逆，自不可恕。另一類是錢稻孫型，那才是積極性的漢奸，在北平淪陷之前，錢稻孫就做了許多令人懷疑的事，當時有人問他中國會不會亡國，他答以「亡國倒是萬幸」。問的人很驚詫，再問如何才是不幸，他竟說：「不幸的是還要滅種！」而且那時候北大教授準備內遷時，他曾多方企圖阻撓，也是盡人

晚年的周作人（左）與錢稻孫合影。

皆知的事。

最後記者問對周作人、錢稻孫之類的文化漢奸該如何懲辦？傅斯年哈哈一笑，用爽朗的山東口音說：「我不管辦漢奸的事，我的職務是叫我想盡一切的辦法讓北大保持一個乾乾淨淨的身子！正是非，辨忠奸。」最後，傅斯年特別強調：「這個話就是打死我也是要說的！」

這個聲明發表之時，周作人已入獄兩天，無法繼續與之叫板對罵了，而一直貓在北平小胡同中的偽北大教授容庚見傅斯年一意孤行，毫無通融的餘地，便以中央研究院通信研究員的身分，尾隨傅從北平至重慶繼續糾纏。

容庚出生於清末廣東一個書宦之家，自小受到家風的薰陶，對古文字古物情有獨鍾。一九二四年於北大研究所國學門畢業，留校任教一年後轉於燕京大學任教。一九二八年八月，傅斯年在廣州籌備史語所時，打報告向蔡元培、楊杏佛請求禮聘的二十三名特約研究員中，排在李濟之後，名列第十一位的就是正在燕京大學任教的容庚。而盛極一時的徐炳昶、袁復禮、羅家倫、楊振聲、羅常培、丁山等均位列其後，由此可見傅對容的看重。郭沫若亡命日本時，所撰寫的幾部與考古學、古文字學有關的著作，包括著名的《卜辭通纂》、《兩周金文辭大系》，有相當一部分材料是容氏為之搜集提供的。後來郭沫若曾說，「若是沒有容庚的幫助，我走上研究金文的道路，恐怕也是不可能的。」[26]後來容氏立下宏志大願，以八年的時間，專門從事商周青銅器的綜合研究，終於在一九四一年完成

一九五〇年代初，容庚與家人合影於嶺南大學故居花園中。

了《商周彝器通考》這部開創性的巨著。此書的出版被譽為：「標誌著青銅器研究由舊式金石學進入近代考古學的里程碑。具有劃時代的意義。半個多世紀以來，至今還沒有一部研究青銅器的同類著作能夠像它這樣全面和系統，充分顯示它具有無與倫比的科學價值。」[27]不過，其時容氏本人已轉到偽北大任教去了。今非昔比，抗戰八年成為彰顯民族大義與個人名節的分水嶺與試金石，在這道分水嶺上，許多原本的朋友已變成了敵人，正如古人所言「漢賊不兩立」是也。

當容庚風塵僕僕地由北平來重慶活動，在中央研究院總辦事處找到傅斯年欲當面理論時，傅拍案而起，指著容氏的鼻子破口大罵：「你這民族敗類，無恥漢奸，快滾！不用見我！」當場命人將容氏按倒在地架了出去，扔到了泥濘遍布的馬路上。第二天，《新民報》登載此事，標題曰：「傅孟真拍案大罵文化漢奸，聲震屋瓦」。[28]後來，容氏得到高人指點，重新換了衣服，洗掉滿身的污泥，再度登門拜訪，表示要謝罪改過，重新做人云云。傅斯年思慮半天，才勉強接見，但仍不允其到北大任教。灰頭土臉的容庚只好託李宗仁的關係準備到廣西大學教書，後未成行，轉聘於嶺南大學，終其一生，再也沒能邁進北京大學的門檻。

重返平津

經過近一年的吵鬧叫罵、陰謀與陽謀的交鋒對壘，位於昆明的西南聯大各色人等，隨著學潮此起彼伏，在風雨瀟瀟，鮮血蕩漾中，翹首以待的三校復員之日終於到來了。㉙

一九四六年五月四日，西南聯大師生與特邀來賓在校圖書館前的廣場上，舉辦了校史上最後一次結業典禮。唯一在昆明統攬全局的西南聯大常委梅貽琦做了具有歷史紀念意義的報告，北大、清華、南開三校代表湯用彤、葉企孫、蔡維藩相繼致詞。會後，全體師生來到校舍後面的小山，樹起了代表聯大師生情感與精神寄託的紀念碑。按照傳統的款式，紀念碑署名分別是：「文學院院長馮友蘭撰文，中國文學系教授聞一多篆額，中國文學系主任羅庸書丹。」碑的背面刻著西南聯大自抗戰以來八百三十四名參軍入伍學生的名單。

當馮友蘭誦完紀念碑碑文後，揭幕儀式開始。歷經八年的聯大生活就此宣告結束。除師範學院繼續留在昆明改稱國立昆明師範學院（南按：即後來的雲南師範大學）外，其他師生分批北返平津，當天即有九十多人乘卡車北上。

「千秋恥，終當雪，中興業，須人傑，便一成三戶，壯懷難折……」校歌響起，汽笛聲聲。師生們整日在校園相聚時，尚不覺得有什麼不同，而一旦分別，才驀然感到各自的靈魂被緊緊地連在了一起，剪不斷，理還亂，別有一番滋味在心頭。教授與學生對望無語，相擁而泣，戀戀不捨地離開了春城與腳下那塊水乳交融的紅土地。

就在聯大師生北返平津一個月後的六月五日，遠在美國的胡適昂頭挺胸，精神抖擻地健步登上客輪甲板，在太平洋激蕩的清風綠浪中，離開紐約回歸祖國。他在當天的日記中寫道：

> 下午三點半開船。
>
> 此次留美國，凡八年八個月（Sep. 26, 1937到June 5, 1946）。
>
> 別了，美國！別了，紐約！㉚

富有意味的是，當胡適跨過浩瀚的太平洋，踏上離別近九年的故土時，迎接他的不是笑語、掌聲、鮮花、彩帶，而是狂風暴雨和如血的殘陽。——這是一個「主大凶」的預兆，只是被雨水澆暈了頭的胡適當時並沒有真正意識到這個預兆對他來說意味著什麼。

一九四六年八月，傅斯年（左）、李宗仁（右）陪同胡適回到北平時的歡迎場面。

胡適一到北平，傅斯年實踐了當初的承諾，主動把自己坐得溫熱的校長寶座用毛巾擦了擦，搬到胡老師屁股下連扶加抬地把他請了上去。笑逐顏開的胡適儘管有點不好意思，還是打著哈哈當仁不讓地坐了上去。傅斯年不但要把胡老師扶上北大第一把交椅，還要按中國「扶上馬，送一程」的老規矩，再送夫子一程，至少在一段時間內仍留在北平，把一切敵對勢力和半敵對勢力蕩平剷除之後方可卸職。

此前，傅斯年在給夫人俞大綵的信中說道：「大批偽教職員進來，這是暑假後北大開辦的大障礙，但我決心掃蕩之，決不為北大留此劣跡。實在說這樣局面之下，胡先生辦遠不如我，我在這幾月給他打平天下，他好辦下去。」[31]正是由於這樣的決心和實際行動，偽北大教職員與部分相關人員，才稱傅斯年是胡適手下的一名好勇鬥狠的惡劣「打手」，而傅卻自稱是一名「鬥士」。

此時的胡適與一九三七年去美國前的北大教授兼文學院院長大不同了，由於他在駐美大使任上的成就和聚攢的國際聲望，尤其是一手把日本拖入太平洋戰爭的空前傑作，使他頓時聲光四射，世界矚目。[32]

胡適一旦回國並踏入北大校園，如同龍歸大海，虎入深山，再度嘯傲士林，俯瞰政壇。歷史的風雲際會把胡氏推向了一個新的高度，世俗地位和聲名也隨之達到了登峰造極的境界。胡適的巨大影響不但成為中華大地上教育、文化、學術界的「帥」字號人物，而且一舉成為政壇上象徵性的盟主——儘管虛幻多於實際。在「帥」旗飄揚中，同樣沉浸在虛幻迷惘中的各色人等從四面八方雲集而來，於亂世蒼茫中企圖求得一方良藥，以壯行色。而此時的胡適一掃九年來在美國受的委屈，特別是孔宋集團的窩囊之氣，野心頓發。按當時出任北大校長室祕書鄧廣銘的說法，頭頂五彩光環、身佩盟主印信的胡適，開始搖動令旗調兵遣將，「他不但立志要把北大辦好，也不但以華北地區教育界的重鎮自任，而是放眼於全中國的高等教育事業，是以振興中國的高等教育為己任的」❸——如此強勁的勢頭與孟浪做法，令許多人為之側目，無怪乎當初傅斯年薦其出任北大校長時，身為教育部部長的朱家驊漠然處之。

但書呆子氣仍未完全脫盡的胡氏，沒有意識到斗轉星移，人事已非。他料想不到，這一宏圖霸略，很快就像自己歸國時遭遇的西天彩虹，瞬間化為泡影。

此時的北平已不再是一九三七年前的北平，而此時的北大也自然不再是當年的北大了。在急劇動盪的大時代，政治腐敗，經濟崩潰，教授與學生皆陷入生存困境難以自拔。四顧茫然中，地下中共組織乘機發動學潮，展開與國民黨政權的鬥爭。如果說抗戰前中共潛伏於各大學的地下組織尚屬零散、隱蔽，如今幾乎已是公開的大規模的運動了。「動地走雷霆」（郭沫若詩句）的滾滾學潮衝擊下，胡適的大旗很快就湮沒在一片浩瀚激蕩的洪流赤水之中。

此前的五月四日，傅斯年由南京抵平，正式籌備北大復校事宜。二十一日，針對西南聯大學潮洶湧與聯大教授聞一多、吳晗等人的嚷嚷不止，傅氏極為憤慨地發表公開宣言，謂：「至於學生運動，今日學生水準，不夠為未來之建國人才，甚望能安心讀書，專門做學問，學術絕對自由，惟不可作為政治鬥爭之工具。」❸這年七月底，復員的清華、北大、南開三校聯合招考先修班學生，考生被錄取後可自由選擇學校與科系，根據國內情形，共分七個考區，分別為上海、北平、昆明、廣州、重慶、武漢及天津。成績公布後，七區成績以上海考生為最佳，昆明考生最差。對此，傅斯年對記者發表談話，頗為感慨地說：「昆明區成績最差，因高中學生從事政治活動，而疏忽功課所致。」又說：「奉勸昆明同學今後為自己前途著想，努力學業，何必替人家做墊腳石」[35]。

同年八月四日，筋疲力盡的傅斯年在北平《經世日報》發表〈漫談辦學〉一文，提請政府與學校當局應負起應有的責任。面對啼饑號寒的教職員，政府必須提高其待遇，「不要視之如草芥，這道理尤其應該請行政院院長宋公明白。……我們北京大學的教授，自國民政府成立以來，從來沒有為鬧待遇而罷課，而發宣言，這是我們的自尊處。但若宋公或他人以為這樣便算無事，可就全不了解政治的意義了。」傅斯年明確表示，在風起雲湧的社會大動盪中，各校皆是面黃肌瘦的教員與衣食無著的學生，形同難民丐幫，希望他們不尋事生非，實在是不近情理的事。就校長與教授們一方而言，必須打起精神，「拿出他們為青年、為人類的服務心來」，「對於學生，應存愛惜而矜憫的態度」，如其不然，學校是假的，不如不辦，免得誤人子弟云云。

當時頗為流行的一幅漫畫：《教授之餐》。

傅氏以教育界大老的身分，為維護風雨飄搖的國民政府作最後努力。他以嚴肅的態度和鮮明的政治立場指出：「學校必有合理的紀律。這些年來，學校紀律蕩然，不知多少青年為其所誤，風潮鬧到極小的事，學生成了學校的統治者。這樣的學校，只可以關門，因為學校本來是教育青年的，不是毀壞青年的。大凡學生鬧事可分兩類，一、非政治性的，非政治的風潮，每最為無聊，北大向無此風。二、政治性的風潮，政治性的必須要問是內動的或外動的。去年年底我到昆明去處理學潮，在最緊張中，老友馮芝生笑對我說：『請看剃頭者，人亦剃其頭。』這因為我是五四運動之一人，現在請人不鬧風潮，故芝生以為可笑也。當時我對朋友說，五四與今天的學潮大不同。五四全是自動的，五四的那天，上午我做主席，下午扛著大旗，直赴趙家樓，所以我深知其中的內幕，那內幕便是無內幕。現在可就不然了，某處（南按：指延安）廣播一下，說要求美軍撤退，過了幾天，學生便要求美軍撤退，請問這是『為誰辛苦為誰忙？』這樣的學生運動，我是很不願意它和五四相提並論的。我們不當禁止青年作政治運動，但學校應該是個學校，應該有書可讀。若弄得成了政治鬥爭的工具，豈不失了學校存在的意義？青年人多是不成年的人，利用他們，豈不是等於用童工？教員有他的職業的本分，就是好好教書，若果志不在此，別有所圖，豈不是騙人？騙人者不可為人師。受騙者，應該先開導他，開導不成，必須繩之以紀律。今人皆知五四趙家樓之一幕，而忘了護校之一幕，甚為可惜。」

最後，傅斯年以總結的口吻說道：「我這幾個月負北京大學的責任，實在一無貢獻，所做都是些雜務的事，只是一條頗堪自負的，便是『分別涇渭』，為北京大學保持一個乾淨的紀錄。為這事，我曾對人說，『要命有命，要更改這辦法決不可能』，所以如此，正是為北大將來的學風著想。」[36]

這是傅斯年首次坦率直白地向社會各界公開自己的政治觀點，也是正式抽身北大的告別演說，內中不無對這所風雨急驟的著名學府未來的焦急與憂慮。當然，日後的北大校園是江水滔滔，還是洪流滾滾，或者在洶湧澎湃的學潮與社會鼓蕩中走向復興還是衰落，他這位被蔣廷黻所譏諷的「太上校長」就顧不得許多了。此時他的大本營兼老巢——四川李莊郊外山頂上的板栗坳，蟄居於山野草莽中的史語所同人，已連連拍發電報催其火速回返，以處理日積月累的複雜事務、人際關係與回遷等一連串棘手事宜。代理所長董作賓在電報中稱：「同濟大學已開始回遷上海，所內人心浮動，惶惶不安，皆盼早日返京。請兄務於百忙之中回所視事，以定具體復員計畫，穩定

局面。」❸❼

對於李莊方面急切的呼喚與期盼，傅斯年不能聽而不聞，留在北平繼續拖延下去，手心手背都是肉，且李莊的老巢遠勝過北大的臨時帳篷——史語所才是自己名正言順的職責所在，也是立身處世的最大本錢。於是，滿頭大汗的傅斯年不得不撂下協助胡適「復興北大」的挑子，搓搓雙手，捲起那張一直隨身攜帶的狗皮褥子，搖晃著肥胖的身軀離開故都北平，氣喘吁吁地登上飛機舷梯匆匆向南飛去。只是，他要落腳的地點不是離李莊相對較近的重慶或成都，而是首都南京。——因為，令他一直掛懷於心的陳寅恪，此時已從美國返國並攜家居住於南京俞大維公館，傅斯年此行要做的第一件事，就是探訪老友陳寅恪。

注釋：

❶《日本問題檔類編》，世界知識出版社一九五五年初版。

❷❺《蔣介石年譜》，李勇、張仲田編著，中共黨史出版社一九九五年初版。

❸羅家倫〈元氣淋漓的傅孟真〉，載《傅故校長哀輓錄》，台灣大學一九五一年六月十五日印行。

❹轉引自〈滔天罪行，罄竹難書：一名抗日老兵寫給《日本侵華戰犯筆供》出版者的信〉，載《中華讀書報》，二〇〇五年七月十三日。

❻〈致胡適〉，載《傅斯年全集》，第七卷，歐陽哲生主編，湖南教育出版社二〇〇三年初版。

❼❽鄭克揚〈北大復校時期的傅斯年與鄭天挺〉，載《文史精華》，一九九九年七期。

❾一九四五年八月八日，聯大教授江澤涵在給胡適的信中寫道：「昨天蔣（夢麟）校長在昆明請北大教授茶會。他說騮先、孟真兩先生勸他辭北大校長，因為他兼任北大校長，違反他手訂的大學組織法。他說他從前未想到此點，故打算兼任，現在他覺得必須辭職了。」（見〈江澤涵致胡適〉，載《胡適來往書信選》，下冊，中華書局一九八〇年初版。）最後蔣夢麟被迫辭去北大校長

一職。

❿朱家驊〈悼亡友傅孟真先生〉，載台北《中央日報》，一九五〇年十二月三十一日。

⓫〈胡適致朱家驊、蔣夢麟、傅斯年〉，載《胡適來往書信選》，下冊，中華書局一九八〇年初版。孟鄰，蔣夢麟字。

⓬《傅孟真先生年譜》，傅樂成撰，載《傅斯年全集》，第七冊，陳槃等校訂，聯經出版公司一九八〇年初版。

⓭〈致周枚蓀〉，載《傅斯年全集》，第七卷，歐陽哲生主編，湖南教育出版社二〇〇三年初版。周炳琳，字枚蓀。

⓮陳雪屏〈北大與台大的兩段往事〉，載《傳記文學》，第二十八卷第一期（一九七六年元月）。

⓯轉引自《傅斯年全集》，第四卷，歐陽哲生主編，湖南教育出版社二〇〇三年初版。

⓰〈過去的工作．石板路〉，載《周作人集》，下冊，止庵編著，花城出版社二〇〇四年初版。

⓱《周作人日記》，第三冊，周作人著，大象出版社一九九六年初版。

⓲〈與陶亢德書五通〉，載《周作人集外文》，下集，陳子善、張鐵榮編，海南國際新聞出版中心一九九五年初版。

⓳〈南腔北調集．自選集自序〉，載《魯迅全集》，第四卷，人民文學出版社一九八一年初版。

⓴〈二心集．非革命的急進革命論者〉，載《魯迅全集》，第四卷，人民文學出版社一九八一年初版。

㉑許紀霖〈讀一讀周作人罷！——讀周作人研究近著述感〉，載《讀書》，一九八八年三期。

㉒《周作人集》，上冊，止庵編注，花城出版社二〇〇四年初版。

㉓《苦茶隨筆》，周作人著，上海北新書局一九三五年版。

㉔鄧廣銘〈懷念我的恩師傅斯年先生〉，載《台大歷史學報》，第二十期（一九九六年十一月）。

㉕〈憶周作人先生〉，載《梁實秋散文》，第三集，中國廣播電視出版社一九八九年初版。

㉖〈古文字大師容庚助郭沫若步入金文研究〉，載《新快報》，二〇〇四年十一月十二日。

㉗曾憲通〈容庚先生的生平和學術貢獻〉，載《容庚文集》，曾憲通編，中山大學出版社二〇〇四年初版。

㉘ 傳振倫〈我所知道的傅斯年〉，載《傅斯年》，山東人民出版社一九九一年初版。

㉙ 一九四五年底，昆明爆發學潮，繼蔣夢麟之後出任西南聯大常委的傅斯年奉命前往處理。事情的經過和傅對此事的態度，從次年一月五日傅致俞大綵信可略知大概。信中說：「昆明學潮之起源，校內情形複雜，固為一因，但當局措施荒謬，極為重要。十一月廿五日晚上，學生有會，地方當局（關麟徵、李宗黃、邱清泉）禁止，學生仍開，遂在校外大放槍砲，幸未傷人，次日罷課。學校當局一面向地方當局抗議，一面勸令學生復課。乃李宗黃（代理主席）所組織之『聯合行動委員會』，竟於十二月一日派大隊人分五次打入聯大，兩次雲大。其中一次有人在師範學院放炸彈，死者四人，鋸去大腿者一人，還有一人可成殘廢，此外輕傷十餘人。此等慘案，有政治作用者豈有不充分利用之理？四個棺材一條腿，真奇貨可居，全昆明市鬧得不亦樂乎。我就是在此情況下到昆明的（四日）。我對於李宗黃等之憤慨，不減他人，同時也希望學校能復常軌。我的辦法，真正敢作敢為，彼時大家洶洶，居然能做到不出新事件。到了十一、二日，我本有可以結束之希望，忽知其不易（以有黨派鼓動），隨又轉變一種辦法，即加壓力於學生也。此時梅已返校（南按：原在重慶），我們二人請辭職，教授決議，如學生不復課，即總辭職。有此壓力，有的上課，而學生會亦漸漸下台。我走時，此局已定，有尾巴，我不贊成再讓步，由梅料理，故我先走。大致說，廿日上課者約十分之一，廿四日上課者約十分之二，廿六日全上課。我於廿四日返渝。」（見《傅斯年全集》，第七卷，歐陽哲生主編，湖南教育出版社二〇〇三年初版。部分文字、標點，另據傅樂成油印本《傅孟真先生年譜》引文校正之。）是時，李宗黃代理雲南省政府主席，關徵麟為警備總司令，邱清泉乃第五軍軍長。

㉚《胡適日記全編》，第七冊，曹伯言整理，安徽教育出版社二〇〇一年初版。

㉛《傅孟真先生年譜》，傅樂成撰，載《傅斯年全集》，第七冊，陳槃等校訂，聯經出版公司一九八〇年初版。

㉜ 美國著名史學家、哥大教授畢爾（Charles Austin Beard）在他的名著《一九四一年，羅斯福總統與大戰之序幕——現象與事實之研究》（*President Roosevelt and the Coming of the War, 1941 : A Study in Appearances and Realities*）一書中，視胡適為日軍偷襲珍珠港的罪魁禍首。畢爾在書中所說的大意是：美日之戰本來是可以避免的，而羅斯福總統為了維護美國資本家在亞洲的利益，不幸

地上了那位頗為幹練的中國大使胡適的圈套，才惹起日軍前來偷襲珍珠港，最終把美國拖入了可怕的世界大戰。

畢德所言雖不免過於誇張，但也透出了一個內在的事實，即胡適當年之所以接受使美職務，便是為此一「大事因緣」而來：「胡適在大使任內，運用一切方式和力量推動美、日交惡，是眾所周知的。他一心一意要把美國帶進太平洋大戰，使中國可以有『翻身』的機會」。（見《重尋胡適歷程——胡適生平與思想再認識》，余英時著，廣西師範大學出版社二〇〇四年初版。）而隨著美、英等國正式對日宣戰，第二次世界大戰全面爆發，胡適的「大事因緣」也就此了結。這個時候的胡適再也不能忍受宋子文、孔祥熙等「皇親國戚」政治集團的擠壓與羞辱，毅然決定掛冠而去。在美國閒居了幾年後，總算以北京大學校長的身分體面地歸國。

㉝鄧廣銘〈漫談我和胡適之先生的關係〉，載《回憶胡適之先生文集》，第二集，李又寧主編，紐約天外出版社一九九七年初版。

㉞〈傅斯年談北大復校〉，載《申報》，一九四六年五月二十一日。

㉟鄭芳〈隨筆而書〉，載昆明《中央日報》，一九四六年十二月三日。見第三版「新天地」欄目。

㊱《傅斯年全集》，第六冊，陳槃等校訂，聯經出版公司一九八〇年初版。

㊲《傅斯年檔案》，中央研究院歷史語言研究所藏。

【第十二章】

魂返關塞黑

在燕大講台上的背影

陳寅恪自在內江與近在咫尺的李莊擦肩而過，於次日抵達成都燕京大學校園，開始了又一段悲欣交集的教書生涯與傷感愴懷的生命旅程。

據流求回憶說：到成都後，「父親在燕京大學任課，我家與李方桂伯伯家同住在學校租賃的民房內。在此期間，成都燈光昏暗，物價飛漲，間或要躲警報，而父親在生活那樣困難的時候，用他唯一高度近視的左眼，緊張地從事學術研究和一絲不苟地備課。」❶

燕京大學是美國教會在中國創辦的高等學校之一，由北通州協和大學、北京匯文大學、華北女子協和大學合組而成，校址在北京西郊海淀（現北京大學校園）。第一任校長為美國人司徒雷登（John Leighton Stuart, 1876-1962），其父母皆為基督教在華傳教士，司徒雷登本人生於杭州並在中國長大，清光緒三十一年（一九〇五）開始繼承父業在中國傳教，對中國文化有頗多了解和領悟。因了這一天時地利的關係，自一九一九年起，司

司徒雷登

徒雷登出任燕京大學校長。學校經費原由各基督教團體協助，並有駐美託事部為籌畫及管理該校財政的機關。美國普林斯頓大學駐華委員會、羅氏基金會等也給予一定補助，從而加深了美國壟斷資本和教會對該校的控制。一九二九年燕大在中國注冊，按國民政府教育部規定，凡在中國注冊的學校，校長必須由中國人擔任，燕大高層只得採取中國特色的「變通」之術，把燕大教授、信奉基督的晚清名士吳雷川抬出來做校長（Chancellor），司徒雷登改任校務長（President），但學校的實際權力仍握在司徒雷登之手。後來被稱為「國賊」的孔祥熙曾一度擔任該校董事會主席。

燕京大學憑藉雄厚的美元資助，很快成為一所名聞世界的教會大學，在中國本土成為可與北大、清華抗衡的高等學校。一批大牌教授陸續雲集燕大校園，如著名學者陸志韋、洪業、鄧之誠、郭紹虞、鄭振鐸、許地山、顧頡剛，外籍學者高厚德（Howard Spilman Galt）、班維廉（William Band）、林邁可（Michael Francis Morris Lindsay），作家夏仁德（Pandolph C. Sailer）、斯諾、賴樸吾（Ralph Lapwood）等先後在該校任教。一九二八年，美國加州大學對亞洲高等院校的學術水準進行調查統計，燕大被列為甲級的兩所基督教大學之一，其畢業生擁有直接進入美國大學研究生院的資格。

在一九三五年，日本與中國國民政府簽訂《何梅協定》之時，司徒雷登就已預見平津不保，開始考慮燕大的去留問題。經過反覆權衡，最後選擇留守原處，靜觀待變之策。盧溝橋事變後，中國政府和教育、文化機構紛紛內遷，燕大依仗美國勢力撐腰，作出了留在淪陷區的抉擇。為保護學校免遭日寇騷擾，司徒雷登重新擔任校長，並讓學校懸掛美國國旗。此舉一度令許多學者不得其解，並批評指責司徒雷登的留守策略，認為這違背了中國政府關於阻止日本勢力在中國生根的戰略原則，日偽政權將利用此事鼓吹中日友好，從而葬送燕大美名云云。此後，美國政府發出了在華人員迅速撤離的通告。直到一九三八年六月，司徒雷登仍在撤與留之間搖擺不定，並懷疑留守之策是否得當。據司徒本人晚年的回憶錄《在華五十年》（*Fifty Years in China : the Memoirs of John Leighton Stuart, Missionary and Ambassador*）透露，他的朋友燕大教授高厚德一席話打動了他。高厚德說，燕大的最高理想是為中國人民服務，而不是單純為某個政治勢力或某個政府服務，「在人類生活中有許多基本的關係，政治關係只是其中的一種。」所以燕大必須在淪陷區堅持下來，為淪陷區人民提供受教育的機會。高氏舉例說，當年耶穌並沒有設法逃出古羅馬人的統治區，而是在壓迫中繼續他的事業和使命。

司徒雷登聽罷深以為然，不但消除了心理負擔，反而增添了一種使命感與光榮感，遂堅定了留下來的信心。燕大的堅守，確為其他部分未能南遷的高校師生提供了一個新的通道和避難場所，避免了被迫進入日偽控制的學校接受奴化教育的痛楚。這也就是傅斯年在北大復校時所說的「事實上除開周作人等一二人之外，沒有內遷的少數教員也轉入輔仁、燕京任教」。輔大與燕大同為外國在華教會學校，當時的燕大為了最大限度地滿足淪陷區學子的求知要求，招生規模急劇擴大，從以前奉行精英教育，每年招生不足百人，到一九三八年七月錄取新生六百零五人，為歷年之最。到一九四一年，燕大學生的注冊人數達到了創記錄的一千一百二十八人。

一九四一年十二月八日晨，珍珠港事件發生不到半小時，駐平日本憲兵隊包圍了整個燕大校園，並於當日強行接收，一批資深教職員和十一名學生被逮捕，所有英美籍教職員被作為戰俘押送到了山東濰縣集中營。全體學生被趕出校園，美麗的燕園淪入日人之手並充作傷兵醫院。當時剛從天津演講返北平、入協和醫院看病的司徒雷登也遭到逮捕監禁，直到一九四五年八月十七日才獲釋出獄。當時燕大校園只有林邁可夫婦和班維廉夫婦因為早晨一聽到廣播就當機立斷，駕車直奔西山而免遭此難。[2]

日軍的暴行並沒有斬斷燕大的血脈，一批逃離淪陷區的燕大師生歷經千辛萬苦，先後到達抗戰後方四川，在各界人士的熱心支持下，借用成都華西大學校園繼續辦學。一九四二年十月一日，成都燕京大學正式開學，原北平燕大教務長梅貽寶被推舉代理校長。司徒雷登雖然身陷囹圄，仍被宣布為校務長。梅貽寶乃清華大學校長梅貽琦的胞弟，小梅貽琦十一歲，在家中排行第五，早年畢業於清華學校，後留美攻讀哲學，先後獲柏林大學學士學位、芝加哥大學博士學位，其博士論文為《墨子哲學研究》，同時將《墨子》一書譯成英文。歸國後任燕京大學教授、教務長及文學院院長等職，具有「小梅校長」之譽。

燕大在成都穩住陣腳，立即進行招生，成渝兩地學子聞訊紛紛投考，人數達三千之眾。但限於當時的辦學條件，只能招一百五十名，加上從北平輾轉奔來的原燕大學生，共三百六十四人。因南下的原燕大三十餘名教員無法滿足教學需要，在梅貽寶主持下，於全國各地進行招聘。正是在這樣一個背景和條件下，中研院史語所的李方桂、陳寅恪才相繼來到了成都燕大校園，分別充任漢語語言學和歷史學教授。

陳寅恪攜家初到成都時，居住在燕大租賃的一排民房的二樓，同住的還有其他燕大教授。陳氏之所以捨李莊史語所而奔燕大，主要的原因是認為成都和燕大的條件要比李莊為好，對自己及家人——特別是患有心臟病的夫人唐篔的身體有所益處。想不到一到成都才知此處條件比想像的要糟糕得多。當時李方桂住在樓下，流求等幾個孩子從自家的地板縫裡，就可清楚地看到李家炒菜做飯的情景，由此可見其房舍的寒陋。

一九四四年一月二十五日（農曆元旦），陳寅恪致函傅斯年，謂：「到此一月，尚未授課，因所居鬧吵，夜間不能安眠，倦極苦極。身體仍未恢復，家人大半以禦寒之具不足生病。所謂『飢寒』之『寒』，其滋味今領略到矣。到此安置一新家，數萬元一瞬便完，大約每月非過萬之收入，無以生存。燕大所付不足尚多，以後不知以何術設法彌補？思之愁悶，古人謂著述窮而後工，徒欺人耳。拙著隋唐制度論稿已付謄寫否？」❸

這個時候的陳寅恪或許尚未意識到，對於他與他的家人，新一輪的苦難才剛剛開始。自從盧溝橋事變舉家南下，苦難就一直與他形影不離，且隨著時間的推移愈演愈烈，大有將其置於死地，直至送進幽深渺遠的墳墓的勢頭。正如法國早期工人運動的傑出領袖、空想共產主義者布朗基（Louis-Auguste Blanqui, 1830-1879）所言：「說到幸福，我只得面向過去，或者面對我來說，除了墳墓以外沒有任何希望的將來。」

對於這種境遇，陳寅恪有過一些認識，並有自知之明和立世之志。一九一九年，就讀於哈佛大學的陳氏就曾對好友吳宓道出了自己的胸臆：「孔子嘗為委吏乘田，而其事均治，抱關擊柝者流，孟子亦盛稱之。又如顧亭林，生平極善經商，以致富。凡此皆謀生之正道。我儕雖事學問，而決不可倚學問以謀生，道德尤不濟饑寒。要當於學問道德以外，另求謀生之地。經商最妙，Honest means of living。」又說：「若作官以及作教員等，決不能用我所學，只能隨人敷衍，自儕於高等流氓，誤己誤人，問心不安。至若弄權竊柄，斂財稱兵，或妄倡邪說，徒言破壞，煽惑眾志，教猱升本，卒至顛危宗社，貽害邦家，是更有人心者，所不忍為矣。」❹

學問既不可倚為謀生之道，又立志從事學問之事業，這看上去似是一個悖論，但又寓於情理之中，其突顯的核心則是自由知識分子的道德精神與文化良知，只有「脫心志於俗諦之桎梏」，真理乃得以發揚。可以說，從立志獻身於學術那一天起，陳寅恪就注定要面對和擔當個人的不幸，只是後來的不幸已超出他的想像罷了。而今面對戰火連天的赤縣神州，陳寅恪唯一的出路，就是於不幸中咬緊牙關，同無盡的苦難抗爭，以求僥倖，其他則別無選擇。令後人看到的一幕景象是，在如此艱難困苦的環境中，陳寅恪依然向世界展示著一個自由知識分子的風骨和一個傳統士大夫式的學者立德、立功、立言的終極理想與信念。也正是這一燃燒於心中的永恆火光，映照著他後半生坎坷不平的途程，雖九死而不悔，在無涯的苦海與茫茫天際中奮然前行。

陳寅恪在致傅斯年的信中所提及的「隋唐制度論稿」，是指後來在中國史學研究史上光照日月的蓋世名篇《隋唐制度淵源略論稿》。此稿作於一九三九年昆明西南聯大時期，陳寅恪時年五十歲。據蔣天樞在《陳寅恪先生編年事輯》（增訂本）民國二十八年己卯（一九三九）條下按：「本年春初在昆明曾生病。師曾語樞云：『本年在昆明病中作《隋唐制度淵源略論稿》，寄上海商務印書館印行。但此稿遺失。（聞商務香港印刷所在付印前為日寇燒燬。）後史語所友人將舊稿湊成，交重慶商務重印。恐多誤。』」

一九四一年八月二十六日，陳寅恪在香港九龍太子道三六九號三樓住處給傅斯年的信中曾提及此稿事：「弟近將所作之『唐代政治史略』修改完畢，中論士大夫政治黨派問題，或有司馬君實所未備言者。將如何出版，尚乞便中示知（尊病未愈，不欲管此瑣事亦可不復，因弟亦不急於決定也）。去年付印之隋唐制度論，則商務書館毫無消息。因現在上海工人罷工，香港則專印鈔票、郵票，交去亦不能印，雖諄託王雲五、李伯嘉亦無益也。」[5]

接信的傅斯年答應查詢詳情，但陳寅恪方面卻遲遲未得到消息。於是，到了一九四二年八月一日，已逃離香港來到桂林的陳寅恪再次致信傅斯年詢問：「集刊及本所專刊有無新出者？弟前年交與商務之隋唐制度論，商務堅執要在滬印，故至今未出版，亦不知其原稿下落如何？」又說：「弟近日忙於謄清拙著唐代政治史略，意頗欲在內地付印，以免蓋棺有期，殺青無日之苦。尊意如何？乞示。」

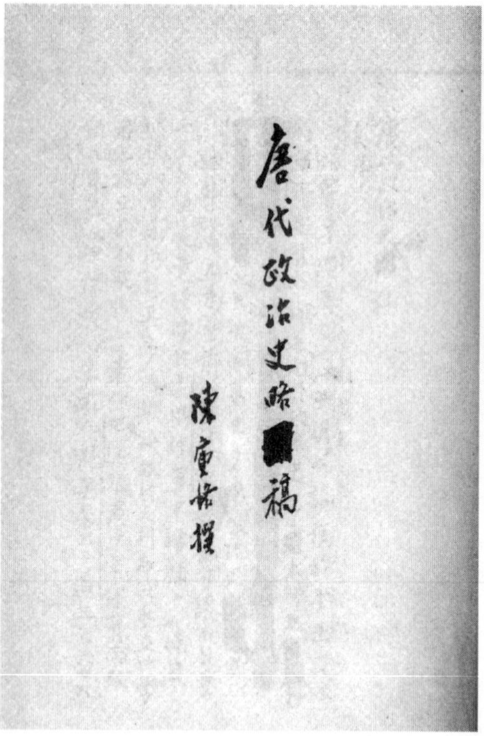

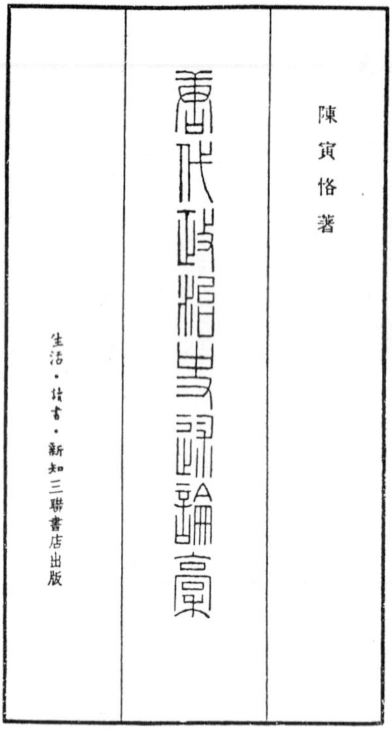

陳寅恪手書《唐代政治史略稿》書名頁（右），及易名後，一九五六年由三聯書店出版的《唐代政治史述論稿》扉頁（左）。

❻從這兩封信中可以看出，陳寅恪是把自己的學術成果視同生命來看待的，而作為一個以學術立足的學者也當如此。只是出乎他與傅斯年的意料，這部書稿早已在戰亂中像著名的「北京人」頭蓋骨一樣下落不明了。

一九四二年，在南溪李莊的傅斯年向中央研究院提交過一份《本所刊物淪陷港滬情形及今後出版計劃》，明確提到了陳寅恪這部著作的命運。傅在報告中說：

> 本所各項刊物，原來自刊自售，以後堆積如山，購者更感不便，遂於民國二十三年六月改委商務印書館出版。抗戰以後，情勢轉變，然內地無法精印，而本所刊物圖版最多，兼以印費有限，迫不得已仍託該館辦理。惟三四年來該館工潮時起，印刷遲緩，雖本所曾經派員往滬就近督印一次，所生效力亦僅一年而已。以後各項稿件，均不能迅速印出。三十年度中尚有若干已成之長篇文稿，均以太平洋情勢緊張，未繼續送去。其最不可解者，常有市上已有售本，而本所尚未見樣本，此真該館辦事奇怪之徵。……去冬港滬情勢變後，本所歷年交付該館之稿件及已印成之書，全部不知下落！自抗戰以來，本所雖力圖出版刊物之量與質不減於往日，終以印刷遲緩之故，未能如願。此次淪陷港滬書稿之多，尤為本所之重大挫折。❼

按照傅斯年所列淪陷之書稿數目，共有專刊、單刊、集刊（八開本，每冊約一百五十頁）、人類學集刊（開本、冊頁與前同）、中國考古報告集、史料叢書、其他共七項二十一種，六十類，總計在三百萬字以上。目錄分為：

> 1.尚未付排者；
> 2.正在排印中者；

3.排校已完但出版與否情形不明者；

4.已出版而樣書迄未寄到者。

在這四類遺失書稿中，陳寅恪的《隋唐制度淵源略論稿》屬於第二類「正在排印中者」之列。——歷史就是如此地巧合與無情。

不幸之中的僥倖是，由於陳寅恪右眼失明，視力不濟，他的書稿脫手後寄給史語所，由傅斯年安排年輕的專業研究人員抄寫謄清後才送印書館排印的。而由年輕的研究人員或學生代抄手稿，史語所支付謄抄費，這一程序幾乎成為慣例，從一九四五年五月十六日，陳寅恪致傅斯年的信中可以清晰地看到類似的操作方式。陳在信中說：「弟未病時，已草成元白詩箋證一書，尚待抄正。兄前有函云，史語所可付抄寫費用；今弟欲於一二月後，令燕大國文系高級生，由弟指導抄寫及查對原文，以了此公案。不知史語所每月能付抄寫費若干？及由何時付起？均請示知，以便辦理。」❽正是因了這一不成文的慣例，才有了陳氏書稿下落不明之後，史語所同人「將舊稿湊成，交重慶商務重印」的補救措施，儘管內中錯誤在所難免。也多虧了這一補救措施的成功，此部偉大巨著沒有在戰火中零落，並於一九四四年秋在重慶印出。

縱觀陳寅恪一生的學術歷程，二十世紀三十年代中期至五十年代初，是一個巨大而突飛猛進的轉捩點。在這一政治局勢最為動盪迷亂時期，陳氏審時度勢，主動放棄了早些時候與西歐東方學派遙相呼應的西北史地及佛經、西亞古文字研究等學問的精研與教授，轉而進入中國中古以降之歷史領域，所涉範圍有政治、宗教、社會、學術等各個方面。對於這一嬗變的根由，後世研究者眾說紛紜，例如思想史學者余英時認為與陳氏本人嘗懷「通古今之變」之抱負，以及與王國維之死造成學術上失落感有關，當然還與陳寅恪自己不滿二十年代末學術界整理國故與唯物史觀等兩股史學思潮有關。

余氏之說自有其合理的一面，一九四二年，陳寅恪在桂林所作〈朱延豐突厥通考序〉中，嘗言：「寅恪平生治學，不甘逐隊隨人，而為牛後。年來自審所知，實限於禹域以內，故僅守老氏損之又損之義，捐棄故技。凡塞表殊族之史事，不復敢上下議論於其間。」❾這個序言，可看做是支撐余英時之說的一根支柱。但細加思究，陳寅恪其說除了讀書治學不甘逐隊隨人而為牛後的「小我」外，更多的還是民族大義與學術使命的召喚，即吳宓所說的「為中國文化與學術德教所託命者也」。

陳寅恪的門生兼後來的助手王永興對余英時之說明確表示不敢苟同，認為其師轉變的真正原因與中華民族瀕臨危急，可能亡國滅種有著重大關係。出身傳統士大夫家庭的陳寅恪，修齊治平的理想抱負一直蟄伏在他的心底，而傳統文化中如忠孝節義等「春秋大義」的浸淫，在他的心靈深處當比普通民眾更為劇烈，一旦遭遇實際社會情形，則其反應也更為激進。❿

王永興的解析顯然比余氏要深刻合理得多，也更接近事實的內在本質。這一點從一九三一年五月陳寅恪於《國立清華大學二十週年紀念刊》發表的文章中，即可見出端倪。陳氏曾云：「昔元裕之、危太樸、錢受之、萬季野諸人，其品格之隆汙，學術之歧異，不可以一概論；然其心意中有一共同觀念，即國可亡，而史不可滅。今日國雖倖存，而國史已失其正統，若起先民於地下，其感慨如何？……夫吾國學術之現狀如此，全國大學皆有責焉，而清華為全國所最屬望，以謂大可有為之大學，故其職責尤獨重，因於其二十週年紀念時，直質不諱，拈出此重公案，實係吾民族精神上生死一大事者，與清華及全國學術有關諸君試一參究之。以為如何？」⓫國亡然能有史，殷鑑不遠，從善去惡，國可再建；如無史，何所鑑誡，何所取法，華夏民族無從因襲，將不復存在矣。

陳寅恪此時所指的「史」，當然不僅僅是指歷史本身，應含更廣泛宏大的學術文化整體脈絡之意。陳氏堅稱「吾民族所承受文化之內容，為一種人文主義之教育」⓬，此一立論，不但從陳寅恪轉向的中國隋唐政治史事研究可以窺知，同樣可以延伸地解釋其晚年何以以《柳如是別傳》作為精神寄託，並為一生的研究歷程畫上一個圓滿句號的內在緣由。

陳寅恪認為漢代學校制度廢弛，官學沒落，學術文化家學化，學術中心移於家族，而家族又與地域有關。他在《隋唐制度淵源略論稿》中，以卓越的史識與見地分析隋唐制度的淵源及其流變過程，對河西一隅之地保存漢魏西晉典章學術，進而下開魏齊隋唐制度之功業給予了高度評價，對隋唐制度的華夏正統文化系統之來源，做了細緻的令人信服之考辨。河西一帶雖自漢末至東晉末年經歷了百餘年間的紛爭擾攘，但較之河北、山東屢經大亂，猶可蘇喘息、長子孫。而躲身於河西關隴之世族英儒與本土世家，均可繼絕扶衰，傳私學於後人，因此河西關隴一隅竟能上續漢魏西晉之學風，使中原魏晉以降文化得以轉移保存，同時又下開北魏、北齊、隋、唐制度。遺憾的是「昔賢多未措念」，學術視野乏有觸及者，這才有了「寅恪不自揣譾陋，草此短篇，藉以喚起今世學者之注意也」的良苦用心。陳氏所呼喚的「今世學者之注意」，是指什麼呢？

若聯繫陳寅恪所處的時代與環境，不難看出，他所要喚起的，實則是抗戰軍興後「南遷學人」之注意。凡南遷之學人皆有責任使中國學術文化保存於西南一隅，承前啟後，繼絕扶衰。此點在陳寅恪為著名史家陳垣於一九四〇年出版的《明季滇黔佛教考》所作序言中，說得更為分明：宗教雖與政治不同，但二者終不能無所關涉，「明末永曆之世，滇黔實當日之畿輔，而神州正朔之所在也。故值艱危擾攘之際，以邊徼一隅之地，猶略能萃集禹域文化之精英者，蓋由於此。及明社既屋，其地之學人端士，相率遁逃於禪，以全其志節。今日追述當時政治之變遷，以考其人之出處本末，雖曰宗教史，未嘗不可作政治史讀也。」[13]——這便是陳寅恪以久病之身，苦心孤詣撰寫《隋唐制度淵源略論稿》的「微言大義」。

在稍後撰成的《唐代政治史述論稿》中，陳寅恪通過深入考證，指出李唐先世若非趙郡李氏之「破落戶」，即是趙郡李氏之「假冒牌」。李唐血統其初本是華夏，後與胡夷混雜，血統不純。「凡多數北朝、隋唐統治階級之家，亦莫不如是，斯實中國中古史上一大問題，亦史學中千載待發而未發之覆也。」陳氏沿著這一千年未發之覆的「一大問題」的脈絡，經過潛心研究，極富創意地提出了著名的「關隴集團」學說，「漢人與胡人之分別，在北朝時代文化較血統尤為重要」之論點，以及「外族盛衰之連環性」的遠見卓識。這一理論體系，堪稱宏規巨構，為中古史研究開闢、創造了一個嶄新的紀元，整個史學界為之震動。至於陳寅恪在燕大授課時期陸續撰寫的《元白詩箋證稿》，更是開「詩文徵史」的先河，把文學與史學的聯繫與理解，引進到一個出神入化的絕妙境界。而這一境界，除偉大史學家陳寅恪外，幾乎無人能夠繼之。為此，深諳此道的傅斯年才發出了陳寅恪乃「三百年來僅此一人」的慨歎，並與陳氏這一世上罕有其匹的文化崑崙，建立了相濡以沫，生死相依的絕世情誼。

陳寅恪失明經過

就在陳寅恪寫信向傅斯年詢問自己書稿之命運的同日（一月二十五日），又致函在李莊史語所分管圖書和日常事務的那廉君：「前請將弟之書箱兩口設法寄下，不知如何？有便人否？頃見李芳（方？）桂太太言，李先生之家具等，亦正託人帶至成都。如李先生之物件果能啟運，則或可將弟之書箱一同帶來。如別有更速更妥之方法則尤妙。總之，悉求斟酌辦理為感。此間中文普通書籍，動輒一冊數百元數千元，一部竟至數萬元，弟手邊無書，教書至不便故也。」⓮

抗戰之初，陳寅恪多年心血聚成的文稿與批注書籍，在由長沙運往蒙自途中遭到竊賊的暗算，而留在長沙親戚家中的大批書籍又在著名的「文夕大火」中燒了個精光。不幸之中的一點安慰是，在大劫過後的灰燼中，陳寅恪又突然看到了一絲希望復燃，這便是當年史語所從北平北海靜心齋遷往上海，繼而遷往南京時，身為歷史組主任的陳寅恪有五箱論文手稿與書籍一同隨所南遷。此後，陳氏又陸續寄往史語所論文數篇，未被刊用，遂請人訂成一冊，放入箱中保存。南京淪陷前夕，史語所藏書大部分由長沙轉往重慶暫存，若無意外，五個箱子應在其中。於是，一九三九年二月九日，身在香港正準備赴英國牛津講學的陳寅恪在致傅斯年信中，曾特別提到「不知從南京搬家時，與研究所書籍同時搬去否？請兄託樂煥世兄代為一查。因弟『十年所作，一字無存』。並非欲留以傳世，實因授課時無舊作，而所批注之書籍又已失散，故感覺不便也」[15]。

傅斯年接信不敢怠慢，立即命自己的姪子、時在史語所任職的助理研究員傅樂煥查詢並很快有了結果。同年七月六日，陳寅恪在致傅斯年信中說道：「五箱已運到，甚慰，擬將未成之稿攜歐，俟半年得暇加以修改也。」事情至此，本應算個圓滿的結局，想不到世間事總有讓人難以捉摸和措手不及之處。事隔六天之後的七月十二日，陳寅恪再度致信傅斯年，以惋惜的口吻說道：「弟五箱運到而錯了兩箱。此兩箱中，恰置弟之稿件，雖又託人查問，此次恐是石沉大海矣。得而復失，空歡喜一場，反增懊惱。將來或可以藉口說：我本有如何如何之好文章，皆遺失不傳，亦是一藏拙作偽之法耶！此殆天意也。」[16]陳寅恪倒楣至此，可謂無以復加，真讓並世之人與後世讀傳者為之一哭。

此事過去將近五年，陳寅恪於成都燕京大學給那廉君信中所提的書箱事，正是當年被傅樂煥或其他什麼人稀里糊塗弄錯，從而遺落在史語所的兩個書箱。據可考的資料看，那廉君並沒有，或許沒有機會和能力把這兩個對陳寅恪本人來說如同命根一樣的書箱運往成都燕大。而假如再拖延半年，即使這兩口箱子抵達成都，世間的光明將不再屬於陳寅恪，他將永遠失去這一最後閱看自己批校的書籍和論文手稿的機會了。悲夫！

陳寅恪既受燕大之聘，當然要授徒開課。在他看來，一旦接受了大學教學機構的聘約，就應認真對待，信守約定。他對待國外牛津大學之聘如此，一旦應約受聘，「故必須踐約也」（致傅斯年信），在國內同樣恪守這一原則。一九四三年一月二十一日，陳寅恪於桂林受聘於廣西大學期間，在致傅斯年信中明確提到「雖然廣西在遷建區外，所有新頒之改善生活方法，均不及四川，且大學校尤不及其〔他〕機關，故終亦不能不離去，以有契約及學生功課之關係，不得不顧及，待暑假方決定一切也」[17]。這一行為準則成為陳寅恪心中不可更改的鐵律。在燕大授課的日子裡，由於住居條件糟糕，生活貧苦，陳寅恪已經高度近視的左眼視力急劇下降，致使學生的考試卷閱畢，要把分數登記在成績表上，因表格較小，印刷品質又極度糟糕而無法看清。為免登記錯格，只得叫女兒流求協助完成。稍感幸運的是，後來上課地點由陝西街改到華西大學文學院，陳家搬入華西壩廣益宿舍，住居條件得到改善，上課也無須再跑遠路，陳氏身心才得到些許安頓。從陳流求的回憶中看到，陳寅恪仍然每學期從開學第一天起就準時夾著他的布包袱走出家門，步入教室。而這個時候，唐篔的心臟病不時復發，又整日為柴米所困，一家老小仍舊是苦不堪言。一九四四年二月二十五日，陳寅恪再次致信傅斯年：

孟真兄大鑑：

別後曾上一書，千頭萬緒，未能盡其一二也，現又頭暈失眠，亦不能看書作長函，或可想像得之，不須多贅。中央研究院評議會三月初開會，本應到會出席，飛機停航，車行又極艱辛，近日尤甚，此中困難諒可承知我者原宥。惟有一事異常歉疚者，即總辦事處所匯來之出席旅費七千零六十元到蓉後，適以兩小女入初中交學費，及幼女治肺疾挪扯移用，急刻不能歸還，現擬歸還之法有二：（一）學術審議會獎金如有希望可得，則請即於其中在渝扣還，以省寄回手費。（二）如獎金無望，則請於弟之研究費及薪內逐漸扣除，若有不足，弟當別籌還償之法，請轉商騮先先生，並致歉意為感，弟全家無一不病，乃今日應即沙汰之人，幸賴親朋知友維護至今，然物價日高，精力益困，雖蒙諸方之善意，亦恐終不免於死亡也。言之慘然，敬叩

旅安

弟寅恪拜啟　二月廿五日

騮先先生並諸友並候。⑱

雖「言之慘然」，但陳寅恪的教學仍一絲不苟，全身心地投入其中。據燕大歷史系學生石泉與李涵回憶，陳

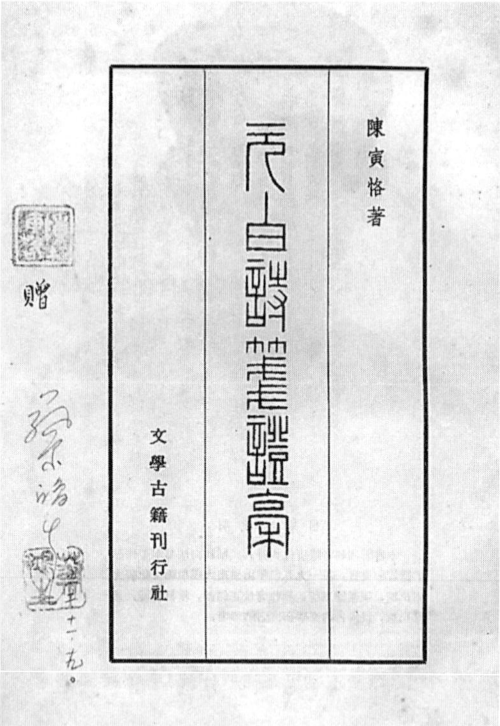

陳寅恪發贈給學生的課本《元白詩箋證稿》

寅恪剛到燕大時，春季所開的課為「魏晉南北朝史」和「元、白詩」兩門。自一九四四年秋季始，又繼續開設「唐史」和「晉至唐史專題研究」兩門大課。由於陳氏「講課內容精闢，極富啟發性」，聽講者不僅是校內學生，華西壩其他幾所大學也有不少教師聞風前來，欲一睹其講課時的風采神韻，因而關於陳寅恪乃「教授之教授」的聲名繼清華之後，又在成都高校廣為流傳開來。⑲另據時在燕大歷史系讀書的雍國泰回憶說：「（陳寅恪）先生講的內容是唐史，他聲音細微，語音不清之處，或者一些中心詞，都由講師板書在黑板上。我注意細聽他的每一句話，也作了筆記。概括說來，他講的章節，無系統，想到哪裡就說到哪裡，這一周講了半截，下一周又講到其他方面去了，留出巨大的空間，讓我們自己去思考和填補。主要內容是說唐王朝是中國又一次的民族大融合，無論政治制度還是文化、風俗，都是經過融合後的『大雜燴』。李氏家族雖為漢人，但受胡化影響極深，因其體內就有胡人的血統，如李世民先輩李虎之妻獨孤氏，李淵之妻竇氏，包括李世民本人之妻長孫氏，均為胡人。不過出於統治需要，李世民自己絕不承認。有個叫法林的和尚，當面說太宗不是漢人，李世民大發雷霆，意欲殺之。從風俗來看，唐代也顯受胡俗浸染，胡人本來有『兄死妻其嫂、父死妻其後母』的習俗，『玄武門事變』後，世民即納其弟齊王元吉之婦為妃，太宗死後，高宗公開納太宗才人武后為妃；最為突出的是玄宗奪媳。這是胡俗，當時並不以為恥。楊國忠在嶺南做官幾年未回家，其妻與人通姦產子，國忠回來後，說是『夢交』得子，

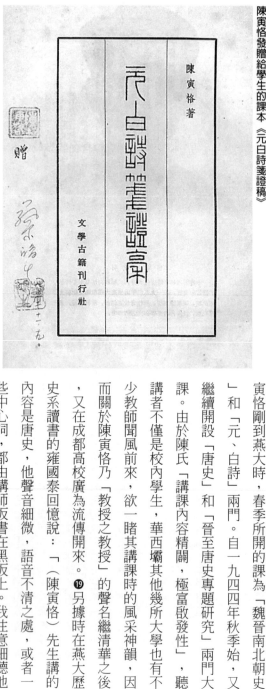

還大宴賓客。總之，『男女大防』在唐代是被沖毀了很大一個缺口，男女之間自由戀愛之風頗濃，非常開放。……」雍國泰又說：「先生上課，我們從不發問，有天下課後，一位同學好奇地問道：『楊貴妃體形肥胖，究竟體重若干？』先生順口回答：『一百三十五磅。』（約合六一・五公斤）先生此說，想來必有所本，只是不知這些資料他又是從哪裡得來。」[20]

或許類似這般通俗小說的情節更能令人感興趣和便於記住，因而在幾十年後，這位雍國泰同學還記住了這若干細節。不過，陳寅恪所講課程，並不是每堂都如此富有刺激和充滿了韻味情調的。陳氏常言「在史中求史識」以及「在歷史中尋求歷史的教訓」等，因而所傳之道、所授之業，大多還是一些深奧的「史識」和「歷史的教訓」。據當時在燕大歷史系任講師，後成為中央民族大學教授的王鍾翰回憶說：陳先生偕全家老小自桂林赴成都燕大後，「景慕多年的前輩史學大師，今得親聆教誨，真是三生有幸，喜可知也。先生初開魏晉南北朝史，繼開唐史，一時慕名前來聽講者，不乏百數十人，講堂座無虛席，侍立門窗兩旁，幾無容足之地。記得先生開講曹魏之所以興起與南北朝之所以分裂，以及唐初李淵起兵太原，隋何以亡，唐何以興，源源本本，剖析入微，徵引簡要，論證確鑿。每一講有一講的創獲和新意，多發前人未發之覆。先生講課，稍帶長沙口音，聲調低微，每令人不易聽懂。而所講內容，既專且深，我亦不甚了了，自然更難為一般大學生所接受。兩課能堅持聽講到底者，不過二十人，其中大多數今已成為在文史研究方面學有專長的專家了。」[21]王氏所言，透出了陳寅恪講學的另一側面，而這一個側面當是最為主要的，也是其真正傳授學問之根本所在。

一九四四年八月，教育部核定西南聯大教授羅常培、吳宓休假進修一年，去向自願。羅常培前往美國進修學業；吳宓由於對陳寅恪的牽掛，與燕大代理校長梅貽寶聯繫，取得了到燕大講學的機會。吳氏整理行裝由昆明出發，於同年十月二十七日來到成都燕大，得以與老友陳寅恪相聚一校。對於二人相見後的情形，吳宓之女吳學昭在《吳宓與陳寅恪》中這樣記述道：「父親與寅恪伯父四年多不見，感到寅恪伯父顯得蒼老，心裡很難過。使他更為擔心的是寅恪伯父的視力，右眼久已失明，唯一的左眼勞累過度，而戰時成都的生活又何其艱難！寅恪伯父有『日食萬錢難下箸，月支雙俸尚憂貧』的詩句，說明物價飛漲，貨幣貶值的嚴重；從父親當時《日記》中的片言隻字，也可看出一二：『晚無電燈，早寢』；『無電燈，燃小菜油燈』；『窗破，風入，寒甚』；『晚預警，途人馳奔』；『旋聞緊急警報，宓與諸生立柏樹蔭中，望黯淡之新月，遠聞投彈爆炸之聲』……。」又說：「父親很清楚，對於寅恪伯父來說，視力是何等的重要。然而，使父親最為憂慮和擔心的事，不久還是發生了。」㉒

所謂最擔心的事，便是陳寅恪眼睛失明。

這年冬季的某個上午，陳寅恪來到課堂滿含憂傷地對學生們講：「我最近跌了一跤後，唯一的左眼也不行了，說不定會瞎。」㉓眾人聽罷，大駭，但又不知道該做些什麼，只有在心中暗暗祈禱：這樣的大不幸萬萬不要降臨到面前正處於苦難中的大師身上。但祈禱終究成為徒勞，就醫學角度言，凡高度近視者若眼睛受到磕碰，或自身用力過猛，皆可造成視網膜脫落，並導致失明的嚴重後果。

這年的十一月二十三日，陳寅恪在給傅斯年與李濟二人的信中寫道：「弟前十日目忽甚昏花，深恐神經網膜脫離，則成瞽廢，後經檢驗，乃是目珠水內有沉澱質，非手術及藥力所能奏效，其原因想是滋養缺少，血輸不足（或其他原因不能明瞭），衰老特先，終日苦昏眩，而服藥亦難見效，若忽然全瞽，豈不大苦，則生不如死矣！現正治療中，費錢不少，並覺苦矣，未必有良醫可得也。」㉔此徵兆當為雙目失明前的預警，陳寅恪已深知後果之嚴重，遂心有恐懼，感傷至極，發出了若果真如此則生不如死的悲鳴。

就在絕望之時，陳寅恪仍沒忘記替求助自己的後學盡一分綿薄之力。他在致傅、李的信中接著寫道：「茲有一事，即有蔣君大沂，其人之著述屬於考古方面，兩兄想已見及，其意欲入史語所，雖貧亦甘，欲弟先探尊意，如以為可，則可囑其寄具履歷著述等，照手續請為推薦，其詳則可詢王天木兄也。弟不熟知考古學，然與蔣君甚熟，朝夕相見，其人之品行固醇篤君子，所學深淺既有著述可據，無待饒舌也。」㉕

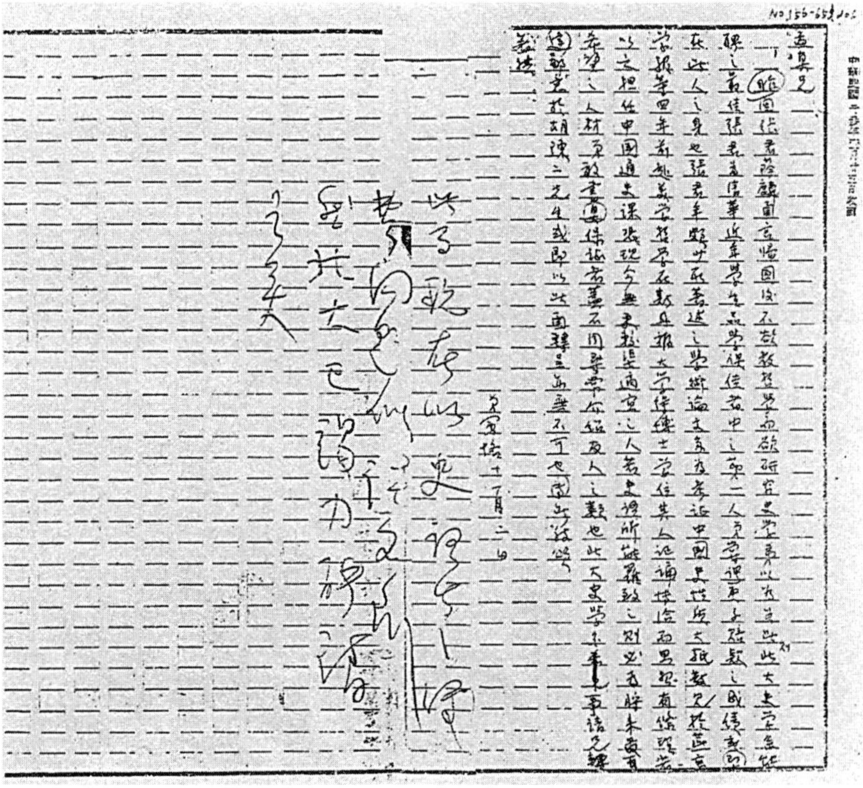

陳寅恪向傅斯年舉薦張蔭麟的信函，內有「弟敢書保證者，蓋不同尋常介紹友人之類也」語。函末為傅氏批語：「此事現在以史語所之經費問題似談不到，然北大已竭力聘請之矣。」（引自《陳寅恪集．書信集》）

陳寅恪信中所言是客氣和得體的，以他的性格和知人識物的洞見，所述當與事實不會出入太大。儘管由於諸種原因，這位蔣大沂君最終未能入史語所工作，但就陳寅恪對德才兼備之人才理想與前途的瞻念，頗令人感喟——尤其在如此不幸的際遇之下。當然，除蔣大沂外，陳寅恪在抗戰前後，曾向教育科研機構薦舉後學若干人，如于道泉、戴家祥、張蔭麟等，皆得到過陳氏的提攜獎掖。尤其在薦舉吳其昌時，可謂不遺餘力，頗具感情和血性。他在給輔仁大學校長、北平師範大學教授陳垣的信中，曾急切、熱忱地說道：「吳君高才博學，寅恪最所欽佩，而近狀甚窘，欲教課以資補救。師範大學史學系，輔仁大學國文系、史學系如有機緣，尚求代為留意。」又說：「吳君學問必能勝任教職，如不能勝任，則寅恪甘坐濫保之罪。」[26]其用力之深，感情之厚，肝膽相照之人格魅力，令後人觀之不禁為之欷歔。

然而歷史竟是如此地無情，生命中的不幸

際遇，並沒有因陳寅恪的向善向真和拳拳之心而改變，相反的是進一步加劇了這種不幸。十二月十二日晨，陳寅恪起床後感到眼前一片漆黑，左目已不能視物，世間的光明將要永遠離他而去。而這時夫人唐篔心臟病復發，幼女美延也已患病，陳氏強按心中的恐慌與悲情，急忙把女兒流求喊來，讓其立即到校通知自己不能上課了，請學校另作安排。十四日，在仍不見好轉的情況下，陳寅恪只好住進陝西街存仁醫院三樓七十三室求治。經檢查，左目視網膜剝離，「瞳孔之內膜已破，出液，不能辨視清晰」，必須立即施行手術。而醫生私下對前往探視的燕大教授馬鑑與吳宓等人說，如此糟糕的情形，「必將失明」。㉗馬、吳二人聽罷恐慌不已。

十八日，醫院決定為陳寅恪施行手術，若順利或許還有一線希望。手術過後，陳氏的頭部用沙袋夾住，不許動彈，以免影響手術效果。孰料術後效果極差，吳宓於次日前去探望，「僅得見夫人篔，言，開刀後，痛呻久之。又因麻醉藥服用過多，大嘔吐，今晨方止。不能進飲食云云。」手術十二天後，唐篔私下告訴吳宓：「醫云，割治無益。左目網膜脫處增廣，未能粘合，且網膜另有小洞穿。」㉘病中的陳寅恪雖未知細節，但有所感，一時大為憂戚，焦躁不安。夫人唐篔每日守候寅恪身旁，既要顧家，又需照料病人，不久因勞累過度引發心臟病臥床不起。幸有陳寅恪在燕大唯一帶的研究生石泉，出面邀集並組織燕大學生輪流值班，女生值日班，男生值夜班，如此跑前跑後的忙碌，令陳氏夫婦在心靈上得到一絲撫慰，陳寅恪的情緒也慢慢穩定下來。時任燕大代理校長的梅貽寶前去探望，陳寅恪大為感動，對其曰：「未料你們教會學校，倒還師道有存。」許多年後，已是八十高齡的梅貽寶在其回憶錄中寫道：「我至今認為能請動陳公來成都燕京大學講學，是一傑作，而能得陳公這樣一語評鑑，更是我從事大學教育五十年的最高獎飾。」㉙想來陳氏之語是出於本真，而梅氏之言也是發自肺腑的吧。

欲將心事付瑤琴

陳寅恪手術後不久，唐篔即寄函向傅斯年簡單報告經過。在一九四五年一月十八日致傅斯年、俞大綵夫婦的信中，唐篔較詳細地敘述了寅恪手術後的情形。信中說：

寅恪第一次手術後正已一月（南按：此處另有附語：「現在尚不許動，眼尚包著。」以下括弧內文字均為附語。）據醫生（陳醫生人很好，極直爽）云，所粘之部分並未粘好（更有一洞之說不敢告寅恪，恐其神經受刺激太甚，以致影響失眠以及其他），認為手術之結果不滿意，欲再動第二次手術（愈早愈好），而寅恪極不願意，恐二次之結果又不滿意，則失望更大。故今暫時採用靜養及吃滋養品服藥之辦法，一月以來頗有轉機，已能見物，以前之黑影逐日縮小，寅恪之希望即養得永久能維持現狀，則為滿意，惟視物仍不甚清楚，此為最可慮之一點，恐其漸漸出水，日後必致惡化（惟恐漸漸出水以致網膜漸漸脫落加大，則最為可怕之一點）。篔以學理視之，似宜再動二次手術，而以其他種種事寔上之情形而言，如寅恪之身體及年歲高等等，則又不敢堅主張，是以躊躇難決，心中十分不安定。又加疲勞過度，遂大發心臟病，回家休養十餘日，今始漸漸起床。兄等有何高見，望有以告我，則感甚，感甚。又醫生因我們之決定遲遲不答之，遂大為不高興，而我們不欲使之卸責，所以種種方法拉住，不願使之逃脫，因成都除此醫院外，其他私家醫生更不行。故篔之應付環境極苦，而許多事又不願使寅恪知之，更不便與之商量，其苦可知矣。所寄來之款叁萬圓及貳佰玖拾陸元貳角，均如數收到。㉚

唐篔所說款項事，因資料缺失，無法確切得知來源何處，但從平淡的口氣看，似與傅的努力有關，但不是傅斯年本人的捐助。加之款項後邊一個細微到幾角的零頭，可推知此款項或許來自教育部，或許是中研院史語所，或許是中英庚款董事會等。此時躺在病床上的陳寅恪，於無奈中集蘇東坡詩句「閉目此生新活計，安心是藥更無方」，請楊度之女、四川省教育廳廳長郭有守之妻、書法家楊雲慧書之，裱而懸掛，以自勵自勉。㉛遭逢如此境地，要真正安心是不可能的，陳氏心中自然清楚，必須面對這個現實並設法與苦難抗爭，才能度過這一劫數。

一月二十六日，唐篔再次致信傅斯年，直言不諱地說出了壓抑在心中已久、對當局不滿的情愫。信中說道：「（寅恪）今既須長時間之休養，則不得不各方籌畫經濟之來源。平時之家用每月增多，兩個月前已達四萬餘元，尚不能吃營養品。今在養病期中，必是加倍還多，更以物價逐日高漲，寔難定預算。燕京薪水僅足用一星期或十日。」同時表示尚有數事欲與傅氏商量，並求指教者如下：

一、寅恪自前年（三十二年）暑假後離開廣西大學，來燕大授課，除領教育部所發正薪外（每月薪水陸佰元，研究費肆佰元，每六個月一寄，一次寄陸仟元），至如其他教授應得之種種生活津貼、食米及薪水加倍等等（如其他部聘教授每月之所應得者），分文未領過。換言之，以往一年半以來（除領正薪及少數研究費外），已替國家（即教育部行政院）省下將近貳拾萬矣，此點望能使當局明瞭及注意。此第一事也。

二、寅恪此次病眼，醫院開支總在貳拾萬上下（大約再數星期後出院），皆由燕大付出，而家中用度又已近十萬（買特別藥及滋養品，需自付），已收到教育部五萬元，中央研究院三萬元。此後回家靜養，所需一定較平時用度為多，由燕大每月之收入約兩萬，即在平時已不敷用。寅恪向不願兼事，今病更不能兼矣。所以希望教部於養病期中，每月能有巨款醫藥費之補助，此第二事也。

三、寅恪當教授已十九年半，只在抗戰前曾休假過半年。今年擬向教部請求休假一年，以著作為名（元白詩箋證），此第三事也。

四、寅恪雖在私立燕大授課，希望能如其他之部聘教授分發於國立大學者同樣待遇。除正薪外，尚有薪水加倍，生活津貼及食米等等，由教部撥與燕大轉發。蓋此數在國家雖省下來為數極細微，而在個人則可得幫助不少。且寅恪意既有部聘教授之名義，更願名實相符，則寅恪之在燕大，可處於客座之地位，此意先生定能瞭解，此第四事也。

以上四事，請先生斟酌如何，有無不合理處？四事中以第二及第四兩項為最重要，亦最難辦到，故惟有望於先生者，請先以私人之關係，向騮先部長先生說明之。即先用人事之疏通，然後由燕大去公文請求補助，庶可事半而功倍也。此信係寅恪授意囑篔專函奉達，並乞示覆是盼。[32]

傅得信後作何感想，又作何行動？因資料缺失，後人已不能妄下論斷。但有一點可以看出，未等傅斯年回信，陳氏夫婦便於二月一日、二日又向傅氏連發兩函。信由唐篔代筆，以陳寅恪的口氣撰寫。

第一函曰：「寅恪以目疾臥床，一二月內尚難讀書寫字，囑將何茲全君論文一篇，及蓋章空白紙二張寄奉先生代為審核填寫。一切皆請全權決定。有勞清神，容當後謝。」又說：「蔣大沂君之著作、履歷等件，頃亦已由寅恪囑其以快函逕寄濟之先生處矣。知關錦注，併以附聞。」[33]到了身不由己，朝不保夕之處境，躺在病榻上的陳寅恪仍未忘記史語所事務與自己的責任。同時仍在關注著薦舉之人蔣大沂的命運，如此執著與善心地用力，令後人觀之感慨多多。何茲全乃何思源的堂弟，後至北京師範大學歷史系任教授，至今健在，並寫過很多懷念傅斯年與陳寅恪的文章。蔣君大沂於新中國成立後一直在上海工作，一九八一年去世。或許是死得過早，囿於當時的政治環境或其他什麼因素，世人沒有看到他對陳寅恪心懷感念的隻字片語公示於世。——這對陳寅恪而言或許並不重要，但卻是蔣大沂的不幸。陳氏弟子蔣天樞在〈師門往事雜錄〉一文中有云：「其時先生漂泊西南，備歷艱困，當流亡逃死之際，猶虛懷若谷，獎掖後學，孳孳不倦。其以文化自肩，河汾自承之情偉矣！」[34]

所謂自承之「河汾」，典出隋代大儒王通為避亂世隱居黃河、汾水之間，居於河東絳州龍門白牛溪，彈琴著書，布道講義事。王通修先王之業凡九年，曾續六經之典籍，河汾之地遂聲名鵲起，遠播海內，為隋末一盛大學術中心。因了這一風雲際會，慕名而來問學者多達千人，一時街道充塞，弟子相趨成市。據傳唐初一代驍將名相如房玄齡、杜如晦、李靖、溫大雅、陳叔達、魏徵、杜淹等輩均受其教授，盛唐時代王門弟子聲動朝野，威震天下。王通去世後，弟子尊其為繼孔子之後文德集於一身的大儒，甚至可享與孔子並列齊肩的榮譽，也就是說在中國思想文化史上，不是孔孟並提而當是孔王等量齊觀，故這位「王聖人」的門生贈其謚號曰「文中子」，以示尊崇。[35]

陳寅恪當然沒有要與孔子並駕齊驅的野心妄念，但他對前賢如王通輩於亂世荒年仍能講學論道於一隅之地，續文化香火於天下，頗為讚賞和羨慕，並有仿效示範之意，使文化精神血脈得以從自己心田深處，像黃河的水浪，汾河的涓涓細流一樣緩緩淌出，滋潤三千大千世界，綿延不絕於後世子孫，成為再造民族之魂魄，人類之博愛永不枯竭的源泉和偉大動力。寅恪弟子天樞深通業師之心靈，其河汾自承之論，信也。

時隔四年，當陳寅恪離開成都回清華，再由清華倉皇奔赴嶺南之地，同樣懷有續命河汾之志。無奈政局嬗變，天不遂人願，大道不張，小道充塞。陳寅恪像一隻遭受箭傷落入污泥濁水又被強行拔掉羽毛的孤雁，在淒冷的寒夜裡只好仰天悲泣，發出了「招魂楚澤心雖在，續命河汾夢亦休」[36]的哀唳長嘯。此為後話，不提也罷。

躺在病床上悽愴哀痛，命懸一線的陳寅恪仍在設法自救。一九四五年二月二日，陳寅恪致信傅斯年，說道：

一月二十三日來函已悉，今將弟之意見述之如下（以下各條係寅恪自書囑篔抄之）：

一、部聘教授薪，問之方桂，似較史語所略多，又弟現在燕大之薪金出於哈佛燕京社，方桂薪亦如此，若弟將來之收入一部分出自教部，則尚受中國人之錢，比全由美國人豢養，稍全國家體面。又弟與方桂代表史語所兩組，若二人薪皆由本所交與燕大，恐外人有史語所半數移於燕大之誤會，故再三考慮，請兄與教部交涉，請將部聘教授應得之薪金、生活補助費、米貼（即食米一擔）等等（燕大之米係自購，若糧食部發於弟所得之米，則可不要燕大再為弟購米可也），即照成都川大部聘教授之全數寄與燕大轉發，倘須燕大備文呈請，亦乞速示知，以便照辦。至向教部請休假一節暫可不提，至要至要。

二、如教部事不易辦，而養病費無著時，亦可請騮先先生呈蔣公，但須並與譚伯羽兄及大維商酌方妥。

三、兄及第一組諸位先生欲贈款，極感，但弟不敢收，必退回，故請不必寄出。

四、U. C. R.之補助費一節。今日梅貽寶兄來言，已將弟列入成都區。[37]

這是一個目盲體衰的老人，在風滾浪急的無涯苦海中，於即將沉沒的緊急關頭發出的愴呼救援信號，儘管這個信號急促得令聞者為之窒息，難以釋懷，但字裡行間又透著求救者的高貴與理性、拙樸與至誠。曾文正公曾在家書中有云：「唯天下之至誠，能勝天下之至偽；唯天下之至拙，能勝天下之至巧。」深得曾氏家訓薰染的陳寅恪自是深解其中況味，並成為他為人處世的一大準則。遙想當年，陳氏與吳宓在哈佛相約，有「不降志，不辱身」之契。所謂不降志，不辱身，即指雖處困厄，亦應堅持操守，保持人格之尊嚴。從陳氏信中，不難發現這樣一句耐人尋味的話語，即「亦可請騮先先生呈蔣公」。此語清楚無誤地顯示，陳寅恪欲請國民政府教育部部長朱家驊向最高統帥蔣介石稟報此情，讓蔣氏特批一筆款項，以解自身病難之急。從陳氏信中口氣看，這一要求並未透出上達天聽的誠惶誠恐狀，一切似乎都在正常之中，只是須謹慎一點辦理才好。這一處事態度和方式，看似矛盾，但又寓於情理之中，若不深入透徹地了解陳氏的家族背景以及他與蔣介石的關係，自是無法理喻這一話語背後隱伏暗藏的玄機奧祕。

陳寅恪與蔣介石的因緣

一九二九年十月，陳寅恪父親三立老人從滬乘船到廬山牯嶺新居。這一抉擇的直接動因據說是由於北伐勝利，國民黨大老譚延闓身價倍增，成為權傾朝野的大人物（南按：譚曾歷任湖南省省長兼督軍、國民黨中央委員會主席、國民政府主席、行政院院長等職）。此人乃三立老人昔日所稱的「譚生」，與陳家往來密切，當官發跡後仍不脫翰林風習，對三立禮遇有加。於是三立乃學古代隱士的樣子，為避囂喧與官場應酬，索性築室匡廬了。[38]次年四月，他移居廬山松樹林新宅（南按：用費四千大洋，從一挪威人手中購得現房），這個住所就是陳寅恪提請蔣介石撥發專款兩個月後，在致傅斯年另一信中所說的「松門別墅」。陳氏在〈憶故居〉詩並序中云：

> 寒家有先人之敝廬二。一曰崝廬，在南昌之西山，門懸先祖所撰聯，曰「天恩與松菊，人境託蓬瀛」。一曰松門別墅，在廬山之牯嶺，前有巨石，先君題「虎守松門」四大字。今臥病成都，慨然東望，暮境蒼茫。因憶平生故居，賦此一詩，庶親朋覽之者，得知予此時之情緒也。
>
> 渺渺鐘聲出遠方，依依林影萬鴉藏。
> 一生負氣成今日，四海無人對夕陽。
> 破碎山河迎勝利，殘餘歲月送淒涼。
> 松門松菊何年夢，且認他鄉作故鄉。[39]

從詩中可知，位於廬山牯嶺這塊風水寶地的松門別墅，確有靜謐空靈，縹緲幽遠之境界。但三立老人是否為避譚生的「禮遇」與喧囂而獨上廬山，大有商榷的空間。因資料缺失，尚無堅強的反證，因而只好存疑，待後來的高明者加以認證。不過三立在廬山築室，並在此一直住到一九三三年夏初當是事實。即使三立為避囂而來，也只是一空頭名義，因為其間仍有不少達官貴人、術士名流、活佛、道士、氣功大師與「反偽鬥士」等三教九流的人物前來拜望，松門別墅不但不寂寞，反而熱鬧非凡。一九三二年九月二十一日，陳三立八十壽辰，南北親人及眾多友朋故舊紛紛上山祝壽致賀。其人員之多使松門別墅無法容納，只好借用相距不到半里之遙，一位李姓朋友

陳三立（左）八十壽誕時在廬山牯嶺小憩。（引自陳小從《圖說義寧陳氏》）

的松樹路五十一號別墅辦理壽誕盛宴。據寅恪姪女陳小從云，此幢別墅在廬山頗有名氣（後一度歸孔祥熙家所有），較其他別墅房間多出許多，且設備先進，當時牯嶺多數別墅皆以煤油燈照明，李宅則「自備發電機發電作照明之用」。[40]其間，正在廬山牯嶺居住的蔣介石聞訊，派人向三立老人獻了一筆巨額禮金，但三立嚴拒未受，此事外人少有知曉。當時賀之於廬山的商務印書館掌門人張元濟，在五年後三立去世時，作輓詩七絕四首，其三有「銜杯一笑卻千金，未許深山俗客臨」句，注云：「君隱居廬山數年，八十生日時帥有獻千金為壽者，峻拒不納。余同居山中，時相過從。自是秋別後，遂不復見矣。」對此，後世有學人錢文忠者，乃評注曰：「俗客者、帥者，時亦在廬山之蔣介石也。（據陳隆恪詩、陳小從及張元濟子張樹年《我的父親張元濟》回憶，時陳寅恪先生亦在，如此則〈庚辰暮春重慶夜歸作〉中『食蛤那知天下事，看花悉近最高樓』，吳雨僧先生抄本附注『初次見某公，深覺其人不足有為』云云，『初次』可商，『深』應同時含『久』意。）」[41]

錢某所言，暫且不哂，但張元濟詩並非妄語。就當時情形論，陳氏一門雖多書生，並無高官大吏執掌權柄，但其故舊門生甚廣，其盤根錯節的人脈背景和關係，仍對社會政治構成一定影響，尤其在讀書人圈子裡影響至深且巨。蔣介石本人頗諳世事，自青年時代混跡上海灘起，對攀高結貴，奔走豪門的「禮道」，外加交際學與厚黑學已爛熟於心，並多次作為馬前卒親身示範，從而為自己的事業前程打下了根基。到了陳三立在廬山做八十大壽的時候，因北伐勝利，大權在握、志得意滿，又恰在廬山的蔣介石，聞訊派人餽金以示禮賢下士並不足為奇。只是三立老人早有「憑欄一片風雲氣，來作神州袖手人」[42]的傳統士大夫情懷，對官場已生厭惡之感，不願與之交際斡旋，因而有些「不識抬舉」地拒納，這是符合他的性格和當時社會大背景的。〈陳三立傳略〉之作者、一代名士吳宗慈在信上與陳隆恪商討如何抓住傳主靈魂而寫作時，曾說道：「第老伯生平，誠如來函所述，『一生不求聞達，僅以文章氣節，韜晦橫流，既無功於民國，自無憑藉懇予表彰，又不能妄加事跡，誣瀆先靈。』數語已括盡生平矣。……弟意對老伯生平，擬以『高不絕俗，和不同流』八字為骨幹，至關於出處大節，乃自守為子為臣之本分。……蓋胸襟落落，自有獨來獨往之精神寓於其間也。」[43]在同輩人中，吳氏與三立老人的內心是有所溝通的，對三立一生性格才氣志向等諸立傳要素，當較他人看得更清更深，否則陳家不會推其作為三立的傳記作者。三立老人有這樣的性格和為人處世的態度，拒收蔣介石賀禮也就顯得再自然不過了。

至於後生小子如錢文忠者，謂吳宓解讀陳詩的看法「可商」，實則是自己還略顯年輕，加之為學燥火太盛，對張元濟的詩句沒有參透有關。又或者錢氏看街頭文學太多，誤把陳三立當成了上海灘的黑社會老大黃金榮或杜月笙，因而才以為蔣介石聽到三立老人要做壽的消息，於日理萬機中抖掉身上的塵土，率領一幫大小嘍囉親自跑到松門別墅，於大堂內高喊「老伯您好，祝壽星百歲！」等口號，然後點頭哈腰，脫帽致禮，而三立則急步向前，一把抓住蔣氏的衣袖，驚呼「不知總司令大駕光臨，有失遠迎。不敢不敢，愧煞我也」之類的辭令。然後賓主落坐，相互拱手道賀，眾人皆為之狂喜。——可惜，這樣的場面並沒有出現。因為陳三立絕非青幫大亨，蔣介石也早已不是上海灘上的那個少年混混兒了。

可以說，當三立老人做壽之時，蔣介石親自登門祝賀的可能性微乎其微，除非另有不可知的因素作為外力推動。蔣氏與陳家不是同鄉，沒有私交。蔣介石畢竟是政治人物，政治人物的言行自然是政治掛帥，一切以政治利害得失為最高準則。到了三立蹲在松門別墅裡的時候，陳氏一門在政界叱吒風雲的時代已經成了昨日黃花，一個遙遠而輝煌的陳年舊夢。就當時的天下大勢和陳氏一門的影響論，蔣介石沒有一點理由專程跑到松門別墅，在一群亂哄哄的賀客杯觥交錯中湊熱鬧。早先在上海灘受到黑社會老大黃金榮關照與庇護，後來憑著武力一路南征北戰，並最終執掌北伐軍總司令大印的蔣介石，他是親身感受過槍桿子裡面出政權這一顛撲不破的真理的，天下大事哪裡是憑幾個秀才造反就弄成的？況且能造反和敢造反的秀才又有幾人？歷史已經證明和不斷地證明，真正的書生在當權者眼裡，其命運除了被當權者像秦始皇一樣挖個土坑活活埋掉，有倖免一死者也只能是幫當權者敲敲邊鼓，做一些吹喇叭抬轎子的活計，其他方面百無一用。不過在天下大局待定而未定之時，具有政治野心的蔣介石基於裝飾門面和暫時拉攏儒生集團的考慮，順勢對陳氏一門給予關照，為自己抹一點「文化口紅」是必要的——於是便有了派人贈送禮金的曖昧表示。令蔣氏想不到的是，他正好遭遇了一個曾經滄海難為水，不情願任意替人塗脂抹粉的倔強遺老。如此這般，一份貴重賀禮也就只好提回去另找合適的對象了。

既然俗客——帥沒有親臨陳府，陳寅恪就不大可能見到蔣介石本人。事實上，蔣、陳二人壓根就沒有在廬山謀面。陳寅恪在重慶選舉中研院院長期間所作之詩，吳宓的注釋，並非如錢文忠所說的有什麼可商之處。若陳氏此前曾見到過蔣公，就憑與吳宓幾十年無所不談的密切交往，吳絕對是會知道的，怎能有「初次見某公」之語？把「深」解為「久」，更是錢氏的妄加猜測。

僅有中研院飯局上一面之緣，而在成都燕大臥病的陳寅恪，竟主動提出要「呈蔣公」特批專款用以救濟自己，以陳氏的孤傲與潔身自好的性格，怕是不太會作出這樣的選擇。即使真有此舉，說話的口氣怕也沒有如此輕鬆自然——假如他在重慶真的把蔣介石當成一隻大蛙的話。

陳寅恪本次所為，一個合理的解釋是，儘管當年蔣介石沒有親臨松門別墅為其父祝壽，但畢竟有過奉獻賀禮一檔子事兒，而此事在陳寅恪的心理上，蔣公至少知道陳氏一門不大不小的分量，並有攀交之意，只是抗戰軍興，這個「文化口紅」沒有再得到機會塗抹罷了。現在自己正處於貧病交加之境，無論為公為私，正需要蔣公「拉兄弟一把」的時候。因了這樣的緣故，陳請朱家驊向蔣公稟報詳情，也就不顯得特別突兀和難為情，假若對方一時高興，感念舊情與為民族保存一文化種子的「大義」念，給予一點特殊關照或許是可能的。

但是陳寅恪同樣深知，今天的「蔣公」畢竟不同於一九三二年的蔣介石了，而中國的經濟狀況也自然與戰前無法比擬，縱使蔣氏有心關照，基於各個方面的考慮，恐怕也有些為難，至少不便於大張旗鼓地施以援手，否則讓其他高校與教育機構的窮苦教授或天下士子們作何感想？陳氏又將如何應付這一特殊優待可能給自己帶來的負面影響？若萬一蔣公接到朱家驊轉呈的請求棄之一邊，不作回應，或乾脆就不允，朱、陳二人勢必落入尷尬之局而無以自解。正是處於這樣細微的考量和擔憂，陳寅恪才附加了一個條件，那就是必須徵得譚伯羽與俞大維二人的同意方可用事。

譚伯羽（名翊）乃譚延闓的長子，比陳寅恪小十歲，同濟大學畢業後留德，歸國後根據「老子英雄兒好漢，老子反動兒混蛋」的中國式規矩，在官場扶搖直上，時任國民政府經濟部常務次長。此時的俞大維正擔任國民政府軍政部常務次長兼兵工署署長。假若傅斯年認為陳寅恪之計可行，予以助力，而譚、俞二人根據自己對上層及蔣公本人的了解表示同意，朱家驊又樂意去從中斡旋，那麼此事成功有望，陳氏可得到暫時接濟，解一時之困厄。若是相反，則成功的概率必小，即使朱家驊礙於陳與傅的情面硬著頭皮上呈蔣公，恐怕也未必達到預期效果，這對陳來說便有了一種無形的「辱身」，或者是「自取其辱」的味道。陳寅恪當然不願看到這種結局，因而採取了特別慎重的態度和方式。——這是出身名門的陳寅恪自尊之處，也是與一般書呆子式儒生寒士大不相同的分水嶺。

陳寅恪此信的最後一句更不難理解，傅斯年與史語所一組同人在得知陳的病情與現狀後，表示要捐款相助。但陳極其乾脆明瞭地表示「不敢收，必退回，故請不必寄出」。也就是說，他寧可上書並不知道後果如何的蔣公，也不願看到同事為他慷慨解囊。就他內心的想法，自己為中國教育所做的成就和貢獻是及格的，也是無愧的，在命懸一線之際，應該得到政府的回報和救助。若蔣公給予一點特殊款項，仍屬自己應得的一部分，並非額外占了國家的便宜。相反，則是國家欠自己的勞動報酬，是對自己不厚道。就史語所一組同人而言，這一切皆不存在，且那些窩在李莊的研究人員同樣處於啼饑號寒，窮困潦倒的艱難境地。在這樣的困苦情形下又要掏出僅有的甚或保命的一點錢款勉力襄助，陳氏受之，情何以堪？因而陳寅恪給予了堅決的回絕。此點看似容易，但現實生活中亦不是人人可以明白或能夠做到的。所謂君子愛財，取之有道，其「道」之通達，在此時的陳寅恪身上得到了合理而得體的展現。

傅斯年接信後如何考慮和作何處理不得而知，但從三月七日陳致傅的信中可以看出，至少重慶高層方面仍沒有兌現，信中道：

接二月廿二日信，敬悉一是。部聘教授之米及生活補助費事，未經兄與教育部商妥前，燕大似不宜遽先呈請，以免蛇足，且恐措辭不合又生麻煩，故擬俟兄與教部商洽定妥辦法示知後，再照部擬之辦法呈請，較為妥便。總之，此辦法手續麻煩，恐難辦妥，最簡單辦法，莫如特請某公補助，此節請兄與大維等商酌，至於川大，則其校長不但不能幫忙，反而有礙，徐中舒君知之甚詳，茲不必多說。弟並非堅欲補發以前應領之費，前函所以提及者，不過欲使教部知之耳。弟目近日似略有進步，但全侍（視）營養如何而決定，營養之有無又以金錢之多寡為決定，弟此生殘廢與否，惟在此時期之經濟狀況，所以急急於爭利者，無錢不要，直欲保全目力以便工作，寔非得已，區區之意，諒兄及諸親友能見諒也。[44]

陳寅恪此信，已有杜鵑啼血之意，但是重慶教育界高層和蔣公方面的東風似是一直沒有喚回的跡象。信中提到的川大校長，乃是黃季陸。此人屬四川土著，早年畢業於復旦公學，後留學日本、美國，獲美國俄亥俄州立大學政治學碩士學位，一度出任國民黨四川省黨部主任委員，算是國民黨的鐵杆人物。或許由於政見不同，或許另有其他原因和難言之隱，黃氏與陳寅恪以及陳門清華的弟子、時任教於成都燕大的徐中舒等皆不睦，因而也就不可能指望對方給予幫忙與關照。因了這樣的關係，一九四八年蔣介石父子飛臨成都，蔣經國曾指令黃季陸勸說徐中舒等幾位著名學者去台灣，黃受命多次到徐家勸說，甚至親自送上飛機票以示誠意，但徐始終不為所動，堅持留在了四川大學。一切的後果，皆是前世因緣造就。或許，從陳寅恪來燕大之時就注定了。

赴英就醫

一九四五年三月二十一日晚間，焦慮不安的陳寅恪再度致信傅斯年，曰：

十五日手書敬悉。教育部手續麻煩，則由中央研究院辦理，事更簡單迅速。即請兄速辦，將款寄下，以應急需。弟近日用費甚多，即使領到此款亦尚不足，似仍有請求特別補助之必要，乞與騮先先生及大維等商酌，並希示復為感。[45]

信中除再次提請傅與朱家驊、俞大維相商請蔣介石特別關照外，還提出了教育部手續事。陳寅恪與唐篔屢屢言及的教育部的那份補助，皆緣於「部聘教授」的名分。一九四一年六月三日，國民政府教育部呈准行政院，頒行《部聘教授辦法》十條，規定：凡在大學任教十年以上，聲譽卓著，具有特殊貢獻者，在全國之內每個學科推舉一人，經審議會三分之二以上通過，由教育部直接委聘，任期五年，可續聘。第一批選出的「部聘教授」有：陳寅恪、陳建功、吳有訓、吳宓、曾昭掄、周鯁生、張其昀、徐悲鴻、李四光、柳詒徵、梁希、湯用彤、胡小石、蘇步青、茅以升、黎錦熙共十六人。後又選過一批，總共四十五人。據《吳宓日記》載：一九四二年八月二十七日，吳得知自己被教育部任為西洋文學部聘教授，清華外文系主任陳福田「首來函（英文）道賀」。對此，吳認為：「此固不足榮，然得與陳寅恪（歷史）、湯用彤（哲學）兩兄齊列，實宓之大幸已！」[46]內中可見部聘教授確是教育界人士的一份榮譽，更可見陳氏在天下儒林中的學術地位和人格魅力。

這個與後來院士制度相似的部聘教授，當時不僅是一種榮譽，同時具有與個人利益掛鉤的實惠。一般教授的薪水每月三百六十元，而部聘教授除各校發放的薪水外，教育部每月支付薪金六百元，另外還有每月四百元的研究費等額外補貼，其待遇顯然比普通教授優厚了許多。儘管如此，在物價狂漲的亂世，部聘教授所有的薪水加起來還不到兩石，即三百二十斤大米的價錢。一九四五年四月，陳寅恪以〈目疾未癒擬先事休養再求良醫以五十六字述意不是詩也〉為題，述曰：

澒洞風塵八度春，蹉跎病廢五旬人。
少陵久負看花眼，東郭空留乞米身。
日食萬錢難下箸，月支雙俸尚憂貧。
張公高論非吾解，（見《晉書・范甯傳》。）攝養巢仙語較真。（巢仙論養生語見《渭南詩集》及《老學庵筆記》。）[47]

陳氏所說的「日食萬錢」與「月支雙薪」，即指部聘教授的待遇，但是這樣的優待，就陳寅恪當時的處境和身體狀況，仍是「難下箸」與「尚憂貧」。陳寅恪如此，散落在全國各地深山茂林中的普通教授生活之困苦可想而知。這也是為何陳氏一方面憂心愁瘁，悲鳴呼號，四處求助，卻遲遲未見實際效果的因由之一。或如《紅樓夢》中王熙鳳所言，大家有大家的難處，而這時的高層也有高層的無奈之處吧（當然，像「四大家族」及發國難財的高官大員又另當別論）。否則，就憑傅斯年的辦事能力，加之譚、俞兩位親友的竭力相助，朱家驊的積極配合，事情不至於落到如此難堪的境地。不幸的是陳寅恪生逢亂世，在污濁的官場潛規則中，要像諸葛亮當年所說的「苟活性命」也就不是一件容易的事了。

從留傳下來的資料看，經過幾十次信函來往反覆商討對策，陳寅恪總算得了一點從重慶幾個方面匯來的救命款子，如「宋院長（南按：行政院代理院長宋子文）曾寄四萬，分兩次寄來，皆由杭立武兄經手撥來」，「任叔永（南按：中華教育文化基金董事會〔簡稱「中基會」〕幹事長任鴻雋）先生來函，謂已交三萬元至中央研究院寄下」[48]，等等。陳氏的生活困難暫時得到緩解，但眼睛卻依然未有好轉的跡象，一家人在悲憤憂戚中總算熬到了八月九日。這天，成都《新民報》一反其常地發表號外：蘇聯出兵中國東北對日宣戰。次日，傳來日本投降的消息。一時間，「全市欣動，到處聞爆竹及大炮聲，文廟燕大諸生，亦竟撞鐘、燃爆竹，並喧呼歌唱，至半夜始息。」[49]雙目失明的陳寅恪於病床上聞訊，悲喜交集，當即以〈乙酉八月十一日晨起聞日本乞降喜賦〉為題賦詩一首，以抒積壓在胸中長達八年之久的塊壘。詩曰：

降書夕到醒方知，何幸今生有此時。
聞訊杜陵歡至泣，還家賀監病彌衰。
國讎已雪南遷恥，家祭難忘北定詩。（丁丑八月，先君臥病北平，彌留時猶問外傳馬廠之捷確否。）
念往憂來無限感，喜心題句又成悲。[50]

抗戰勝利了，悲喜交集的陳寅恪終於等來了新的轉機。一九四五年初秋，英國皇家學會與牛津大學仍然沒有忘記陳寅恪這一位史學大師的存在。國內砲火硝煙剛剛散去，便舊事重提，約請陳寅恪赴倫敦療治目疾，希望治好後留在牛津講學，以遂當年之願。陳寅恪急欲恢復視力，對此抱有很大希望或者說幻想。由於旅費籌措困難，夫人唐篔不得同行，為了心中尚存的一絲希望，陳氏決心在雙目失明的情況下，隻身遠涉重洋，赴英就醫。剛巧西南聯大教授邵循正將去牛津大學作短期訪問，於八月六日前往成都拜訪吳宓，吳便請邵氏伴隨陳寅恪一同赴英，並代辦護照等一切事宜。燕京大學特派陳的門生石泉護送一程。九月五日，一行人先於成都新津軍用機場乘運輸機抵達昆明，與同赴英國講學的幾位教授會合，再換乘英國飛機經仰光、印度抵達倫敦。

十月四日，由唐篔代筆致信傅斯年，報告了陳寅恪此行的情況和目的：「寅恪臨行匆忙，未得親自致函告知一切，而手書到時渠已離蓉，篔當早日奉答，豈知小女忽患急性盲腸炎，送醫院施行手術，淹纏經旬，是以遲遲未克奉覆，歉疚殊深。陳槃、勞榦兩先生事，即請先生代寅恪作一提案，寅恪無不同意，此一向為先生所知也。今附上空白蓋章信紙一張，乞為代辦為感。」又說：「寅恪此行（南按：此處另有附語：「臨行囑篔者也，一年歸國亦未可知，借此答拜牛津之友誼盛情。寅恪云祗接受友誼之幫助。」）實以治眼為第一目的，對於牛津就職與否，尚待治眼後再考慮；此層亦為牛津方面所瞭解（眼疾太遲則不治，時間關係極為重要），又以結伴邵、孫、沈、洪四先生，遂毅然起行，實不得已也。多承先生奔走為之促成，感何可言。聞先生左眼亦病，而工作加多，熱心為人，固難擺脫，然為公為私，仍希珍重，不宜過勞，至為切盼。」[51]

信中所謂陳槃與勞榦事，是史語所的陳、勞二人將由副研究員提升為研究員，因二人皆所內歷史組人員，按照章程，必須由陳寅恪簽署意見方可辦理審批事宜。即是一手遮天，霸道如傅斯年者，亦不能越俎代庖，況且這是傅氏本人平時最討厭的做法。當年因在桂林的陳寅恪受聘專職一事，傅與葉企孫爭吵即為此規矩引發，傅氏自然牢記心懷。

陳寅恪抵達英國後的入院事宜由牛津大學東方學院負責安排，家書等事宜全由邵循正代勞。極為不幸的是，

「到英國後，由於第二次世界大戰方結束，營養很差，雖用電針貼合視網膜，由於網膜皺在一起，無法復原。」[52]手術的失敗，致使陳寅恪雙目失明，不復見世間光明萬物。一代國學大師將在黑暗中度過餘生，其悲苦之狀令人浩歎。陳氏為此寫下了「眼昏到此眼昏旋，辜負西來萬里緣」[53]之句，表達了自己悲觀茫然之心境。

一九四六年二月十九日，在成都的唐篔向傅斯年致信求援，並談及史語所事。信中說道：「寅恪本有意隨郭子杰兄之伴赴美國，看更有無其他方法補助左眼之模糊，又恐所帶之款不夠，此事正在躊躇中，請先生與騮先先生、立武先生一談如何？」又說：「《元白詩箋證稿》篔已請人著手抄寫，俟寅恪歸來，再刪改後即可付印。此項抄寫費是否可出自史語所？大約三萬左右（並未詳細計算）。史語所何日出川？有何計劃否？燕大成都方面整個的關門結束，教授之去留以北平燕大之聘書而定，受聘者始能談到回平的話。北平方面已屢來信拉寅恪（哈佛研究院祇是研究工作），而寅恪尚無答覆。先生之意如何？望有信直接寄英，以助其考慮，其通訊處如下。」[54]

正處於焦頭爛額中的傅斯年接信後，作何努力與答覆未有函件以示參考，但從後來的情況看，籌款之事似乎仍然沒有多大成效。同年三月十六日，唐篔再次致信傅斯年，謂：「近日屢接寅恪來書，對於病眼治療之結果頗為失望。本擬再往美洲一行，今以種種不便，旅費亦不敷用，遂決定等船及覓伴歸國。船亦不多，伴更難得，不知何日始能離英。茲有一事奉懇者，寅恪有書籍四箱，擬託歷史語言研究所復員時同運至南京。事前篔可託五十廠便車先帶至重慶，但不知可交與何人？乞先生酌，指定某處某人可接洽，並代為保管者。乞示知為盼。」同時提到：「寅恪來書云：對燕大事已辭謝，大約欲回清華或回史語所專事著作。」[55]

傅接信後，當即做了回覆。就陳寅恪在李莊史語所保存的書箱之事，專門致信李莊，指示由史語所那廉君負責一同運往

陳寅恪《元白詩箋證稿》扉頁，由唐篔題寫。

一九四六年秋，陳寅恪治眼疾無效返國後，暫住南京俞大維公館，候船北上，與兄弟姊妹、家人合影。前排左起：夫人唐篔、次妹新午、幼女美延、七弟養女毛毛；後排左起：大弟方恪、二弟登恪、大弟媳、次兄隆恪、寅恪、大妹康晦。（引自陳小從《圖說義寧陳氏》）

南京。而此時陳寅恪正在回國的輪船上。據陳氏在清華時的高足楊聯陞回憶說：「來美留學之後，曾於一九四六年四月十九日與周一良兄（當時青年學人中最有希望傳先生衣缽者）同隨趙元任先生夫婦，到紐約卜汝克臨二十六號碼頭停泊之輪舟中，探望先生。時先生雙目幾已全部失明，看人視物，僅辨輪廓。因網膜脫落，在英經其國手名醫，用手術治療無效。（先生曾膺牛津大學中文講座之聘，實未就職，但借此前往就醫。）置舟回國，道出紐約，原擬再試醫療，後聞美國名醫，亦無良策，遂決定不登岸。是日午後約三時半，先生在艙內初聞韻卿師母、元任先生呼喚之聲，頓然悲哽。但旋即恢復鎮定，談話近一小時。對一良與聯陞近況，垂詢甚詳。時二人皆已在哈佛先後完成博士學業，即將回國任教。……此為聯陞在國外拜謁先生惟一之一次，亦為畢生最末之一次。」[56]又據前去拜訪的楊步偉回憶說：「他（陳寅恪）睡在船艙床上，對我說：『趙太太，我眼雖看不見你，但是你的樣子還像在眼前一樣。』這是（我們）最後一次的見面。」[57]此情此景，令趙元任夫婦潸然淚下。

自此，陳、趙兩位原清華國學研究院導師，中央研究院史語所一、二組主任，中國歷史、語言學界的泰山北斗，紐約一別竟成永訣。而此次訣別，也意味著陳、趙二人與史語所的緣分已盡，各奔東西。陳寅恪為此留下了「人生終古長無謂，乾盡瀛波淚未乾」[58]的詩句以表心跡。

這年五月底，陳寅恪返國，船抵上海，其妹陳新午乘小輪直接到郵船迎接雙目失明的兄長，然後乘火車抵達南京薩家灣俞大維公館暫住。未久，夫人唐篔攜三個女兒由成都趕來，一家老小算是得以短暫團圓。

六月十二日中午，由昆明來南京教育部辦理清華復原事宜的梅貽琦，專程赴俞公館拜望陳寅恪，並請陳回到復原後的清華繼續任教，陳表示可以考慮。

當傅斯年從北平匆忙趕到南京俞宅，勸說陳寅恪長久留在南京中研院史語所時，陳已接到了梅貽琦寄來的聘書，並有了重回清華任教的打算。傅知陳氏對清華園與清華同事尚有一份難以割捨之情，遂不再強勸，只說了幾句保重身體並請再作考慮等話語，爾後離開南京轉赴重慶中央研究院辦事處視事，以便盡到「太上總幹事」的責任。而陳寅恪在南京俞宅考慮再三，終於決定棄史語所而就北平清華園，並於當年十月赴平。傅斯年聞訊，頓覺失落與惆悵，心有不甘又無可奈何，只有默默期待著新一輪重聚的歷史機會。

注釋：

❶陳流求〈回憶我家逃難前後〉，載《紀念陳寅恪先生百年誕辰學術論文集》，王永興編，江西教育出版社一九九四年初版。

❷據北大地理系教授何振明調查研究，林邁可夫婦走時，曾祕密攜帶了珍貴的「北京人」頭蓋骨化石。這個由中國學者裴文中於一九二九年十二月十二日從周口店山洞中發掘出土的頭蓋骨，被當做中國的「國寶」與世界人類文化遺產，存放於美國人掌控的北平協和醫學院地下室保險櫃中。珍珠港事件爆發前幾天，由協和醫學院總務主任博文（T. Bowen）負責轉移，林邁可參與了轉移工作，並把頭蓋骨暫存燕園。當珍珠港事件爆發時，林邁可比其他燕大教授更早地得到了消息，並根據美國駐華大使館的指令，把頭蓋骨放於車中，趕在日本人進入燕大之前，駕車衝出校園，直駛離北平城約七十公里的北郊紅螺寺祕密埋藏。自此，「北京

人」神祕消失，至今未能面世。（二〇〇〇年四月三日，作者採訪何振明記錄。）

❸❺❻❽⓮⓯⓰⓱⓲㉔㉜㉝㊹㊺㊽(51)(55)〈致傅斯年〉，載《陳寅恪集‧書信集》，陳美延編，北京：三聯書店二〇〇一年初版。

❹《吳宓日記》，第二冊，吳學昭整理注釋，北京：三聯書店一九九八年初版。見一九一九年九月八日條，此乃吳宓引用陳寅恪舊語。**Honest means of living**，即「正當謀生之道」。

❼《傅斯年全集》，第六卷，歐陽哲生主編，湖南教育出版社二〇〇三年初版。

❾《陳寅恪集‧寒柳堂集》，陳美延編，北京：三聯書店二〇〇一年初版。

❿《陳寅恪先生史學述略稿》，王永興著，北京大學出版社一九九八年初版。

⓫〈吾國學術之現狀及清華之職責〉，載《陳寅恪集‧金明館叢稿二編》，陳美延編，北京：三聯書店二〇〇一年初版。元裕之、危太樸、錢受之、萬季野，即元好問、危素、錢謙益、萬斯同。

⓬〈吾國學術之現狀及清華之職責〉，載《陳寅恪集‧金明館叢稿二編》，陳美延編，北京：三聯書店二〇〇一年初版。

⓭〈陳垣明季滇黔佛教考序〉，載《陳寅恪集‧金明館叢稿二編》，陳美延編，北京：三聯書店二〇〇一年初版。

⓳㉓石泉、李涵〈追憶先師寅恪先生〉，載《紀念陳寅恪教授國際學術討論會文集》，中山大學出版社一九八九年初版。

⓴雍國泰〈我所知道的陳寅恪先生〉，載《南方周末》，第一〇五六期（二〇〇四年五月六日）。

㉑王鍾翰〈陳寅恪先生雜憶〉，載《紀念陳寅恪教授國際學術討論會文集》，中山大學出版社一九八九年初版。

㉒《吳宓與陳寅恪》，吳學昭著，清華大學出版社一九九二年初版。

㉕陳氏所說的王天木，即王振鐸（一九一一～一九九二），字天木，中國博物館學家、中國古代科技史學家。河北省保定市人。一九三六年秋任國立北平研究院史學研究會特邀編輯。一九三七年七月受中央博物院籌備處委託研製古代科技模型，後留聘於上海中央研究院工程研究所。一九三八年受聘於昆明中央研究院歷史語言研究所。一九三九年任國立中央博物院專門設計委員。一九四〇年獲國立中央研究院人文科學獎楊銓（杏佛）獎金。新中國建立後，先後任中央文化部文物局博物館處處長，文物博物館研

究所副所長，中國歷史博物館研究員、顧問等職。在文物、博物館工作中，王氏研究復原了指南車、記里鼓車、候風地動儀、水運儀象台等百餘種古代科技模型，分別收藏、陳列於中央、地方及國外的博物館中。另發表、出版相關論文與論文集《科技考古論叢》等。

蔣大沂（一九〇四～一九八一），江蘇蘇州人。一九三〇年畢業於上海持志大學國學系，同年春參加考古學家衛聚賢主持的南京棲霞山六朝墓發掘，個人興趣遂由考據轉向考古，隨後自發在江、浙、滬、皖各地從事田野考古調查。一九三五年考察常州淹城古文化遺址，九月參與上海金山衛戚家墩古文化遺址踏勘，十一月任上海市博物館籌備處幹事。一九三七年上海市博物館試行開放後升任研究員。一九四〇年五月到次年十月為浙西昭明館副館長、天目書院導師。後入蜀任成都華西大學講師、副教授、研究員。一九四六年春應上海市立博物館館長楊寬之請，返滬任藝術部主任。一九四九年國民黨政府與傅斯年等人流落台灣，蔣大沂與史語所徹底絕緣，終身未能跨進史語所門檻。後歷任上海市歷史博物館陳列部主任、上海同濟大學副教授、華東文化部文物科科長、上海博物館地方歷史研究部暨陳列部主任等職。對青銅器和古文字研究有一定成就。

26 〈致陳垣〉，載《陳寅恪集．書信集》，陳美延編，北京：三聯書店二〇〇一年初版。

27 28 31 49 《吳宓日記》，第九冊，吳學昭整理注釋，北京：三聯書店一九九八年初版。

29 《大學教育五十年——八十自傳》，梅貽寶著，聯經出版公司一九八二年初版。

30 〈致傅斯年〉，載《陳寅恪集．書信集》，陳美延編，北京：三聯書店二〇〇一年初版。陳醫生，指眼科專家陳耀真。據陳流求回憶說，共同診治的還有一位毛文書教授。

34 蔣天樞〈師門往事雜錄〉，載《紀念陳寅恪先生誕辰百年學術論文集》，北京大學出版社一九八九年初版。

35 《唐書．王績傳》載：「王績，字無功，絳州龍門人，性簡放，不喜拜揖。兄通，隋末大儒也，聚徒河汾間，倣古作六經，又為《中說》以擬《論語》」。

36 〈葉遐庵自香港寄詩詢近狀賦此答之〉，載《陳寅恪集．詩集》，陳美延編，北京：三聯書店二〇〇一年初版。此詩作於一九五〇年春。葉遐庵，即葉恭綽，號遐庵，廣東番禺人，擅長詩詞書畫，精於考古鑑賞，是民國時期著名收藏家。

㊲《致傅斯年》，載《陳寅恪集・書信集》，陳美延編，北京：三聯書店二〇〇一年初版。U. C. R.的全名為United China Relief，即美國援華聯合會，簡稱「援華會」。一九四一年二月七日由美國《時代週刊》（*Time*）創辦人魯斯（Henry Luce）整合數個民間援華組織而成立，積極以實際行動支持中國對日抗戰，辦理戰時救援工作，總部設於重慶。

㊳《一代宗師陳寅恪——兼及陳氏一門》，劉以煥著，重慶出版社二〇〇一年初版。

㊴《憶故居並序》，載《陳寅恪集・詩集》，陳美延編，北京：三聯書店二〇〇一年初版。此詩作於一九四五年四月三十日，吳宓抄錄後寫有附注：「時盟軍攻陷柏林，四月二十七日墨索里尼死於Como湖畔，日本勢亦窮蹙。」（見《吳宓與陳寅恪》，吳學昭著，清華大學出版社一九九二年初版。）因而有「破碎山河迎勝利」等語。

㊵《圖說義寧陳氏》，陳小從著，山東畫報出版社二〇〇四年初版。

㊶錢文忠〈神州袖手人甲子祭〉，載《讀書》，一九九八年五期。

㊷梁啓超〈廣詩中八賢歌〉注引，載《飲冰室合集》，第五冊，《飲冰室文集》之四十五下，北京：中華書局一九八九年初版。戊戌政變後，陳三立自號「神州袖手人」，遠離俗世政治，曾以此詩句贈梁啓超。

㊸吳宗慈〈復陳隆恪（一）〉，轉引自《同照閣詩集》，陳隆恪著，張求會整理，北京：中華書局二〇〇七年初版。見該書附錄三〈本事摭拾〉。

㊻《吳宓日記》，第八冊，吳學昭整理注釋，北京：三聯書店一九九八年初版。

㊼《陳寅恪集・詩集》，陳美延編，北京：三聯書店二〇〇一年初版。據流求、美延云：「父親出身在一個世代讀書的家庭，家中藏書豐富，自五六歲入家塾啓蒙後即嗜好讀書」，從而影響了視力。（見陳流求、陳美延〈先父陳寅恪失明的過程〉，載《永遠的清華園——清華子弟眼中的父輩》，北京出版社二〇〇〇年初版。）另據王鍾翰〈陳寅恪先生雜憶〉，關於陳寅恪突患左眼視網膜剝離症一段，有云：「先生不以生計縈懷，淡然處之，一日見告：『我之目疾非藥石所可醫治者矣！因齠齡嗜書，無書不觀

，夜以繼日。舊日既無電燈，又無洋燭，只用細小油燈，藏之於被褥之中，而且四周放下蚊帳以免燈光外露，防家人知曉也。加以清季多有光紙石印縮印本之書，字既細小，且模糊不清，對目力最有損傷。而有時閱讀，愛不釋手，竟至通宵達旦。久而久之，形成了高度近視，視網膜剝離，成為不可幸免之事了！』先生語畢，不勝感慨繫之！」儘管寅恪自知「目疾非藥石所可醫治」，但後來還是抱著一線希望去英國醫治，因外科手術終告失敗，致使雙目失明，不復見世間光明萬物矣。

㊿〈乙酉八月十一日晨起聞日本乞降喜賦〉，載《陳寅恪集・詩集》，陳美延編，北京：三聯書店二〇〇一年初版。

52 小彭筆記，轉引自《陳寅恪先生編年事輯》（增訂本），蔣天樞撰，上海古籍出版社一九九七年初版。

53〈來英治目疾無效將返國寫刻近撰元白詩箋證〉，載《陳寅恪集・詩集》，陳美延編，北京：三聯書店二〇〇一年初版。

54〈致傅斯年〉，載《陳寅恪集・書信集》，陳美延編，北京：三聯書店二〇〇一年初版。郭子杰，即郭有守，字子杰。

56 楊聯陞〈陳寅恪先生隋唐史第一講筆記〉，載《傳記文學》，第十六卷第三期（一九七〇年三月）。卜汝克臨，即布魯克林（Brooklyn）。韻卿師母，指楊步偉，字韻卿。

57 趙元任、楊步偉〈憶寅恪〉，載《談陳寅恪》，俞大維等撰，傳記文學出版社一九七八年初版。

58〈丙戌春遊英歸國舟中作〉，載《陳寅恪集・詩集》，陳美延編，北京：三聯書店二〇〇一年初版。

【第十三章】

生別常惻惻

日暮蒼山遠

傅斯年作別陳寅恪，在重慶中央研究院總辦事處稍事停留，盡了一份「太上總幹事」的責任後，便登船向李莊進發。抵達李莊時，正巧遇到同濟大學師生於碼頭裝載貨物行李，即將離川乘船東下，重返離別了近九年的上海大本營。傅氏見狀，心緒更加紛亂，待上得岸來，穿越鎮內紛亂的街道和郊外一片蔥綠的稻田，跨越五百多級台階，大汗淋漓地登上板栗坳，已是暮色時分。

一直翹首期盼的史語所代理所長董作賓見傅氏終於到來，長噓了一口氣，直言不諱地告訴說，史語所快到了散板兒的程度，特別是同人的家屬們看到同濟大學陸續東遷，越來越沉寂難耐，焦躁不安，三天兩頭跑來詢問復員歸京之日。年輕學者整天議論紛紛，無所事事。不知是誰打聽的小道消息，傳傅斯年可能要接替朱家驊出任教育部部長，以後再也不管史語所了，眾人聞聽，如失擎天之柱，遂更加惶恐不安，大有樹倒猢猻散，前途茫茫之感。若不趕緊設法加以安撫，一群男女老少悶在這個形同葫蘆一樣的山坳裡，恐怕早晚要出亂子。

傅斯年聽罷，想到自己自抗戰勝利後，連續在重慶、北平、昆明、南京之間來回奔波，表面上搞得紅紅火火，且在媒體上出盡鋒頭，不免有小道消息傳播開來，直至搞得史語所同人信以為真，雞犬不寧。他苦笑著道：「糟糕，這都是我的罪過。」遂心生一計，當場找來一張白紙，在董作賓的書案上潑墨揮毫，上書「傳言孟真要當官，斯年離所不做官」幾個大字，掛在牌坊頭大門的一邊，以明心志，也算是對史語所同人的無聲解釋。

隨後，傅斯年與董作賓商討具體的復員計畫和處置措施。當晚，傅氏召開史語所同人會議，除了當面表白自己不會拋下眾人到南京做官外，明確表示不管遇到多大困難，最遲至十月，也就是長江枯水期到來之前，一定要帶大家重返首都，讓大家得到應有的快樂與幸福。

一席話令茫然四顧的史語所同人如同深夜中突然望到了跳躍的燈火，愁雲頓消，鬱鬱寡歡之心境豁然開朗。一個星期後，傅斯年接到朱家驊發來的電報，令速至南京出席國府緊急會議，傅瞻前顧後，一咬牙離開了李莊。沒料想，此次登上輪船，則是他與生活了六年的李莊的最後訣別。自此，那高大肥胖的身影從揚子江盡頭山坳裡悄然消失，而李莊的山山水水也只有在傅斯年的夢境裡出現了。

傅斯年雖已離去，整個史語所卻明顯地穩住了陣腳，空氣為之一新。對於傅氏的人格魅力與崇高威望，董作賓後來曾作過如此評說：「史語所在李莊時，他（傅斯年）有時回所休息，一方面是養病，一方面是看看他的青年朋友們。孔子在陳的時候，掛念著他的學生，說『歸歟、歸歟！吾黨之小子狂簡，斐然成章，不知所以裁之』。孟真先生也許想起了這幾句，要回所把同人們『裁』一下子。那時新舊同人，除了三兩位老友之外，大部分是他一手培植的青年，受過他的訓練和熏陶，愛之敬之而且畏之。」[1]

此言儘管不算直白露骨，但也清晰明瞭，只要具備一些中國歷史特別是近代史知識的人，就會明白董作賓所言內含的事理奧妙。

時在李莊門官田社科學所所長陶孟和手下服務，並以研究太平天國史著稱的羅爾綱，後來在談到湘軍興起與

李莊板栗坳牌坊頭史語所辦公處，現已成為學校。（作者攝）

一九四四年三月，史語所在李莊板栗坳牌坊頭舉辦文物書畫展覽，為董作賓五十華誕祝壽。圖為研究所人員屈萬里（前坐者）分管簽名，那廉君正在簽到的場景。（董玉京提供）

中國近代史的關係時，曾著重指出曾國藩的湘軍與李鴻章的淮軍「兵隨將轉，兵為將所有」、「將富兵橫」的個案，以及給中國近代社會帶來的畸形危害。

傅斯年創辦的史語所，雖沒有湘軍與淮軍之營制、餉章之獨特，但基本上沿襲了「兵隨將轉，兵為將所有」的習氣。除李濟、董作賓等幾位元老外，凡後來入所的青年學者不只是「大部分是他一手培植」，幾乎全部都經傅氏之手選拔提攜。從中央研究院檔案看，歷史語言研究所之名，最早出現在一九二八年六月第一次院務會議上，當時院長蔡元培對於「無中生有」的這個機構籌設的構想、意義和目標，不甚了了，只是出於對傅的信任才允許設置開辦。稍後傅斯年在寫給胡適代向蔡元培要求寬列史語所經費時說得明白：「蔡先生此時實不大瞭然我們這個研究所所處的地位。」❷而傅向中研院提交的第一期報告書中，也明確表示對於新的人事布局與要爭取的學者，必須合乎他本人的史學思想，並要「成就若干能使用近代西洋所使用之工具之少年學者」，決不引誘主觀而烏煙瘴氣的人前來搗亂滋事。❸「如果一旦引了，不特有時免不了致人於無用，且愛好的主觀過於我們的人進來時，帶進了些烏煙瘴氣，又怎麼辦？」❹日後的事實完全證明了傅在這方面的堅持與固執。

史語所籌畫之初，其成員結構從一九二八年正月以中山大學語言歷史研究所為班底，到當年歲暮，變成以清華國學研究院人員為主體，就其內在本質而言，則是從「本土派」變成西洋「海歸派」，傅、陳、趙、李連同後來的吳定良等清一色西洋「海龜」構成史語所核心，而顧頡剛則被踢出圈外。當然，不能說顧頡剛是屬於「搗亂滋事」與帶進「烏煙瘴氣」之人，這種做法除了門戶之見外，重要的還是基於學術的志向與思想觀念的異同。其他自薦或被薦入所者，其情形大體如此。顧頡剛出局之後，北大考古研究室主任、著名金石學家馬衡欲加入史語所，想不到竟被傅斯年歸於不「預流」之人而婉拒，後馬衡雖官至故宮博物院院長而譽滿學林，但總未能跨入史語所那高傲得有些邪乎的門檻。稍後，在史學界頗有些名氣，且自視甚高的蘇州才子、燕大教授郭紹虞，毛遂自薦又想在史語所找一把椅子坐坐，並講了自己一大堆研究成就如何偉大與不可或缺等，傅連眼皮都未眨一下，只把嘴一撇，大號煙斗往桌上一敲，便將此君仍視為不「預流」之輩而一口回絕。在李莊期間，梁思成推薦的燕大畢業生王世襄，赴重慶與傅斯年相見時，更是被傅氏看做上不了台面之人。傅氏當著梁思成的面橫眉冷對，以一句「燕大畢業生沒有資格到我們這裡來」作了拒絕，並當場將其轟出門外，弄得推薦者梁思成灰頭土臉，大失面子。不僅如此，即使堂堂中央研究院院長蔡元培推薦之人，也屢屢遭拒。如蔡元培一九三〇年因「七十五歲老友專函介紹」的王瑞書；一九三一年薦介以治《戰國策》聞名的鍾鳳年；一九三二年介紹的「初交」蔡哲夫；一九三四年薦介以《中國詞學史》著稱的薛礪若；「於鑾源史籍致力頗勤」、「蒙文程度亦似可應用」的毛汶；由汪精衛函薦，再由蔡親薦的吳向之（吳廷燮）；一九三六年薦介的傅氏「北大舊同學」金毓黻等，皆為傅斯年以「本所限於經費」而「一時無法借重」為託詞，全部當做臭狗屎和會帶進「烏煙瘴氣」之輩關在門外。當時的蔡元培為尊重史語所或者說傅斯年的「人事獨立」規矩竟也毫無辦法。由此可推想陳寅恪薦舉的蔣君大沂之命運也當如此。❺

據北大浙江派中素有「鬼谷子」與軍師之稱的重量級人物沈尹默回憶說：「蔡先生的書生氣很重，一生受人包圍，民元教育部時代受商務印書館張元濟（菊生）等人包圍（這是因為商務印書館出版教科書，得教育部批准，規定各學校通用，就此大發財），到北大初期受我們包圍（我們，包括馬幼漁、叔平兄弟，周樹人、作人兄弟，沈尹默、兼士兄弟，錢玄同、劉半農等，亦即魯迅先生作品中引所謂正人君子口中的某籍某系），以後直至中央研究院時代，受胡適之、傅斯年等人包圍，死而後已。」又說：「胡、傅諸人後來和我勢同水火，我南遷後，蔡先生時在京滬間，但我每次擬去看蔡先生，均不果，即胡、傅等人包圍蔡所致。」❻從沈氏的回憶可見傅斯年霸氣之盛，更可見史語所在中央研究院甚至天下儒林中的非凡地位。不過，說這話的沈尹默本人的性格以及在北大的為人為學，也不見得好到哪裡去，令人詬病的地方亦是多多，在許多地方遠不如傅斯年得人心。一九二二年胡適從丁文江、秦景陽等人口中了解到的北大十年歷史，幾乎就是一部沈尹默弄權史，連胡適本人也不免為其利用，此案例在胡適的日記中有明確記載。[7]當然，這是另外一個話題。

所謂道不同，不足與謀，只要傅斯年認為來者與他心目中的「道」相同，便設法籠絡到麾下，加以「培植」扶持。如陳槃、周法高、全漢昇、張政烺、周一良、楊志玖、逯欽立、王利器、鄧廣銘、馬學良、李孝定、張秉權、王鈴、周祖謨、何茲全等，無不是傅斯年親手招到史語所並「培植」成材的——儘管此輩並不是從西洋游回來的「海龜」。這一做法所產生的一個後果是：傅斯年成為被培植者的教父，隨時隨地可操控、調配一切，並形成了同曾國藩的湘軍一樣「兵隨將轉」的政治格局。一旦這個格局形成，所有的兵士均聽命於傅斯年一人指揮調遣，外人或外力很難對這個半政治半軍事化的集團發號施令。這也是為什麼代理所長董作賓在李莊無力控制即將崩盤的局勢，而連連發電催請傅斯年回所「整飭」的內在根源。當國共內戰爆發，國民黨軍隊戰場失利兵敗潰退之時，中央研究院所屬十幾個研究所的人員多數不願受命搬遷，只有一個史語所被傅斯年基本上完整地拖到了台灣，其理亦在此。

有一天，住在李莊郊外門官田的陶孟和到史語所辦事，感到氣氛與前些時候大不相同，便問董作賓：「胖貓回來了，山上淘氣的小耗子，這幾天斂跡了。」[8]與傅斯年向來不睦的陶孟和所說的「胖貓」自是指傅斯年，而「小耗子」則不言自明。為此，董作賓後來回憶說：「這話是諷刺也是好評。孟真偶然回所住些時，工作效率果然就有些不同。……其實，孟真先生對朋友，對同人，原是一片赤子之心，同人愛他之處在此，但是受過『訓』的年輕人，『敬』同『畏』卻又壓住了他們的『愛』。這正足以說明了孟真先生辦史語所的貢獻之一，他（民國）十七年計畫中要『成就若干能使用近代西洋人所使用之工具之少年學者』的最大成就。最後十年集刊中所發表的這些青年的論文，就是明證。」[9]

董作賓的這一說法得到了學界大多數人的贊同，但也有持不同意見者，如台灣有一位叫李敖的作家曾云：「史語所這類畸形發展的現象，和它的領導人物很有關係，它的第一任所長傅斯年才氣過人，可是霸氣太大，大得使他不太能容真正的人才，而他所喜歡的，又多是唯唯諾諾的人兒，這種現象，按說是一切獨裁者必然落到的結果。傅斯年又訂了許多像招收徒弟一般的陋規家法，製造了許多所內的特殊空氣。董作賓就提到過許多，諸如傅斯年要給新進所的人『來一個下馬威』，諸如不得亂寫文章，諸如要強迫校書等等，不一而足。而這些家法與空氣，使得許多人對他都不得不做偽，正如陶孟和所說的：『胖貓回來了，山上淘氣的小耗子，這幾天斂跡了。』也如董作賓所說的：『孟真偶然回所住些時，工作效率，果然就有些不同。』所以從傅斯年開始，史語所就有一種偽風。」又說：「學閥作風結胎於傅斯年，傅斯年創辦中央研究院歷史語言研究所，一切大獨裁，獨裁到頭天看見小研究員在陽光下散步稍久，第二天就禁止散步一天的程度。」[10]

李敖所言，自有意氣用事的成分，但就如同「下馬威」與「偽風」之類的事件當然也不能倖免和排除。若從其他道路進入史語所大門之人，傅也確實有「非我族類，其心必異」的想法，並按這一法則先行來個「下馬威」，若不能制服，則予以掃地出門。因而，不能說此時或之後的史語所如曾國藩的湘軍一樣，也是「將富兵橫」，甚至要造反起事，給天下大勢添什麼亂子。但自此之後，一代代大小學閥在大陸與台灣各高校、科研機構相繼產生，並為此爭奪地盤、搶占地位、拉幫結派稱王稱霸，發展私人色彩甚重的惡勢力，甚至公然大打出手，弄得頭破血流等醜惡現象與事件，與傅斯年創設的這種人事制度與政治格局是大有關係的。

或許正是這種外露加霸氣充溢的性格，使傅斯年有意無意間又樹立了不少對立面，一生譽滿天下，謗亦隨之。有人在重慶召開的學術會議上就曾公開向傅斯年叫陣曰：「中央研究院各所所長都是大學問家，傅斯年有什麼學問？他怎麼當上了歷史語言研究所所長？」[11]相互間積怨之深可見一斑。要說傅斯年沒有什麼皇皇巨著，或執掌史語所後期沒有驚世駭俗的學術作品問世當是事實，且一九三二年撰寫出版的《東北史綱》第一卷，因時間倉卒，錯訛不少，為許多人所詬病（後台灣出版的《傅斯年全集》未收入該作），但不能以此否認他的才氣與在學問上的創造性貢獻。傅氏一生最大的事業是創立了歷史語言研究所，前後擔任所長凡二十三年，直到最後撒手歸

中研院史語所編輯的出版品：《城子崖》考古發掘報告書影

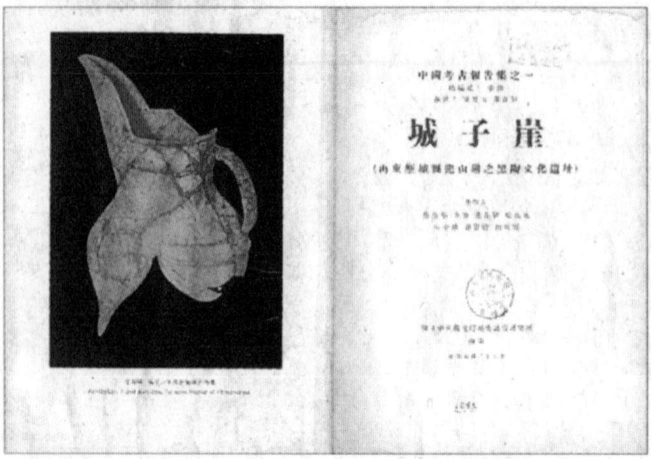

天才「死而後已」，史語所本身即是他得意的天才傑作。而史語所最初幾十年的努力方向，基本上沿著一個有目的和條例的總計畫前行。這個總計畫便是傅斯年起草於一九二八年的〈歷史語言研究所工作之旨趣〉一文。事隔多少年之後，學術界依然認為這是一篇光芒四射的箭垛式文獻，對近代中國史學產生了破冰啟航的巨大作用。儘管傅斯年提倡的「史學即是史料學」、「證而不疏」以及對「漢簡」價值的低估等，曾引起後世學界激烈辯論甚至揚棄，但他所提出的新材料、新工具、新領域、新問題等四個方向的價值，仍然歷久彌新，閃耀著智慧與理性的燦爛光輝而為後人視作不可逾越的規範，在未來的學術進程中發揚光大。

繼史語所建立初期的〈旨趣〉之後，傅斯年同樣撰寫了數量可觀，富有真知灼見的學術名篇與筆鋒犀利的時論文章。創作發表於一九三〇年的〈姜原〉、〈大東小東說——兼論魯、燕、齊初封在成周東南後乃東遷〉，以及出版於一九三三年的〈夷夏東西說〉，作於一九三四年的〈周東封與殷遺民〉，甚至包括〈城子崖序〉等篇章，皆是享譽中外的奇文妙論，為學界推崇備至。傅的老師胡適曾這樣評價：「如〈姜原〉，提供了許多有助於研究的材料；另一篇為〈周東封與殷遺民〉，說明從周室東征到山西北部，征服了整個東部的情形。這一篇文章我公開承認影響我最大，最能夠表現他的意思。再有一篇是〈夷夏東西說〉，……搜集的材料豐富，將東西夷夏加以區分；很少人有這樣銳利的眼光。」「他以偉大的力量將古代民族，古代歷史問題和古代史料，作了一個繼往開來的事業。」[12]許多年後，哈佛大學教授、世界著名考古學家張光直，仍稱讚傅斯年之

〈夷夏東西說〉是二十世紀中國學術界「最好」的、「能夠使用『創始性』和『突破性』這種超級辭彙來描寫的」⓭偉大的學術篇章。在這些閃耀著創始性和突破性的光輝篇章中，傅斯年不僅對傳世文獻進行了確切合理的詮釋，更為重要的是，通過詮釋文獻，真切地解釋了歷史，闡明了歷史的真實意象，而這一切正是傅氏天才的展現。對此，曾在中研院史語所工作過的著名歷史學家何茲全曾作過這樣一個評價：「傅先生是二十世紀中國史學界、國學界大師級人物。如果用『最好的』『最有創始性、突破性』作標準，二十世紀前半世紀史學、國學方面的學者，稱得起大師級的人物的，在我看來也就是梁啟超、王國維、胡適、陳寅恪、郭沫若、傅斯年、顧頡剛、陶希聖、錢穆等幾個人吧。」⓮何氏之說當然有他的感情成分在內，但也自有其道理。若從純感情的角度論，與傅斯年一同留學歐洲的北大同窗、何茲全的堂兄何思源就沒有被列入其內，可見何氏之說還是有他的公平、公道之處的。

除了史學和國學領域的學術造詣，傅斯年在其他學科也往往有驚人之識見。一九四〇年初，傅氏曾在西南聯大作過一次學術講演，題目是〈汪賊與倭寇——一個心理的分解〉，此文是用弗洛伊德的心理分析方法，解析汪精衛如何一步步走上了叛國之路。按傅的解析，汪氏不是嫡出，嚴父之後，又有嚴兄，自小便受了一個女兒式的教育，在這樣情形下所成長的兒童，自然有正常心理者少，有變態心理者多，或可有聰慧的頭腦，不容易有安定的神志，欲做「人上人」，而又不知度量自己的本領，便是這種環境造成的一個原因。淞滬戰役爆發後，國民政府成立了一個國防參議會，汪做主席，會中常看到汪不時發脾氣，卻不明其氣之對象，氣之原因。因而身為參議員列席會議的傅斯年分析認為，這是由於汪精衛「心中的『疙瘩』（Mental Complexes）在那裡時時發動」的緣故。同時，傅認為，汪之叛國與他的婆娘陳璧君亦有很大關係，因為陳氏亦是一心想做「人上人」的人，做不到便氣得了不得。傅氏舉例說：「漢光武的時代，彭寵造反，史家說是『其妻剛戾，不堪其夫之為人下』，陳璧君何其酷似！」傅氏同時認為，以上所說各項，只是助因，促使汪賊叛國者仍是汪自小在心靈中蘊蓄的妾婦怨妒心理，發而為偏要做「人上人」的要求。這種「不度德不量力」的要求，形成了他極度扭曲的心理狀態，以及他一生人格上和心理上的變態，從而表現為他從事各種極端的政治上反覆無常的投機和賭博。可謂「在家家亂，在國國亂」，《春秋》中所記弒父弒君有幾個不是受這個心理所支配」。在傅斯年看來，倭寇與汪賊大有相同處，或者這就是雙方可以「合作」之「精神條件」。「原來日本小鬼也是最富於『卑賤疙瘩（Inferiority Complex）』的，看到自己那副猢猻形，更恨得非做『人上人』不可。我想，設若倭奴再長三寸，這疙瘩也許好些，便可少害人些。……這樣心理，自古已然，於今為烈，一面模仿西洋人，一面要說東亞本位，憑他這樣心理發揮起來，好比妒婦之滅人之門，絕嫡之子，一旦得志，是決不使中國民族存在的，豈只國家而已。」傅斯年文中最後結論是：「汪賊有己無人，發了邪火，便欲斷賣同種；倭賊有己無人，動了狂念，便欲絕滅人類。二者都是一種罪犯心理，不過一個是孤獸，一個是狼群，有此差別罷了。若是世界上還應該有人類的話，便當快快把這些人類毒素掃蕩去。」[15]

正如當時聽講演的聯大學生何兆武、馮佐哲後來所說：像這樣叛國投敵、組織偽政府，甘當兒皇帝的大事，恐怕是不能夠單純用被壓抑的原始本能來解釋的，而應該有其更深層次的政治的、社會經濟的和歷史文化的原因。難道心理上的扭曲就一定做漢奸賣國賊，而出賣祖國和人民的利益？想來當時大多數同學是不會認同的。然而這次講演，今天回想起來卻有其另一方面的意義。那就是傅斯年是第一個（至少就何、馮二人所見），他是中國史學家中第一個，認真地把心理分析引入到史學研究的學者。所謂歷史，自然是指人的活動史，而人的活動歸根結柢乃是通過心理層次的這一環節。司馬光在《資治通鑑》中寫到反叛的事例時，往往會注意這一點，提到反叛者最後乃是由於「內不自安」而終於謀反。反叛者固然有其野心的一面，但又有其性格扭曲的一面。這就更深一層地觸及到了當事者的內心或心靈深處，而比單純地論述背景與客觀形勢要深刻高遠得多。傅氏這次講演，作為一項先驅的首創，這種大膽創新與探索的精神是值得敬佩的。[16]傅斯年的心理分析說，自然與他早年在歐洲接受的心理學訓練有關，其先驅式的首創與大膽探索創新之精神，以及利用這一方法的治學路數與途徑，對學術的傳承發展具有重要的啟迪推動作用——這是傅斯年的又一過人之處。對此，胡適稱其為「人間一個最希有的天才」，是「一位能繼往開來的偉大學人」。⑰而羅家倫則乾脆以「縱橫天岸馬，俊奇人中龍」來形容傅的才氣與風格。⑱此話雖有讚譽的成分，但並不是無中生有的阿諛奉承，否則羅家倫是不敢冒天下之大不韙，在國民黨統治時期，於堂堂的《中央日報》上公開發表此論的。至於傅斯年本人，則有他自己為人為學的準則，早在一九一九年五四運動前夕，他在一篇詠耶穌的詩〈前倨後恭〉中就曾說過：「他們想念你，你還是你。他們不想念你，你還是你。就是他們永世的忘了你，或者永世的罵你，你還是你。」⑲這正是傅斯年處世的態度和一生為之拚搏奮進的寫照。

還都南京

經過一陣令人心焦的期盼，中央研究院歷史語言研究所、中央博物院籌備處、中國營造學社等機構，終於迎來了回歸的日子。一九四六年十月中下旬，民生公司的幾艘貨輪停靠在李莊碼頭，各路人員開始搬運貨物，日夜不息地裝船，打點私人行李，準備東去。

經過幾天的緊張忙碌，一切準備就緒，眾位學人連同隨行的家屬們告別相依相偎了六年的李莊和李莊的父老鄉親，拔錨起程。漸行漸遠的「長遠」輪拉響了汽笛，突然加大馬力，抖動著龐大的身軀順滾滾江水疾速而下。

「長風破浪會有時，直掛雲帆濟滄海」，順長江，出三峽，抵東海，不只是千百年來文人墨客的夢想，它同樣是一個民族精神追求與圖騰的感召。遙想抗戰初期，上海淪陷、南京淪陷、武漢淪陷、宜昌淪陷，國軍節節潰退，日軍步步緊逼。揚子江一線，砲火連連，血水湧動，人頭滾翻，在中華民族生死存亡的緊要關頭，三峽作為一道天然屏障保全了中國。當然，三峽的意義不只是自然地理和軍事上的，更是精神上的一種標誌。中國所走的

沿長江順流東下的民生公司輪船

路途之迂曲，正像曲折的長江，但其前進的毅力與方向始終未變，滔滔江水不屈不撓，日夜不停地奔騰前進。在抗日戰爭最為艱苦卓絕之時，馮玉祥將軍於三峽宏大的夔門之上，奮筆題詞「衝出夔門」四個大字以明心志。由此，整個抗戰八年，夔門成了中華民族抵擋外虜，誓不屈服的標誌與象徵，置於絕地而後生的中華民族最終會打出去收復失地的——這滿載文化精英與大批國之重器，劈波斬浪、順流直下的航船就是明證。

當中研院史語所與中央博物院籌備處的大部分人員自李莊遷回南京後，傅斯年滿懷興奮與歡喜之情，在中央研究院大樓的演講廳設宴款待。為了把宴會辦得更加紅火熱鬧，也為了讓流離失所九年的故朋新友有個歡聚一堂的高興機會，特地邀請胡適自北平來南京參加這場具有歷史紀念意義的盛宴。在北大校長任上正春風得意的胡適欣然應邀前來助興。

據當時參加宴會的史語所研究人員張秉權回憶道：「我們是最後一批抵京的。傅所長為犒勞同人押運圖書古物安然返所，設筵招待全體同人，席間有胡適之（適）先生，那是我第一次見到適之先生。他談笑風生，親切感人。傅所長稱他為史語所的姑媽。娘家的人，無論老少，每個人都自然而然地很願意親近他，他也的確讓人有如沐春風的感覺。傅所長對於新進後輩，似乎特別客氣，一一握手致意，表示歡迎熱忱。」[20]而據奉傅氏之命親至機場迎接胡適的青年助理研究員何茲全後來說：那天在史語所開茶話會歡迎胡先生，「家屬、小孩都有，很熱鬧。傅先生講話時說：『人說我是胡先生的「打手」，不對，我是胡先生的鬥士。』」[21]此說引得眾人一陣哄笑。

席間，最令人難忘的是傅斯年在演說中對史語所歷次搬遷的追憶，在講述抗戰歲月八年顛沛流離，艱苦卓絕的生活時，說到動情處，幾次哽咽淚下，在場的人無不為之深深感染而同聲悲泣。最後，傅斯年端起酒杯，慶祝大家都能幸運歸來，並滿懷激情地說：「過去的種種辛苦都已經結束了，從此之後我們可以安心工作，史語所八年的流離可說是告一段落了。」❷這個時候的傅斯年和出席宴會的所有人員都未曾想到，僅僅兩年之後，史語所大隊人馬就再度踏上了流亡之路。——此時，國共兩黨已大動干戈，關於「中國之命運決戰」的大幕開啟了。

一九四六年十一月二十七日，蔣介石在南京勵志社召集國民黨籍國民大會代表開會，並發表講話，謂：「這次修改憲法，就是為了打擊共產黨。」又說：「現在是本黨的危急存亡關頭，大家要聽我的話，則有前途，否則完了。」❷話音剛落，眾人驚駭，蔣氏的這一句「完了」，竟成讖語。

為了達到迅速消滅共產黨軍隊的目的，蔣介石在緊急調兵遣將的同時，連連召開會議，對戰後滋生的嚴重腐敗給予阻擊查處。但此時國民黨內部的腐敗已是洪水滔滔，不可遏制。「五子登科」（帽子、位子、房子、票子、婊子）成為各級官僚們相互追逐、爭奪的最高目標和行為準則。無論是高官大員如孔祥熙、宋子文、孫科，還是低級官僚如科長、股長、排長甚至一個伙夫班長，無不為「五子」而絞盡腦汁，用盡手段。宋子文與孫科挾妓在大庭廣眾之下招搖過市逞能耍威，眼熱心跳的大小官僚爭相仿之。據傅斯年所見所聞，抗戰勝利後，宋子文第一次到北平，「時常在某家，一日，大宴會，演戲，文武百僚地方紳士畢集，他遲遲而來，來的帶著某家之某人，全座駭然，此為勝利後北平人士輕視中央之始，因為當時接收笑話，尚未傳遍」❷。

正是孔、宋之流的所作所為與國民黨內部的腐化墮落，攪得全國上下烏煙瘴氣，腐臭之味蔓延乾坤，有識之士與草根階層皆恨之入骨但又徒歎奈何！對於這種局面，史家顧頡剛在《自傳》中曾提及過與之相關的一件事。此事發生在一九四二年的晚些時候，時為國民參政員的顧頡剛與幾名學界大老，有幸被蔣介石招待茶點，並請大家表示意見。有一位老先生見天子賜宴，且作禮賢下士狀，自己總算得到了發言權，平時有些酥軟的骨頭與身體上下幾個本該硬起來的小零件也想藉此硬一下，於是起身慷慨陳辭：「現在文官武官都是貪污，貪污的程度比了前清的親貴還要厲害，比了民初的軍閥還要厲害！」話一出口，剛才還眯縫著眼呈微笑狀的蔣介石臉色驟變，勃然大怒，當場指著這位鬍鬚蓬鬆的儒生的鼻子道：「你老先生恐怕中了共產黨的宣傳吧？國民黨就有不好之處亦何至像親貴和軍閥，你以後說話要小心才是！」蔣氏的一句話，如同一記悶棍，把老先生剛剛硬起來的骨頭特別是幾個關節，全部打得頹萎散亂。眾人見狀，皆噤若寒蟬，將頭輕輕埋著不敢動彈。對此，親身領教蔣介石為人處世之道與國民黨腐敗景況的顧頡剛總結說：「我聽了蔣和陳的兩次談話（南按：此前因顧在國民參政會上質詢教育部部長陳立夫，為何添設貴州大學，陳事後責顧既是黨員同志，「就不該這樣」），才真實知道國民黨的腐敗已到了不可救藥的地步，高級的人不願接受批評，下級的人自然可以一無顧忌地橫行，不怕人家的告發。好像一座木材築成的房屋，滿生了白螞蟻，已蛀得空空的，哪有不塌下來的道理。」㉕

在舉世渾濁的腐水漫流中，猛的從揚子江盡頭山坳裡躥出一人，以當年武二郎景陽岡打虎的勇猛豪氣，揮拳向國賊孔祥熙高昂著的頭顱擊將過來。這便是珍珠港事件發生之後，為陳寅恪滯留港島生死不明而在李莊山野草莽間指天戳地，高呼「殺孔祥熙以謝天下」的傅斯年。

早在抗戰之前，傅氏就對國民黨政府越來越呈現出的腐敗現象心懷怨恨，但這個恨只是「哀其不幸，怒其不爭，恨鐵不成鋼」式的痛怨，骨子裡卻一直對政府和蔣介石個人抱有幻想，且有欲以一己之力扶大廈之將傾的使命感。在這一使命的催發與鼓蕩中，便有了傅斯年一九三二年六月十九日發表在《獨立評論》第五號上著名的〈中國現在要有政府〉一文。傅氏在文中旗幟鮮明地指出，中國已面臨有史以來最大的危機，社會與文化已步趨總崩潰，因為總失業的緣故，國民皆成了叫花子，各路軍閥手下的官兵幾乎全部由叫花子組成，可謂要多少有多少，軍閥自然成了叫花子的頭目，故南北政府被一群流氓苦力與叫花子所平分。「照這樣形勢，雖有一個最好的政府，中國未必不亡，若根本沒有了政府，必成亡種之亡。」因而，傅斯年呼籲，「一切不願亡種滅國的人，幸勿

此時興風作浪，這不是可以苟且為之的！」㉖

一九三六年十二月十二日，震驚中外的「西安事變」爆發，正在南京的傅斯年聞聽張學良發動兵變，居然把赴西安視事的蔣介石及其隨員連夜抓到一間屋子扣押起來，極為震怒，於是極力主張南京國民黨高層立即出動大軍討伐叛逆，同時連續在《中央日報》發表〈論張賊叛變〉、〈討賊中之大路〉等言辭激烈的檄文向政府獻策並痛斥張學良以下犯上的逆行。傅斯年認為：「蔣公在此時中國是無可比擬的重要，他的安危關係中國國運比任何事都切緊，這都是肯用理智的人所共曉的，除非漢奸共黨和不明大體的少數人，沒有希望蔣公在此時失其為國家服務之機會的。所以營救蔣公是當前第一務，本是人人心中的意識。」對於張學良此次兵變的性質、意圖、行徑和外間傳言張氏本人已加入共產黨之事，傅斯年一針見血地指出：「張賊的辦法，那裡配說甚麼政變，簡直是綁票，他要綁一個政府，一國軍隊的票，這真孫美瑤輩要在地下景仰的了！……張賊學良就是張賊學良，不多不少。他加入共黨也罷，不加入也罷，自動也罷，被動也罷，都無關係。」㉗傅氏還大聲疾呼南京方面盡速派中央軍西進，對西安呈扇形包圍，以展現實力，堅定政府的立場，「現在全國上下應該只有一種意志，就是『打！打！打！』又應該只有一個盼望，就是『勝！勝！勝！』對張賊只可有一道命令，就是『降！降！降！』此外沒有任何話給賊說。」針對有人認為中央出兵西進，會激怒張學良並危及蔣介石的安

傅斯年一九四七年攝於南京

全，因而投鼠忌器，傅斯年舉明朝「土木之變」及北宋末「靖難」等史實加以駁斥，堅稱愈是大軍壓境，張學良愈不敢加害蔣。他預言，待中央軍包圍西安，張學良唯有束手就範，沒有其他路可走，「張賊之最後處置，如果真心投降，還只有蔣公能放他一條生命，這當然也不能是一條光榮的生命。至於東北諸將，家亡可憫，脅從可原，中央不妨予以自新之路。」[28]。

正因為傅斯年把自己的身家性命全部維繫在國民黨政府和蔣家王朝的戰車上，並有一損俱損，一榮俱榮的動機，才對國民黨與政府核心的「老大」蔣介石本人，抱有真誠的希望與幻想。抗戰軍興，傅當選國民參政員後，常在重慶的集會場合指點江山，激揚文字，對黨國大事發表「宏論」，欲糞土當年所謂「票號世家」的山西土財主孔祥熙。據他的老友程滄波說：一日，傅忽論及當時國民政府五院院長。論孫科，說：「猶吾君之子也。」論于右任、居正，「是老黨人且是讀書人。」論戴季陶，說：「阿彌陀佛。」論孔祥熙，高聲作義憤狀：「他憑哪一點？」[29]

因了傅斯年早已對孔、宋家族的所作所為與熏天氣燄充滿了怨恨，才有抗戰爆發後，傅氏不時蹦將起來，貓腰躬背，抓住「老二」（孔祥熙、宋子文）死死不放，痛得筋骨相連的「老大」介公嗷嗷直叫，但又無可奈何。

一九三八年七月十二日，傅斯年以國民參政員的身分致書蔣介石，從才能、信望、用人、友邦觀感、持身治家等五項，全方位抨擊孔氏的惡行。[30]儘管傅氏這尊「大砲」發出的砲彈，彈道正確，彈著點並無偏差，但身為「老大」的蔣介石卻不動聲色，不置一詞。此舉引發了「傅大砲」的強烈不滿與憤慨，一怒之下，踏上了與孔祥熙決一死戰，不是魚死就是網破的不歸路。從此之後，傅氏殫精竭慮，千方百計搜集孔氏貪贓枉法、以權謀私的材料，準備在國民參政會上一齊擲出，當場把孔氏掀翻在地。這一計畫被正在美國的胡適聞知，胡立即寫信勸傅不要貿然行事，搞不好要弄個惹火燒身的結局。傅斯年並不理會老師的好意，決心「除惡務盡」。他抓住孔祥熙在六起貪贓大案中影響最大、手段最卑劣的美金公債一案，掄圓了拳頭，連連出擊。[31]

當此之時，中央銀行國庫局正直人士或與孔氏有隙者，乘機將掌握的內部資料提供給傅斯年。傅對各色重量級「砲彈」盡數編排，迅速擬成提案，交大會祕書處宣讀。時大會主席團成員、外交部部長王世杰見後大駭，擔心事態擴大，怕被人作為藉口「攻擊政府，影響抗日」（王世杰語），力勸傅斯年歇手閉嘴，否則後果無法預料。傅對王的好言相勸不以為然，堅持己見，並要上訴法院，與孔祥熙對簿公堂，如果揭發罪狀失實，甘願反坐。㉜面對傅斯年破釜沉舟的凌厲攻勢，陳布雷知事情已不可挽回，孔氏大勢去矣，乃向「老大」蔣介石進言道：這個在你下頭的孔祥熙，居然瞞著上頭，趁火打劫，實在太混。「傅大砲」執意要發出的砲彈恐怕難以攔截，還是想方設法悄悄將這位「老二」做掉算了，省得雞飛狗跳地不得安寧。蔣介石對此甚感棘手，一面盡力遮掩，一面以避免造成國際影響為由，制止傅在參政會上提出此案，建議可改成書面檢舉材料交蔣本人處理。蔣託陳布雷說情，陳深知傅斯年的砲筒子性格，不達目的決不會罷戰言和，遂建議蔣以爭取世界各國對抗戰的支持，顧全國家利益等說辭，請傅改變解決問題的方式。陳布雷不愧是一流策士，深得蘇秦、張儀之衣缽，憑三寸不爛之舌可攏布天下，甚而扭轉乾坤。蔣依計而行，果然靈驗。一提「國事為重」，傅斯年便答應退讓一步，決定將提案改為質詢案公之於眾，蔣表示同意。儘管這一改變，無形中使彈道的著力點出現偏差，火力也大大減弱，但仍使朝野大譁，孔祥熙身中數彈，東倒西歪，差點倒下。

孔祥熙

小勝之後的傅斯年於一九四〇年八月十四日寫信給美國的胡適，信中列舉了自己倒孔的六條理由，謂孔氏「為私損公，毫無忌憚」、「（行為）墮人心，損介公之譽，給抗戰力量一個大打擊」、「貪贓枉法，有錢愈要錢，縱容其親黨無惡不作，有此人當局，政府決無希望」、「一向主張投降，比汪（精衛）在漢、渝時尤甚」、「一旦國家到了更危急的階段，不定出何岔子」，因而「為愛惜介公，不容不反對他」。並進一步表示：「我一讀書人，既不能上陣，則讀聖賢書所學何事哉？我於此事，行之至今，自分無慚於前賢典型，大難不在後來在參政會中，而在最出（初）之一人批逆鱗也。若說〔倒孔〕有無效力，誠然可慚，然非絕無影響，去年幾幾幹掉了，因南寧一役而停頓耳，故維持之者實倭寇也。至少可以說，他以前是個taboo，無人敢指名，今則成一溺尿桶，人人加以觸物（侮？）耳」。[33]

傅斯年之信可謂妙趣橫生，不知胡適看後對驕橫跋扈的孔祥熙，突然變成了一個溺器有何感想。而此後傅斯年依然是衝鋒在前，抓住整個孔氏家族營私舞弊的惡行，窮追猛打，最後搞得「孔尿桶」面臨散架崩盤之境地。面對危局，身為「老大」的蔣委員長決定對這個既可恨又可憐還有點離不開的「老二」施以援手，他專門紆尊降貴擺了一桌上等酒席招待傅斯年，在傅氏興高采烈，宏論大發之際，蔣介石委婉地勸說道：「孟真先生，你信任我嗎？」

「我絕對信任。」傅斯年乘興，做出為面前這位「老大」肝腦塗地在所不辭的忠臣模樣。

蔣氏見狀，輕輕咳了一聲，道：「你既然信任我，那麼，就應該信任我所用的人。」言外之意就是你既然信任「老大」，也必定要信任「老二」，因為「老大」和「老二」是一個血脈相連的整體。

對這個具有歷史性意義的場景，後來成為漢奸的周作人於一九五〇年著文說道：「有一回他（傅斯年）做文章大罵宋子文，……但是老蔣一泡尿撒下去，他的炮就不響了，預告要做四篇，只出了一篇即戛然中止，這是近三兩年中看報的人都還記得的事情。」[34]但據當時在場的目擊者說，周作人實屬胡言亂語之小人，此說不足信也。事實上，老蔣的那泡尿並沒有飛流直下三千尺的氣勢與威力，對傅斯年而言，只不過是一點毛毛雨罷了。因而，蔣的勸說壓根就沒起作用，傅斯年的鋼鐵大砲不但響著，且響得乾脆利索，有錚錚鐵骨之音。其聲曰：「委員長我是信任的。至於說因為信任你也就該信任你所任用的人，那麼，砍掉我的腦袋，我也不能這樣說！」[35]

說這話時，傅頗有些激動，臉色漲紅，欲作拚命狀，在座的陪客無不大驚失色。蔣介石沉默了一會兒，覺得對方此言雖有些不雅，畢竟是真情的流露，且對自己這個「老大」也還算一片忠心，便出乎眾人意料地微微一笑，點了點頭，決定不再顧及那位麻煩不斷的「老二」了。未久，蔣氏下達手諭，委派財政部部長俞鴻鈞出面調查孔氏財產的來路問題。眾人一看「老大」真要對「老二」施行外科手術，膽氣頓生，紛紛擁上前來，藉著傅斯年射出「砲彈」的濃煙迷霧，給孔祥熙一頓亂棍飛擊。在內外力量的猛烈夾擊下，「孔尿桶」終於嘩啦一聲崩盤散架，倒地不起，頭上的頂戴花翎隨之泡了黃湯。

傅斯年一砲轟走了大瘟神，舉國振奮，奔相走告。「傅大砲」這一名號也隨之聲動朝野，天下為之禮敬。令國人失望的是，因蔣家王朝這座靠山尚未崩塌，虎狼之輩依然視中國為自己的安福之地與逍遙樂園。孔祥熙被打倒之後，蔣介石又通過外科手術式的對接，從自己勢力範圍內再度扶植了一個宋子文。此前兼任行政院院長的蔣介石辭職，宋子文於一九四五年五月繼任。

宋家公子上台後，其惡行較諸孔祥熙有過之而無不及，很快攪得天下沸騰，官憤民怨。傅斯年與宋子文二人原本還算友善，宋初上台時，「名聲頓起」，同大多數國人一樣，傅同樣對其寄予希望，並在《大公報》發表評論說過宋的好話，認為他和孔祥熙大不同云云。事隔不久，宋之狐尾突露，傅斯年發現這個傢伙原來與「孔尿桶」屬於一丘之貉，狼狽為奸之禽獸，「幾乎把抗戰的事業弄垮，而財政界的惡風遂為幾百年來所未有」[36]。原來國人與自己對宋氏的正面看法，無非是出於「饑者易為食，渴者易為飲」罷了，「與其說是宋的人望，毋寧說是對孔的憎恨」。[37]於是，從迷惑中覺醒的傅斯年，再度抬起他那用特殊材料鑄成的大字號砲筒，先是從教育狀況糟糕已極，政府只賣文化膏藥等方面，來了一番敲山震虎式的轟擊，希望宋氏能幡然醒悟，設法補救。傅在《大公報》撰文道：「你的轎車在上海市街上經過時，有沒有想到，就在這條路上有多少人因你的經濟失策而餓死？」[38]但這位驕奢淫逸的宋家公子卻揣著明白裝糊塗，採取絕對置之不理的蠻橫態度，任整個社會經濟腐爛、崩潰

一九四四年十二月十八日，宋子文成為美國《時代週刊》封面人物，一時名滿天下，衆人矚目。

下去。傳斯年大怒，開始轉動砲口，從黃金政策、工業政策、對外信用、辦事作風、中國文化修養和態度五個方面，集中火力對宋子文進行死打猛攻。為揭露宋氏家族的惡行，傅斯年於一九四七年二月十五日至三月一日，連續刊發了三篇火星激濺，威力巨大的戰鬥檄文，這便是轟動一時的〈這個樣子的宋子文非走開不可〉、〈宋子文的失敗〉、〈論豪門資本之必須剷除〉。前兩文在《世紀評論》刊出。在第一文中，傅斯年痛罵道：「古今中外有一個公例，凡是一個朝代，一個政權，要垮台，並不由於革命的勢力，而由於他自己的崩潰！有時是自身的矛盾、分裂，有時是有些人專心致力，加速自蝕運動，惟恐其不亂，如秦朝『指鹿為馬』的趙高，明朝的魏忠賢，真好比一個人身體中的寄生蟲，加緊繁殖，使這個人的身體迅速死掉。」在歷數了宋子文的種種惡行後，傅斯年表示：「我真憤慨極了，一如當年我在參政會要與孔祥熙在法院見面一樣，國家吃不消他了，人民吃不消他了，他真該走了，不走一切垮了。當然有人歡迎他或孔祥熙在位，以便政府快垮。『我們是救火的人，不是趁火打劫的人』，我們要求他快走。……不然，一切完了！……國人不忍見此罷？便要不再見宋氏盤踞著！」[39]

文章刊發後，全國各報刊紛紛轉載，一時朝野震驚，群情激昂。胡適等人積極呼應，勢同火上澆油。在排山倒海的討伐聲中，宋子文頓感天旋地轉，體力不支。而此時的國民政府監察院一幫見風使舵的官僚政客，眼見宋氏即將翻船沉沒，於憤恨中大著膽子從胸前背後給予一記悶棍。一九四七年二月十六日，監察院舉行全體監委緊急會議，決定派員徹底清查黃金風潮釀成的嚴重後果與責任者。消息傳出，全國軍民於歡呼聲中皆翹首以待。傅

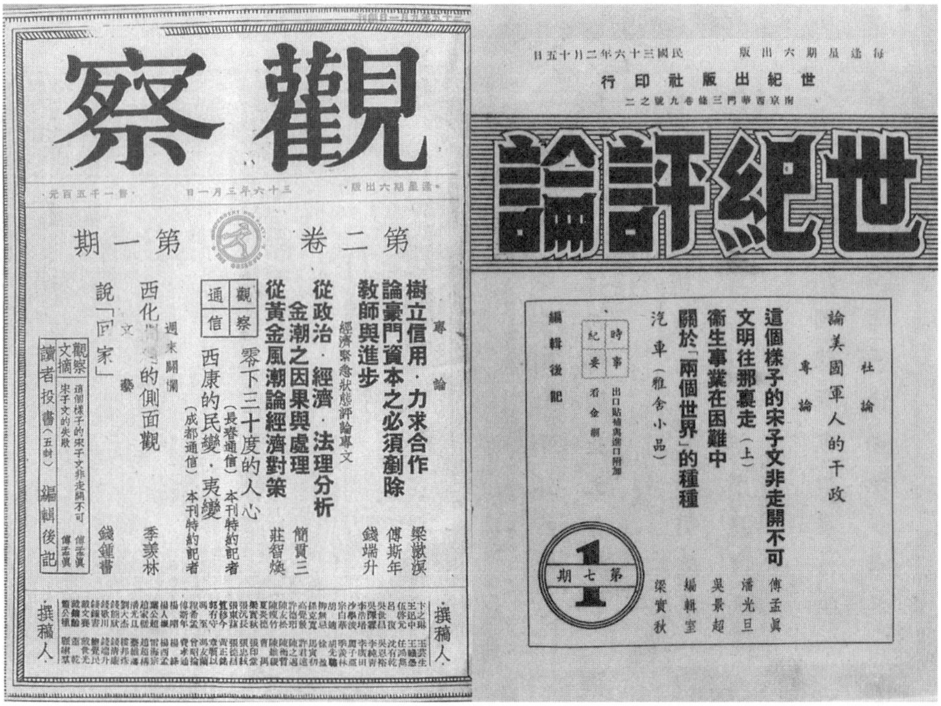
觀察
每星期六出版 三十六年三月一日 每冊一千五百元
第二卷 第一期
專論
樹立信用．力求合作 梁漱溟
論豪門資本之必須剷除 傅斯年
教師與進步 錢端升
經濟緊急狀態評論專文
從政治．經濟．法理分析金潮之因果與處理 簡貫三
從黃金風潮論經濟對策 莊智煥
觀察通信
零下三十度的人心（長春通信）本刊特約記者
西康的民變．夷變（成都通信）本刊特約記者
文藝
週末閒欄
西化門的側面觀 季羨林
說「回家」 錢鍾書
觀察文摘
這個樣子的宋子文非走開不可 傅孟真
宋子文的失敗
讀者投書（五封）
編輯後記
撰稿人

每逢星期六出版 民國三十六年二月十五日
世紀出版社印行
南京西華門三條巷九號之二
世紀評論
社論 論美國軍人的干政
專論
這個樣子的宋子文非走開不可 傅孟真
文明往那裏走（上） 潘光旦
衛生事業在困難中 吳景超
關於「兩個世界」的種種 編輯室
汽車（雅舍小品） 梁實秋
時事紀要 出口貼補與進口附加 看金潮
編輯後記
第七期 1

刊載傅斯年倒宋文章的雜誌書影

斯年抓住時機，抹著滿頭汗水，於著名的《觀察》雜誌拋出了第三篇戰鬥檄文，給予宋子文最後的致命一擊。㊵傳稱其內容為「在鐵幕縫中透出來的事實」。文章一開頭便寫道：「『大魚吃小魚，小魚吃蝦米，蝦米吃滋泥』，這句俗話正是今天中國的現狀。『滋泥』是勞苦大眾，蝦米是公教人員，小魚是小生意人，大魚便是大資本家。但，大魚也分好多類，有三尺長的大魚，不堪鯊魚一擊；有鯊魚，不堪長鯨一擊。今天長鯨有兩個，皆憑藉政治成就；在生長中的還有幾個，要看後來政治是不是落在他手。大有水中一切皆入鯨魚腹中之勢。『官僚資本』一個名詞是抗戰時候的產物，還是我的朋友某教授造的，當時的中心對象是孔祥熙，現在大家注意宋子文多些了，但也決不當忘了孔祥熙。」接著，更加詳盡確實地歷數了孔宋的惡行與各自作惡的不同，謂：「兩家的作風並不盡同。孔氏有些土貨樣色，號稱他家是票號『世家』，他也有些票號味道，尤其是胡作非為之處。但『世家』二字，我曾打聽他的故人，如嚴莊監察使，那就真可發一笑了。這一派是雌兒雛兒一齊下手，以政治勢

力，壟斷商務，利則歸己，害則歸國，有時簡直是扒手。」「宋氏的作風又是一樣，他有時彷彿像是有政策的，戰前也曾吸收過若干社會上認為可以有為之人。上海的『高等華人』戰前有不少信服他。他的作風是極其蠻橫，把天下人分為二類，非奴才即敵人。這還不必多說，問題最重要的，在他的無限制的極狂蠻的支配欲，用他這支配欲，弄得天下一切物事將來都不能知道公的私的了。」

最後，傅斯年斬釘截鐵地說道：「豪門資本這樣發達，中國幾無國家的形象。……在今天宋氏這樣失敗之下，他必須走開，以謝國人。在位者要負責任的。……這還不能算完，今天我們要覺得晉惠帝不愚，因為他聽到公園裡蛤蟆聲，他問是公的私的。[41]今天一切事都引不出公的私的。我們必須清算十年的事物，那些是公而私的，那些是私而公的。」對孔宋兩家吞公營私的非法財產，傅氏堅決主張由政府公開沒收或徵用，「總而言之，借用二家財產，遠比黃金攏回法幣多，可以平衡今年預算。（我在參政會如此說過。有些報紙說我說，二家財產夠國人過一年美國人生活水準，那是他們說的，說過與不及一樣壞。）所以要徵用，最客氣的辦法是徵用十五年，到民國五十一年還他們本息，他們要的是黃金美鈔，到那時都可以的。你們饒國家十五年，給一個喘息的機會罷。這辦法自須先有立法程序，我想立法院可以壓倒多數（如非一致）通過。」[42]

面對傅斯年發射的砲彈和社會各階層的打擊，宋子文已無招架之功，更無還手之力，只得重蹈孔祥熙的覆轍。就在《觀察》發表傅氏文章的當天，宋子文在巨大輿論壓力下，不得不即刻提出辭職，心有不甘又無可奈何地交出印把子，捲起鋪蓋，如同過街老鼠一樣灰溜溜地夾著尾巴下台滾蛋。至此，兩位皇親國戚均被傅斯年幾聲砲響轟於馬下，天下人心大振，各界反應熱烈。有人在報刊撰文稱讚傅斯年：「在最近的十年來他內心已焚燒著正義之火，逼他走出學術之宮，要分一部分精神來顧問國事。他的話，是代表千萬人民的隱泣和怒吼！他的話，也寄託著對祖國的復興和再生！」在普天之下拍手稱快的歡聲笑語中，傅斯年的威望與聲名在國人心目中達到了一生的巔峰。

「千夫之唯唯，不如一士之諤諤。」傅斯年作為中國自由知識分子，有此一大壯舉，實為世人樹立了一個諤諤之士的光輝典範。對此，深知傅斯年學問、人格力量的胡適曾滿懷激情地稱頌道：「他這樣的人，無論在什麼地方都能發揮其領袖的才幹。」「我總感覺，能夠繼續他的路子做學問的人，在朋友當中也有；能夠繼續他某一方面工作的人，在朋友中也有；但是像他這樣一個到處成為道義力量的人還沒有。」[43]

——斯言是也！

最後的晚餐

孔宋兩個高官被打倒之後，傅斯年身心俱疲，心臟不堪重負，無力堅持工作，同時也為躲避孔宋集團可能失去理性的血腥報復，在友人故舊一再勸說下，只好讓年輕有為的夏鼐代理史語所所長一職，自己於一九四七年六月攜夫人與兒子傅仁軌前往美國波士頓白利罕醫院（Peter Bent Brigham Hospital）醫療，期間與胡適等人一起參與並操縱了國內院士選舉活動。翌年夏天，傅氏歸國並重新執掌史語所所務，只把兒子仁軌留在美國一個親友家繼續讀書。

據石璋如回憶：一九四八年六月九日，「研究院慶祝成立二十週年，當時在研究院辦了很熱鬧的慶祝活動，上午開會，晚上就請吃飯，從總辦事處到地質研究所前頭的空曠處，桌子一路排開，放上酒跟點心，夜裡燈火通明，稱作遊園會。剛開始的時候人很多，愛去那桌吃、喝酒都可以，可是天候不巧，打了響雷下起陣雨，大家就集中到總辦事處的講演大廳去。我記得研究所內還有楊希枚領頭唱平劇，非常熱鬧。」[44]同年九月二十三日至二十四日，「國立中央研究院成立第二十週年紀念會暨第一次院士會議」在南京北極閣舉行，與會者有朱家驊等五十一人。會中通過包括「請政府確定『百萬』為『兆』，以簡化大數記數法案」、「維持學術獨立」、「請照本院組織法，儘先設立關於人文科學研究所」等議案。為表示對科學與知識分子的尊重，蔣介石撇下前線十萬火急

一九四八年九月，出席中研院第一屆第一次院士會議的部分院士於南京合影。

的戰事，親自出席會議並作了講話，場面極其隆重熱烈——這是國民黨統治時期中國知識分子群體在苦難中深受矚目和倍感榮光的絕響。未久，選出的八十一名院士便在國共內戰的硝煙砲火中被迫分道揚鑣，「兩處茫茫皆不見」了。

六月九日晚那串不期而至的驚雷，彷彿是易卦中「主大凶」的預兆——這是上帝為蔣家王朝在大陸的統治敲響的第一聲喪鐘。緊隨其後的，則是鐘聲陣陣，大限來臨。

前線傳來了國民黨軍隊一個又一個戰敗覆亡的凶訊：

一九四八年九月十二日，中共將領林彪指揮的東北野戰軍在遼寧省西部和瀋陽、長春地區，對國民黨軍衛立煌部發起攻勢，史稱遼瀋戰役。此役東北野戰軍以傷亡六萬九千人的代價，殲滅並俘獲國民黨兵力四十七萬餘人，並繳獲了大批美製武器裝備。國軍元氣大傷，徹底踏上了衰亡敗退之路。

十一月六日，中共華東、中原野戰軍與地方武裝共六十餘萬人在以徐州為中心，東起海州，西至商丘，北至臨城，南達淮河的廣大區域內，向集結在這一地區的七十萬國民黨軍發起強大攻勢，是為淮海戰役（南按：國民黨稱之為徐蚌會戰）。解放軍攻勢凌厲，兵鋒所至，所向披靡，國民黨政府首都南京岌岌可危。

十一月十三日，號稱一代「文膽」的蔣介石侍從室二處主任、總統府國策顧問、首席祕書陳布雷，看到國民黨政權日暮途窮，滅亡在即，自己回天乏術，更無力解黨國之危難，於痛苦悲憤中自殺身亡，以「屍諫」的古老形式表達了他對蔣介石的忠誠，以及對國民黨政府前途命運的絕望。

此前，陳曾多次向蔣苦諫，謂：「罷兵弭戰，同共產黨舉行談判，早日結束內戰，國民黨或許還能坐半個江山。」蔣答之曰：「目前戰局確實不利，但不必悲觀；即使談判也保不住半壁江山，只有背水一戰，成敗在天了。」㊺

面對山河崩裂，天地改色以及搖搖欲墜的國民黨政府，蔣介石困獸猶鬥，在決心背水一戰的同時，沒有聽天由命，而是採納了歷史地理學家出身的著名策士張其昀的建議，決定著手經營台灣，作為日後退身之所和反攻大陸的基地。

在國民黨軍隊大舉敗退台灣之前，根據蔣介石密令，除把約價值十億美元的黃金和銀元祕密運台外，科學教育界能搬遷的人、財、物儘量搬遷，先以台灣大學為基地，爾後慢慢站穩腳跟，以達到求生存、圖發展之目的。因台灣大學原校長莊長恭履任半年便攜眷悄然離職開溜，國民黨政府決定由傅斯年接任台大校長，著力經營關乎科學教育這一立國之本的重要基地。經朱家驊和傅斯年多次晤談，傅勉強表示從命，欲「跳這一個火坑」（傅斯年語）。

一九四八年十一月底，朱家驊奉命召開「中央研究院在京人員談話會」，分別召集在京的七個研究所的負責人及相關人員參加，出席會議的有傅斯年、李濟、陶孟和、姜立夫、陳省身、張鈺哲、俞建章、羅宗洛、趙九章等，緊急商定了幾條應對措施：

> 立即停止各所的基建、擴建工程，原備木料全部製成木箱以備搬遷之需；各所儘快徵詢同人意見，作好遷台準備。眷屬可自行疏散，或於十日內遷往上海，可能出國者儘量助其成；南京地區文物、圖書、儀器、文卷等先行集中上海，由安全小組封存，伺機再南運台灣等。

會議之後，各所組織人員攜公私物資陸續向上海撤退，以「靜觀待變」。

與此同時，根據蔣介石和國民政府行政院院長翁文灝的指令（南按：翁接替宋子文任該職，本年十一月二十六日辭職，做逃跑準備），在南京的故宮博物院、中央博物院籌備處、中央圖書館、中央研究院歷史語言研究所等四家機構所藏的珍貴文物、圖書和歷史檔案，全部裝箱運往台灣。由教育部次長、中央博物院籌備處主任杭立武全權指揮。待一切準備就緒後，海軍司令部派來「中鼎」號運輸艦與一個連的官兵協助裝運。此船共裝運四家機構運來的古物和歷史檔案、標本、儀器等七百七十二箱，由李濟擔任押運官，全程負責運輸、裝卸事宜。

一九四八年十二月二十日，滿載國之重寶的「中鼎」號軍艦拔錨起程，由上海進入激流洶湧的台灣海峽，向陌生、神祕的基隆港駛去。軍艦在大海裡顛簸了一個星期，直到二十七日才到達台灣基隆。

因前方戰事吃緊，國民黨海軍一時無船可派，第二批運輸包租了一艘招商局的「海滬」輪，由於船艙較大，僅史語所的古物、資料就裝載了九百三十四箱。該船於一九四九年一月六日起航，僅三天即到達基隆港。

第三批是海軍部派來的一艘「崑崙」號運輸艦，該艦船自一九四九年一月二十九日開出，直到二月二十二日才抵達基隆。至此，四家機構共四千二百八十六箱古物、資料、珍貴圖書、檔案等全部運完，無一件損壞。僅由南京運去故宮博物院的珍貴文物就多達二千九百七十二箱，這批文物後來存放於台北故宮博物院。史語所運去「內閣大庫」檔案多達三十一萬一千九百一十四卷（冊），其中明代檔案三千多卷（件）。此物抵台後，先借放於台北楊梅鐵路局倉庫，後轉南港史語所辦公大樓資料庫永久保存。

就在四家機構的古物、資料、珍貴圖書、檔案等倉皇運台之時，朱家驊奉命動員中央研究院各所人員全部遷台。令他頗為失望的是，大多數人員不願隨遷，仍要在南京、上海「靜觀待變」，只有傅斯年主持的史語所較為積極，但傳同樣處於「去留之間兩徘徊」的境地。此時此刻，真要讓他帶領全所人員離開生於斯、長於斯的大陸，心中的彷徨痛苦可想而知。據史語所研究人員陳槃回憶說：

> 洎三十八年冬（南按：應為三十七年），首都告警，群情惶急，不知何以為計。一日，師（傅斯年）召集同人會議，慘然曰：「研究所生命，恐遂如此告終矣！余之精力遂消亡，且宿疾未瘳，余雖欲再將研究所遷至適當地區，使國家學術中心得以維持不墜，然而余竟不克負荷此繁劇矣。今當籌商遣散，雖然如此，諸先生之工作，斯年仍願盡其最大努力，妥為紹介安置。」同人此時，以學術自由之環境，既已感受威脅，於多年生命所寄託之研究所，亦不勝其依戀可惜。一時滿座情緒，至嚴肅悲哀，有熱淚為之盈眶者。
>
> 師於是不覺大感動，毅然曰：「諸先生之貞志乃爾，則斯年之殘年何足惜，當力命以付諸先生之望耳。」
>
> 本所遷移之議，於是遂決。[46]

陳氏之記載應當屬實，但彷彿又令人聯想起古代坊間小說的某些情節。傅的這段講演也頗具梁山好漢們特別是宋江之流慣用的伎倆，具有典型的利用民眾心理來達到目的的戲劇性效果，想來傅斯年是深諳《水滸》等坊間小說精髓的。或許此時的他並不是利用和欺騙，而是把他的真心誠意借用這一古典的戲劇性手法加以表達也未可知。但無論如何，他的目的是達到了。全所大部分人員開始於惶恐紛亂中攜妻帶子緊急逃往台灣海峽那邊的孤島，只有夏鼐、郭寶鈞、吳定良等少數人留了下來。在抗戰勝利後中央研究院已建成的十三個研究所中，除半個數學所赴台外，這是唯一一個「兵隨將轉」，被傅斯年較完整地一鍋端到台灣的重量級學術機構。

只是當赴台人員心懷淒涼，在風高浪急的台灣海峽動盪顛簸時，傅斯年沒有同去，他仍留在南京奔波忙碌。於風雨飄搖，大廈將傾的危急時刻，朱家驊、傅斯年、杭立武、蔣經國、陳雪屏等在蔣介石授意下，緊急磋商「平津學術教育界知名人士搶救計畫」細節辦法，並擬定了「搶救人員」名單。名單包括四類：（一）各院校館所行政負責人，（二）因政治關係必離者，（三）中央研究院院士，（四）在學術上有貢獻並自願南來者。四類人員約六十人，連同眷屬共約三百人，由北大教務長鄭天挺、清華校長梅貽琦等負責組織聯繫，國民黨北平「剿總」指揮部予以協助，分期分批運往南京。傅斯年在致鄭天挺的信函附頁中特別要求，「以後必預先集中，每人只能帶隨身行李」，「通知時請其千萬勿猶疑，猶疑即失去機會」。[47]又在電文中稱：「機到即走，不能觀望稍有遲疑不決。」[48]所需運輸機由已轉任交通部長的俞大維全權調度。

南京方面急如星火地電催主持北大、清華校務的胡適、梅貽琦迅速南下，但此時的胡適正忙於籌備北大五十周年校慶不肯起身，梅貽琦也在磨蹭觀望。直到一九四八年十二月十二日，胡適接到南京教育部部長朱家驊親自拍發的電報，謂「明天派專機到平接你與陳寅恪一家來京」，他才突然決定離開北平。因共軍已經對北平形成包圍態勢，並控制了南苑機場，抵平飛機不能降落，只好返回。

十五日，平郊戰火蔓延，槍砲聲更趨雜亂緊急，清華園已成為共產黨的天下。蔣介石親自下達手諭派出飛機再次飛臨北平上空，飛機冒著解放軍的砲火，在南苑機場強行著陸。胡適得此消息，決定登機出逃。臨行前，他派人力勸輔仁大學校長陳垣共同南飛，陳垣不從，只好不再顧及。在胡適心中，在即將南飛的最後一刻，無論如何，有一個人必須拉上，決不能讓其留在眼看就要落入共軍之手的北平，這便是他的好友陳寅恪。

北歸一夢原知短

一九四六年十月，陳寅恪安頓女兒流求、小彭在南京讀書，與夫人唐篔及么女美延赴上海，乘船轉道北上抵達北平，重返闊別九年的清華園。此時的水木清華因在抗戰中被日軍徵用為營房和馬廄，房屋破損，殘垣斷壁，望之令人愴然。好在梅貽琦已提前派人對整個園區房舍進行了簡單的修繕，師生勉強能夠住居和開課。

陳寅恪一家暫住清華園新林院五十二號，抗戰爆發時在天津離去的傭人忠良也回到了陳家，生活等諸方面算是安頓下來。同戰前課程安排一樣，陳氏仍任中文、歷史兩系合聘教授，外兼已復員的燕京大學研究院導師。因此時的陳寅恪已雙目失明（南按：據陳氏對他的弟子王永興說，有些東西還能影影綽綽看到一團影子和辨別眼前人的大體輪廓），教學研究皆須助手查閱誦讀所需書籍資料及抄寫講稿，而清華所聘助手不能及時到職，陳寅恪非常著急，在與清華校方打過招呼後，向時任北大史學系主任兼北大文科研究所副所長的鄭天挺寫信求助。信曰：

毅生先生史席：

弟因目疾急需有人助理教學工作。前清華大學所聘徐高阮君，本學年下學期方能就職。自十一月一日起擬暫請北京大學研究助教王永興君代理徐君職務，至徐君就職時止。如蒙俯允，即希賜覆為荷。耑此，順頌

著祺

弟陳寅恪敬啟　三十五年十月卅日㊾

王永興原是清華中文系學生，後仰慕陳寅恪的道德學問轉入歷史系，成為陳氏的弟子。西南聯大畢業後考入

北大文科研究所，與另一名學生汪籛追隨陳寅恪研究唐史；畢業後留在北大文科研究所做研究工作，與導師陳寅恪關係甚洽。陳請其至清華擔任自己的助手，正是源自多年建立的師生情誼與默契。經鄭天挺與北大校長胡適相商，王永興調到清華大學並充當陳的助手。陳寅恪心境漸漸由焦躁淒涼變得平和溫暖，決心靜下來好好做一番學問，並把自己的書齋取名為「不見為淨之室」。

面對陳氏的雄心壯志與傳道授業的急切心情，家人、助手與友人皆為其捏著一把汗，擔心其身體不能支撐。清華歷史系主任雷海宗前來探望，見陳氏身體仍處於病弱狀態，又雙目失明，便轉達校長梅貽琦的建議，勸其先休養一段時間，搞搞個人研究，暫時不要開課。陳寅恪聽罷當即回答說：「我是教書匠，不教書怎麼能叫教書匠呢？我要開課，至於個人研究，那是次要的事情。我每個月薪水不少，怎麼能光拿錢不幹活呢？」[50]雷海宗只好同意讓他在歷史系開一門課。送走雷海宗之後，陳寅恪吩咐當時在場的弟子王永興，去通知中文系也開一門課，立即行動，不得有誤。雷海宗一看這陣勢，自知不能再勸，但仍不忍見到一位眼盲老人來回奔波，於是想了一個折中的辦法，讓學生到陳宅上課，陳氏允之。許多年之後，王永興對陳寅恪這一做法曾深情地回憶道：「使我感動的是他那種勇於擔任工作重擔的精神，使我感動的也是他那樸實而堅定的語言。他沒有說過作為一個教師應該如何如何的冠冕堂皇的話，但是，他的身教要比那許多話高明得多。今天，我作為一個教師，雖學識淺陋，但仍要每學期開兩門課，是因為每每想起老師身教如此，不敢懈怠。」[51]

有證可查的是，陳寅恪重返清華，為歷史系開的課程為「魏晉南北朝史」和「隋唐史」，這個課在抗戰期間的西南聯大與燕京大學都開過，對陳氏來說應是輕車熟路，照著原來的提綱重複一遍即可應付交差。但陳寅恪的不同之處在於，凡是此前講過的內容基本上不再涉及，若有著作出版問世，涉此專題的課程便永不再講。用陳寅恪自己的話說就是，著作都已出版了，同學們拿來用業餘時間讀一讀就可以了，不必再把光陰浪費在課堂上，除非在講述中非涉及原來講過的課題而不能明瞭事物本身起承轉合的內在邏輯。陳氏本人素來鄙視靠一本講義翻來覆去吃一輩子的教授，認為這樣做不但誤人子弟，簡直是圖財害命。當他自己開課時，對此點特別注意並作出表率。雖是同樣的中古史甚至具體的隋唐史，陳寅恪每講必有新意，發前人未發之覆，也就是他自己所說的「不甘逐隊隨人，而為牛後」之精神。每在備課前數日，便與王永興及後來投奔到清華園陳氏門下的另一位助手汪籛，詳細說明所講授之內容，指定二人把所需書籍找出來一一誦讀。

在王永興的記憶裡，陳寅恪在這段時間備課要讀的第一部典籍總是《資治通鑑》，其次為《通典》、《唐會要》、《唐六典》、兩《唐書》等。陳氏對宋代先賢的史學評價甚高，亦最為推崇，曾有過「宋賢史學，今古罕匹」[52]、「中國史學莫盛於宋」[53]等話傳於弟子。在宋賢中，陳氏尤服膺司馬光與歐陽修兩位大家，他在所著《唐代政治史述論稿》自序中，曾云：「夫吾國舊史多屬於政治史類，而《資治通鑑》一書，尤為空前傑作。」[54]陳氏所論，與中共領袖毛澤東不謀而合。毛對《通鑑》極為重視，一九五三年曾親自委託范文瀾、吳晗組織人力，點校過該書。次年，毛曾對吳晗說：「《資治通鑑》這部書寫得好，儘管立場觀點是封建統治階級的，但敘事有法，歷代興衰治亂本末畢具，我們可以批判地讀這部書，藉以熟悉歷史事件，從中吸取經驗教訓。」[55]校點本出版後，毛澤東放在床頭愛不釋手，據說一生共通讀了十七遍並作了閱點。一九七五年，毛對他的護士孟錦雲說過這樣一番評語：「中國有兩部大書，一曰《史記》，一曰《資治通鑑》，都是有才氣的人在政治上不得志的境遇中編寫的。看來，人受點打擊，遇點困難，未嘗不是好事。當然，這是指那些有才氣，又有志向的人說的。沒有這兩條，打擊一來，不是消沉，便是胡來，甚至去自殺。那便是另當別論。」[56]

因各自的出身、學識、地位以及視界、志向、理想、遭際不同，儘管毛與陳都推崇《通鑑》，但對這部名著的讀法和深層理解自然不會一致。在毛看來，秦始皇坑殺幾個儒生算不了什麼大事，實在平常得很，所以後來在郭沫若撰文反對秦始皇，並顯擺他的《十批判書》時（南按：內有批秦始皇的文章），毛曾明確表示「百代都行秦政法，十批不是好文章」，並嚴厲警告郭：「勸君少罵秦始皇，焚坑事業要商量。」[57]到底要商量什麼，毛沒有指明，但至少像司馬遷者流，因不合時宜地亂發議論，結果觸怒龍顏之事，在毛看來更是壞事變好事的一個例證。因為剪掉睪丸的太史公已失了男人的身價，既不能惑眾，又不能拉杆子造反，只能心無旁騖與滿含悲憤屈辱地寫點文章，一不小心，便有《史記》的橫空出世，給後人留下了一部偉大的精神財產。此事在陳寅恪看來，若寫一部令後世推崇的《史記》，非得以血淚為代價換之，那麼這部「史家之絕唱」不唱也罷。至於披枷帶鎖，流徙發配，浪跡天涯而仍著書立說者，其精神意志及胸懷當然可敬可佩，但執掌生殺大權者，還是應該讓這種淚水飛濺，呼天搶地的狀況少一點更具人道。或許正因了這樣的思想與獨立精神，陳氏對史上兩司馬的人生際遇充滿了無限的同情，對其著作總是抱著「同情的理解」心境，發前人未發之覆，傳文化香火於後學的。

按一般規律和程序，當《資治通鑑》擺到桌上後，助手須按導師指定的書目章節一段段念下去，坐在椅子上以手托頭靜心聆聽的陳寅恪輕輕把手一點，表示就要停下來，然後陳氏再以手撫頭開始沉思冥想一番，提出問題及注意之點，讓助手記在本子上。待記下幾條後，導師又吩咐助手查尋兩《唐書》、《唐會要》、《通典》中與此相關的記述，並一一誦讀。陳寅恪通過聆聽比較，對每一條材料都作嚴格謹慎的校勘與考證，最後指出幾種典籍所記載之不同處，何書記載可靠，何書記載有誤，何書是妄倡謬說，等等，助手一一筆錄。待這一切程序完畢，所教授的講稿或者詳細提綱也就順理成章，可以開壇授徒了。對於這個過程，王永興曾回憶道：「當時上課是在寅恪先生家裡，一般有二、三十個學生，上課之前他指定我在黑板上寫史料，然後，坐在一把藤椅上，問我寫了些什麼材料，我一一和他說。沒有材料，他是從來不講課的。兩黑板的材料講完了，我於是再寫。講課之後，他常常問我這樣講學生能接受嗎？他常要我徵求學生們的意見，然後再修改講課稿。陳先生講課精湛，深入淺出，引人入勝，而在這背後的，是他備課的辛勤。他年年開課，年年都是這樣備課講課。」[58]縱觀數千年之中國教育史，有多少盲人教授不得而知，但此種備課與授課者則鮮矣。所幸歷史未能忘記這一筆，否則將是歷史之無情，人類文明史之大缺憾。陳寅恪讀《通鑑》是否像毛澤東後來一樣，也達到了通讀十七遍，或更多或更少的程度不得而知，但有些地方能大段背誦卻是事實。有次王永興讀至某段，端坐在椅子上的陳氏突然把手一揮示意停止，並要求重讀。王意識到可能有脫漏之處，便仔細一字一句慢慢讀去，果然發現初讀時脫漏一字。陳氏之超群的記憶力與一絲不苟的精神，令這位弟子汗顏的同時又愈加敬佩。

翌年冬天，北平大寒，清華各院住宅本裝有暖氣設備，經日寇盤踞，加之抗戰後國民黨三十八軍一度接收，暖氣設備全部拆毀廢棄，水管凍裂無法修復，師生只有忍饑受凍艱難苦撐，不少教授因此病倒在床，痛苦呻吟。此時國民政府經濟已全面崩潰，物價飛漲，人命微賤。到手的鈔票每天加兩個「0」，還是跟不上物價的飛速竄升，直弄得民不聊生，教職員工命懸一線。這就是傅斯年告別北大時所說的，面對啼饑號寒的師生，政府必須提高其待遇，「不要視之如草芥，這道理尤其應該請行政院院長宋公明白」的根由。但這個時候的宋公（子文），只顧自己大發國難財，並設法把劫掠暴斂的不義之財轉往外國銀行，哪裡還顧得這些教授學生的死活？面對慘澹的經濟與政治前景，陳寅恪有詩云：

蔥蔥佳氣古幽州，隔世重來淚不收。
桃觀已非前度樹，稾街長是最高樓。
名園北監仍多士，老父東城有獨憂。
惆悵念年眠食地，一春殘夢上心頭。59

正是在這樣一種惡劣的政治、經濟條件之下，當傅斯年拚盡全力與孔宋集團搏鬥廝殺時，陳寅恪明確表示支持並為孔宋最終倒台而稱快。

此時目盲畏寒，身體多病的陳寅恪一家，再度面臨窮困潦倒，朝不保夕的境地。時在北大任教的季羨林前去探望，悲不自勝，當天即向胡適作了稟報。名滿天下的胡氏對學界確有成就的知識分子，總體上還保留著尊重、愛護、同情之心，當年王國維到清華國學研究院任教，胡曾出過力氣。胡氏這種行為無論於公於私，都為時人和後學稱道。陳寅恪早年的詩句「魯連黃鷂績溪胡，獨為神州惜大儒。學院遂聞傳絕業，園林差喜適幽居」（〈王觀堂先生輓詞〉）即頌其事。胡適是安徽績溪人，詩中的「績溪胡」自然是指胡適。正由於胡氏對神州大儒王國維的愛惜尊崇，加之陳寅恪的詩作問世，胡適薦王國維進清華的故事遂成為後人傳頌不衰的一段佳話。

對於一九四七年的胡適而言，沉湖的王大儒早已駕鶴西行，已無須他於滾滾紅塵中給予什麼關照和愛惜了，只是尚活在神州大地的另一位大儒陳寅恪，卻急需他這個身居北大校長高位的績溪才子加學界領袖憐惜一把。而從以往的交誼看，胡、陳兩家親屬在台灣駐守時，曾有過一段因緣際會。儘管胡適暴得大名之後在政學兩界樹敵不少，特別是北大浙江派對其多有惡言，但陳、胡之間的友誼卻一直保持下來，否則當年在重慶選舉中研院院長時，陳寅恪不會矢言「重慶之行，只為投胡先生一票」。這種明顯帶有向其他覬覦者挑戰意味的話語，若不是二者心心相印，彼此尊敬，以陳寅恪的性格和為人處世態度，他是不會公開作如是說的。據鄧廣銘回憶：陳寅恪每次參加中央研究院評議會，「正如徐庶進曹營一樣，在會上他總是一言不發的。他曾說，在任何一次評議會的紀錄本上，決不會找得到他的一次發言。」[60]若此說當真，重慶選舉當是個異數，由此可見胡氏在他心目中舉足輕重的位置和分量。當然，胡適也不是糊塗蟲一個，或者作為投桃報李，或者處於內心的真摯感情，若有機會乃會知恩並設法報答。此前陳寅恪赴英就醫，抵倫敦後，由著名眼科專家杜克艾爾德爵士（Sir Steward Duke-Elder）負責診治，第一次手術後有進步，但眼睛吸收光線尚無好轉，仍模糊；第二次手術想黏上脫離之部分，失敗。但總的來說比出國時好，醫告之毋須再施手術。此時的陳寅恪尚存最後一線奢望，遂請在國外訪學的熊式一教授，把英倫醫生的診斷書寄給時在美國的老朋友胡適請求援助。胡託人將診斷書送往哥倫比亞大學眼科研究所諮詢，對方告之無法挽救。胡適「很覺悲哀」，徒歎奈何，只好寫一封信，託在美訪學的全漢昇送信到船上給陳寅恪，「把這個惡消息告訴他」；還在百忙中請人買了一千美金的匯票，要全漢昇一併帶給陳，以示關照。一九四六年四月十六日，胡適在日記中寫道：「寅恪遺傳甚厚，讀書甚細心，工力甚精，為我國史學界一大重鎮。今兩目都廢，真是學術界一大損失。」[61]

陳寅恪攜家重返清華園，胡適多次前來拜望自是不在話下，只是隨著國民政府即將崩盤，北大學潮洶湧，面臨即將再度散夥的混亂局面，夾在其間的胡適上下奔波，已是心力交瘁，焦頭爛額，無力他顧。而清華與北大如同兩家人過日子，各有難言之隱和不便為人道處。身為北大校長，自然不便經常往清華教授家中奔跑，因而陳家的具體生活情形就漸漸淡出他的視線，直到季羨林向其稟報，胡氏才覺得該做點什麼了。他驅車出城直奔陳宅，欲把自己在美出任大使與在各大學演講所得數目可觀的美元贈予，以助陳度過難關，不料此舉被陳寅恪拒絕。在無其他辦法的情況下，雙方相商，陳寅恪以賣掉自己藏書的代價換取胡氏手中的美元，用以買煤取暖，買米做飯，度過嚴冬。協定達成後，胡便派季羨林乘坐自己的轎車——也是北大唯一的一輛校長專用車，赴陳宅提書。據季羨林回憶說：「於是適之先生……讓我到清華陳先生家裝了一車西文關於佛教和中亞古代語言的極為珍貴的書。陳先生只收二千美元。這個數目在當時雖不算少，然而同書比起來，還是微不足道的。在這一批書中，僅一部《聖彼德堡梵德大詞典》市價就遠遠超過這個數目了。這一批書實際上帶有捐贈的性質。而寅恪師對於金錢的一介不取的狷介性格，由此也可見一斑了。」[62]

陳寅恪於窮困中賣書換煤之事傳出後，一個署名「天籟」的人激憤難抑，於某報發表〈生查子〉詞並序，以悲天憫人的情懷放言道：「陳寅恪教授賣書買煤，為之意苦者久之。」詞云：「錚錚國士名，矻矻寒窗苦。生事困樵薪，珍襲歸書賈。燎原戰火燃，斷續炊煙舞。何異又焚書，風教委塵土。」[63]詞雖算不得上乘，但可見出國人對眼前的政府與世道不平的憤懣之情。

一九四八年十二月初，由東北南下的解放軍已推至昌平一線，原西南聯大訓導長，後成為國民黨青年部部長的陳雪屏奉命匆匆由南京飛北平，召集梅貽琦、胡適等大學校長開會，商討「搶救學人」實施辦法，並稱南京方面已派飛機至北平南苑機場待命，被「搶救」者隨時可以登機南飛。在場者相顧無言，均不置可否，會議不了了之。

十二月十二日晨，北平北郊槍砲聲甚密，時聞炸彈落地爆炸之聲。陳寅恪在清華國學研究院時的助手、後為清華中文系代主任的浦江清，聞槍砲聲急忙赴陳宅報告時局。浦氏回憶當天的情形說：「那時候左右分明，中間人難於立足。他（陳寅恪）不反對共產主義，但他不贊成俄國式共產主義。」這個記錄，與抗戰時期陳寅恪在成都燕大與學生石泉、李涵所談極其相似，此一思想觀念伴隨了陳氏一生。當浦江清說到陳雪屏已來北平並欲「搶救」有名望之學人時，「陳（寅恪）謂他早已知道此消息，並已洽梅公云云。」[64]此時，清華校長梅貽琦已隱晦地向清華文學院院長馮友蘭表達了自己去意已決。梅說道：「我是屬牛的，有一點牛性，就是不能改。以後我們就各奔前程了。」[65]馮友蘭深知這是梅對自己所說的最後道別話，不禁黯然神傷，又不知如何啟口，只好相望不語，握手含淚道別。

十二月十四日晨，北平北郊槍砲聲更緊，一群群國軍與拖兒帶女的難民向北平方向潰退逃亡。中午，解放軍已進至清河鎮一帶，向清華園方向疾速推進。清華師生紛紛登上宿舍樓頂平台北望觀戰，伴有嗆人血腥味的煙塵隨著強勁的北風飄向清華園，令每一個人身心都感受到了戰爭的慘烈。在一片混亂倉皇中，梅貽琦鑽入汽車，冒著濃烈的砲火硝煙，悄然離開清華園向城內疾駛而去，自此與清華師生永訣。

就在梅氏離開清華的同時，胡適驅車滿面焦慮地來到北大校長辦公室不掛名的祕書鄧廣銘家中，急切地詢問能否找到陳寅恪，並謂昨日南京國民政府來電，說今日派專機抵達南苑機場，「搶救」胡與陳寅恪等著名教授離平。胡打電話至清華探詢陳氏的情況，告之已回城內，但不知具體落腳何處。鄧廣銘聽罷，當即答道可能找得到，估計在他大嫂家中。送走胡適後，鄧急奔北大西語系教授俞大縝（俞大維胞妹）家中詢問陳寅恪大嫂（陳師曾遺孀）在城內的住處。待問明後，鄧廣銘趕往城內，果然在其嫂家中找到了陳寅恪及其一家。鄧把胡適的囑託向陳複述一遍，並問是否願意與胡氏一起離平南飛。陳寅恪頗為乾脆地回答：「走。前許多天，陳雪屏曾專機來接我。他是國民黨的官僚，坐的是國民黨的飛機，我決不跟他走！現在跟胡先生一起走，我心安理得。」[66]陳寅恪向來有午休的習慣，待決心下定後，令鄧廣銘先去胡宅覆命，他稍事午休即雇車前去東廠胡同胡宅會合。當鄧廣銘來到胡家時，胡適即告之飛機已抵達南苑機場，時間緊迫，令鄧趕緊回去催促。鄧正要出門，見陳寅恪已攜家趕到，胡、陳兩家立即攜帶簡單行李，乘胡適的汽車向南苑機場飛奔而去。車到宣武門，城門緊閉，守門官兵不准出行。胡適只好用電話與北平守軍總司令傅作義聯繫，無奈傅正忙於與解放軍代表談判周旋，根本聯繫不上。胡、陳兩家只好乘車返回東廠胡同暫住，等待第二天早晨再次行動。

當晚，鄧廣銘到東廠胡同與陳寅恪話別，陳對鄧意味深長地說了下面一段話：「其實，胡先生因政治上的關係，是非走不可的；我則原可不走。但是，聽說在共產黨統治區大家一律吃小米，要我也吃小米可受不了。而且，我身體多病，離開美國藥也不行。所以我也得走。」[67]

這個話與胡適所言相似，又有差別。胡適走時曾留給北大同人三句話：「在蘇俄，有麵包，沒有自由；在美國，又有麵包又有自由；他們來了，沒有麵包，也沒有自由。」[68]吃慣了洋麵包的胡適，自是想麵包與自由兼得。只是想不到胡適的次子胡思杜腦後長了反骨，偏偏樂意留在既沒有麵包，也沒有自由，即將被解放軍占領的北平繼續生活。胡思杜明確表示不隨父母南飛，自己留下來暫住親戚家中，看局勢發展再決定行止。胡適無奈，只好遂了這位他呼曰「小三」的兒子的意願。想不到這一別，再也未能相見。胡適直至去世，都未獲悉留在大陸的那個後來號稱與他斷絕父子關係的小三胡思杜，已於一九五七年在政治運動中自殺身亡。晚年的胡適在遺囑中，竟還為這個小兒子留下了一份小小的遺產。——人世間命運之殘酷莫過如此。

當夜十一時，胡適接通了傅作義的電話，約定明早到中南海「剿總」司令部換乘傅氏本人的汽車，並下令屆時守衛宣武門的官兵放行。十五日清晨，胡、陳兩家趕至中南海等候，傅作義下令城外部隊組織兵力向南苑機場攻擊，不惜一切代價奪回機場，完成「搶救學人計畫」。經過兩個輪次的浴血苦戰，共軍退縮，國民黨軍隊暫時奪回了機場的控制權。下午，南京派出的飛機在南苑機場降落，傅作義命人通知胡適立即前往登機。於是，胡、陳兩家立即從勤政殿門前換乘傅總司令的坐駕，順利穿過宣武門抵達南苑機場，乘機飛離北平。同行者尚有北大、清華的毛子水、錢思亮、英千里、黃金鼇等著名教授。

透過飛機舷窗，古城北平漸漸隱去，面對匆匆掠過的北國大地，胡適與眾位教授思緒萬千，百感交集。雙目失明的陳寅恪隨著機翼的搖晃顛簸，更是悽惶愴然，不知何處才是自己的歸宿。

當胡、陳等人及其家眷乘坐的飛機抵達南京明故宮機場時，王世杰、朱家驊、傅斯年、杭立武、蔣經國等前往機場迎接。亂世紛紜中，陳寅恪只在南京住了一個晚上，第二天便攜家眷悄然赴上海，在俞大維之弟俞大綱家中住了下來。關於陳寅恪落腳南京又匆匆離開的這一短暫時間，陳、傅二人除了禮節性的寒暄，還交談過什麼深層的問題，對國民黨前途的看法有何異同？歷史沒有留下可供後人查考的確切憑據，故無從言說。可以肯定的是，此時正日理萬機，左顧右盼的傅斯年，不會對陳給予更多的關照，也不會靜下心來促膝長談——嚴峻的局勢已不允許他這樣做。同時還可以大膽猜測推斷的是，在傅斯年心中，既然陳寅恪一家已離平抵京，即表明陳與共產黨的決絕態度，日後陳寅恪附在國民黨這個幾乎被拔光了毛的驥尾上流徙千里，自是情理之中。待穩住陣腳，自有秉燭長談，敘古論今的機會。只是傅斯年沒有料到，南京一別，竟成永訣。

一個月後，陳寅恪沒有踏上赴台的船板，而是轉赴廣州嶺南大學任教，自此，終生留在了嶺南這塊潮濕溫熱的土地上。正是：

臨老三回值亂離，（北平盧溝橋事變、香港太平洋戰爭及此次。）蔡威淚盡血猶垂。

眾生顛倒誠何説，殘命維持轉自疑。
去眼池臺成永訣，銷魂巷陌記當時。
北歸一夢原知短，如此匆匆更可悲。(69)

注釋：

❶❽❾董作賓〈歷史語言研究所在學術上的貢獻——為紀念創辦人終身所長傅斯年先生而作〉，載《大陸雜誌》，第二卷第一期（一九五一年一月十五日）。

❷《胡適遺稿及祕藏書信》，第三十七冊，耿雲志主編，黃山書社一九九四年初版。

❸杜正勝〈無中生有的志業〉，載《新學術之路》，上冊，杜正勝、王汎森主編，中央研究院歷史語言研究所一九九八年初版。

❹〈歷史語言研究工作之旨趣〉，載《傅斯年全集》，第三卷，歐陽哲生主編，湖南教育出版社二〇〇三年初版。

❺潘光哲〈蔡元培與史語所〉，載《新學術之路》，上冊，杜正勝、王汎森主編，中央研究院歷史語言研究所一九九八年初版。潘氏文中將「王君瑞書」誤植為王君瑞。

❻沈尹默〈我和北大〉，載《文史資料選輯》，第六十一輯，中國人民政治協商會議全國委員會文史資料研究委員會編，中華書局一九七九年初版。

❼《胡適日記全編》，第三冊，曹伯言整理，安徽教育出版社二〇〇一年初版。見一九二二年七月三日條。

❿李敖〈一個學閥的悲劇〉，載《一個學閥的悲劇》，李敖著，遠流出版公司一九八六年初版。

⓫鄧廣銘〈回憶我的老師傅斯年先生〉，載《傅斯年》，山東人民出版社一九九一年初版。

⓬㊸胡適〈傅孟真先生的思想〉，載《胡適作品集》，第二十五冊，《胡適演講集（二）》，遠流出版公司一九八六年初版。

⓭張光直〈傅斯年、董作賓先生百歲紀念專刊序〉，載《傅斯年、董作賓先生百歲紀念專刊》，韓復智主編，台北「中國上古秦漢

學會」一九九五年印行。

⑭ 何茲全〈傅斯年與中國文化序言（一）〉，載《傅斯年與中國文化》，布占祥、馬亮寬主編，天津古籍出版社二〇〇六年初版。

⑮〈汪賊與倭寇——一個心理的分解〉，載《傅斯年全集》，第四卷，歐陽哲生主編，湖南教育出版社二〇〇三年初版。

⑯ 何兆武、馮左哲〈憶傅斯年先生二三事〉，載《傅斯年與中國文化》，布占祥、馬亮寬主編，天津古籍出版社二〇〇六年初版。

⑰ 胡適〈「傅孟真先生集」序〉，載《傅孟真先生集》，第一冊，傅斯年撰，傅孟真先生遺著委員會編，台灣大學一九五二年印行。

⑱ 羅家倫〈元氣淋漓的傅孟真〉，載《傅故校長哀輓錄》，台灣大學一九五一年六月十五日印行。「俊奇人中龍」一句，原文作「俊逸人中龍」。據說羅氏閱《傅孟真先生年譜》時，重讀書中所引該句，用毛筆自改之。（見羅久芳〈傅斯年留學時期的九封信〉，載台北《當代》，第一二七期（一九九八年三月一日）。）

⑲〈前倨後恭〉，載《傅斯年全集》，第一卷，歐陽哲生主編，湖南教育出版社二〇〇三年初版。

⑳ 張秉權〈學習甲骨文的日子〉，載《新學術之路》，下冊，杜正勝、王汎森主編，中央研究院歷史語言研究所一九九八年初版。

㉑ 何茲全〈憶傅孟真師〉，載《傳記文學》，第六十卷第二期（一九九二年二月）。

㉒㊹《石璋如先生訪問紀錄》，陳存恭、陳仲玉、任育德訪問，任育德記錄，中央研究院近代史研究所二〇〇二年初版。

㉓㊺《蔣介石年譜》，李勇、張仲田編著，中央黨史出版社一九九五年初版。

㉔㊱㊲〈這個樣子的宋子文非走開不可〉，載《傅斯年全集》，第四卷，歐陽哲生主編，湖南教育出版社二〇〇三年初版。

㉕《歷劫終教志不灰——我的父親顧頡剛》，顧潮著，華東師範大學出版社一九九七年初版。

㉖《傅斯年全集》，第五冊，陳槃等校訂，聯經出版公司一九八〇年初版。

㉗〈論張賊叛變〉，載《傅斯年全集》，第五冊，陳槃等校訂，聯經出版公司一九八〇年初版。孫美瑤，民國第一大綁票案——「臨城劫車案」的主犯。一九二三年五月六日凌晨，孫率其麾下土匪在山東臨城攔截津浦路一列北上的火車，挾持車上二百餘名旅

客（其中洋人二十六名，或說三十五人）為肉票，與北洋政府對峙三十七天，震驚中外。

㉘〈討賊中之大路〉，載《傅斯年全集》，第五冊，陳槃等校訂，聯經出版公司一九八〇年初版。

㉙程滄波〈再記傅孟真〉，載《傅故校長哀輓錄》，台灣大學一九五一年六月十五日印行。

㉚〈上蔣介石〉，載《傅斯年全集》，第七卷，歐陽哲生主編，湖南教育出版社二〇〇三年初版。

㉛一九四二年國民黨政府利用美國貸款五億美元，提取一億美元為準備金，發行「同盟勝利美金儲蓄券」，規定按二十元購買一美元儲蓄券，抗戰勝利後憑券兌換美元。當時美元的黑市價已經是一百一十元兌一美元，孔祥熙覺得有利可圖，指示其手下中央銀行國庫局局長呂咸停止出售美元儲蓄券，一面則由其部屬出面，利用職權將尚未售出的三百五十萬美元儲蓄券按官價購進，歸入他的私囊；還有七百九十九萬五千美元的儲蓄券則由中央銀行其他人員購進私分。此案被稱為美金公債案。

㉜據一位知情者說，為搞垮孔祥熙，傅斯年暗中收集了許多孔氏集團私吞美金公債的證據，以備上法庭之用。當時曾任南京《中央日報》主筆的程滄波說：「在重慶時期，有一次在參政會開會前，我好幾次到聚興村他住的房內，看他拿著一小箱子，藏在枕頭下面，寸步不離，我問他裡面是什麼寶貝，他很緊張地說，這是他預備檢舉某大員的證件。」（見程滄波〈記傅孟真〉，載香港《新聞天地》，第一五六期（一九五一年二月十日）。）另據羅家倫回憶說：「有一次在重慶為了某一種公債的案子，他在國民參政會發言到結束的時候，鄭重聲明他這番話不但在會場以內負責，而且在會場以外也負責，他願意親到法庭對簿。這話使全場興奮，可是使我為他捏了一把汗。會後我去看他，問他為甚麼敢作這樣肯定的話。他說：『我若沒有根據，那能說這話。』於是他取出兩張照片給我看。可見他說話是負責的，絕對不是所謂大炮者之可比，也絕不是聞風言事的一流。這種有風骨的人，是值得欽佩的。」（見羅家倫〈元氣淋漓的傅孟真〉，載《傅故校長哀輓錄》，台灣大學一九五一年六月十五日印行。）

㉝〈致胡適〉，載《傅斯年全集》，第七卷，歐陽哲生主編，湖南教育出版社二〇〇三年初版。Taboo，即「禁忌」。

㉞周作人〈新潮的泡沫〉，載上海《亦報》，一九五〇年六月十四日；轉引自《諤諤之士——名人筆下的傅斯年，傅斯年筆下的名人》，王富仁、石興澤編，東方出版中心一九九九年初版。

35 屈萬里〈傅孟真先生軼事瑣記〉，載《傅故校長逝世紀念專刊》，台灣大學學生代表聯合會學術部一九五〇年編印。

38 轉引自徐商祥〈懷念校長〉，載《傅斯年與中國文化》，布占祥、馬亮寬主編，天津古籍出版社二〇〇六年初版。

39 《世紀評論》是美國耶魯大學經濟學博士、著名經濟學家，曾擔任國民黨政府高級官員和南開大學代理校長等職的何廉，於一九四七年一月籌款創辦的政論性週刊，由留美政治學博士張純明主編，主要撰稿人有蕭公權、吳景超、潘光旦、蔣廷黻、翁文灝等。刊物的主旨是批評時政，宣導民主。由於言論大膽，筆鋒犀利，針對性強，很快得到社會公認與好評。關於傅斯年首次公開砲轟宋子文事，據何廉回憶說，「一九四七年春季的一天，我收到傅斯年讚揚《世紀評論》的一封信，那時我常往來於南京和上海之間。……我回信約他給《世紀評論》寫稿子。不久，我在南京遇到他。他告訴我說，他要給《世紀評論》寫稿子，但有一個條件，就是按原文發表，不能有一字改動，我立刻表示同意。過了兩天，他把稿子交給總編輯張純明」，這便是〈這個樣子的宋子文非走開不可〉一文出籠的第一個階段。

當時總編輯張純明一看是砲轟皇親國舅宋氏的稿子，雖有點擔心與猶豫，但最後還是決定恪守「言論自由」宗旨，一字不改地在一九四七年二月十五日出版的《世紀評論》第一卷第七期刊發出來。何廉說，想不到此文一出，「不到半天時間，這一期《世紀評論》在上海市面上就見不到了。這並不是說《世紀評論》的發行量空前地突然增加，而是一定有人從報販手裡全部收買去了。我立刻到《大公報》館找到經理胡霖，把我自己手裡的一份登有傅斯年文章的《世紀評論》給他看。我告訴他說這一期在市面上誰也買不到了，問他能否在《大公報》上發表，他立刻同意了。就在第二天早晨，這篇文章在《大公報》上發表了。」（見《何廉回憶錄》，何廉口述，朱佑慈、楊大寧、胡隆昶、王文鈞、俞振基譯，中國文史出版社一九八八年初版。）《大公報》一出，如一枚重磅炸彈落入紛亂的人群，一個學者如此直截了當地公然批評政府首腦人物，這在當時是極其罕見的，隨著各地報章紛紛轉載，一時舉國矚目，所引起的社會震撼也就可想而知了。胡適在二月十五日的日記中曾記載說，成舍我主辦的《世界日報》當日甚至用了「傅斯年要革命！」的聳目標題加以渲染。（見《胡適日記全編》，第七冊，曹伯言整理，安徽教育出版社二〇〇一年初版。）

見產生了如此大的轟動效應，《世紀評論》編輯人員在狂喜中已忘記了利害得失，索性一不做二不休，再扔出一顆炸彈看看效果。一個星期後的二月二十二日，又在第一卷第八期推出了傅斯年的〈宋子文的失敗〉一文。傅氏說孔宋二人雖皆為介公之「老二」，是胯下的「雙扇活寶貝」，然而卻又是對頭。他極其準確地點到了孔宋失敗的「死穴」，謂：「孔宋失敗的第一個原因，由於他的『清廉』程度，孔則細大不捐，直接間接；宋則我生你死，公私一齊攪亂來把持。前者貪欲過於支配欲，後者支配欲過於貪欲。雖然形狀這樣不同，而有好多相同之點，從所以得地位算起，一、二、三……我今天只說一件，就是兩個人絕對是以買賣為靈魂的，絕對相信他所相信那一種形態的自由買賣，尤其顯著的色彩是自由在己，買賣在公。」「孔宋二氏這樣一貫的做法，簡直是徹底毀壞中國經濟，徹底掃蕩中國工業，徹底使人失業，徹底使全國財富集於私門，流於國外。」「唐朝的秕政，是和黃巢相輔而行的，明朝的秕政，是和張李（南按：指張獻忠、李自成）相輔而行的。今天孔宋二氏之流毒，是共產黨莫大的本錢。還是先檢討一下自己罷！」（見《傅斯年全集》，第四卷，歐陽哲生主編，湖南教育出版社二〇〇三年初版。）

㊵當第一篇檄文刊發並在社會上引起震動後，《觀察》週刊的主筆儲安平於二月十六日致信傅斯年說：「先生在參政會慷慨陳辭，主張清查宋、孔產業，舉國共鳴。國事如此，憂心如焚，頃聞先生將為《世紀評論》連寫兩文，促宋下台，讜論一出，行見全國響應。不知先生擬寫之兩文中，能否分賜一篇惠交敝刊？」（見〈致傅斯年的信〉，載《儲安平文集》，下冊，儲安平著，張新穎編，東方出版中心一九九八年初版。）《觀察》在當時頗有名聲，傅斯年接信後便把他的第三篇檄文〈論豪門資本之必須剷除〉寄給儲。三月一日，《觀察》週刊第二卷第一期將此文一字未改刊出。

傅斯年在文末特別強調：「這篇文字全由我負責，與編輯無涉，另有在《世紀評論》兩文（一卷七期八期）可與此文參看。」就在這一期《觀察》的「觀察文摘」一欄中，轉載了傅所說的在《世紀評論》首發的另兩文。主筆儲安平在〈編輯後記〉中說：「傅孟真先生一連寫了三篇抨擊孔宋豪門資本的文章。他的文章是爆炸性的。」

當然，除了傅氏的文章起了導火線的奇效外，宋子文倒台還有另外幾個原因，時任外交部部長的王世杰在是年三月一日的日記中寫道：「宋之去職其因甚衆。一則黨內陳立夫等及黃埔同志等均對彼不滿。二則黨外之民主社會黨（張君勱黨）一再聲稱如宋繼續主持行政院，則彼等決不參加行政院。三則胡適之、傅斯年等無黨派人士均反對宋子文。」（見《王世杰日記》，第六冊，中央研究院近代史研究所一九九〇年初版。）正是幾個方面的聯合打擊，宋氏才被迫去職，但在反宋勢力中，傅斯年的介入和發生的影響當是最為關鍵，也是最大的。

㊶《晉史》載，西元二九〇年，西晉武帝司馬炎死後，他的傻兒子司馬衷繼位當了皇帝，是為晉惠帝（西元二五九～三〇六）。惠帝為人愚憨，嘗在華林園聞蛤蟆鳴，謂左右曰：「此鳴者為官乎？為私乎？」左右戲之曰：「在官地為官，在私地為私。」時天下饑饉，百姓多餓死。惠帝聞之曰：「胡不食肉糜？」這樣的傻皇帝自然無法掌管朝政，由是權在臣下，政出豪門，勢位之家，更相薦託，有如五市，賈、郭二黨恣橫，貨賂公行。終於引出了八個宗室王為爭奪中央政權展開連年混戰的局面，史稱「八王之亂」。

㊷〈論豪門資本之必須剷除〉，載《傅斯年全集》，第四卷，歐陽哲生主編，湖南教育出版社二〇〇三年初版。關於宋子文的買賣，真正做大始於一九四〇年。這年六月，宋作為蔣介石的「私人代表」，奉派到美國處理所謂的「家庭事務」，實際上是爭取美國貸款。在這期間，宋子文開始在國內國外動起了大手腳，暗中憑藉手中的權力，中飽私囊。當時胡適正出任駐美大使，由於宋和蔣之間的特殊關係，時人挖苦宋是「太上大使」。一九四一年十二月二十三日，重慶政府準備任命宋子文為外交部部長，胡適打電話給宋子文，宋子文說自己此前也是一無所知，未決定是否就任等。一九四二年二月十一日，宋子文用外交部公文給胡適一個荒唐奇怪的命令——「請求美國財政部通過國務院不要凍結我在下列銀行的帳目」，其中列出了六家銀行，實際上這是宋子文利用戰時所發的「國難財」。抗戰勝利後，國民政府在遣員接收敵偽區廠礦企業與物資時，宋子文在蔣介石的授意下，先後到上海、北平、天津、青島、廣州等重點地區巡視，藉機派親信把持接收事務，將大批工廠、企業轉入他個人控制的工礦企業之中，據為己有，致使豪門資本無節制地超大規模膨脹開來。戰後美國聯邦調查局調查發現，宋子文「開始擔任公職的財力十分有限，而（至一九四三年一月）他已經積蓄七千多萬美元」。美國作家米勒（Merlee Miller）採訪杜魯門總統，並將一系列調查的數字給對方看時，杜魯門氣得大罵：「他們都是賊，個個都他媽的是賊，他們從我們給蔣送去的三十八億美元中偷去了七．五億美元

。」後據西方人士透露，宋在掌權期間聚斂的軍火巨額財富之大，可稱為「世界首富」。有人說是三十億美元，有人說一百億美元。不過當國民黨兵敗退守台灣，宋子文與蔣分道揚鑣，在美國當寓公時，得知這個消息，怒髮衝冠，跳腳罵娘曰：「那些不負責的記者，我懷疑他們吃了老蔣多少賄賂。」似是受了很大委屈。後來據《華爾街日報》一篇文章報導，宋子文聚斂的財產之巨，使他成為人類歷史上五十大富豪之一。

一九四七年三月，宋子文在內外交困中辭去行政院院長職。不數月，改任廣東省政府主席，為蔣經營退路。一九四九年，在國民黨政府徹底崩盤前夕，經法國赴美，後長期僑居紐約，與台灣的關係若即若離，集中精力「經營他那日益擴大的金融帝國」，終獲「世界首富」之名。（見《中國十外交家》，石源華主編，上海人民出版社一九九九年初版。）當然，這筆巨額財富使宋享盡榮華富貴的同時，也使他落了一個「亡國之佞臣」的名聲。

㊻陳槃《師門識錄》，載《傅故校長哀輓錄》，台灣大學一九五一年六月十五日印行。

㊼《致鄭天挺》，載《傅斯年全集》，第七卷，歐陽哲生主編，湖南教育出版社二〇〇三年初版。

㊽《致石樹德等》，載《傅斯年全集》，第七卷，歐陽哲生主編，湖南教育出版社二〇〇三年初版。

㊾《致鄭天挺》，載《陳寅恪集·書信集》，陳美延編，北京：三聯書店二〇〇一年初版。

㊿51 58王永興《在紀念陳寅恪教授國際學術討論會閉幕式上的發言》，載《紀念陳寅恪教授國際學術討論會論文集》，中山大學出版社一九八九年初版。

52《陳寅恪集·隋唐制度淵源略論稿》，陳美延編，北京：三聯書店二〇〇一年初版。

53《陳寅恪集·金明館叢稿二編》，陳美延編，北京：三聯書店二〇〇一年初版。

54《陳寅恪集·唐代政治史述論稿》，陳美延編，北京：三聯書店二〇〇一年初版。

55譚其驤《學者、才子、為社會主義事業奮鬥終身的好幹部——懷念吳晗同志》，載《吳晗紀念文集》，北京市歷史學會編，北京出版社一九八四年初版。

56 57 《毛澤東讀書筆記解析》，下冊，陳晉主編，廣東人民出版社一九九六年初版。

59 〈丁亥春日清華園作〉，載《陳寅恪集．詩集》，陳美延編，北京：三聯書店二〇〇一年初版。

60 67 鄧廣銘〈在紀念陳寅恪教授國際學術討論會閉幕式上的發言〉，載《紀念陳寅恪教授國際學術討論會文集》，中山大學出版社一九八九年初版。

61 《胡適日記全編》，第七冊，曹伯言整理，安徽教育出版社二〇〇一年初版。

62 季羨林〈回憶陳寅恪先生〉，載《懷舊集》，北京大學出版社一九九六年初版。

63 轉引自《陳寅恪先生編年事輯》（增訂本），蔣天樞撰，上海古籍出版社一九九七年初版。

64 《清華園日記．西行日記》，浦江清著，北京：三聯書店一九八七年初版。

65 《馮友蘭自述》，馮友蘭著，中國人民大學出版社二〇〇四年初版。

66 鄧廣銘〈在紀念陳寅恪教授國際學術討論會閉幕式上的發言〉，載《紀念陳寅恪教授國際學術討論會文集》，中山大學出版社一九八九年初版。鄧在此段文後有按：「到北平迎接胡的專機乃是由教育部派出的，而胡適又畢竟不是國民黨官僚。於此也可看出陳先生總是要盡可能與國民黨保持距離。」鄧氏此說，恐怕難以服眾，教育部同樣是國民黨政府的一個行政部門，焉能有與國民黨拉開距離之說？事實上，所有赴平的飛機皆由時任交通部部長的俞大維調動，朱家驊、傅斯年、蔣經國、陳雪屏只是協助，這從傅斯年致北大教務長鄭天挺的信函附頁中即見分明。內有「大維大買（賣）氣力，每日調度至可感。只要以上□辦好，而機接（新舊）可行，飛機要原原（源源）而來的」等語。（見〈致鄭天挺〉，載《傅斯年全集》，第七卷，歐陽哲生主編，湖南教育出版社二〇〇三年初版。）

68 《胡適傳論》，下冊，胡明著，人民文學出版社一九九六年初版。

69 〈戊子陽曆十二月十五日於北平中南海公園勤政殿門前登車至南苑乘飛機途中作並寄親友〉，載《陳寅恪集．詩集》，陳美延編，北京：三聯書店二〇〇一年初版。據陳寅恪「文革」期間第七次交代稿稱：「我和唐篔都有心臟病，醫生說宜往南方暖和之地。我因此想到嶺南大學。抗戰時期南開、清華、北大遷往雲南併為西南聯大，所以認識陳序經。遂寫信與他，可否南來休養一個時期。一九四八年夏，他回信聘我來嶺大教書。」（見《陳寅恪先生編年事輯》（增訂本），蔣天樞撰，上海古籍出版社一九九七年初版。）時陳序經為嶺南大學校長。

【第十四章】

斯人獨憔悴

醉不成歡慘將別

一九四八年十二月十七日，正是北大五十周年校慶日和胡適五十八歲生日，蔣介石、宋美齡夫婦在南京黃埔路官邸專門設壽筵宴請胡適與江冬秀夫婦。平時請客從不備酒的蔣介石，特為胡適備酒賀壽，可謂破格禮遇。儘管胡適對蔣氏夫婦的情誼深為感動，但當自己的助手胡頌平承蔣氏之意勸他「到外國去替政府做些外援的工作」時，胡卻板起面孔極不高興地說道：「這樣的國家，這樣的政府，我怎樣抬得起頭來向外人說話！」❶遂不再理會。宴罷，胡適於下午三時趕赴中央研究院禮堂大廳，出席在南京舉行的北大同學會和校慶會。席間，胡適「發表沉痛演詞」。這是胡氏離平前專門趕寫的一篇紀念感言，謂：「北大整五十年了，北大是歷代太學的正式繼承者，但北大不願承認是漢武帝以來的太學的繼承人。」胡適在演講詞中高度稱讚了蔡元培與蔣夢麟主持北大的功績，稱：「九一八的砲火，震驚了他們的美夢。……現在我們又在很危險很艱苦的環境裡，給北大作五十生日。我用很沉重的心情，敍述他多災多難的歷史，祝福他長壽康強。」最後，胡適自謂「乃一不名譽之逃兵」。❷言畢聲淚俱下，哽咽不能語，在場者皆掩面而泣。

胡氏演講完畢，由傅斯年致詞，傅以慷慨悲歌的語氣道：「以北大五十年歷史創造自由主義成新的精神基礎，過去雖未能獲得現政府之扶助，但未來共產主義如有所成就，對自由主義將更摧殘。」然傅氏「確信共產黨決不至支持長久，在共產黨而後必有一偉大之『朝代』，能就吾五十年來培養之自由主義種子，予以發揚」。據當時報載稱：「傅氏自稱悲觀，但竟以樂觀言之，博得多數人破涕為笑。」[3]

與南京遙呼相應的是，此時的北平也正在舉辦北京大學校慶活動，只是比南京更為沉痛悲觀，據當日報載稱：「北大今在砲聲中開始校慶節目，因胡適離平，主持乏人，展覽講演皆不能按預定節目進行，勢將悄然渡過。在郊外之農院一部學生，今被迫入城，衣物有損失，並飽受虛驚，學生在孑民堂前痛哭流涕。」[4]

十二月二十一日，清華大學校長梅貽琦率領第二批被「搶救」學人飛離北平抵達南京，同機者有李書華、袁同禮、楊武之、江文錦等二十四位教授。梅貽琦一下飛機即對記者抱怨「市內新機場跑道鬆軟，只能載重三千磅」[5]云云，似是有可以多載幾人而不能的惋惜之意。

未久，蔣介石給胡適冠以「總統府資政」頭銜，堅持胡適前往美國，既不當大使，也沒有具體任務，只是希望胡「出去看看」。[6]胡適在經過一番心靈煎熬後，決定服從這一委派，重返美國為政府「做點面子」。

一九四九年元旦，共產黨通過新華社發表新年獻詞，提出「打過長江去，解放全中國」的響亮口號。國民黨敗局已定，蔣介石正式委任心腹幹將陳誠為台灣省政府主席，傾全力經營台灣，為國民黨撤退做準備。這道命令，連時任副總統的李宗仁和台灣省主席魏道明事先都毫不知情。

就在數小時前的陽曆除夕，南京城一片死寂，胡適與傅斯年聚會一室共度歲末，師徒二人置酒對飲，相視淒然。瞻念前途，滿目蒼涼，思前想後，兩位書生不禁潸然淚下。午夜的鐘聲響過，二人打起精神，重新抖起了文人的癲狂之態，一邊喝酒，一邊背誦陶淵明〈擬古〉第九：「種桑長江邊，三年望當採。枝條始欲茂，忽值山河改。柯葉自摧折，根株浮滄海。春蠶既無食，寒衣欲誰待。本不植高原，今日復何悔！」[7]抗戰勝利，傅斯年、胡適接辦戰後的北大，此時正好三年。「三年望當採」，正期望北大有所建樹和成就之時，「忽值山河改」，由青天白日忽然變成了滿地紅旗，期望中的「事業」隨之付諸東流。柯，枝幹也。滄海，指東海。此二句是說桑樹的枝幹被摧折了，根葉漂浮到大海中去了。一切希望皆成泡影。「本不植高原」，「種桑」之地本就沒在風雨無憂的高原，面對今日這般悲愴淒涼之境，又有什麼後悔可言？待把此詩吟過數遍，二人酒勁上來，倒在桌旁昏睡過去。

當此之時，與胡、傅二人友善的新任台灣省主席陳誠，以雷厲風行的軍人作風和驚人的辦事效率，於一月五日遷入台北主持政事。同日，陳誠即致電傅斯年：「弟已於今日先行接事，介公深意及先生等善意，恐仍須有識者之共同努力，方能有濟。弟一時不能離台，希先生速駕來台，共負鉅艱。」[8]

傅斯年接到電報，意識到自己何去何從的最後時刻到來了，在命運的重要轉折關頭，向來幹練決斷的傅氏再度猶豫起來。此前，隨著陳布雷自殺身亡，傅斯年也產生了繼之而去的念頭。這個念頭存在他的心中已有時日，早在一九三二年他就說過：「國民黨固曾為民國之明星者若干年；而以自身組織紊亂之故，致有今日拿不起，放不下之形勢。於是一切殘餘的舊勢力蠢蠢思動，以為『彼可取而代之也』。」又說：「平情而論，果然共產黨能解決中國問題，我們為階級的原故，喪其性命，有何不可。我們雖不曾榨取勞苦大眾，而只是盡心竭力忠其所職者，一旦火炎崑岡，玉石俱焚，自然當與壞東西們同歸于盡，猶之乎宋明亡國時，若干好的士人，比貪官污吏還死得快些一樣子。一從大處設想，即知如此運命真正天公地道，毫無可惜之處。」[9]

據陳槃回憶說：「當首都倉皇之日，同時有陳布雷、段錫朋二氏之沒，師（傅斯年）因之精神上大受刺激，悲觀至極，頓萌自殺之念。而師卒未於此時殉國者，賴傅夫人愛護防範之力也。」[10]陳氏之說後來得到了俞大綵的證實。當時俞正準備陪母親去廣州、香港就醫，傅斯年的弟弟傅斯巖（孟博）暗中勸俞不要離開。俞大綵說：

「那時我的母親，患嚴重心臟病住醫院。七姐大絪，以南京危在旦夕，決奉母先飛廣州，轉香港就醫，她要我同行，與她共同隨機照顧病母。我慮及孟真舊病復發，加以他感時憂國，情緒極劣；母親重病在身，長途飛行，極感憂慮，左右為難，不知何所適從，商之於孟真。他毫不遲疑的說：『你母親病情嚴重，此行如有不測，你未能盡孝，將遺恨終生。你非去不可！不要顧慮我。』我略整行裝，準備隔日啟程，當夜孟博趕來痛哭流涕，責備我不該離開孟真。他說：『你難道不知道哥哥隨身帶著一大瓶安眠藥，一旦匪軍攻入，他便服毒自盡麼？那時，你將何以自處？』骨肉情深，感人肺腑。我們相對涕泣，我便放棄了廣州之行。」[11]

傅斯年之所以沒有自殺，除了他的夫人看護有加，與傅本人在心中牽掛著史語所同人和他的親朋故舊亦有極大關係，也正是這一條若隱若現的鎖鏈，最終拴住了他的心並延長了其生命歷程。就在傅氏準備赴台之時，胡適已向他透露自己不去台灣而想赴美國的打算，這個選擇意味著胡、傅從此分道揚鑣，天涯海角再難相見，這對傅斯年而言無疑又是一個極其重大的打擊。傅頓感失去了一根龐大的精神支柱，心情更加淒涼與心慌意亂，不知自己該何去何從。當接到陳誠自台灣發來的電報後，他將自己關在房間裡三天三夜，不住地繞室踱步，對腳下的故土越發生出一股難捨難離之情。傅氏反覆詠吟、書寫宋代著名忠烈辛棄疾〈別茂嘉十二弟〉之詞句：「將軍百戰身名裂，向河梁，回頭萬里，故人長絕。易水蕭蕭西風冷，滿座衣冠似雪。正壯士，悲歌未徹。啼鳥還知如許恨，料不啼清淚長啼血。誰共我，醉明月？」

其時，正是壯年的傅斯年已很清楚，在陣陣悲歌聲中，已沒有多少人與他共醉明月了。

一九四九年一月九日夜，被共產黨部隊圍困在徐蚌戰場達六十六個日夜的國民黨軍，激戰後全面潰敗。解放軍以傷亡十三萬人的代價，殲滅俘獲國軍五十五萬五千人，徐州「剿總」副總司令、戰場總指揮杜聿明被俘。

一月十九日，傅斯年去意已堅，決定搭乘軍用飛機赴台。這天晚上，在慘澹的星光照耀下，傅斯年偕夫人走出了史語所大院中的家門，胡適與傅氏夫婦在前，祕書那廉君殿後，一行人在漆黑寒冷的夜色中悄無聲息地走著，沒有人再說話，千言萬語已說盡，最後要道的「珍重」又遲遲不能開口。當那扇寬大厚重的朱紅色大門咯咯推開時，沉沉的夜幕中，把門的老工友接過傅斯年手中的行李，在送向汽車的同時，嗚咽著道：「傅先生，今日一別，還能相見嗎？」傅聽罷，悲不自勝，滾燙的熱淚倏地湧出眼眶，順著冰涼的面頰淌過嘴角，又點點滴滴地隨著夜風四散飄零。

「好兄弟，等著我，我會回來的。」傅說著，握住老工友的手作了最後道別，然後登車倉皇離去。正可謂：「最是倉皇辭廟日，教坊猶奏別離歌。垂淚對宮娥。」

當夜，傅斯年飛抵台北，此一去，竟是「回頭萬里，故人長絕」了。

一月三十一日，解放軍占領北平城，中共宣布北平和平解放。

隨著淮海、平津戰役的終結，國民黨政府已到了倉皇辭廟之日，再無心力「搶救」學人，這個「搶救大陸學人計畫」最終未能像搶運大批的金銀國寶一樣順利完成。據後來統計，除胡適、梅貽琦等幾十位教授之外，中央研究院八十一位院士有六十餘位留在了大陸，各研究所除傅斯年領導的史語所算是較完整遷台，其他的幾個如數學所等只有一少部分人員與儀器遷台。而此時被「搶救」出的學人，亦有一部分人最終去了香港和美國而不是台灣。

繼蔣介石暫時隱退之後出任國民政府代總統的李宗仁，馬上派代表張治中、邵力子等赴北平與中共進行談判，展開了旨在保住江南半壁江山的和平攻勢。為加強社會各界的力量和談判籌碼，李宗仁專門向已赴台灣的傅斯年發電，希望傅能出來助其一臂之力，儘快達到「和平之目的」。但此時的傅斯年對國共和談已不抱任何希望，當場予以謝絕。在致李宗仁的信中，傅以一貫的處事作風和政治立場，直言不諱地表達了對時局的看法。文曰：

德鄰先生賜鑑：

前奉復電感佩之至，我公以生民為念，倡導和平，凡在國人，同深感荷，然共產黨之行為，實不足以理喻。共產黨本為戰爭黨，以往尚如彼好戰，今日走上風，實無法與之獲得和平。今看共產黨態度，下列數事至為明顯：

一、分化敵人，徹底消滅中央政權，只與地方談和，以實行其宰割之策，絕不以人民為念。

二、絕對走蘇俄路線，受蘇俄指揮，而以中國為美蘇鬥爭中之先鋒隊。

三、對多年掌兵符者，必盡量摧毀，介公固彼所不容，而我公及健生、宜生諸先生，彼亦一例看待，即我們讀書人，不受共產黨指揮者，彼亦一樣看待也。

在此情形之下，中央倡導和平，忍辱負重，至矣盡矣，受其侮辱亦無以復加矣，凡此情形可以見諒於國人矣。乃共產黨既如此，則和平運動恐須適可而止矣。蓋如文伯、力子、介侯諸先生之辦法，和平既不可得，所得乃下列之結果：

一、江南各省分崩離析，給共產黨之擴張勢力以方便，而人民亦不能減少痛苦。

二、合法政權，毫無代價而喪失之。

三、中國之自由，由本身斷送之。

四、外國之援助，絕不可望。

中央之誠信，既已大白，則權衡輕重，恐須即為下一步之準備，力子、文伯之談和平，毫無辦法，只是投降而已；偏偏共產黨只受零星之降，不受具體之降，不知張、邵、甘諸公作何解也？大江以南之局勢，如不投降，尚有團結之望（至少不是公開之紛爭），如走張邵路線，只有全部解體而已。只要合法之政權不斷氣，無論天涯海角，支持到一年以上，將來未必絕無希望也。司徒大使實一糊塗人，傅涇

波尤不可靠，彼等皆不足代表美國，今日希望以美國之助，與共產黨取和乃絕不可能之事也。冒昧陳言，諸乞亮詧。⓬

傅斯年這一與中共決絕的強硬態度，並不是一時性起的妄言，實與他一貫的政治主張相吻合。他認為國民黨之所以「半壁萬里，舉棋中兒戲失之」，就是因為「不能言和而妄言和，不曾備戰而云備戰」⓭，直至導致了不可收拾之殘局。他在為國民黨的敗局潸然淚下與「不堪回首」之後，於痛定思痛中決定把全部精力投入到台灣大學的建設上，藉以在精神上得到一點寄託和安慰。

四月二十一日，中共中央軍委一聲令下，百萬大軍在西起九江東北的湖口，東至江陰，總長達千里的戰線上，強渡長江，蔣介石苦心經營達三個半月，號稱「固若金湯」的長江防線轟然崩潰。四月二十三日，解放軍占領南京，國民黨統治了二十二年的「首都」失守，國民政府南遷廣州。

八月十四日，毛澤東在為新華社寫的〈丟掉幻想，準備鬥爭〉一文中，對胡適、傅斯年、錢穆三人進行了點名抨擊：「為了侵略的必要，帝國主義給中國造成了數百萬區別於舊式文人或士大夫的新式的大小知識分子。對於這些人，帝國主義及其走狗中國的反動政府只能控制其中的一部分人，到了後來，只能控制其中的極少數人，例如胡適、傅斯年、錢穆之類，其他都不能控制了，他們走到了它的反面。」⓮

一九四九年十月一日，毛澤東在北京天安門城樓上宣告中華人民共和國中央人民政府成立。

十月十四日，廣州失守，「國民政府」再遷四川，蔣介石隨之復出，匆忙趕到重慶指揮戰事，並在此度過了在大陸的最後一個生日——六十三歲誕辰。

十一月三十日，重慶陷落，蔣介石逃往成都。十二月七日，行政院院長閻錫山率包括中央研究院在內的「國民政府」各機關從成都逃往台灣。十二月十日下午二時，一代梟雄蔣介石帶著兒子蔣經國，在瑟瑟寒風中，從成都鳳凰山機場起飛逃往台灣。此時解放軍攻城的砲聲正緊，為了逃命，蔣介石都來不及細看一眼大陸河山。此時的蔣公沒有想到，此一去，再也不能回到他眷戀不捨的神州大地。正是：

人生長恨水長東。無限江山，別時容易見時難。

退守孤島

一九四九年一月二十日，傅斯年正式就任台灣大學校長。時台大中文系教授黃得時仰慕傅的聲名，請其寫幾個字作為留念。向以齊魯大漢自居、自豪和自傲的傅斯年，揮毫寫下了「歸骨於田橫之島」⓯短幅相贈。眾人見之，頓生悽愴之感，更想不到竟一語成讖。

抵台後的傅斯年仍兼任隨遷的中央研究院歷史語言研究所所長，但主要精力則投入到台大的興建改革之中。台灣大學的前身為台北帝國大學，是日本在中日甲午海戰之後，強占台灣並於一九二八年創建的一所綜合性大學。一九四五年抗日戰爭結束，台灣重新回歸中國，當時國民政府派中央研究院植物研究所所長羅宗洛赴台接管該校，並改名為國立台灣大學，羅任校長。此時的台大經濟拮据，舉步維艱，剛上任的羅宗洛大有亂杆子撲頭——痛中帶暈之感，於是很快掛冠回滬，專任他的植物所所長去了。此後國民政府又相繼委派中央大學教授陸志鴻和國立北平研究院藥物所研究員莊長恭出任台大校長職，又都因地方長官的冷漠和校內種種困難而辭職。當傅斯年執掌台大時，他已是抗戰勝利之後的第四任校長。這個時候正是國民黨大撤退，台灣地區大動盪、大混亂、大失控時期。學校內部房舍狹小，經費奇缺，校務混亂，學潮迭起。再加上幾百萬從大陸撤退的國民黨軍隊、政府人員及家眷蜂擁而至，要求入學就讀者驟然增加。原在「台北帝大」（台北帝國大學）時代只有幾百人的校舍，根本無法容納狂潮一樣洶湧而來的學生，一旦權要顯貴人物的子女、親屬有入學者稍不如願，這些高官大員便憑藉手中權力橫生枝節，給學校製造麻煩甚至災難。傅斯年接手後仍是這種令人激憤和無奈的情形。

在「台北帝大」時代，學生大都是富家子弟，全部走讀，學校不設宿舍。傅斯年執掌台大後，本著「決不讓任何學生因經濟拮据而喪失他的學業」的辦學宗旨，不論學生出身貧富，一律按招考標準予以錄取，從而使貧苦人家的孩子得有入學就讀的機會。經此嬗變，出身貧窮且遠離家鄉的學生不斷增多，台大的師資力量更顯得異常奇缺。儘管在撤離大陸時，朱家驊、傅斯年已對這一問題有前瞻性的考慮和準備，無奈被「搶救」到台灣的學人實在太少，著名教授只有沈剛伯、錢思亮、毛子水、鄭通和、余又蓀、臺靜農、姚從吾、王國華、方東美、夏德義、李宗侗、英千里、楊樹人、潘貫、薩孟武、杜聰明、彭九生、陳振鐸等三十幾人，顯然無法填補大多數學科一流坐椅的空白。所幸中研院史語所、數學所等一批精英遷往台灣，才算把台大各院系勉強充實起來。如史語所抵台的李濟、董作賓、凌純聲、芮逸夫、石璋如、勞榦、高去尋、屈萬里等著名學者，皆應聘到台大兼課。因了這些條件，台大的師資力量才有所改觀。

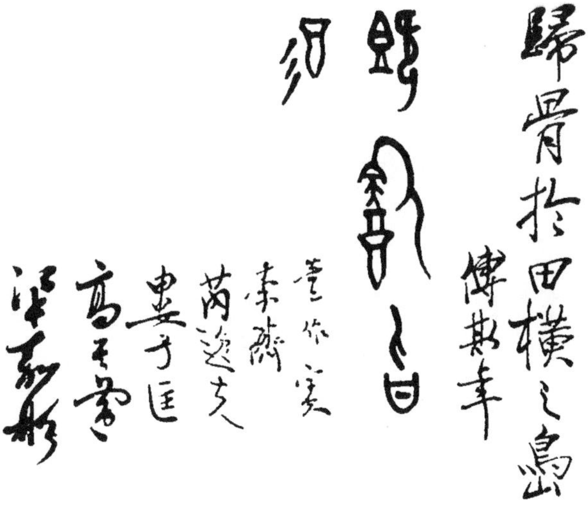

右為傅斯年手書，左為董作賓補寫的甲骨文題字「既飲旨酒」，其他為史語所人員簽名。

當然，此時的傅斯年一直沒有忘記繼續拉攏大陸學人赴台。據留在北大的鄧廣銘回憶說：傅斯年做了台灣大學校長，「此後便經常以朱家驊的名義給北大鄭天挺先生打電報，號召北大教授到台灣大學去任教，有時也指名道姓，說要某某人去。記得點過張政烺先生的名，也點過我的名。當時鄭先生問我去不去，我說：『要論和傅先生的師生關係，我應該響應他的號召，到台灣去。不過，傅先生與蔣介石關係密切，所以跟他去，我與蔣介石沒有什麼關係，不願跟他到那孤島上去。』我還和別人開玩笑說：『如今國民黨的軍隊是不戰、不和、不守，我的態度是不死、不降、不走。』我沒做過蔣介石的官，和國民黨沒任何關係，用不著為他們盡節殉死；我和共產黨沒仇恨，我在大學教書，人民政府是否讓我繼續教下去，當然還很難說，但這並不是一個投降不投降的問題；我不跟傳先生去，也不跟國民黨走，決意留在北京大學。」

⑯鄧是北大歷史系學生，與傳斯年的姪子傳樂煥既是同班同學又是好友，深得傳的賞識。鄧畢業後受傳的邀請赴昆明和李莊出任北京大學文科研究所助教，期間一直受傳的提攜與關照。兩年後，鄧廣銘離開李莊，受傳斯年之薦任復旦大學副教授，抗戰勝利後隨傳到北大任校長室不掛名的祕書，直到胡適接掌北大仍任此職。再後來轉入北大史學系任副教授、教授，並一度出任過歷史系主任一職，算是與北大瓜葛較深的一人。

傳斯年在台大校長室辦公

鄧氏所說，是一九四九年初期事，直到這年年末，甚至一九五〇年的年初，傳斯年也一直未放鬆努力。像北京方面的鄭天挺、羅常培、向達、湯用彤、馮友蘭、饒毓泰、葉企孫、曾昭掄、錢三強、周一良、沈從文，特別是轉往嶺南大學的陳寅恪，多次受到傳的邀請，只是受邀者出於多方面的考慮未做回應，仍留在大陸「靜觀待變」，或躺在床上打著自己的算盤，做著「走近新生活」的美夢。在海峽兩岸紛亂動盪的特定歷史階段，還有一些不為人知的明爭暗鬥和黑幕，據說當時傳斯年很想邀請大陸的美學名家朱光潛到台大任教，但他手下的文學院院長沈剛伯生怕朱到台後，對自己的地位形成威脅，暗中作梗，把邀請信息暗中壓下，祕而不宣。按朱後來的說法他沒有赴台之意，但就當時的情形，縱然想抽身起程已無能為力矣。[17]

坐上台大校長交椅的傅斯年，再度「聊發少年狂」，施展出當年敢打敢衝，「凡辦一事，先騎上虎背」的本領，對台大積習實實在在地來了一番大刀闊斧的改造。不論後台有多硬，凡不合學術水準，濫竽充數的教授，全部驅逐出校門；校內職員，特別是原「台北帝大」遺留的醫務人員，凡無醫療常識，不知救死扶傷為何事，只想自己的薪水待遇者，一律解聘。未出幾個月，傅斯年就掄緊了手中的權力之刀，如同切西瓜一樣將七十餘名不合格教授與職工開除並趕出校園。自此，台大面貌為之一新，形成了一個蓬勃向上的局面。許多年之後，無論是傅的追捧者還是被趕走的對立者，在回憶這段不堪回首的往事之際，都不得不承認，假如沒有傅斯年，台灣大學在那樣動盪的時局中，想要在短時間中迅速崛起，奠定一個現代大學的基礎是不可能的。據陳雪屏回憶說，傅赴台時健康情形已很是令人擔憂，「但他一方面心憂大局，同時銳志要把台大建設成一個夠世界水準的學府，殫精竭慮，竟無一刻的輕鬆」[18]。也正由於世事紛亂與勞累過度，導致了傅斯年英年早逝的悲劇。

傅在台大的改革使一部分人為之叫好歡呼的同時，自然觸及了許多人的利益，令對方極為不快和惱怒。當時台大師生反對國民黨腐敗無能，以權謀私等令人激憤的醜行，學潮一浪高過一浪，而傅的對頭藉學潮運動乘機發難，有國民黨政客葉青在報紙上發表致傅斯年的公開信，指責台灣大學優容共產黨，並指名道姓地說法學院院長薩孟武「參共親共」，某某院長、系主任「是共產黨分子或親共分子，他們把持院系，排拒異己」，把其院系變成培植共產黨勢力的溫床等，企圖置傅氏於不忠不孝不仁不義之絕地。

傅斯年對台大師生特別是台灣本地人的反蔣倒蔣活動一直深惡痛絕，對學生中有真憑實據的共產黨分子亦不寬容，每有發現均嚴懲不貸，其態度與他處理西南聯大學潮時並無二致，曾不止一次地喊出了「讓布爾什維克滾出台大去」的口號。但傅斯年同時認為，如沒有真憑實據，當局不能肆意進入校園在師生中搜查共產黨分子，更堅決反對隨意指責他人為共產黨。當年西南聯大爆發學潮，並鬧出了人命，他在致俞大綵的信中，謂「地方當局荒謬絕倫，李宗黃該殺，邱清泉該殺」、「學校內部有好些不成話之事」⓳等等，便是他做人處事原則。正是緣於這一指導思想，當他讀了報上對台大師生的指責後，既惱又怒，毫不顧及地以「他媽的！」開罵起來，爾後採取以牙還牙的戰略進攻態勢，在報上兩次發表措辭強硬的檄文予以反擊，文中疾呼：「學校不兼警察任務」、「我不兼辦警察，更不兼辦特工」。又說：「我的態度是這樣：假如我知道某人為參共親共分子，我自然照法律辦，報告治安當局，但是……幾千人我無從個個知道，所以若果治安當局確有事實證據，我也依法辦理。現在在台灣國立大學，豈有袒護親共分子之理？惟須勿枉，若含糊其詞，血口噴人，更是共黨之所謂『民眾裁判』之類，固不應反共而去應用共產黨之方法與精神也。」最後憤然聲明道：「反共須有反共的立場，貪官污吏及其他既得利益階級而把事情辦壞了的，我不能引為同志。」⓴其聲色俱厲與咄咄逼人的態勢，令對方不得不暫時退卻，伺機而動。

一九四九年台大發生「四六事件」，軍隊闖入校園，傅斯年對當局不經法律程序徑行進入台大校園內逮捕師生高度不滿，親自找國民黨最高當局交涉，要求逮捕台大師生必須經過校長批准。傅對當時警備總司令部官員彭孟緝講：「我有一個請求，你今天晚上驅離學生時，不能流血，若有學生流血，我要跟你拚命！」㉑

一九五〇年新生入學考試，國文卷由傅斯年親自命題，其最重要的一題摘自《孟子‧滕文公下》中一段：

> 居天下之廣居，立天下之正位，行天下之大道。得志，與民由之；不得志，獨行其道。富貴不能淫，貧賤不能移，威武不能屈，此之謂大丈夫。

此題可視作傅斯年赴台後「雖千萬人吾往矣」的心志獨白，也是對台大學生在精神層面上的殷切寄望。

這年的一月，風浪再起，「校外校內傳言斯年將去國，將辭職」。針對謠言，傅斯年在二十三日寫了一封公開信向台大師生申明立場，信中說：「我之身體雖壞（久患血壓高），然久病之後轉不以為念。絕無於此困難之時，捨同事同學他去之理。……半年多，校外攻擊斯年者，實不無人，彼等深以不能以台大為其殖民地為憾。然彼等原不知大學為何物，故如遂其志，實陷本校於崩潰。鑑於一年來同事同學對斯年之好意，值此困難之時，決不辭職，決不遷就，決倍加努力，為學校之進步而奮鬥。」㉒

正是這種內外交困的局面與傅斯年本人剛烈的性格，導致他血壓驟然增高，身體很快垮了下來。一九五〇年夏天，傅身患膽結石，不得不到醫院做手術。出院時醫生勸他至少要在家中休養一週，但台大的事務紛亂如麻，根本無法辦到。對此，隨國民黨遷台的朱家驊曾以十分傷感的心情回憶道：「在他（傅斯年）去世的前幾天，閒談之中，他忽然對我說：『你把我害了，台大的事真是多，我吃不消，恐我的命欲斷送在台大了。』當時我只以為他因感覺辦事的辛苦而出此苦語，不意數日之後便成讖言，更使我悲痛萬分，有負良友。」㉓

像冥冥中有一種定數，傅斯年於心力交瘁中，生命的步伐戛然而止，一頭扎進了煙雨迷濛的黃泉古道。其情其景，俞大綵有一段深情的回憶：「（民國）三十九年十二月十九日，他去世的前夕，是一個寒冷的冬夜，我為他在小書室中升炭盆取暖。他穿著一件厚棉袍伏案寫作。我坐在他對面，縫補他的破襪，因為他次日要參加兩個會議，我催他早些休息，他擱筆抬頭對我說，他正在為董作賓先生刊行的《大陸雜誌》趕寫文章，想急於拿到稿費，做一條棉褲。他又說：『你不對我哭窮，我也深知你的困苦，稿費到手後，你快去買幾尺粗布，一綑棉花，為我縫一條棉褲，我的腿怕冷，西裝褲太薄，不足以禦寒。』」㉔

傅氏說到這裡，俞大綵一陣心酸，欲哭無淚。儘管當時台灣的經濟狀況極度混亂糟糕，但比抗戰時期在昆明和李莊總要好一些，傅斯年作為當時台灣島內唯一一所大學的校長兼中研院史語所所長，一般人也許覺得他不該再像李莊時代那樣鬧窮了，殊不知當時傅領的只是台大的一份薪水，兒子傅仁軌仍在美國讀書，他和時任台大英語系副教授的夫人俞大綵兩個人的收入，僅能維持最低限度的生活。此前傅斯年拿到一筆報刊文章的稿費，想託衛生署的官員劉瑞恆出差到香港時買一套現成的西服，但把稿費和家裡的存款加起來一算，只能買一件上衣。傅

斯年自我解嘲道：「幸而我還有沒破的褲子。」㉕

在這個暗伏不祥之兆的冬夜，正當俞大綵為家中的窮苦生活黯然神傷時，傅斯年起身滿臉疲倦地打了個哈欠，突然指著壁上的書架說：「這些書，還有存於史語所的一房間的書，我死後要留給兒子。我要請董作賓先生製一顆圖章，上刻『孟真遺子之書』幾個字。」言畢，長歎一聲，一反常態地對俞大綵說道：「你嫁給我這個窮書生，十餘年來，沒有過幾天舒服的日子，而我死後，竟無半文錢留給你們母子，我對不起你們！」㉖俞大綵聽到這裡，大為驚駭，急忙起身捂住了傅斯年的嘴巴，沒讓他繼續說下去。

後來俞大綵回憶這個夜晚的凶兆時說：「我一向不迷信，難道這幾句話，就是他的遺言？夜深了，窗外吹起一陣寒風，室內盆中的炭，已化成灰，我猛然感到一陣透骨的寒冷。」㉗

不數日，當董作賓含淚把稿費送到傅家時，俞大綵雙手捧著裝錢的信封，悲痛欲絕，泣不成聲。用心血換取的稿費到手了，但此時的傅斯年已命歸黃泉，不再需要為自己的雙腿禦寒的棉褲了。

傅斯年之死

一九五〇年十二月二十日上午，傅斯年出席由蔣夢麟召集的農復會一次會議，討論農業教育改進和保送台大學生出國深造問題。在這個會上，傅提了不少意見，據在現場的人回憶說，他一會兒用國語講話，一會兒用英語和美國人交談，一會兒漢英交雜，滔滔不絕地大發宏論。兩個多小時的會議，他講的話比任何人都多。午飯後稍事休息，傅又於下午二時許趕往省議會廳，列席台灣省參議會第五次會議。這一天，參議會上所質詢的問題全是有關教育行政方面的事務。下午會議開始後，傅斯年登台講話，但主要由時任台灣省教育廳廳長的陳雪屏作答。大約到了五點四十分左右，參議員郭國基突然蹦將起來質詢有關台大的問題。這郭國基乃台灣省屏東縣人，生於一九〇〇年，曾留學日本，是「二二八事件」的首領之一。

一九五〇年十二月二十日，傅斯年列席台灣省參議會作答覆時的場景。

國民黨丟失大陸撤往台灣後，為安撫人心，國民黨高層決定從「二二八事件」中選出幾個著名首犯為省參議員。如此這般，叛亂犯郭國基，在獄中蹲了一百二十多天後，隨著國民黨新政策的到來，算是活著出得監獄。未久，又鯉魚跳龍門，由反政府分子，一躍成為具有正義化身的台灣省參議會的議員和立法委員。坐上民意代表寶座的郭氏，由於問政犀利，咄咄逼人，無論在什麼場合，總是難以收斂本性，氣燄張狂，江湖上人送外號「郭大砲」，為省府首長最難應付的人物之一。

意想不到的是，身為台大校長的傅斯年竟與這樣一個「郭大砲」在議會大廳遭遇了。

當時的台灣大學屬台灣省政府撥款，故「郭大砲」國基便以地頭蛇身分，怪叫著向「傅大砲」斯年開起火來。據在場者事後透露，郭的發難主要是針對教育部從大陸搶運來台並存放於台灣大學的器材如何處理，以及放寬台大招生尺度等問題。此事看起來簡單，而又十分敏感、複雜、棘手。如台大之招生，尺度已盡量放寬，招生人數已達最大限度，但各界仍不滿意，特別是郭國基輩糾集部分失意政客，以各種方式和手段向學校施加壓力，惹得傅氏極其惱火憤怒。今日郭氏之質詢，當然須由傅斯年親自答覆，於是傅不得不第二次登台講話。在回答完上述兩個問題之後，郭又提出台灣大學用的是台灣人的錢，就應該多聘台籍教授，多取台灣本地學生，否則便是與台籍人民作對云云。傅針對郭的無知狂妄，開始予以反擊，在講台上大談其辦學的原則、規矩、計畫與理想等，並稱台大考試對台籍學生已盡量照顧，考慮到台籍學生的國語程度較差，光復未久，在錄取時專門規定國文科分數比大陸學生降低十分錄取等。講著講著情緒激動起來，傅說道：「獎學金制度，不應廢止，對於那些資質好，肯用功的學生，僅只為了沒有錢而不能就學的青年，我是萬分同情的，我不能讓他們被摒棄於校門之外。」最後他高聲說道：「我們辦學，應該先替學生解決困難，使他們有安定的求學環境，然後再要求他們用心勤學。如果我們不先替他們解決困難，不讓他們有求學的安定環境，而只要求他們用功讀書，那是不近人情的。」㉘講完話時，大約是六時十分，傅斯年滿含怨氣地慢步走下講壇。就在即將回到座位時，他突然臉色蒼白，步履踉蹌，坐在台下的陳雪屏見狀，趕緊上前攙扶，傅只說了一句「不好！」便倒在陳雪屏懷中昏厥過去。離得較近的參議員劉傳來趕緊跑上前來，把傅斯年扶到列席人員的坐椅上，讓其躺下，順便拿陳雪屏的皮包做了枕頭。從此傅進入昏迷狀態，再也沒有醒來。

劉傳來本身是台大的醫學教授，經他初步診斷，傅是高血壓病發作，於是一面用冷毛巾貼其額，一面打電話通知台大附屬醫院和傅斯年的夫人俞大綵。傅原定當天晚上六點鐘在他家中召集有關人員開會，商討台灣省政府和台灣大學合辦「血清疫苗製造所」事宜。下午兩點多鐘，傅斯年還打電話給校長室祕書那廉君，讓他把自己親筆擬定的合作辦法準時送到家中，以便開會時用。五點多鐘，那廉君來到傅家，俞大綵以為眾人在家裡開會，自己不便打攪，準備外出去吃飯。不久，傅的司機楊國成氣喘吁吁地跑進來呼喊：「校長不行了，校長暈倒了！」俞大綵、那廉君等急忙驅車趕到省議會廳。

大約六時三十分左右，台大附屬醫院院長魏火曜、台大醫學院代院長葉曙、內科副教授王文杰亦趕到會場。經王文杰診斷，傅斯年得了腦溢血，當即採取急救措施，抽血三百ＣＣ，這時血壓尚高至一百九十毫米汞柱。七時三十分左右，國防醫學院院長盧致德、內科教授丁農、台大醫學院教授林天賜、嚴智鐘等亦聞訊趕到，診斷結果與前同，於是商議再抽血一百五十ＣＣ。此時，陳誠、何應欽、王世杰、程天放、羅家倫、朱家驊等黨政要人，以及學術界人士李濟、董作賓、毛子水、薩孟武、英千里、勞榦等紛紛趕來探視病情。蔣介石聞訊，立即指示陳誠動員台灣所有名醫，不惜代價搶救傅斯年的生命，並要陳誠每過半個小時打一次電話向自己報告傅斯年的病情。陳誠得令，竭盡全力組織台灣一流的醫務人員搶救治療。病床上的傅斯年一動不動，西裝已被剪開，頭部堆滿了冰塊，醫生、護士跑前跑後緊張地忙碌著。滿臉焦慮之色的陳誠在會議室來回踱步，周圍站立的一圈黨政要人均不敢坐下，同樣滿臉焦慮、神態凝重地觀望著來自病房的風吹草動。

晚上九時三十分左右，傅斯年的血壓漸降至一百八十毫米汞柱左右，體溫亦降至攝氏三十八度，情況稍有好轉。至十一時，血壓又增至二百三十毫米汞柱，體溫升至攝氏四十度。至十一時二十三分，仰躺著的傅斯年突然睜開了眼睛，床前眾人驚喜交加，以為他終於醒了過來。醫師急忙走過來按了按脈，抬手合上了傅斯年的眼皮，一聲不吭地退後，低下了頭。這時眾人才真正地頓悟——傅斯年走了。門外的俞大綵會意，急步進來抱著傅斯年號啕大哭：「孟真呵，孟真……」陳誠等人聞訊，衝出會議室逕向病房奔來。傅斯年就此與大家永別。

第二天，台灣省議會副議長李萬居召開記者招待會，宣布台大傅斯年校長於二十日夜「棄世」。李萬居乃台灣本地人，國語並不標準，有一個記者誤把「棄世」聽成「氣死」。於是馬上傳出消息，說傅斯年參加省議會，被參議員郭國基活活氣死於講台上。當天台灣報界刊發消息，稱「郭大砲」與「傅大砲」兩門大砲不幸交火，「大砲議員郭國基罵倒傅斯年，傅氏絕命身亡」。

十二月二十一日，台灣大學宣布停課一天，悼念傅校長，並下半旗致哀，由各院系學生代表聯合會組織學生，排隊前往極樂殯儀館致唁。當學生們聽說傅斯年是被郭國基活活氣死的消息後，心中的悲痛立即轉成憤怒，紛紛衝出靈堂，打著「痛失良師」的白布橫幅，向位於南海路的省議會廳湧去。上午十一時，已有二百餘學生聚集在省議會廳門口，強烈要求氣死傅斯年的郭國基出來述說昨日會場中質詢之經過。郭國基隔著門縫看到學生們包圍了議會大廳，並聽到學生們高聲怒吼：「郭國基有種你出來，你出來……」衝在前方的學生喊叫著與參議會阻攔人員扭打在一起。躲在門後的郭國基見狀，立即意識到事情嚴重，怕遭到對方的群毆與痛擊，往日的張狂之氣頓消，急忙溜出後門，老鼠一樣逃竄了。副議長李萬居一看郭氏溜之乎也，萬般無奈中，只得硬著頭皮出面向學生解釋，說郭國基昨天提出的質詢沒有傷害到傅校長之處，言辭也不過分等，學生們置之不理。教育廳廳長陳雪屏又出面加以解釋說：「昨天的質詢，共有六項，我本人答覆了四項，傅校長答覆了兩項，那些問題都不是什麼難題……」[29]但學生們堅持要郭國基出來答話。人越聚越多，有人喊出了「殺郭國基以為傅校長報仇雪恨」等口號，開始衝撞議會大廳，局面異常緊張，台北市警察局局長李德洋親臨現場指揮大批員警維持秩序。此時陰風頓起，大雨驟降，風雨交織中現場更加混亂，憤怒的學生終不肯離去，繼續衝擊議會大廳，並與員警發生肢體衝突。直至下午一時二十分，台灣大學訓導長傅啟學冒雨趕來，向群情激奮的學生說：「我跟傅校長一塊在北大時，即是好朋友，我到台大也是由於傅校長讓我來的，這次出事我也十分憤慨。不過現在大家只有百多人，我們回去聚集全校師生開會討伐他。而且現在是戒嚴時期……」傅啟學轉頭看了一下眼前全副武裝的憲警，又說：「郭國基在議會裡講話，可以不負責任，他所問的，都是些沒有常識的問題。傅校長是學術界第一流的人物，拿他這樣偉大的人和一個毫無常識的參議員是不能相比的。今天大家到這裡來，是出於對傅校長的敬愛，敬愛他便要遵照他的意思，假如他在世的話，一定不願意大家這樣做的。如果今天同學們出了事，叫我如何對得起地下的傅校長？我們回去吧！」[30]言畢，傅啟學已是淚流滿面。學生們見狀，悲從中來，同聲哭泣，淚水和著雨水在整個議會大廳前彌漫流淌。眼看已是黃昏時分，傅啟學含淚表示會將同學們提出的問題交省參議會，由參議員作書面答覆，尚未吃中午飯的學生們

台大學生含淚瞻仰傅斯年遺容

傅斯年遺體大殮時，于右任等台灣政要前往祭弔。

已是饑腸轆轆，又聽說郭國基已從後門逃跑，一時難以抓住，只好返校。

十二月二十二日，傅斯年遺體大殮，自早晨七時起，前來弔唁者陸續湧至，爾後人越來越多，殯儀館的屋子和院子幾無立足之地。在上千弔唁者中，有台灣學者、名流、國民黨高級官員、傅斯年的親友、同事和台灣大學的學生。國民黨大老于右任扶杖前來，陳誠哭得兩眼紅腫，王寵惠、蔣夢麟、羅家倫、王世杰、朱家驊、李濟、董作賓、毛子水等人，另外加上一個剛從香港赴台，與傅斯年生前關係並不融洽的錢穆，都站立在人群中默然相送。十時三十分，傅斯年的遺體送往火葬場，上千人冒著大雨，踏著泥濘道路，慢慢行走。熱淚橫流的學生們手執小旗，上面寫著：「校長，回頭來瞧瞧我們！」望之令人心碎。目睹此場面的台灣記者于衡，在一九七三年撰寫的回憶採訪生涯的長文中說：「傅斯年先生逝世，是我採訪二十五年中，所看到的最真誠、最感人的一幕，特別是那段憂患的時代，我看到了一股凝結的力量，一種正氣的象徵。」[31]

十二月三十一日，亦即一九五〇年的最後一天，治喪委員會在台灣大學法學院禮堂（當時台灣大學本部尚無大禮堂）舉行傅斯年追悼大會。禮堂正中，懸掛著蔣介石親筆書寫的「國失師表」的輓章，國民黨高級官員、名人學者的輓章、輓聯分掛兩旁。蔣介石親臨主祭，在傅氏靈前獻花默哀三分鐘。各界要人亦皆前來，竟日致祭者達五千餘人。據統計，當時各界致送輓聯達二百七十餘幅，輓詩六十餘首，輓詞二十餘首，祭文六篇，中西文唁電唁函九十餘封。各報章、雜誌、專刊登載紀念文章一百一十餘篇。其中中央研究院歷史語言研究所全體同人的輓聯：

廿二載遠矚高瞻，深謀長慮，學術方基，忍看一瞑；

五百年名世奇才，閎中肆外，江山如此，痛切招魂。[32]

台灣大學全體師生的輓聯：

早開風氣，是一代宗師，吾道非歟？浮海說三千弟子；

忍看銘旌，正滿天雲物，斯人去也，哀鴻況百萬蒼生。[33]

蔣介石於十二月二十二日發唁函致俞大綵夫人。十二月三十日又頒布褒揚令，曰：

國立台灣大學校長兼中央研究院歷史語言研究所所長傅斯年，性秉剛正，學造淵微。早歲從事文化運動，克樹風聲；留學歐西，益增博涉。都講大庠，成材蓁眾。主持歷史語言研究所，商量邃密，纂記繁豐；絕學昌明，有光盛業。中間歷膺國民參政員、立法委員，讜論淵謨，時政多所匡正，清議資以轉移。比年膺任台灣大學校長，教學水準，日漸提高；青年思想，入於正軌。其苦心誘導，力挽橫流之功，尤堪矜式。揆其生平始末，困學之勇，憂國之忠，嫉惡之嚴，信道之篤，允為學行並茂之全才，亦民主自由之門士。方期遺大投艱，更隆厥用，乃以國步艱屯，自忘疢疾，鉅細躬親，卒致腦溢血而逝。緬懷猷績，痛切良深！應予明令褒揚，交行政院從優議恤；生平事蹟，存備宣付國史館；用示政府篤念忠賢之至意。此令。總統蔣中正。[34]

傅斯年逝世一周年忌辰，安葬於台大傅園。

傅斯年去世後，國民黨政府任命錢思亮為台大校長。校方為紀念傅氏開創台大一代先風之功績，按照美國維吉尼亞大學為傑佛遜（Thomas Jefferson）總統專門在校園內建造陵墓的成例，特在台大正門旁之熱帶植物標本園劃出一塊地建造希臘式紀念亭，亭中用大理石砌長方形墓槨一座。墓前立無字方尖碑一座，另有噴水池搭配，形成獨特的景觀。一九五一年十二月二十日，傅氏逝世一周年忌辰，舉行安葬儀式。由傅斯年生前同窗加好友羅家倫前導；家屬傅樂成、傅樂仁及台大學生代表聯合會前後任主席羅錦堂、李德進四人，自溫州街傅宅分程捧骨灰盒步行至紀念亭；錢思亮校長主持典禮；傅夫人俞大綵親手將傅斯年的骨灰安置在大理石墓槨中。現場有二千餘人觀禮，氣氛莊嚴肅穆。自此，這裡被稱為「傅園」，墓亭定名「斯年堂」，靜謐地掩映在鮮花翠柏之中，渾然一體，蔚為壯觀。

當時兵工署捐贈了一座紀念鐘，鐘上鑄有傅斯年提出的「敦品勵學，愛國愛人」八字校訓。後來，這座鐘被架設在行政大樓前的水池和椰林大道之間，名為「傳鐘」，是台大精神象徵。

台大校園內的傳園供人瞻仰憑弔，傳鐘更成為台大每日上課、下課的鳴鐘。每當深沉悠揚的鐘聲響徹，在激起台大師生工作、學習熱情的同時，也從流逝飄散的歲月中喚起對傅故校長斯年的懷念之情。每年的十二月二十日，台灣大學都在傳園布置鮮花瓜果以示紀念。三月二十六日，即傅斯年的誕辰之日，則由史語所和台灣大學輪流舉行學術演講紀念活動。自一九五四年始，此項活動作為一種傳統延續下來，歷久不輟。傳園內外，那枝葉繁盛，高聳入雲的椰子樹，既象徵自由知識分子的卓然風骨，又如同藹然慈厚的神祇，寶愛著這一介書生和諤諤之士的高傲靈魂，於天地間永恆地存活。

傅斯年溘然長逝後，胡適從美國發唁電給傅氏遺孀俞大綵，曰：「孟真的去世使中國失去了一位最有天才的愛國者，我自己則失去了最好的朋友、諍友與保護人。……」㉟。而遠在海峽另一邊的陳寅恪輾轉得知此訊，想起與傅的交情，特別是抗戰八年給予自己的幫助與關懷，悲從中來，於當年的十二月賦詩一首為之追念。鑑於當時的政治氣氛的高度壓力，他不能直白地剖露心跡，只能採取歷來知識分子慣用的「曲筆」手法，以〈霜紅龕集望海詩云「一燈續日月不寐照煩惱不生不死間如何為懷抱」感題其後〉為題，吟詩一首，以此表達心中的哀悼之情。詩云：

> 不生不死最堪傷，猶說扶餘海外王。
> 同入興亡煩惱夢，霜紅一枕已滄桑。㊱

此乃仿明末著名學者，心懷反清復明之志的遺老傅山（青主）之詩作。原詩云：「關窗出海雲，布被裹秋皓。夜半潮聲來，鼇抃鬱州倒。一燈續日月，不寐照煩惱。佛事馮血性，望望田橫島。不生不死間，如何為懷抱。」㊲陳詩通過仿傅青主之意，隱晦地悼念「歸骨於田橫之島」的亡友。——這是當時整個中國大陸對傅斯年唯一的一份文字紀念。正是：

蒿里誰家地，聚斂魂魄無賢愚。鬼伯一何相催促，人命不得少踟躕。㊳

注釋：

❶❼《胡適之先生年譜長編初稿》，第六冊，胡頌平編著，聯經出版公司一九九〇年校訂版。

❷❸❹《申報》，一九四八年十二月十八日。

❺〈政府派機救援平教授，首批安全撤抵京〉，載《申報》，一九四八年十二月二十二日。

❻《胡適日記全編》，第七冊，曹伯言整理，安徽教育出版社二〇〇一年初版。見一九四九年一月八日條。

❽《傅斯年檔案》，中央研究院歷史語言研究所藏；轉引自《傅斯年文物資料選輯》，王汎森、杜正勝編，傅斯年先生百齡紀念籌備會一九九五年初版。

❾〈「九一八」一年了〉，載《傅斯年全集》，第四卷，歐陽哲生主編，湖南教育出版社二〇〇三年初版。

❿陳槃〈師門識錄〉，載《傅故校長哀輓錄》，台灣大學一九五一年六月十五日印行。

⓫㉔㉖㉗俞大綵〈憶孟真〉，載台北《聯合報》副刊，一九九七年三月二十六、二十七日。

⓬〈致李宗仁書〉，載《傅斯年全集》，第七冊，陳槃等校訂，聯經出版公司一九八〇年初版。健生，指白崇禧；宜生，指傅作義。文伯，即張治中；力子，即邵力子；介侯，即甘介侯。又，司徒即原燕京大學校長司徒雷登，一九四六年七月出任美國駐華大使。傅涇波乃中國滿族正紅旗人，燕京大學畢業生，時為司徒雷登的私人祕書兼助手。

⓭〈賀蔣總統復職電〉，載《傅斯年全集》，第七冊，陳槃等校訂，聯經出版公司一九八〇年初版。該電文於一九五〇年三月一日刊於台北《中央日報》。

⓮《毛澤東選集》，第四卷，人民出版社一九六九年初版。

⓯田橫島位於山東省即墨市田橫鎮東部海面一．九公里處，面積一．四六平方公里。田橫島之得名，與一個叫田橫的人有關。田橫（？～前二〇二年），秦末狄縣（今山東高青縣東南）人。《史記》載：秦末陳涉起義，天下大亂，狄縣的故田齊宗室中的田儋、田榮、田橫三兄弟反秦自立，儋為齊王。田儋被秦將章邯所殺，從弟田榮為王。項羽伐齊，榮被殺，田橫收復失地，立榮子田廣為王，自為相。楚漢戰爭中，漢王劉邦派使者酈食其赴齊連和，終於說服了田廣與田橫。於是田橫解除了戰備，設宴大事慶賀。正當齊國懈備之際，漢將韓信爭功好勝，乘酈食其在齊未歸之機，引兵東進，攻入齊國。田橫、田廣非常憤怒，認為漢王劉邦背信棄義，便立即處死了酈食其。齊師大敗，韓信襲破歷下軍，陷都城臨淄。田廣逃亡中被殺，田橫孤軍奮戰，自立為王。後與其徒屬五百人入海，居在一個孤島上。

劉邦稱帝後，怕其東山再起，謀兵作亂，乃召見田橫。田橫自知大勢已去，為保全島上兵士，乃辭別海島西行。至洛陽城三十里處時，因不願面見、臣服劉邦而自刎。島上兵士聞訊，悉數揮刀殉節。後人感念其英烈，合葬於山頂並立祠祀之，島遂有今名。島上立有一大塚，即五百義士合葬墓，塚側立有一碑亭，內有石碑，詳細記述了田橫自刎及五百義士殉難的史實。司馬遷在《史記．田儋列傳》中曾慨歎：「田橫之高節，賓客慕義而從橫死，豈非至賢！余因而列焉。不無善畫者，莫能圖，何哉？」明代高麗人鄭道傳曾有〈嗚呼島弔田橫〉一詩，詩曰：「曉日出海東，直照孤島中。夫子一片心，正與此日同。相去曠千載，嗚呼感予衷。毛髮豎如竹，凜凜吹英風。」（見《池北偶談》，下冊，卷十八，王士禎著，北京：中華書局一九八二年初版。）此後，清代詩人黃守相、張鈴都曾先後題詩田橫島，抒發了對五百義士千秋忠烈的讚美之情。現田橫島為山東省文物保護單位。

⓰鄧廣銘〈回憶我的老師傅斯年先生〉，載《傅斯年》，山東人民出版社一九九一年初版。

⓱李敖〈舌下無英雄，筆底無奇士——「教育與臉譜」序幕〉，載《一個學閥的悲劇》，李敖著，遠流出版公司一九八六年初版。

⓲陳雪屏〈北大與台大的兩段往事〉，載《傳記文學》，第二十八卷第一期（一九七六年元月）。

⓳〈致俞大綵〉，載《傅斯年全集》，第七卷，歐陽哲生主編，湖南教育出版社二〇〇三年初版。

⓴〈傅斯年校長的聲明〉，載台北《民族報》，一九四九年七月十四日。另篇〈傅斯年校長再一聲明〉，刊於七月二十日同報。

21 〈彭孟緝先生訪問紀錄〉，賴澤涵、許雪姬訪問，蔡說麗紀錄，載《口述歷史》，第五期，中央研究院近代史研究所口述歷史編輯委員會編，中央研究院近代史研究所一九九四年六月三十日印行。據俞大綵回憶說，傅斯年「數次於半夜酣睡中，被電話叫醒，匆匆披衣，偕那祕書（廉君）出門，應付緊急局面」。傅當時曾向彭孟緝提出三個條件：第一、速辦速決；第二、軍警不開槍，避免流血事件；第三、被捕的台大學生，先送法院，受冤者，儘快釋放。（見〈憶孟真〉，載《聯合報》副刊，一九七七年三月二十六、二十七日。）

22 〈學校長給同事同學的公開信〉，載《國立台灣大學校刊》，第五十五期（一九五〇年一月三十日）。

23 朱家驊〈悼亡友傅孟真先生〉，載台北《中央日報》，一九五〇年十二月三十一日。

25 屈萬里〈敬悼傅孟真先生〉，載《自由中國》，第四卷第一期（一九五一年一月一日）。

28 29 31 于衡〈以身殉校的傅斯年〉，載《傳記文學》，第二十二卷第五期（一九七三年五月）。

30 朱葆瑨〈永遠活在學生心中的傅斯年校長〉，載《傅斯年與中國文化》，布占祥、馬亮寬主編，天津古籍出版社二〇〇六年初版：于衡〈以身殉校的傅斯年〉，載《傳記文學》，第二十二卷第五期（一九七三年五月）。

32 33 《傅故校長哀輓錄》，台灣大學一九五一年六月十五日印行。

34 《傅孟真先生年譜》，傅樂成撰，載《傅斯年全集》，第七冊，陳槃等校訂，聯經出版公司一九八〇年初版。

35 《胡適日記全編》，第八冊，曹伯言整理，安徽教育出版社二〇〇一年初版。見一九五〇年十二月二十一日條。唁電為英文，曰："In Mengchen's passing, China lost her most gifted patriot and I, my best friend, critic & defender. ......"然據《傅故校長哀輓錄》，正式唁電中，passing一詞改作death。

36 《陳寅恪集．詩集》，陳美延編，北京：三聯書店二〇〇一年初版。

37 〈東海倒坐崖〉，載《霜紅龕集》，卷三，（清）傅山撰，上海古籍出版社二〇〇三年初版。

38 引自《漢樂府詩集》卷二十七，《蒿里》。此為古代喪禮儀式中所唱哀悼死者之歌，而最著名者為《薤露》、《蒿里》二喪歌，出田橫門人。史載，漢初一統，高帝召亡國之齊王田橫相見，橫不願臣服，自殺，其從者挽其遺體至葬所，不敢哭，作此歌以寄哀情。一曰《薤露》；二曰《蒿里》。《薤露》云：「薤上朝露何易晞。露晞明朝更復落，人死一去何時歸！」至漢武帝時，李延年分為二曲，《薤露》送王公貴人，《蒿里》送士大夫、庶人，使挽柩者歌之，世亦呼為挽歌。其後之挽歌詩、挽詞，皆出於此。

【第十五章】

殘陽如血

南國的冬日

傅斯年死了，他生前的親朋好友以及留在大陸的陳寅恪暨其門生還活著。雖然活法各有不同，際遇略有差異，但整個族群的歸宿基本上是相同的。新中國成立後，隨著「三反五反」、「四清」、「反右」等一系列運動展開，歷經磨難的知識分子，再度面臨著新的人生抉擇。

一九五三年十一月，一個高個子白臉留分頭的青年學者，悄悄地來到了中山大學教授陳寅恪的家中，此人便是陳氏早年的弟子加助手汪籛。

汪籛，一九一六年生，工人家庭出身。一九三八年畢業於清華大學史學系，後考入昆明北大文科研究所，拜在陳寅恪門下讀研究生。一九四〇年六月十七日，陳寅恪離昆赴港準備應牛津大學之聘出國講學，這一天正是陳的學生汪籛考試的日子。因走的太急，陳寅恪便讓汪籛的副導師鄭天挺代為出題，鄭欣然答應，也因而未能親至昆明火車站為好友陳寅恪送行。陳寅恪至香港後，赴英講學未能成行，乃在香港大學暫時任教，以換米養家活口。汪籛的研究指導工作便由鄭天挺主持。再後來，汪籛隨史語所遷往四川李莊，與張政烺、任繼愈、逯欽立、楊志玖以及傅斯年的姪子傅樂煥等一起在李莊居住生活達六年之久。在讀書和做研究期間，享受傅斯年專門批發的每月三十元津貼補助。據當年與汪氏同在李莊生活的同學周法高回憶說：「汪籛和下一屆的研究生王永興都是在陳寅恪先生指導之下念中國中古史的，汪籛的碩士論文是《新唐書宰相世系表母系的研究》。……根據陳先生的說法，南北朝隋唐注重門第，決定士大夫升遷的因素的，『婚』與『宦』兩件事占很大的重要性。汪籛這篇論文，正是要研究這個課題。」關於汪在昆明、李莊時期的學習、生活狀況，周法高的評價是：「汪籛人很聰明，可是讀書沒什麼恆心和耐心，有時好多天不看書，有時好多天挑燈夜讀。這種起居無節、作息不時的習慣，不大適宜做沉重的學術研究。《論語》說：『士不可不弘毅，任重而道遠。』顧炎武的詩句說：『道遠不須愁日暮。』胡適先生晚年時常提到這句詩，意思是說：不必愁年紀的老大，路程的遙遠，只要有智慧有毅力有恆心就可以一直向前完成大業。汪籛是屬於智慧型的，而缺少恆心，我在後來也很少看到他的著作發表，不過由於他的聰明、博學和口才，仍然在北方大學裡作教授，也許很叫座。在某些中國史大學教科書前面，有時看到他列名於集體編撰者之中。一九五四年，中國科學院曾經決定請陳寅恪先生由廣州嶺南大學到北平任歷史研究所第二所的所長，就是派汪籛去的，後來陳先生沒有就聘。」❶

周法高所言大體不差，就汪的才分而言尚屬人中少有的，只是缺了一個「恆」字，這個說法得到了可考資料的支持。一九四二年二月六日，鄭天挺曾為汪籛留校事致函傅斯年，徵求意見：

> 汪籛人甚聰明，根底亦好。但生活不甚有規律，用功時或至通宵不寐，不用功時或竟數日不讀書，以故論文尚未作好。弟個人頗覺其將來可有希望，前言之湯公（用彤），欲俟其畢業後留之北大，不知

兄意云何？❷

讓鄭天挺失望的是，汪籛隨史語所自李莊返南京後，沒有留在史語所工作，也未能進入北大，而是遠赴吉林長白師範學校教書。是否傅斯年也與周法高同樣感受或有其他複雜的原因而沒有把汪氏留下，不得而知。有據可考的是，汪籛對北方嚴寒感到極不適應，並不斷致函鄭天挺訴苦求援，希望導師能「拉學生一把」，讓自己重返北大。一九四七年四月九日，汪在給鄭天挺的信中寫道：「自來吉林，十旬瞬屆。……關外奇寒，去冬特甚，經常在零下三十度左右，尤甚時竟至零下三十八度。……堅冰在鬚，亦屬常見之景象矣。……雖燃壁爐，仍未能免〔於奇寒侵襲〕也。」繼而說教學工作之忙亂與生活之無趣，「益感心力交疲，精神全竭，以是亦大少研讀進益之餘暇。長此以往，心致孤陋寡聞，不能復振，寧不可哀?!故企盼吾師遇有機緣時，予以提攜為感。」還特別強調「名義、待遇，在所不計」。❸

正在鄭天挺為汪籛重返北大想方設法時，汪實在耐不住長白師院的生活而捲起鋪蓋。當他得知陳寅恪已回北平清華大學任教後，在未受到任何機構聘用的情形下隻身來到陳寅恪身邊，與陳門弟子王永興共同協助陳氏著述。半年後，經陳寅恪與鄭天挺、傅斯年、胡適溝通，北京大學決定聘用汪籛為副教授，並以此名義繼續做陳的助手。於是汪籛在陳寅恪南飛之前這段不太長的歷史時期內，成為拿著北大薪水為清華導師服務的特殊人員。這兩年多的時日，汪籛吃住都在恩師家中，與陳寅恪朝夕相伴。而他的人生經歷也與導師相似，年近四十歲才成就婚事，在北京安了個簡單的家。

在北大任教時的汪籛

據說汪後來也開始靜心治學，準備成就一番大事業了，可惜時不我待，「文革」不期而至。有人說，假如汪籛不是在生命的中途自殺身亡，其學問之造詣與成就並非是在台灣自視甚高的周法高輩所能望其項背的。惜哉天不假年，汪氏英年早逝，遂為後繼乏人的史學界又添一悲劇。

歷史賦予這對師生的最後兩年相處中，汪籛顯然比在昆明和李莊時期用功、用心了許多，並得到了陳氏治史方法的真傳。這個時期的汪籛不僅協助陳寅恪著述與修改、校正書稿，且能提出自己的見解，並為導師所接受和採納。儘管在以後的幾年，汪氏像他的同學周法高所言，沒有發表太多的研究論文，但其在中國史學界隋唐史研究領域的學術地位，受到同行越來越多的矚目與尊重也是事實。這一事實用傳記作家陸鍵東的說法，「合理的解釋是，汪籛公開發表的為數不算太多的論文，大部分都有獨創性。」[4]

一九四八年底，當陳寅恪與胡適倉皇離開北平南下之時，年輕的汪籛沒有排在傅斯年擬就的「搶救人員」名單中而留了下來。當然，即使名單中有汪氏的大名，此時思想已急劇變化的他也會留下來的。

留在北京大學的汪籛很快成為中國共產黨所信任的人物和新時代的寵兒，他於一九五二年二月加入中國共產黨，第二年作為北大教師隊伍中一顆騰空而起的耀眼明星，被保送到北京馬克思列寧學院（中央黨校前身）帶職學習，很快成為一位真誠的馬克思主義追隨者與前途可望的中共後備領導人才。

一九五三年十月，以陳伯達為主任的歷史研究委員會做出了幾項重要決策：儘快在中國科學院再增設兩個歷史研究所；創辦一份代表新時代歷史研究最高水準的刊物《歷史研究》，目的是要確立馬列主義在史學研究中的領導地位。兩個月後，郭沫若在《歷史研究》創刊號上撰文聲稱，遵照毛澤東的指示，「學習應用馬列主義的立場、觀點和方法，認真的研究中國的歷史，研究中國的經濟、政治、軍事和文化，對每一個問題要根據詳細的材料加以具體的分析，然後引出理論性的結論來」[5]，以迎接即將到來的文化建設的高潮。由於中共上層如毛澤東、周恩來等人的密切關注，陳伯達、郭沫若輩沒敢忽視偏居於西南一隅、遠在幾千里之外的陳寅恪那孤獨身影的存在。[6]鑑於陳氏在學術界的赫赫聲名與不可撼動的學術大師地位，陳伯達、郭沫若等在擬定的歷史研究所所長

一九四九年春，陳寅恪與嶺南大學文學院院長王力合影於陳寓門前。

的名單中，頗為識趣地做了如下安排：由郭沫若、陳寅恪、范文瀾分別出任第一所（上古史研究所）、二所（中古史研究所）、三所（近代史研究所）等三個所的所長。名單很快得到了上邊的認可，但就陳寅恪的性格和一貫提倡的「獨立之精神，自由之思想」，他能否痛快地北返並出任所長一職，一時成為操作者們沒有把握的難題。

當年陳寅恪離開北平南飛時，據他自述，多半是因為自己怕北方的寒冷，更適合南方氣候，抑或怕共產黨來了，只能吃小米，或買不到對自己嚴重失眠症至為重要的進口安眠藥云云。傅斯年在台灣奉命主持中研院史語所和台灣大學時，曾不止一次致信已抵嶺南大學任教的陳氏，請其赴台任職，但陳寅恪始終沒有對這位老友的邀請作出答覆。而台灣方面「中研院」史語所第一組主任之職，一直給陳氏保留著位子，直到陳寅恪於一九六九年去世，才由勞榦繼任此職，由此可見傅斯年與台灣學術界對陳寅恪的尊重和寄予的深切期望。

一九四九年六月，潰敗中的國民黨在廣州組織「戰時內閣」，其中有三位學人出身的人物擔任了異常重要的職務，一為朱家驊出任行政院副院長兼中研院院長，二是杭立武任教育部部長，三為葉公超任外交部部長。在這個風雨飄搖的日子裡，杭立武受傅斯年之請託，曾多次派人勸說嶺南大學校長陳序經動員陳寅恪離開大陸，速赴台灣任教，陳序經始終沒有答應。同傅斯年一樣，杭立武自然也深知陳寅恪在學術界的地位和價值，多次碰釘子後退而求其次，力勸陳寅恪先到香港看看情形，並說這樣可以進退有餘，但陳不予理會。到了國民黨全面潰敗的緊急關頭，急紅了眼的杭立武竟拉著「戰時內閣」財政部部長徐堪匆匆趕到嶺南大學，親自向校長陳序經攤牌，要陳氏一同前往勸說陳寅恪到香港。據說杭立武此時已到了哀求的地步，對陳序經說，如果陳寅恪答應去香港，他馬上可給陳寅恪十萬港幣及新洋房，陳序經聞言搶白道：「你給十萬，我給十五萬，我蓋新房子給他住。」❼見陳序經態度強硬，不予合作，杭立武只好親自帶上「大掌櫃」徐堪直奔陳宅勸說，大有即時兌現之意，陳寅恪仍不為所動。直到這年的十月初，原清華大學外文系教授葉公超主持的「外交部」還在廣州辦公，並為國民黨認為必須離開大陸的各色人員辦理出境護照，也就是說，直到這時，陳寅恪若想離開大陸，隨時都可成行，但陳寅恪最終還是沒有出境而留在了嶺南大學。究其原因，或許如「文革」期間陳寅恪第七次交代稿所言：「當廣州尚未解放時，偽中央研究院歷史語言研究所長傅斯年多次來電催往台灣。我堅決不去。至於香港，是英帝國主義殖民地。殖民地的生活是我平生所鄙視的。所以我也不去香港。願留在國內。」❽這個說法得到了後世多數研究者的認可，但也有少數人如余英時者，則認為不然，謂唐篔當時已赴香港探聽虛實，為陳寅恪出走打前站，只是因故未能成行云云。可惜余氏搜羅的證據尚不足以推翻陳寅恪本人的說法。❾

此時的陳寅恪似是抱定終老嶺南的決心，不僅不去國民黨統治的台灣和英帝國主義控制的香港，連新中國的首都北京也不願重返。箇中的原委，陳寅恪自有不便向外人道處。畢業於清華大學的史學家、陳寅恪學生輩人物趙儷生，在蘭州大學任教的晚年寫了一部回憶錄，對當年名噪一時的所謂「創造社」成員有所提及，在談到成仿吾為人處世時，曾有這樣一段回憶：

> 華北大學，是以范文瀾為校長的、設在邢台的北方大學與以成仿吾為校長的、設在張家口的華北革命大學——兩校合併改組而成的。改組後范、成擔任副校長，另由更加德高望重的吳玉章擔任校長。

……成仿吾，他是一個倔老頭，當年「創造社」時期翻譯法、德詩歌散文的那種才華，已經蕩然無存了，只剩下當年罵「文學研究會」、罵茅盾為什麼「群鬼」的那股橫勁兒。……

有一天，一輛中型軍吉普從朋山開來，直開到小十字街吳校長門口。車上下來的是周揚，他是中宣部副部長。此來，是下達中央命令，北平即將和平解放，進城後接管大專院校和文化部門的任務，就交給華北大學了。要大家組織討論。……

有一天，討論到北平各大專院校教師都要到軍管會的文管會報到、並辦理登記的問題。有人主張，不管年齡老少，全要親自前來報到。於是有人說，譬如像陳寅恪，眼睛看不清楚了，身體也很衰弱，由家屬或朋友代替報到就行了。這時，成仿吾副校長用宏亮的湖南話發話了。他說，「資產階級知識分子到無產階級領導的革命機關來報到，來辦理登記，一定要親自來，本人來，不得由別人代替，因為……」他特別提高了聲音說，「這是個態度問題！」他這句高亢的湖南話，叫人聽起來特別刺耳。會場上鴉雀無聲。我當時的內心活動很多。我想，這是把自己當成征服者，把知識分子當成被征服者，要他們「迎降」，在文管會門口辦個受降儀式吧？我又想，同是共產黨領袖，為什麼在河南三位高級將領前來拜訪我們，陳毅將軍還講了「兩條戰線的合流」那樣的話，而成仿吾則一口咬定即便像陳寅恪那樣國際聞名、又那麼病殘的人也要親自來報到呢？

於是，我發言了。

我說，我講點題外的話。我讀過一些列寧的傳記。十月革命後，俄國知識分子可比中國知識分子凶得多，囂張得多，像巴甫洛夫，他開口閉口罵布爾什維克「匪幫」（the bandits）。可是列寧怎麼樣呢？他隔幾天就拿著黑麵包和黑魚子來看望巴甫洛夫。他罵，列寧並不抓起他來，也不同他吵，而是耐心地等他回心轉意，替蘇維埃共和國工作。我說，「這一切，我覺得值得我們大家學習。」話假如只講到這裡，將會一切太平無事，可是我卻提高嗓音說，「特別值得成校長學習！」

這一句話，可把馬蜂窩給戳下了。當時在會場上，仍是鴉雀無聲，沒一人反駁，沒一人表示同情。事隔幾十年，當我在北京又遇見李何林同志時，他對此事記憶猶新，他親切地握著我的手，對旁邊的幾個人說，「在那種場面，講那樣一段話，可是需要勇氣啊。」

我說，「也需要接受懲罰。」

他說，「我聽說了，貶到山東一年。不過，你當時沒進北平也好，那裡面五花八門，你應付不了的。」

在那次發言後三天，我接到華北大學調離的通知。通知說，現在山東已經解放，山東分局來函要求華大在幹部人員上提供支援。趙儷生同志是山東人，理應支援桑梓……云云。我看了公文後對妻說：「我被開除了。」[10]

時在清華的陳寅恪當然不會知道發生在華北大學的這一幕，但直接或間接地從各色接收大員的神態、口氣與做派中，一定感受到了這種肅殺、緊張的氣氛和起自北方的寒意。因而，當清華園被接管之時，陳寅恪的一些故舊門生在已成為紅人的吳晗等人攛掇下，曾寄信勸其重返清華，均未奏效。進入一九五三年，北方不斷有資訊捎來，謂「政府希望陳先生北返」，等等，但陳寅恪仍像當年對待杭立武一樣不為所動，他在致好友楊樹達的信中云「弟畏人畏寒，故不北行」。[11]有研究者說，一個「畏」字神形俱現地表達了陳氏的思想與感情。「畏寒」自是一種推託的理由，抗戰前在清華國學研究院做導師時的陳寅恪尚生活得自由自在，豈有「畏寒」之理？而「畏人」則是他內心的真實寫照。因而他不受勸說者和所謂的「中間人」影響，繼續留在中山大學（時嶺南大學已併入中大）靜觀其變。「不過，這時陳寅恪獨立的生命世界在嶺南已重新構建完畢，生命意識在這重構的世界裡再度勃發。」[12]這個時候，當中國科學院高層正為派誰去廣州勸說陳寅恪北返一事頗為躊躇時，正在北京馬克思列寧學院學習的汪籛得此消息，主動請纓，欲充當南下勸說的「使者」。這個請求讓正感左右為難的郭沫若等人大為驚喜，當即表示准予此行。於是，在馬克思主義史學領域嶄露頭角、鋒頭正健的「明星」汪籛，作為「特命全權大使」，懷揣中國科學院院長郭沫若與副院長李四光親筆簽發的兩封沉甸甸的手諭，帶著滿腔熱情和志在必得的信念，於一九五三年十一月中旬踏上了南下的旅程。

中山大學校園內的陳寅恪故居（沈輝攝）

當汪籛於十一月二十一日抵達廣州後，仍像五年前在清華園一樣，毫不見外地直接住進了陳寅恪家中。只是此時的中山大學已不是當年的清華園，陳寅恪和汪籛無論是思想還是對社會的看法上，都與五年前大不相同了。年輕氣盛、不明就裡的汪籛在陳宅住下後，沒有意識到自己無論是從輩分、地位、學識等諸方面，都不具備與陳寅恪展開正式對話的資格，而在如此重大問題上冒冒失失地前來充當所謂的「使者」，是何等地不自量力與糊塗。更為致命的是，據說，汪籛在與陳氏的交談中，用剛剛在馬列學院武裝起來的革命者頭腦，以「黨員的口吻」、「教育開導的口吻」，「不知天高地厚」地向陳寅恪進行嚴肅的政治味十足的談話。[13]此舉令陳氏勃然大怒，竟脫口

一九五〇年代，陳寅恪在中大校園內寓所陽台留影。

說出了「你不是我的學生」的激憤之語。遭此棒喝，汪籛才如醍醐灌頂驀然意識到大事不好，當年的一家人現在很難再說一家話了，於驚愕惶恐中頭腦稍微清醒，但師徒已經反目，挽回似無可能，汪氏只好灰頭土臉地搬出陳宅到中大招待所暫住。

後來的幾天，儘管汪籛又做過許多亡羊補牢式的努力，陳寅恪怒氣未消，總不釋然。當然，陳氏之激憤並不只是對汪籛本人，在很大程度上是針對郭沫若或更大的社會政治背景。在汪籛竭力挽救、斡旋下，十二月一日上午，陳寅恪與汪籛做了一次正式長談，算是對北京方面的答覆。汪籛對這個「答覆」做了詳細記錄。陳寅恪說：「我的思想，我的主張完全見於我所寫的王國維紀念碑中。……我認為研究學術，最主要的是要具有自由的意志和獨立的精神。所以我說『士之讀書治學，蓋將以脫心志於俗諦之桎梏』。『俗諦』在當時即指三民主義而言。必須脫掉『俗諦之桎梏』，真理才能發揮，受『俗諦之桎梏』，沒有自由思想，沒有獨立精神，即不能發揚真理，即不能研究學術。」又說：「我決不反對現在政權，在宣統三年時就在瑞士讀過《資本論》原文。但是我認為不能先存馬列主義的見解，再研究學術。我要請的人，要帶的徒弟都要有自由思想、獨立精神。不是這樣，即不是我的學生。你以前的看法是否和我相同我不知道，但現在不同了，你已不是我的學生了。所有周一良也好，王永興也好，從我之說即是我的學生，否則即不是。將來我要帶徒弟，也是如此。」

接下來，陳寅恪向北京方面的郭沫若等人提出了兩條要求：

第一條，「允許中古史研究所不宗奉馬列主義，並不學習政治」。特別強調「不止我一人要如此，我要全部的人都如此」。

第二條，「請毛公或劉公給一允許證明書，以作擋箭牌」。「其意是毛公是政治上的最高當局，劉少奇是黨的最高負責人。我認為最高當局也應和我有同樣看法，應從我之說，否則就談不到學術研究。」

最後，陳寅恪把矛頭轉向郭沫若本人，對汪籛說：「你要把我的意見不多也不少地帶到科學院。碑文你帶去給郭沫若看。郭沫若在日本曾看到我的〔輓〕王國維詩。碑是否還在，我不知道。如果做得不好，可以打掉，請郭沫若來做，也許更好。郭沫若是甲骨文專家，是『四堂』之一，也許更懂得王國維的學說。那麼我就做韓愈，郭沫若就做段文昌，如果有人再做詩，他就做李商隱也很好。我〔寫〕的碑文已流傳出去，不會湮沒。」⓮

從以上的談話中，透出陳寅恪對郭沫若等人搞的那一套「新史學」和范文瀾等一群所謂「新史學大師」們極大不滿，從內心爆發出了壓抑已久的悲鳴與憤慨。這次長談，標誌著陳寅恪向北京方面關閉了最後一道大門，「關閉之嚴密，沒有留下一絲餘地」，也「更意味著陳寅恪在六十三歲這一年已決意選擇一條餘生只能是更加孤獨的生命之路」。⓯無奈的汪籛只好帶著惶恐與深深的遺憾踏上歸途，故都北京再也見不到陳寅恪那孤傲的身影，陳、汪師徒之間的這次分別竟成永訣。

汪籛、向達的悲劇

汪籛自南國中大校園返回北京三年後的一九五七年，全國性「反右鬥爭」運動開始，一夜之間眾多儒生士子被打成站在共產黨與人民「對立面」的階級敵人。至一九五八年，全國戴帽右派分子的數量達到了五十五萬餘眾。躲在中山大學校園裡整日戰戰兢兢，如履薄冰，生怕惹火燒身的陳寅恪也未能倖免，雖僥倖未被劃為「自絕於黨和人民」的右派，戴上紙糊的呈寶塔狀的「桂冠」，但仍劃入「中右」圈內受到監控。這個特殊待遇，據說是受到了周恩來與廣東省高官陶鑄等人的暗中關照才得到的。

一九五八年三月，隨著大躍進風潮狂飆突起，全國高校掀起了批判「白專道路」、「拔白旗」等在《辭源》裡找不到的各種名號的運動。北京大學校長馬寅初的《新人口論》引起中共高層震怒，北大校內本著「人多熱氣高」的天才式預見加綱領性指示，立即掀起了批馬誅馬運動。孤軍奮戰的馬寅初以「三軍可以奪帥，匹夫不可奪志也」的強硬態勢與對立面展開論戰甚至混戰，一時舉國震動，天下膽寒。就在全國各階層各色人等對馬寅初興師問罪之時，南北兩地的學術界似乎仍沒忘記隱居嶺南的陳寅恪那巨大投影的存在——儘管他的肉身已瘦弱不堪，走路已十分困難。自感在幾年前差遣汪籛南下邀請陳寅恪無情遭拒而大栽臉面的郭沫若，與歷史研究所第三所所長范文瀾輩，乘機向陳氏發難，藉此展開對其圍攻和敲山震虎式的攻伐戰略。范文瀾公開放言道：「胡適，經過我們近幾年來大規模的批判，一般地說，我們史學界已經看清楚了。但還有兩種人：一種是自覺的胡適門徒，直到今天還堅持學術獨立的看法，拒絕學術為政治服務，也就是拒絕為社會主義服務，為六億人民服務；也就是拒絕學習馬克思主義的立場、觀點和方法來運用到自己的學術研究上去。這種人是極少數，但是必須對他開戰。」又說：「厚今薄古與厚古薄今是史學界存在著兩條路線的表現，這裡面也必然存在著興無滅資和興資滅無兩條路線的鬥爭。不是無滅資，就是資滅無，想妥協並存是不可能的。」⑯此時的范文瀾尚知自己肚裡裝著多少墨水和吃幾碗乾飯，未敢在佛頭直接塗糞，只是含沙射影、指桑罵槐地把矛頭對準陳寅恪。但到了郭沫若那裡，就變得底氣十足，霸氣沖天，直接指名道姓地與陳寅恪進行單打了。

一九五八年五月十六日，郭沫若在〈關於厚今薄古問題——答北京大學歷史學系師生的一封信〉中說道：「今年二月，在一次最高國務會議上，主席提出了一位朋友（南按：原清華教授，時任教育部部長的張奚若）批評共產黨的十六個字『好大喜功，急功近利，輕視過去，迷信將來』，加以指正，說共產黨正是這樣，正是好社會主義之大，急社會主義之功，正是『輕視過去，迷信將來』。這『輕視過去，迷信將來』就是所謂『厚今薄古』

。……像毛主席的思想和詩詞就是前無古人的。我們在今天依然還要厚古薄今，那簡直是『呆子』中的呆子！」又說：「資產階級的史學家只偏重資料，我們對這樣的人不求全責備，只要他有一技之長，我們可以採用他的長處，但不希望他自滿，更不能把他作為不可企及的高峰。在實際上我們需要超過他。就如我們今天在鋼鐵生產等方面十五年內要超過英國一樣，在史學研究方面，我們在不太長的時期內，就在資料占有上也要超過陳寅恪。這話我就當到陳寅恪的面也可以說。『當仁不讓於師』。陳寅恪辦得到的，我們掌握了馬克思列寧主義的人為什麼還辦不到？我才不相信。一切權威，我們都必須努力超過他！這正是發展的規律。」此信於六月十日在《光明日報》公開發表，全國大小知識分子為之震驚。因為郭氏的頤指氣使已不僅僅是進廟瀆佛，或者佛頭抹糞的問題了，實已現殺氣騰騰之凶妄態勢。

早些時候，位於嶺南的中山大學校園內早已掛滿了幾萬張大字報，自然有對陳寅恪的批判與筆伐，但僅限於學術方面的攻擊。當郭沫若的「雄文」一出，事情立刻變得嚴重起來，中山大學的「革命者」如在風雪急驟的暗夜中饑餓苦寒的狼群，嗅到了遠處密林中飄來的血腥氣味，野性頓生，精神亢奮中凶相畢露，縱身躍入草莽展開對獵物的捕殺嘶咬。中大校園內的大字報出現了「拳打老頑固，腳踢假權威」、「烈火燒朽骨，神醫割毒瘤」等等殺氣飛揚的標語。一批聽過陳寅恪講課的師生，藉機興風作浪，欲將走路都極其艱難的陳氏徹底打翻在地再踏上一隻腳，以示「革命者」欺師滅祖，造反有理的勇氣與豪情。另有一批流氓，見「尊敬的郭老」已公開點名向雙目失明的陳寅恪開火，認為投機獻媚，廣顯神通的時代已經來臨。天將降大任於斯人，斯人當無愧地擔當起批陳倒陳的「革命重擔」。於是，除了在校園大字報中嗷叫著要對陳寅恪拳打腳踢，刀鋸斧砍、烹煮分食，挫骨揚灰外，一批曾上過陳寅恪「元白詩證史」課程的中大歷史系學生，開始向這位昔日的導師、今日的階級異己分子發難。如學生李春棠、林順曾、方早成輩，為了擴大影響，讓自己聲名遠播，並渴望能夠有幸落入「尊敬的郭老」法眼，從而達到青雲直上，一飛沖天的癡心妄想，開始準備一發發用白紙黑墨製成的砲彈，借全國報刊的強大

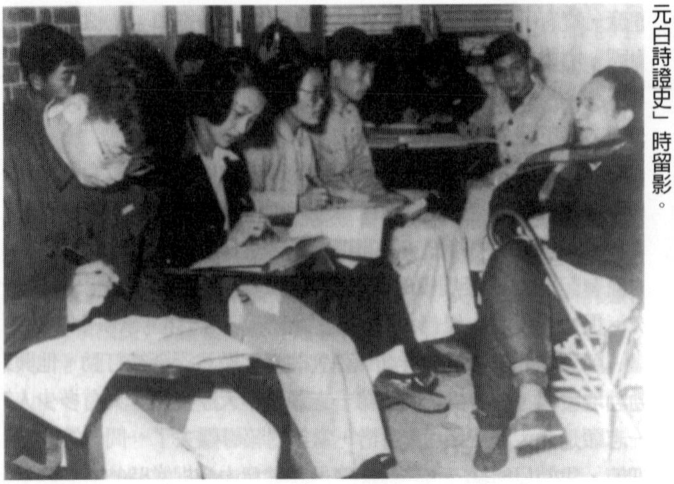

一九五七年三月，陳寅恪在寓所二樓走廊內講授「元白詩證史」時留影。

威力，對陳寅恪展開了先發制人式打擊。其中一文說道：「郭老答北大歷史系師生的一封信裡，對我們有很大的啟發。以前我們站在陳老先生面前，認其詩書博通，由而發生出自卑感。這是錯誤的。」「我們覺得陳寅恪教授是徹頭徹尾的資產階級權威學者。他在『元白詩證史』這一門課程所宣揚的完全是資產階級的一套。我們不要為他的『權威』所迷惑，以前所受的影響要從根本上加以清除。」又說：陳本人從來不學習馬列主義，也不相信馬列思想，而是以資產階級厚古薄今的治學態度，對封建階級的史書古籍作了一些繁瑣的考證。他對一些鄙瑣不堪的小事體和舊社會的達官貴人、王妃妓女特別感興趣，如楊貴妃身體是胖是瘦，臉蛋是圓是長，入宮以前是不是處女，怎樣歌舞《霓裳曲》，怎樣被冊封為貴妃等等。他還特別考證了唐玄宗如何喜歡音樂，安祿山如何從《胡旋舞》竊居高位，楊貴妃和安祿山之間究竟發生過關係沒有，以及皇帝穿的龍袍是刺著五個爪的龍，大臣穿的蟒袍是刺著四個爪的龍等等。他還厚古薄今地講一些陳詞濫調，搞一些無聊的考證。如講到《鶯鶯傳》時，考證了鶯鶯的姓和名，元稹怎樣遇見鶯鶯，鶯鶯如何把淡妝短眉變為濃妝細眉。在講到白居易的《琵琶行》時，居然考證了那個在船頭猶抱琵琶半遮面的商人婦，祖籍何處，什麼人種，什麼年月、什麼歲數入的妓院，在長安屬第幾流妓女，何時退居二線，何時嫁與做何生意的商人，屬於二房還是三房，是婦人還是妾身等等。

⑰

面對南北夾擊、圍攻、謾罵與威脅，一九五八年七月下旬，悲憤交加的陳寅恪毅然致書中大校長許崇清，提出兩點要求：一、堅決不再開課，以免「貽誤青年」。二、馬上辦理退休手續，搬出學校校園，以不見為淨，不聞為安，自躲一處著書立說，了卻殘生。經過交涉，搬家未能如願，仍住中大校園東南區一號樓。但不再開課，與三十二年傳道、授業、解惑的講台生涯告別。陳寅恪的身影，就此於中大師生的視線內淡出，同時在整個紅色中國史壇上隱去。歸隱的陳寅恪用盡殘年最後力氣，專注於明末名妓柳如是的研究與撰著。

留學英國倫敦大學時的曾昭燏（中）與導師在實驗室合影。

一九六二年六月十日，已是七十三歲高齡，雙目失明的陳寅恪入浴時不慎滑倒於浴盆中，右腿股骨頸跌斷，次日進中山醫學院第二附院救治，因疼痛過度，三天昏迷不醒。醫生慮其年紀偏大，若開刀手術其體質難以承受，經家屬同意和醒來的陳寅恪本人認可，乃採取保守之物理療法，但效果不佳，從此斷肢再也沒有復原。半年後的一九六三年一月二十一日，為了過個團圓春節，陳寅恪出院，在凜冽寒風中被人抬回家中。

目盲臏足的陳寅恪失去了活動能力，整日躺在床上，或被抬放到一張木椅上靜坐，外界的光明與他已徹底絕緣，只有無盡的黑暗與他為伴。這年春天，南京博物院院長曾昭燏到廣州出差，順便赴中大校園探望陳氏。曾昭燏乃曾國藩的姪重孫女，同時是北京大學教授、高教部副部長曾昭掄胞妹，與陳家有三代姻親之交。面對故人來訪，話題自然涉及曾國藩、湘軍與太平軍等陳年舊事。當曾昭燏說到欲購海外新印之太平軍將領李秀成供狀等事宜時，陳寅恪想到了自己祖輩與曾家三世之交，

陳寅恪正在助手黃萱的協助下從事著述，攝於一九五七年三月。

以及祖父與太平軍交戰並施計活擒幼主洪天福貴事，心頭驀地湧出一種白雲蒼狗，滄海桑田，聚散無常的感觸。當年曾國藩特別賞識出身浙江湖州府，後僑居蘇州的大儒俞樾「花落春仍在」的詩意，如今是落花流水春去也，寒風苦雨中，已是英雄遲暮，美人白頭，只有「我自無語向天行」了。陳寅恪於愴懷哀愁中當日賦詩云：「銀海光銷雪滿顛，重逢臏足倍悽然」，「論交三世無窮意，吐向醫窗病榻邊。」幾日後，又有「自信此生無幾日，未知今夕是何年。羅浮夢破東坡老，那有梅花作上元」等句，預見了自己行將就木，不久於人世，同時道出了對時局的憂傷與內心的悲涼。⑱

在如此艱難時局與破碎心境中，陳寅恪立下了在撒手歸天之前，完成最後一件因緣大事的雄心大願，遂加快了《柳如是別傳》的創作進度。在助手黃萱的協助下，陳寅恪「不憚辛苦，經之營之，鉤稽沉隱」，終於在一九六五年完成了這部長達八十餘萬言的皇皇巨著，為中國歷史傳記文學開一嶄新篇章，「其堅毅之精神，真有驚天地泣鬼神的氣概」。⑲

此後，陳寅恪用盡殘力，以蠟炬成灰，淚盡泣血之堅志，著手書寫《寒柳堂記夢》，記敘其三世家風及本身舊事，作為對這個世界最後的告別。令陳氏始料不及的是，隨著「文化大革命」爆發，此願竟成一曲魂斷殘夢的絕響。

一九六五年十一月十日，上海《文匯報》發表了姚文元批判吳晗劇本《海瑞罷官》的「戰鬥檄文」，自此揭開了「文化大革命」的序幕。

一九六六年五月二十五日，北京大學哲學系聶元梓等七人貼出了《宋碩、陸平、彭佩雲在文化大革命中究竟幹了些什麼？》的大字報。六月一日，毛澤東命令向全國廣播了聶元梓等人書寫的這張火藥味嗆人的號稱「全國第一張馬列主義的大字報」。當天晚上，中共中央派工作組進入北京大學取代原來的領導班子。未久，全國高校及中學全面停課，投入到「文革」洪流之中。北大原來整套領導班子一夜之間變成了十惡不赦的「黑幫分子」，成為「文革」首當其衝的打擊對象。陸平、彭佩雲被撤職查辦。各種名號的紅衛兵組織迅速興起，並在全國四面開花，一場「史無前例」的大規模民族浩劫氾濫開來。

在「文革」風暴的中心和策源地——北大校園內，第一個被揪出來開刀祭旗的便是陳寅恪的門生，北大歷史系教授汪籛。

此時的汪籛早已不是「又紅又專」的「黨內專家」和著名馬列主義新史學的帶頭人了。自他南下以「革命使者」的身分勸說陳寅恪北歸任職，無功而返後，便失去了郭沫若等科學教育界高層人士的信任，同時受到了學術界的普遍輕視。「反右」鬥爭開始，郭沫若於一九五八年公開點名批判陳寅恪之後，身為陳門弟子的汪籛隨之地位一落千丈，立即遭到了來自同一陣營「革命戰友」的批判和圍攻。面對突如其來的巨變奇劫，不諳世事的汪籛精神受到極大刺激，身體一下子垮了下來，大病一場後體重驟減二十多公斤，差點在悠忽中登了鬼錄——這是一個信號，此次的劫數，為他在七年之後含恨死去埋下了伏筆。

「文革」風潮剛剛興起，北京大學歷史系的學生們就盯上了汪籛這位早已失勢的陳寅恪的得意門生，特意在他家的房門上貼上了「封條狀」的大字報，以示警告。翌日，當造反的「革命闖將」前來檢查時，發現大字報竟變成了幾塊碎片在地下飄搖。關於這一變故有兩種說法：一說大字報是被風自然吹掉的；另一種說法是汪要出入房門而不得，盛怒之下便把大字報撕扯下來。憤怒的「革命闖將」見狀，開始指責汪出於仇視「文革」而故意破壞搗亂，企圖阻止這場轟轟烈烈的革命行動。事情很快被告發到中央「文革」駐北大工作組，工作組主事者立即把汪找來，命令他當面向「闖將」們認錯並回去把大字報貼好復原。汪籛只得在「闖將」的看押下回到家中按工作組的要求一一照辦，但他的內心卻無法忍受「革命者」對自己這位「黨內專家」的羞辱。或許是「士可殺，不可辱」的古老教義和內心的道德感不斷在敲擊他那敏感脆弱的心弦，就在當天夜裡，汪氏壓抑了近十年的精神苦痛突然爆發，於不能自制中，遂打開家中備藏的殺蟲劑「敵敵畏」喝了下去。未久，「敵敵畏」毒性發作，汪籛痛苦不已，開始在家中號叫並且以頭撞擊水泥牆壁。鄰居於漆黑的夜幕中聽到隔壁突然傳出如此淒慘可怕的聲音，十分惶恐，急忙招呼眾人前來施救。但汪顯然是去意已決，早已反鎖了家門，外人無法進入。當眾人把門強行撞開時，發現他早已氣絕身亡。——這一天是一九六六年六月十一日，汪籛年僅五十一歲。

汪氏成為北京大學在「文革」中的首例殉難者。

在「文革」狂潮波滾浪湧，風雷激蕩中，一個教授「自絕於人民」，如同一塊不可雕琢的朽木沉於污泥濁水，對世間的一切皆無足輕重。只要「文化大革命」的航船繼續乘風破浪，於無垠之海橫衝直撞，哪怕大地陸沉也在所不惜。這年十一月二十日，著名歷史學家、北大歷史系教授向達（字覺明），被造反派「勒令」收集革命小將們扔得布滿校園的西瓜皮，不幸突然暈倒在地，未得及時救治，含恨死去，終年六十七歲（一九〇〇～一九六六）。

一九四四年，北大教授向達，受傅斯年、李濟等學界大師之聘請，離開昆明西南聯大，攜家赴四川南溪李莊，率中研院史語所、中央博物院籌備處等機構合組的西北考察團，與夏鼐、閻文儒等人第二次遠征西部大漠，赴敦煌等一帶文明遺跡考察。他的妻子兒女在李莊板栗坳與史語所同人共同度過了最為艱難的一段歲月。直到一九四五年底，考察任務告一段落，向達才返回李莊攜家眷赴昆明西南聯大任教，這段時間，向達與傅斯年建立了深厚的友誼。抗戰勝利復員後，向達繼續擔任北大歷史系教授。新中國成立後，向達曾一度受到重視，擔任北大校務委員會委員、歷史系教授，並接替南渡台灣的毛子水出任北大圖書館館長。一九五四年又兼任中國科學院歷史研究所第二所副所長。此時的向達「已走向了歷史學家最美好的年華」。[20]可惜好景過於短暫，一九五七年大鳴大放期間，向達「對民主人士非常不滿，罵他們卑鄙」。當時電影院正在播放一部反映雲南大理人民生活的故事片《五朵金花》，向達便風趣地提出史學界要百花齊放，不能只開「五朵金花」（南按：指古史分期、封建土地所有制形式、資本主義萌芽、農民戰爭及漢民族形成問題等五項最熱門的史學討論）。不僅如此，向達曾公開在會上說馬克思主義的原理和個別結論，不能代替具體的歷史研究方法，「比如考古發掘，怎能說明這一鋤是資產階級唯心主義的，那一鋤是馬列主義的？」此語引起了當局和一些自譽為馬列主義史學家的強烈不滿，遂「聚而殲之」。向達出身湘西一個土家族家庭，新中國成立前後曾與湖南老家有些聯繫，根據這條線索，幾個位高權重者無端認為向氏有攫取湘西土家族自治州州長，欲謀不軌的野心，於是，雙箭齊發，向達被戴上了史學界四大右派之首的帽子（南按：據新華社一九五七年十月十八日播發的電訊，四大右派依次是向達、雷海宗、榮孟源、陳夢家）。一九五九年底，向達的「右派」帽子被摘掉，總算得到了一個短暫的喘息機會。面對這一變數，北京學術界各色人等仍懷揣驚恐之心在伸頭縮頭地悄然觀望，無一人應聲。第一個向他致書道賀，祝其躲過一劫的，竟是遠在嶺南雙目失明的陳寅恪。

一九四九年以後，向達貼在工作證上的照片。

陳寅恪與向達交往的淵源可追溯到抗戰之前，而在西南聯大時期更為友善並相互引為知己。當年在李莊時，因傅斯年對向達的學問人品極為推崇，從而引發了以向達為首的西北科學考察團的成行，經過對敦煌洞窟、漢代烽燧、長城關隘、西域古國廢墟、流沙墜簡等文明遺跡、遺物的探尋考證，向達一躍成為中國首屈一指的中西交通史專家，對這一領域研究之深透廣博，整個中國學術界無人能夠匹敵。當傅斯年在台灣不幸病逝後，陳寅恪那篇以傅青主為喻的悼亡詩，通過祕密管道，冒著巨大政治風險，首先由嶺南轉到北京大學向達手中，向達又暗中傳給鄭天挺和汪籛，然後漸漸被學界中同人所知，藉此可見陳寅恪對向達人品之看重。一九五三年初冬，汪籛代表中國科學院跑到中山大學，「不知天高地厚」地邀請陳寅恪出任歷史研究所第二所所長而引得對方大怒。儘管汪氏被趕出師門，灰頭土臉地返回北京，但陳寅恪怒火未消，疾書一封寄往北大的湯用彤、邵循正、向達、周一良等故舊門生，對汪籛的所作所為大加痛斥。在致向達與周一良的函中，陳寅恪特地提出將此中情形轉告已調往南開大學任教的老友鄭天挺。一九五三年十二月六日，向達在致鄭天挺的信中說道：

毅生先生左右：

上月科學院派汪籛去廣州，邀請寅恪先生北上。不料汪君抵粵後語言不慎，以致寅恪先生大怒，血壓增高。最近致書錫予（湯用彤）、心恆（邵循正）、〔周〕一良先生及弟，痛斥汪君，大發牢騷，其致弟及一良函末，並屬（囑）將情形特告先生，而陳師母另函又謂不必將函轉陳。錫予先生亦同此意，謂如此可以不致廣為宣揚，云云。其實陳先生致湯、邵、周及弟共二函，俱已原件交科學院矣。用陳梗概，尚祈察鑑，幸甚！幸甚！敬頌

道安！

弟　向達謹上　十二月六日[21]

陳寅恪當時除了痛斥汪籛的冒失、莽撞與不懂事理，對第二所所長的人選問題也談了自己的看法，並以平和的口氣對汪說過如下的話：「唐朝中西交通是中古史的一大特點，向達對此素有研究。」[22]意為讓向達出掌此所

。後來向達果然擔負起組織國家級的中古史研究的重大使命，並出任副所長一職。

「文革」開始的前兩年，即一九六四年三月，向達專程赴廣州中山大學拜謁陳寅恪，就他正在進行的《大唐西域記校注》一書涉及梵文的問題進行請教。懂四門外語的向達對這部在中西交通史上占有重要地位的皇皇巨著中的一些梵文描述無法盡懂，而深諳幾十種文字的陳寅恪顯然要比向達技高一籌。當時中科院的主事者不同意出資讓其去拜見一個「資產階級的學術權威」，此次嶺南之行，係向達憋著一股橫勁兒，大著膽子自費而來。陳寅恪的名聲光照日月，而向達的名氣也是光芒四射，冠蓋學界，兩位大師級史學巨擘在嶺南這塊潮濕之地的會晤，就自然成為一件非同尋常的大事，在整個中山大學引起了轟動。藉這一難得的契機，中大歷史系專門安排向達做了一場《敦煌學六十年》的學術報告，受到師生的廣泛好評與激賞，陳寅恪與向達之間的友誼再度得到了昇華。分別時，已很少作詩贈人的陳寅恪詩興大發，特作〈甲辰春分日贈向覺明〉三首絕句相贈，以抒情懷。最後一首曰：

握手重逢庾嶺南，失明臏足我何堪。
儻能八十身猶健，公案他年好共參。[23]

歷史讓後人看到的是，一相情願的陳寅恪這個「八十身猶健」的夢想似乎太遙遠了，遙遠得如同西天的彩虹，很快成為泡影。而向達也同樣沒有活著看到這一天的到來。

兩年後，「文革」爆發，向達自是在劫難逃，屬於北大最早登上「鬥鬼台」的一批「黑鬼」。他所面臨的是無情的批鬥、折磨與污辱。許多年後，歷史系教授鄒衡記下了向達慘遭批鬥的情景：「我永遠不能忘記那個可怕的太陽似火的上午，時在一九六六年六月，幾個『造反派』架住被迫剃了光頭的向達先生，按在三院二樓外曬得滾燙的房檐瓦上『坐飛機』，一『坐』（跪）就是幾個小時，向先生像過去給我們上課時一樣老是不敢（實際上已不能）抬頭。『革命』群眾都手執紙扇，戴著草帽，站在房檐下的草坪上邊扇邊呼口號，大略已是揮汗如雨，感到熱不可當了，可向先生已是六十六歲的高齡。我看到有的教師嚇得直哆嗦，我也預感到他凶多吉少，躲在一邊落淚。果然，從此以後我再也沒有見到一代學術巨匠向達先生。」㉔

此時的向達，還暗中囑咐友人「不必耿耿」，自己將如「鳳凰涅盤，獲得新生」云云。㉕無奈事與願違，本已身患重病的他，得不到及時治療，在「坐飛機」之後，還要接受無休止的勞改、批鬥和折磨，終於未能闖過棍棒林立、群獸叫囂的鬼門關，被「革命闖將」勒令撿拾西瓜皮時一頭栽倒，命赴黃泉。

傅斯年家族的毀滅

「文革」期間，北大召開的反帝反修大會現場。

汪籛自殺了，向達被凌辱折磨而死，緊接著，全國各高校一批批教授又先後登了鬼錄。處於風暴中心的北京大學校園，並沒有因為幾個或幾十個教授的暴斃而停止「文攻武衛」的腳步。相反，血腥暴力與奪命的劫難愈演愈烈。一時間，被關、被鬥、被慘遭蹂躪的「反動學術權威」達五百多人，北大校園內多有跳樓和上吊自殺者，未出三個月，僅自殺的著名教授就達到了二十四位，有的教學樓因自殺人數過多，成為鬼氣迷濛的人間地獄，在校的女生晚上都不敢靠近。

一九六六年八月二十四日，是北京紅衛兵暴力行動掀起大規模高潮並處於失控的最為瘋狂的日子，城裡城外大街小巷，四處躍動著抄家打人、燒毀文物、沒收財產、滿臉汗水與血污混合的紅衛兵的身影。這一天，孤身一人住在燕東園三十號的北大西語系著名教授俞大絪，被闖進的紅衛兵三拳兩腳打翻在地，然後被扒去上衣用紮腰的銅頭皮帶猛力抽打。俞大絪被打得滿地亂滾，哀號不絕，直至被打得昏死過去，紅衛兵才將其家中的財產查抄，裝上卡車拉走了事。俞大絪乃俞大維之妹，曾國藩侄重孫曾昭掄夫人，時與其姊俞大縝皆任教於北京大學西語系。當一九四八年底南京國民黨方面組織人力「搶救」北方學人時，俞大縝與俞大絪及其家人屬於理所當然地被「搶救」之列。為此，時任交通部部長的俞大維在調度飛機時，曾鄭重交代傅斯年一定要設法把大縝、大絪兩位妹妹全家「搶救」出來。傅斯年自是心領神會，拍發電報給北京大學負責「搶救」的鄭天挺時，特別說明俞大維對其妹大縝的掛念，並有「乞兄務必問她一下，給她一個機會，至感！」之語。[26]

出乎俞大維和傅斯年意料的是，俞大縝與俞大絪姊妹均表示無意南飛，要繼續留在北大教書。萬般無奈中，俞大維與傅斯年只好放棄。當然，俞大縝與俞大絪之所以留下來，最終沒有跟隨權高位重的俞大維投奔台灣，與她們的丈夫及家人的態度有很大關係。只是令他們始料不及的是，解放區的天也有陰霾與火炎崑岡，玉石俱焚的時候，俞大絪與曾昭掄終於未能跨過這道鬼門關。一九六六年八月這個炎熱的夏日，被紅衛兵毒打得昏死過去的俞大絪，從閻王爺與小鬼的懷抱中重新回到陽間時，夜幕已降臨大地，她想起經受的毆打與人身污辱，悲不自勝，當天晚上在家中服安眠藥自

一九六五年五月，曾昭掄與夫人俞大絪於北京大學燕園合影。

殺——這是北京大學自殺的第一位女教授。時已被打成右派，撤銷了高教部副部長職務的曾昭掄被趕出京城，正在武漢大學任教，不久也被折磨而死。

據後世研究者統計，這一階段的知識分子自殺方式，除了上吊、服毒、用尖物割腕等自殘手段，跳湖、跳河成為一大流行特色。北大燕園未名湖每天晚上都聽到「撲通、撲通」的跳湖之聲，因湖中水深只能沒腰，投湖者無法被水自然灌斃，只能載沉載浮，大口大口地喝水，肚子脹得像個皮球，但毫無實際效果。有人終於摸索出既不喝水又能速死的辦法，將頭插入湖底的青苔亂草之下，雙手抓住亂草往脖子上纏繞，如進網中不能逃脫，片刻之後即可憋死。有的地方水草稀少，無法長久將頭浸入湖底，鑽到水下者又將頭顱浮出水面，再另尋他處。有欲死又膽小者，幾次浮上浮下，相互在水中打招呼，幫忙指點水草密集處，講授鑽入草底後最佳的自溺技巧，促其速死。整個湖中人影綽綽，死者相望，鑽入翻出的身影連綿不絕，如同暴雨來臨之前因氣壓太低而在湖中竄動跳躍的魚蝦。

因北大校園內未名湖死者雲集，岸邊撈上的屍體成堆，弄得整個燕園陰森恐怖，北大造反派決定派人嚴防死守，不准尋死者前來「自絕於人民」，以免整個校園成為臭氣熏天的化糞池。那些忍受不住污辱、折磨之苦，深感生不如死的教授，深悔沒有早幾天作出抉擇，在未名湖了此一生。無奈中，只得進行戰略性轉移，紛紛提著繩子，或懷抱刻有骷髏頭的毒藥瓶，借月黑風高，悄悄潛出燕園，開闢新的自殺領地。

一九六八年十月十六日晚，在校內二十八樓關押的北大教務長崔雄昆從昏死中清醒過來，趁看守的紅衛兵磕睡之際，跳樓潛逃。次日晨，追捕的紅衛兵發現崔氏死在了校內紅湖游泳池內。校工宣隊對外公布的死因為：「經法醫檢查，是投水炸肺自殺。」同年十一月四日晚，北大歷史系辦公室主任吳偉能，藉機潛逃到圓明園東北角投水自盡。吳的屍體被發現時，在圓明園同一個池塘裡還漂浮著三具自盡的屍體。經查，其中有一對教授夫婦來自北京地質學院，有一位是來自清華大學的講師。

當此之時，除北大校園內的未名湖與相近的圓明園成為知識分子自殺的集散地之外，在北京故宮的北海、筒子河及南部的陶然湖，都成為「文革」受難者自殺高度集中的處所，似乎每一個夜晚，星光照耀下的古都北京夜空，都迴響著悽楚絕望的低泣和「撲通、撲通」的落水之聲。在這股投湖自殺風潮中，傅斯年的姪子傅樂煥走來了。

一九六六年五月二十三日夜，傅樂煥潛出校園，竄至陶然公園跳湖自盡。在此前後，作家孔厥等數十人已在此跳湖溺亡。

傅樂煥是傅斯年的堂姪，其外祖父是濟南著名的豪紳張英麟（一八三七～一九二五）。自傅氏家族於晚清趨於沒落後，傅樂煥的父親攜家離開聊城，到濟南投靠岳父張家謀生。隨著軍閥混戰，刀兵四起的社會大環境形成，靠生意致富的張家也一步步走向衰落。樂煥的父親雖在先人的餘蔭下躋身於士紳階層，然而隨著家庭破敗，生活拮据，再也沒有士紳的風采與派頭了。當時在濟南的傅家可謂上有老下有小，不僅樂煥有胞弟樂炘、妹妹樂淑，另外還有孀居的嬸娘與堂妹一家的生活需要照料。按當時社會風俗，那些所謂的衣冠中人，即使吃了上頓沒下頓，也不肯把困難透露給外人，只有悄悄變賣家中的衣物維持生活，更不肯厚顏向親友借貸求援。而像傅樂煥的家庭，更是多了一層顧慮，怕出面借貸會有失傅家和樂煥的外祖父張氏家族的體面。在兩難處境夾擊下，樂煥的父親既不能盡當家人的責任，又無法周旋於親朋好友之間以引橋補路度過難關，於長期窮困潦倒而看不見希望的境遇中，他終於忍受不住物質與精神雙重的擠壓與煎熬，對人生徹底絕望，遂於一九二九年年關即將到來之夜，冒著零零星星的雪花，獨自來到濟南火車站旁的一個小賣店，用兜裡僅有的三元錢打了二兩白酒，買了一袋平時最愛吃的鹽煮花生米，三下五除二灌進肚中。爾後借著酒勁兒，迎著刺骨的寒風與爽涼的雪花，踉踉蹌蹌爬上了碎石鋪就的路基，臥軌自殺。

噩耗傳來，傅家老小悲慟不已。時年十六歲、正在初中讀書的傅樂煥突遭如此慘痛打擊，心情更感苦痛，待堅持讀完初中，已無力繼續升學。此時中央研究院歷史語言研究所已遷入北平北海靜心齋，傅斯年得知此情，顧及同族之誼，於一九三〇年把傅樂煥叫到北平，以勤工儉學的性質讓其做自己的管家兼史語所抄寫員（時傅尚未與俞大綵結婚）。與此同時，為了弟弟妹妹能夠繼續讀書和維持一家老少的生活，傅樂煥主持把濟南濼源門外好一點的住宅賣掉，全家遷居城裡歷山頂街南頭大灣街一個小巷的貧民窟中艱難度日。

身兼管家和抄寫員的傅樂煥在北平的日子並不輕鬆，對於一個初中剛畢業的學生而言，置身於傅斯年跟他的傭人以及同事、朋友之間，就須頭腦靈活，事事加倍小心謹慎，處理好各方面關係，否則飯碗不保，未來的生活、前途更是不堪設想。好在傅樂煥是個聰明伶俐又有志氣的青年，除了把工作與人事關係處理得井井有條，還擠時間刻苦自學，終於得到了族叔傅斯年的賞識和信任。一九三二年寒假後，在傅斯年支持下，傅樂煥得以到北平私立立達學校高三班就讀，並於暑假前拿到了高中畢業證書，不久考入北京大學歷史系。其時，傅樂煥在濟南時一個叫嚴薇青的初中同學也考入北大歷史系，兩個人被分到同一宿舍。除星期天外，平時傅樂煥還要經常返回傅斯年家照料家務，以便取得經濟上的資助。據嚴薇青回憶說：「據說傅斯年性情暴躁，遇事『暴跳如雷』。我和他沒接觸過，也沒聽到樂煥談過這方面的情形，不知是否屬實。但從一些生活細節上可以看出他（傅斯年）的脾氣可能不小。比如有一個初冬下午，我和樂煥約好，跟他到西鐵匠營看看傅斯年的寓所和樂煥原來住的房間。那天恰好傅斯年不在家，我在樂煥屋裡頭坐了一會，他帶我去看傅的書齋兼客廳。那是三大間北房（樂煥住的就是最西頭的一間耳房），房內雖是舊式的方磚鋪地，沒有地毯，但是打掃得非常乾淨，寫字台上也是一塵不染。書櫥裡絕大部分是外文書，而且是物理方面的。據樂煥介紹，傅斯年出國後最初學的是物理。等我看過出屋的時候，樂煥小心翼翼地又仔細檢查一遍，唯恐留下有人進屋的痕跡，而後才把門關好。傅斯年的衛生間在院內西南角上一座小屋裡，也是抽水馬桶。由於沒有暖氣設備，屋裡生著爐子。在我用過並沖洗之後，樂煥又重新沖洗、檢查一遍。從樂煥這些細心檢查的活動來看，傅斯年對生活上的要求大概很高，很可能過去為這些瑣事發過脾氣，所以樂煥才不厭其煩地一再查看。同時也說明過去樂煥住在他家，大概總是提心吊膽，看來這家主人並不是好伺候的。」嚴薇青還說：「有一次，一個家在北平市的初中同學來看我們，當我談到想家、想濟南時，他說：『你不過是想家，樂煥卻是「掛家」，掛著家裡如何生活！』」這一說法在嚴薇青看來「是十分中肯的」。[27]

一九三六年，傅樂煥於北大歷史系畢業，在傅斯年的關照下，進入中研院史語所歷史組工作，直接受陳寅恪領導和栽培。抗戰爆發後，樂煥陪伴傅斯年的母親先入安徽避難，爾後轉長沙。前文所述傅斯年因母親沒有逃出來，在暴跳如雷的同時，當場扇了兩個姪子耳光事，其中一個就是傅樂煥（另一個是傅樂成）。後來史語所遷昆明，樂煥隨往，並在昆明入北大文科研究所讀碩士研究生，與楊志玖、張政烺、鄧廣銘等友善。當史語所遷李莊後，傅樂煥以副研究員的身分在板栗坳主要從事宋遼金元史的研究，仍受陳寅恪直接指導。一九四二年，傅樂煥發表了著名的〈遼代四時捺鉢考五篇〉[28]，以遼帝春山、秋水等行宮或行營為主線，對有關地名進行了全面考察，此文對了解遼代的疆域和地理狀況具有重大價值。由於這項研究成果在歷史研究中的突出地位和貢獻，傅樂煥榮獲中央研究院頒發的楊銓獎金。

傅樂煥在李莊時，他的老母仍在濟南，妹妹傅樂淑則在昆明西南聯大歷史系讀書。樂煥掙的薪水要拿出大部分分別寄往昆明與濟南，以盡家中長子之責。時濟南已淪陷，連寄款的線路都已成了問題。據樂煥的同窗好友、北大畢業後在濟南劉魯中學高中部任教的嚴薇青說：「這時樂煥的母親來找我，說是樂煥來信，讓商量一個從後方寄錢來濟南的辦法。以後通過我父親的朋友柳老先生在西安的親戚，讓樂煥設法把錢交給家在西安的友人，由友人如數送錢給柳老親戚家，柳老在濟接信後再如數把錢給我，我再轉交樂煥家裡。這個撥款辦法大概一直用到抗戰勝利。」[29]

由於困厄李莊，醫療條件缺乏，加之長期焚膏繼晷攻讀著述，傅樂煥患上了嚴重的心臟病，以致到了抗戰勝利返京復員之日，由於病情極其嚴重而不能隨復員南京的史語所眾人同行。樂煥在致傅斯年的信中說道：「事實上必不可能」，唯一的一條路就是「只有暫留」李莊，一個人孤獨地等待病情好轉。身在重慶的傅斯年讀罷此信，念姪子早年喪父，命運多蹇，流徙西南而只能翹首北望，家有老母而不能即行相見。想到此處，不禁潸然淚下。

當傅斯年最後一次回到李莊時，察看了傅樂煥的病情，確認在短時間內無法回京，萬般無奈中，只好託李莊鄉紳羅南陔在鎮內找了個稍好一點的房子，為其日後養病之居所，慢慢等待病情好轉。一九四六年秋，史語所人員全部復員回歸南京，傅樂煥因心臟病持續惡化而不能長途行動，只好一人滯留在李莊休養。這年的十月三十一日，他在答傅斯年的問詢時說道：「姪病近月來一般情形，略有進步，唯心臟趨弱，聽之而已。早日回家事，非今日體力所能支。」直到次年春，傅樂煥的病情有所好轉，才告別了生活六年之久的李莊，乘船返回南京任史語所副研究員。

一九四七年，傅樂煥獲英國文化委員會資助，向史語所請假，赴英國倫敦大學東方學院深造，從事藏文、波斯文、政治經濟思想史、歐洲中古經濟史及歐洲中古近代史大綱等的學習和研究，後獲博士學位。在英國期間，傅樂煥受「赤化」宣傳和「洗澡」的影響，思想發生了巨變並轉向左傾。一九四八年四月三日，他以教訓的口吻致信正在美國治病療養的傅斯年說：「昨聞接聞人言，我叔近在美常作演講，協助政府。在美部分左傾學生，頗為失望。今日政府之頹局，完全他們自己造成，不值得為之過分分神也。」㉚

在以往的叔姪通信中，傅斯年總是以長輩的口氣居高臨下地對這位姪子發號施令，而傅樂煥也都是小心謹慎、唯唯諾諾地點頭奉命行事。樂煥每有致傅斯年的書信，也只是談些讀書做學問，甚或家務之類的瑣事，從不涉及政治。想不到出洋沒一年，這位姪子竟涉及起政治，且在國民政府尚未倒台，自己正為蔣家王朝四處奔波，企圖挽狂瀾於既倒之時，教訓起自己來了。此舉在心高氣傲、不可一世的傅斯年看來，真如太歲頭上動土，佛頭抹糞，犯上作亂。於是勃然大怒，恨不得立即把這位姪子拉出來像抗戰初期一樣當場扇幾個響亮的耳光，再給他來個「下馬威」。無奈遠隔大洋，力不能及，只好把滿腔怒火化做凌厲的文字予以反擊，來了一頓真真切切的臭罵。也就從這時起，叔姪二人之間在政治上已呈分道揚鑣之勢。

儘管如此，傅斯年到了台灣之後，念及舊情以及樂煥的才學，曾多次致信致電召其在英學成後直接赴台就事，並云另一位與樂煥經常在一起的本家弟弟傅樂成已赴台島，出任台大助教，等等。但傅樂煥此時如同一隻出巢的雄鷹，面對天藍海闊的大千世界，再也不想回到國民黨政府與叔叔掌控的機構中做事謀職了，他要尋求一種天地清新的新社會，要投奔共產黨領導的中國大陸，並將自己的餘生貢獻給新中國的學術事業。傅樂煥拒絕來自傅斯年的勸說與各方面的利誘，排除種種干擾，於一九五一年毅然返回他想像中繁花似錦、自由幸福的中國大陸，初在中國科學院考古研究所任研究員，一九五二年調中央民族學院歷史系任教授、副主任，兼中國科學院歷史研究所研究員和學術委員。期間，與學術大師、史學界「二陳」之一的陳垣的姪女結婚，並陸續有了三個女兒。在相對安靜舒心的生活環境中，傅樂煥埋頭治史，先後參加並領導對滿族、達斡爾族的民族識別工作和調查研究，發表了《關於達斡爾的民族成分和識別問題》等研究成果，主編了《滿族簡史》、《金史》，參與編繪《中國歷史圖集》，校點《二十四史》，參與編纂《辭海》、《中國地震史料輯錄》，編輯《中國歷史小叢書》等，對中國少數民族史的研究事業做出了劃時代貢獻，並以此躋身於國內外最有影響的遼金史學專家之列。

當「文革」風暴到來之時，傅樂煥成為中央民族學院首批被打翻在地者，這個劫數除了學術上的「反動」外，更為致命的是他與傅斯年的關係。一時間，傅樂煥成了「國民黨蔣介石的忠實走狗傅斯年安插在大陸的特務」、「潛伏在人民內部企圖顛覆無產階級政府的罪大惡極的反革命分子」。連續的批鬥、關押、逼迫交代與殘酷折磨，使傅樂煥身心痛苦至極、哀傷至極。在走投無路，生不如死的淒慘境況中，他最終選擇以死明志，以死抗爭，以死證明自己「士可殺，不可辱」的傳統士大夫的氣節與骨氣。主意打定，在一個漆黑之夜，傅樂煥悄悄擺脫造反派們的監視，從關押的一間小屋逃出，直奔早已選定好的陶然湖。當他穿越大半個北京城翻牆進入這座秀麗的公園時，內中樹木陰森，雜草叢生，一片荒涼死寂的氣氛。整個園內同北京城一樣，經歷了一天的瘋狂之後，疲憊地進入了充滿一個個恐怖畫面的夢境。他默默來到陶然湖邊，此時月亮正是上弦時分，月光映照下的湖水散發著明晃晃的光。沒有蟲飛鳥鳴，只有恐怖的心悸與生命的蒼涼。傅樂煥望著湖面稍作猶豫，就在這時，他突然發現離岸不遠處的湖面上，漂浮蕩動著兩個穀個子一樣黑糊糊的物體，微風徐來，「穀個子」向岸邊蕩動而來，他一時忘了自己前來的使命，好奇地從身邊撿起一根枯枝，把越來越近的兩個軟軟的物體勾到眼前。在明亮的月光下，他看清了——這是兩具屍體，很可能還是一對夫婦的屍體，看來是剛漂上來不久，也就是說這對夫妻就自殺於昨天的早些時候。望著面前的一切，傅樂煥悲從中來，他絕望地抬頭望了望遼闊的天空，又低下頭望著平靜的水面，思緒翻騰中百感交集。最後，他下定決心要追隨這對相逢並不相識的夫婦而去。在即將擁抱死神的最後時刻，心情一下子平靜下來，他邁動腳步，慢慢來到岸邊一塊突出的石頭上，沒有叫喊「蒼天——」之類的悲壯之語，卻像是怕驚動熟睡中的四方百姓與園內蒼生一樣，悄無聲息地把頭一伸，縱身一躍，鑽入湖底。

第二天，他的屍體從湖底漂上了湖面。中央民族學院去收屍的人後來說，他們看到，傅樂煥的屍體在湖上浮起時，面朝下，是趴著的。當時在北京流傳著一種說法，凡投水自殺的人，當屍體浮起時，女的仰著，男的趴著。傅樂煥的例子符合這一說法，因而斷定是投水自殺。這個斷定是從普遍現象中得出的規律，或有什麼科學依據，無從得知。但在「文革」期間，因到處找繩子上吊自殺，或投河湖自盡的人越來越多，案例自然也就層見疊出，人們才有了這樣的經驗和這樣的說法。如作家老舍在一九六六年八月二十三日遭到殘酷的「批鬥」後失蹤。第二天，有人發現他已在北京西城區太平湖投湖自殺，據說老舍的屍體也呈趴伏狀。[31]

在傅樂煥投湖自殺之前，他的堂弟傅樂成隨傅斯年赴台，未及婚娶即病逝孤島；其妹傅樂淑則遠走美國。因了傅斯年與樂成、樂淑的親屬關係，整個傅氏家族開始了一場劫難。傅斯年的族叔傅昕安（中國農科院研究員）、堂弟傅斯驌（號鴻賓）、姪子傅樂新（遼寧鞍山礦物研究所研究員），被打成右派，下放農村勞動改造；傅斯年的母親在重慶歌樂山的墳墓被炸開，李夫人的頭顱被造反派倒上洋油掛在樹梢點了天燈。傅家在聊城的祖宅被推倒砸掉，龐大的院落成為瓦礫遍地的廢墟。至於受清朝皇封占地一百二十畝的墓地——聊城郊外的傅家墳，被毀於一旦。大清開國狀元傅以漸作為「地主階級的頭子」與「台灣特務、反革命分子傅斯年的祖師爺」，其墓被紅衛兵用烈性炸藥炸開，劈棺拋屍，陪葬品或被劫掠，或被砸毀，或遭焚燒。未久，整個傅家墳近百座墓葬全部被炸開，在拋棺揚屍的同時，地下隨葬品被洗劫一空。最後連牌坊、石碑、神道及道邊的石獸、石俑、皇帝御賜碑文等全部被炸毀搗碎，傅氏家族成員甚至與其沾親帶故者，自此作為臭名昭著的「五類分子」，披枷戴帽，或拿入大牢，或被鎮壓，或接受革命群眾的監督改造。整個聊城傅氏一門自大清入關三百年的豪門基業，至此連根拔起，徹底家破人亡鬼吹燈了。

陳寅恪之死

身居北方的弟子汪籛自殺，好友向達死了，「論交三世」的俞大綱魂歸西天，世姪傅樂煥鑽入了湖底。躺在南國病床上，在「文化大革命」狂潮的洗禮與巨大衝擊中奄奄一息的陳寅恪自是在劫難逃。

位於聊城郊外的傅家墳，「文革」中被毀，一九九六年後重新整修。（晨曦攝）

一九六六年七月，在大鳴、大放、大字報、大辯論的「四大」聲浪中，中山大學的「革命者」聞風而動，開始造起反來。霎時，整個校園內雞飛狗跳，人喊馬嘶，大字報鋪天蓋地。陳寅恪由原來的大字號「走資派」、「

一九六五年，垂垂老矣的陳寅恪攝於寓所，時骨折已三年。

資產階級反動學術權威」，也水漲船高地被加封為「牛鬼蛇神」、「封建餘孽」、「死不改悔的走資派」，同時被指斥為大肆揮霍國家財產，享受高級護理待遇，非美帝國主義的藥物不吃，有意污辱為其理療的年輕女護士等的「罪魁禍首」。而隨著原中南局第一書記陶鑄被江青等「文革」新貴打倒在地，一直頗受陶氏關懷的陳寅恪更是雪上加霜。助手黃萱被趕走，當年受陶鑄直接關懷而委派到陳家的三名護士被撤除，陳寅恪工資停發，存款凍結，陳家住居的校園內東南區一號樓被大字報覆蓋，遠遠望去如同一口巨大的白色棺材，兀立於樹木叢生的校園一隅，望之令人恐怖驚悚。接下來，大字報由樓外糊到了室內，門臉、衣櫃、床頭，甚至陳寅恪的衣服上皆由大字報貼蓋。面對此情，唐篔曾發出了「人還沒死，已先開弔了」的哀怨。[32]

造反派們見陳家雖已「開弔」，但人還繼續活著，為做到名副其實，索性進行抄家與劫掠財物的大規模行動。陳寅恪後半生積攢的書籍全部查封，手稿被掠。唐篔先祖遺留的一點紀念性首飾及陳寅恪歷盡千難萬險，歷盡十幾年戰火僥倖保存下來的二十餘封祖父往來手札亦被劫走。經過幾次「戰鬥洗禮」，陳家財物盡失。為達到終極目的，置陳氏於死地，「革命者」心生奇計，先是把幾隻大型高音喇叭吊至陳宅窗前屋後，讓其聽取革命群眾對其發出的怒吼之音。雙目失明，不辨牛馬且患嚴重失眠症與心臟病的陳寅恪，突聞幾個「怪物」整日在耳邊嗷叫不止，驚悚不安，惶惶不可終日。「革命者」見效果初成，乃加大攻伐力度與強度，將高音喇叭乾脆搬進室內，綁到了陳氏的床頭之上。每當「革命者」呼聲響起，整個陳宅如狂飆突至，風雷激蕩。陳氏夫婦未聞幾聲，即感天旋地轉，雙雙心臟病復發，口吐白沫，倒地不起。

一九六九年春節後，陳寅恪一家被掃地出門，遷至中大校園西南區五十號一所四面透風的平房住居。此時陳寅恪病體衰弱得已不能吃飯，只能進一點湯水之類的「流食」，偶有親友偷偷登門拜望，他躺在病榻上已說不出話，只是眼角不斷有淚流出，望者無不淒然。身處困厄絕望的陳寅恪自知將不久於人世，但面對幾次被登門的「革命者」亂拳打倒，心臟病日趨嚴重幾乎癱瘓的唐篔，陳認為愛妻可能將先於自己命赴黃泉，悲涼無助中，夫妻相對而泣。奄奄一息的陳寅恪憐夫人之悲苦，歎命運之不公，心懷無盡的怨憤與痛楚，留下了生命中最後一曲挽歌〈輓曉瑩〉：

涕泣對牛衣，卌載都成腸斷史。
廢殘難豹隱，九泉稍待眼枯人。[33]

一九六九年五月五日下午，躺在床上氣脈已竭的陳寅恪，再次被迫向當權者作口頭交代。陳寅恪有「我現在譬如在死囚牢中」之語，終至淚盡泣血，口不能言方休。延至十月七日晨五時三十分，心力衰竭的陳寅恪於淒風苦雨中溘然長逝。

一個月後的十一月二十一日，唐篔撒手人寰，追隨陳寅恪而去。

關於陳寅恪在生命旅程中最後一段時光的生活以及死因，當時住在中山大學的梁宗岱夫人甘少蘇在回憶錄中說：「那時候，挨整的人及其家屬都特別害怕高音喇叭，一聽到高音喇叭聲，就戰戰兢兢，因為紅衛兵經常用高音喇叭通知開會，點人出來批鬥、遊街；而出去一次也就是小死一場。歷史系一級教授陳寅恪雙目失明，他膽子小，一聽見喇叭裡喊他的名字，就渾身發抖，尿濕褲子。就這樣，終於活活給嚇死了。」[34]

泰山其頹，梁木其壞，哲人其萎。三百年乃得一見的史學大師就此遠去。

此前的一九六四年，陳寅恪在〈贈蔣秉南序〉中云：「寅恪亦以求學之故，奔走東西洋數萬里，終無所成。凡歷數十年，遭逢世界大戰者二，內戰更不勝計。其後失明臏足，棲身嶺表，已奄奄垂死，將就木矣。默念平生固未嘗侮食自矜，曲學阿世，似可告慰友朋。至若追蹤昔賢，幽居疏屬之南、汾水之曲，守先哲之遺範，託末契於後生者，則有如方丈蓬萊，渺不可即，徒寄之夢寐，存乎遐想而已。嗚呼！此豈寅恪少時所自待及異日他人所望於寅恪者哉？」又說：「雖然，歐陽永叔少學韓昌黎之文，晚撰五代史記，作義兒、馮道諸傳，貶斥勢利，尊崇氣節，遂一匡五代之澆漓，返之淳正。故天水一朝之文化，竟為我民族遺留之瓌寶。孰謂空文於治道學術無裨益耶？」[35]此篇泣血滴淚之序文，是陳寅恪生命中的一曲悲歌，是一個文化殉道者的獨白，同時也是一位雖九死而不悔的學術老人留給這個世界的一個隱語。

「平生治學，不甘逐隊隨人，而為牛後」的陳寅恪，在〈王靜安先生遺書序〉中曾說：「自昔大師巨子，其關係於民族盛衰學術興廢者，不僅在能承續先哲將墜之業，為其託命之人，而尤在能開拓學術之區宇，補前修所未逮。故其著作可以轉移一時之風氣，而示來者以軌則也。」[36]這是陳寅恪心中「大師」的經典性標誌，也是一個大師對另一個大師的敬仰感佩之語。只有開一代風氣和示來者以軌則，才堪當大師之任與大師之名號。此點在陳氏〈朱延豐突厥通考序〉中說得更加清楚明瞭：「考自古世局之轉移，往往起於前人一時學術趨向之細微。迨至後來，遂若驚雷破柱，怒濤振海之不可禦遏。」[37]「但開風氣不為師」的名言，不僅是龔自珍的自白，也是陳寅恪的志趣和自道，他沒有在任何場合自命為大師，更未在任何時候端過大師的架子。——這是陳氏的自謙，也是他的自尊自重之處。莊子曰：「天地有大美而不言，四時有明法而不議，萬物有成理而不說。」陳寅恪自甘寂寞，不動聲色，唯以身示範且以皇皇巨著昭示來者。陳氏一生在學術上開創的名山大業，以及在亂離之世閃耀的人格光輝，令後人高山仰止。

陳寅恪業歸道山的許多年後，有研究者云，在學術領域，像他這樣的大人物，是五百年才出一個的，如果不是因為戰亂紛擾、顛沛流離、命途多舛，陳寅恪的學術事業將更加磅礴盛大，氣沖霄漢，會使滄海湧動、群山位移……

然而，假設畢竟是假設，像夢也畢竟還是夢一樣。早在一九三三年早春，魯迅對《東方雜誌》發起的「新年的夢想」專欄徵文中，就曾清醒而理性地說過：在這個社會上，「雖然夢『大家有飯吃』者有人，夢『無產階級社會』者有人，夢『大同世界』者有人，而很少有人夢見建設這樣社會以前的階級鬥爭，白色恐怖，轟炸，虐殺，鼻子裡灌辣椒水，電刑……倘不夢見這些，好社會是不會來的，無論怎麼寫得光明，終究是一個夢。」㊳想來陳寅恪於孤獨淒苦之中，除了夢到「大同世界」，更多的應是夢到了虐殺、鼻子裡灌辣椒水，或者電刑外加享受乘坐「噴氣式飛機」的待遇吧。只是屬於他的好日子遲遲沒有來到，至少他在死前未能看到那一天的到來。假如魯迅地下有知，面對這位少年同窗的不幸遭遇，當情何以堪？

晚年失明臏足的陳寅恪在寫《柳如是別傳》時，曾提及少年時在南昌住居期間，一日偶隨父親陳三立夜逛書肆，購得尚有錢牧齋（謙益）序文之《吳梅村集》，寅恪讀之竟至入迷，經年不忘。後來陳氏對文學興趣大增，並致力於錢謙益與柳如是關係的研究，與少年偶遇的一幕有很大關係。進入生命的晚年，在肉體與精神陷入無限痛楚之中時，明末清初寧死不屈的一代奇女子柳如是便成為他生命中幻象和唯一的光亮。陳寅恪以驚人的毅力口述完成了洋洋八十餘萬言的《柳如是別傳》。這一「鴻篇巨制」的萌生問世，發軔於少年，志成於人生暮年，是陳寅恪所構建的託其心志，明其理想的又一心靈豐碑。此一巨大成就，正如日本東京大學教授池田溫所言：「若非有無比堅毅之心力和不屈信念，焉能完成此大業！人類文化史數千載中，失明史家之能撰大著，其類殆罕；陳先生之業績，稱為二十世紀中國史學界之一大奇跡亦無不可。」㊴

事實上，《柳如是別傳》的寫作，只是陳氏晚年精神的寄託，並未能代替和了卻作為一個偉大史學家的心意和志願，與陳氏「兩代姻親、三代世交、七年同學」的俞大維曾云：陳寅恪平生的志願是寫成一部「《中國通史》，及《中國歷史的教訓》，在史中求史識。「因他晚年環境的遭遇，與雙目失明，他的大作（Magnum Opus）未能完成，此不但是他個人的悲劇，也是我們這個時代的悲劇。」㊵

「先生之著述，或有時而不章。先生之學說，或有時而可商。惟此獨立之精神，自由之思想，歷千萬祀，與天壤而同久，共三光而永光。」這是陳寅恪為沉湖而死的王國維撰寫的紀念碑文，也是自己一生為人為學的生動寫照。只是當年王國維沉湖而去時，陳寅恪尚能或明或暗地以詩文表達自己的哀悼之情，而到了陳氏本人淒苦地告別這個世界的時候，華夏大地已沒有人再顧及「獨立之精神，自由之思想」的警世名言。更沒有人敢冒天下之大不韙，為在孤苦中死去的他撰寫輓聯和碑文了。儘管在海外孤獨行步的趙元任得此噩耗，用英文撰寫了悼念性文章，但作為當年清華「四大導師」中唯一的一位健在者，面對二十世紀中國大陸赤縣神州最為瘋狂的年代和殘酷的政治環境，於慘死的老友陳寅恪夫婦，趙氏不敢、也無力對那些迫害者給予道義和法律上的制裁，除了望洋興嘆，也只能是「而已」而已。

二○○四年五月～二○○六年一月一稿，
二○○九年七月台版稿校改畢。

注釋：

❶周法高〈記昆明北大文科研究所〉，載《我與北大——老北大談北大》，王世儒、聞笛編，北京大學出版社一九九八年初版。

❷《傅斯年檔案》，中央研究院歷史語言研究所藏；轉引自鄭克晟〈中研院史語所與北大文科研究所——兼憶傅斯年、鄭天挺先生〉，載《傅斯年與中國文化》，布占祥、馬亮寬主編，天津古籍出版社二○○六年初版。

❸㉑鄭克晟〈陳寅恪與鄭天挺〉，載《陳寅恪與二十世紀中國學術》，胡守為主編，浙江人民出版社二○○○年初版。

❹⓫⓬⓭⓯⓴㉒《陳寅恪的最後貳拾年》，陸鍵東著，北京：三聯書店一九九六年初版。

❺〈開展歷史研究，迎接文化建設高潮——為「歷史研究」發刊而作〉，載《歷史研究》，一九五四年一期。

❻據竺可楨的日記載，一九五四年一月二十八日，科學院在政務院作報告時，總理周恩來總結說：「……要團結一切愛國分子，如陳寅恪，要考慮科學家待遇。」（見《竺可楨日記》，第三冊，科學出版社一九八九年初版。）可見外界傳毛澤東、周恩來等關注陳寅恪是有所依據的。

❼李永軍〈蔣介石「搶救大陸學人計畫」破產記〉，載《今晚報》，二〇〇七年七月二十七日。

❽《陳寅恪先生編年事輯》（增訂本），蔣天樞撰，上海古籍出版社一九九七年初版。

❾按思想史學者余英時的說法，身處嶺南的陳寅恪和夫人唐篔曾為去留問題發生強烈爭執，唐篔執意要走，因此隻身去了香港，住在「一家無招牌的私家旅館」，後來陳序經做工作後派人迎還。陳寅恪事後深深佩服夫人的遠見，後悔自己沒有及早謀身遠去，《柳如是別傳》就是陳氏的懺悔之作云云。但據另一思想史學者汪榮祖考證，陳和夫人並無去留爭執。

❿《籬槿堂自敘》，趙儷生著，上海古籍出版社一九九九年初版。

⓮〈對科學院的答覆〉，載《陳寅恪集·講義及雜稿》，陳美延編，北京：三聯書店二〇〇二年初版。

⓰范文瀾〈歷史研究必須厚今薄古〉，載《人民日報》，一九五八年四月二十八日。

⓱李春棠、林順曾、方早成〈陳寅恪教授和「元白詩證史」〉，載《史學月刊》，一九五九年四期。以詩證史，即以當時流傳下來的詩詞，來考證當時的史事，這一研究方法，可謂是陳寅恪在史學研究領域的一大發明創造，是一項了不起的偉大成就。當時中山大學有一名叫劉隆凱的學生，也曾聽過陳寅恪的「元白詩證史」一課，且頗有心得。許多年後，劉同學根據原始的課堂記錄，把陳寅恪所講的內容整理出來，並得以出版。根據這份記錄，可以見出陳氏考證方法的概略。如唐代大詩人白居易《琵琶引》中有這樣的句子：「弟走從軍阿姨死，暮去朝來顏色故。門前冷落車馬稀，老大嫁作商人婦。」

陳寅恪對此的考釋是：「古代男子三十而娶，女子二十而嫁，已是男女婚娶的最後年齡了。過了這個界限，便是老大了。像崔鶯鶯，貞元十六年才十七歲，以後結婚也在二十歲之前；韋氏，在貞元十八年結婚時正是二十歲，若再不出閣，也就難了，她比崔氏大一歲。」

詩中又云：「十三學得琵琶成，名屬教坊第一部。曲罷常教善才服，妝成每被秋娘妒。」

陳寅恪說：「看來，唐代女子與人應酬是在十三歲。杜牧〈贈別〉：『娉娉嫋嫋十三餘，豆蔻梢頭二月初。春風十里揚州路，卷上珠簾總不如。』秋娘，是貞元十五年白氏中進士時長安最負盛名的倡女。白氏淪落江州，感念昔日之遊，乃取於詩中。有人以為是杜牧詩裡的杜秋娘，謬極。假定琵琶女貞元十五年是十三歲，那麼，到元和十一年，她在潯陽江頭應該是三十歲了。她嫁商人不會太久。『商人重利輕別離，前月浮梁買茶去。』茶商在長安領了專賣券，同時娶了琵琶女，再到產地買茶，蜜月裡就離開了新婦。可以說，元和十年，琵琶女二十九歲時，弟走從軍，不久，阿姨又死了；再過年餘，她三十歲時才嫁，真可謂『老大』了。」

陳寅恪還以此考證出這個三十歲才嫁的琵琶女是西胡種，與商人是同居關係，不是正式結髮夫妻，等等。（見《陳寅恪「元白詩證史」講席側記》，劉隆凱整理，湖北教育出版社二〇〇五年初版。）

18 〈病中南京博物院長曾昭燏君過訪話舊並言將購海外新印李秀成供狀以詩紀之〉、〈癸卯元夕作用東坡韻〉，載《陳寅恪集・詩集》，陳美延編，北京：三聯書店二〇〇一年初版。曾昭燏，中國第一位女考古、博物館學家。清宣統元年正月初六日（一九〇九年一月二十七日）生於湖南湘鄉縣荷葉鄉萬宜堂，是曾國藩之弟曾國潢之重孫、著名化學家曾昭掄胞妹，俞大維表妹。一九三三年畢業於南京中央大學中國文學系，一九三五年自費赴英國倫敦大學攻讀考古學，一九三七年獲得碩士學位後赴德國柏林國家博物院實習，期間參加柏林地區的田野考古發掘。一九三八年三月回倫敦大學任考古學助教，同年九月辭去教職回國參加抗日戰爭，與人民共患難。在倫敦求學時，因為曾家與俞家的姻親關係，曾昭燏與傅斯年自然也成為親戚圈內相互關聯的人物，正是得益於傅斯年的幫助指導，曾昭燏在倫敦大學左右搖擺了一年多之後，最後才選定主攻博物館專業。歸國後，在傅斯年介紹推薦下，曾氏受中央博物院籌備處主任李濟邀請，來到昆明，順利進入該處並擔任專門設計委員。期間，曾昭燏參加了著名的雲南大理蒼山、洱海境內的考古發掘，發現古遺址三十八處，古墓葬十七座，並選擇重點進行發掘。中央博物院遷四川李莊後，曾氏又參加了彭山漢代崖墓的發掘。一九五〇年起，先後擔任南京博物院副院長、院長。一九六四年三月，在各種運動和政治清理雙重擠壓下患了精神憂鬱症，入院治療。

十二月二十二日下午，曾昭燏乘坐院內小轎車悄然離開醫院，停在了南京郊外靈谷寺前，她把一包蘋果送到司機懷中，輕輕地說：「請你吃著，等我一會兒。」說畢打開車門，匆匆向靈谷塔走去。大約半個小時後，只見高聳的靈谷塔上，一個身影凌空一躍，像天空一朵瑰麗的彩雲飄然而下，悠忽間落入枯黃的草叢，鮮血噴濺處，枯草被染成殷紅——一代女傑與世長辭，終年五十六歲。

當曾昭燏血濺靈谷寺時，據說「組織」上已批准了她的入黨申請，只是未來得及通知她本人。南京博物院副院長姚遷把曾氏的死訊向江蘇省委、省政府做了彙報，因當時中國各階層自殺者太多，每有人「自殺」，便被認為是對革命的背叛，是自絕於黨和人民的一種「罪惡」行徑，尤其是在靈谷塔自殺，更是罪在不赦的大事（一九二八年至一九三五年，國民政府在原寺址建成國民革命軍陣亡將士公墓，塔上有蔣介石題字的「精忠報國」與黃埔軍校第一至六期同學錄等）。江蘇省黨、政高層決定對曾昭燏之死祕而不宣，對外不登報，不開追悼會，一切後事由省委統戰部部長親自指揮從速、從儉處理。曾氏的遺體被祕密收殮於一個木製薄棺中，於一個星光殘淡的黎明悄然無聲地運出城外，於牛首山腳下一個人跡罕至的角落匆匆挖坑掩埋——一代女傑就此長眠於荒草野墳之中。

一九六五年二月，遠在中山大學的陳寅恪得知這一噩耗，悲不自勝，當場流下了眼淚。他強撐著年邁體衰的殘軀，做詩一首以示敬輓。在這首〈乙巳元夕前二日始聞南京博物院院長曾昭燏君逝世於靈谷寺追輓一律〉中，已是七十六歲高齡、雙目全瞽的陳寅恪，深情地追憶了兩家三世姻親的交往，對曾昭燏的獨身生活、高才短命等頗多感慨。詩云：

論交三世舊通家，初見長安歲月賒。

何待濟尼知道韞，未聞徐女配秦嘉。
高才短命人誰惜，白璧青蠅事可嗟。
靈谷煩冤應夜哭，天陰雨濕隔天涯。

曾昭燏的香消玉碎和陳寅恪的悼詩，又令人想起了王國維自沉於頤和園，想起了「五十之年，只欠一死」的千古遺言，想起了陳寅恪那「凡一種文化值衰落之時，為此文化所化之人，必感苦痛，……殆非出於自殺無以求一己之心安而義盡也」的精闢宏論。曾昭燏在文化急劇變化的時代維繫生命的信心頓然喪失，她在劇烈的心理苦痛中選擇自殺，亦應是一種合理的選擇。只是令曾昭燏本人和苟活人間者沒有料到的是，隨著靈谷寺塔悲劇的上演，她的哥哥、嫂子等至親，也將一個個在精神與肉體的殘酷折磨中死去，曾氏家族連同其他世家的文化遺存，在精神層面上已消散殆盡，於日後的神州故國不復見矣。

⑲〈黃萱來函〉，轉引自《陳寅恪編年事輯》（增訂本），蔣天樞撰，上海古籍出版社一九九七年初版。

㉓㉝《陳寅恪集．詩集》，陳美延編，北京：三聯書店二〇〇一年初版。

㉔鄒衡〈永遠懷念向達先生和夏鼐先生〉，載《夏商周考古學論文集》，續集，科學出版社一九九八年初版。

㉕蕭良瓊〈向達〉，載《當代中國社會科學名家》，劉啓林主編，社會科學文獻出版社一九八九年初版。

㉖〈致鄭天挺〉，載《傅斯年全集》，第七卷，歐陽哲生主編，湖南教育出版社二〇〇三年初版。

㉗㉙〈追悼傅樂煥〉，載《濟南瑣話》，嚴薇青、嚴民著，濟南出版社一九九七年初版。

㉘《中央研究院歷史語言研究所集刊》，第十本，中央研究院歷史語言研究所一九四八年四月初版。

㉚《傅斯年檔案》，中央研究院歷史語言研究所藏；轉引自《發現李莊》，岱峻著，四川文藝出版社二〇〇四年初版。

㉛據南宋淳祐七年（一二四七）初刻的宋慈《洗冤集録》，卷三，〈廿一溺死〉載：「若生前溺水屍首，男仆臥，女仰臥。頭面仰，兩手兩腳俱向前。口合，眼開閉不定，兩手拳握。腹肚脹，拍著響。〈落水則手開，眼微開，肚皮微脹；投水則手握，眼合，

腹內急脹。）兩腳底皺白，不脹。頭髻緊。頭與髮際、手腳爪縫，或腳著鞋，則鞋內各有沙泥。口、鼻內有水沫，及有些小淡色血污，或有搕擦損處，此是生前溺水之驗也。（蓋其人未死，必須爭命，氣脈往來，搐水入腸，故兩手自然拳曲，腳縫各有沙泥，口、鼻有水沫流出，腹內有水脹也。）」

此書刻版後，引起朝廷重視，當朝皇帝下旨頒行全國各衙門，成為官方檢驗屍體的教科書，南宋滅亡後仍通行天下，並被各級衙門尊為「驗屍寶典」。惜原書已佚，現在看到的最早版本是元朝刻本，更名為《宋提刑洗冤集錄》。此書對後世驗屍技術的發展產生了重大影響。

據現代研究成果，生前溺水死亡，屍體浮起後男女姿勢有異，主要是男女身體重心位置不同，當腐敗產生的氣體充滿體內空腔而上浮，就會形成不同的姿勢。——這一點，對「文革」時期的驗屍者來說，已不是什麼大的難題了。何況此時成堆的屍體從池塘、水庫不斷漂浮而出，僅憑現場觀察的經驗，坊間百姓亦可判別是男是女。

㉜陳封雄〈一代史學家之死——懷念我的六叔陳寅恪先生〉，載《羊城晚報》，一九八〇年十一月二十八日。此語為助手黃萱到家中看望陳氏夫婦時，唐篔對黃說的。（見《陳寅恪先生編年事輯》〈增訂本〉，蔣天樞撰，上海古籍出版社一九九七年初版。）

㉞《宗岱和我》，甘少蘇著，重慶出版社一九九一年初版。

㉟《陳寅恪集．寒柳堂集》，陳美延編，北京：三聯書店二〇〇一年初版。蔣秉南，即蔣天樞，字秉南。歐陽永叔、韓昌黎，分別指歐陽修、韓愈。

㊱《陳寅恪集．金明館叢稿二編》，陳美延編，北京：三聯書店二〇〇一年初版。

㊲《陳寅恪集．寒柳堂集》，陳美延編，北京：三聯書店二〇〇一年初版。

㊳《南腔北調集．聽說夢》，載《魯迅全集》，第四卷，人民文學出版社一九八一年初版。

㊴池田溫〈陳寅恪先生和日本〉，載《紀念陳寅恪教授國際學術討論會文集》，中山大學出版社一九八九年初版。

㊵俞大維〈懷念陳寅恪先生〉，載台北《中央日報》副刊，一九七〇年三月三十一日。

國家圖書館出版品預行編目資料

陳寅恪與傅斯年 / 岳南作. -- 初版. -- 臺北
市：遠流，2009. 08
面； 公分. -- (實用歷史叢書)

ISBN 978-957-32-6503-0(平裝)

1. 陳寅恪 2. 傅斯年 3. 傳記

782.238 98012063